ALBERTO ANGELA

Liebe und Sex im Alten Rom

Buch

»Ich wollte ein Buch über das Alte Rom schreiben, wie ich es gern selbst gelesen hätte, aber nicht fand. Ein Buch, das die Liebe im Alten Rom unter allen Blickwinkeln betrachtet. Denn zu diesem Thema findet der interessierte Leser so gut wie nichts – im Gegensatz zu den zahllosen Abhandlungen über das römische Heer, die Geschichte der Kaiser oder das tragische Schicksal Pompejis.
Die wenigen Studien, die es über die Liebe in all ihren Ausprägungen bei den Alten Römern gibt, sind wirklich ausgezeichnet. Dieses Buch erhebt erst gar nicht den Anspruch, es ihnen gleichzutun. Doch es unterscheidet sich durch seinen ›investigativen‹ Ansatz. Es beschränkt sich nicht auf einen bestimmten Ausschnitt, sondern will ein Gesamtbild erschaffen.«

Autor

Alberto Angela wurde 1962 in Paris geboren. In Rom studierte er Naturwissenschaften. Als Paläontologe nahm er an zahlreichen Ausgrabungsprojekten in Afrika und Asien teil und ist heute ein populärer Fernsehmoderator für naturwissenschaftliche Sendungen in Italien. Angela ist Mitglied des Istituto Italiano di Paleontologia in Rom sowie am Centro Studi e Ricerche Ligabue in Venedig. Gemeinsam mit seinem Vater Piero, einem bekannten Archäologen, Journalisten und Autor, hat er mehrere Bücher veröffentlicht.

Im Goldmann Verlag ist von Alberto Angela außerdem erschienen:

Ein Tag im Alten Rom (2011)
Der faszinierende Alltag im Römischen Reich (2013)

Alberto Angela

Liebe und Sex im Alten Rom

Aus dem Italienischen
von Elisabeth Liebl

GOLDMANN

Die italienische Originalausgabe erschien 2012 unter dem Titel
»Amore e sesso nell'antica Roma« bei Mondadori, Mailand.

Die Illustrationen im Innenteil zeichnete Luca Tarlazzi

Dieses Buch ist auch als E-Book erhältlich

Verlagsgruppe Random House FSC® N001967
Das FSC®-zertifizierte Papier *München Super* für dieses Buch
liefert Arctic Paper Mochenwangen GmbH.

1. Auflage
Deutsche Erstausgabe Mai 2014
Wilhelm Goldmann Verlag, München,
in der Verlagsgruppe Random House GmbH
Copyright © der Originalausgabe 2012
by Arnoldo Mondadori Editore S.p.A., Milano,
und Rai Radiotelevisione Italiana, Roma
Copyright © der deutschsprachigen Ausgabe 2014
by Wilhelm Goldmann Verlag, München,
in der Verlagsgruppe Random House GmbH
Umschlaggestaltung: UNO Werbeagentur, München
Umschlagabbildung: Erotic Scene, House of the Centurion (fresco),
Roman (1st century BC)/Pompeii, Italy
© The Bridgeman Art Library
Redaktion: Ralf Lay
KF · Herstellung: Str.
Satz: Uhl + Massopust, Aalen
Druck und Bindung: GGP Media GmbH, Pößneck
Printed in Germany
ISBN: 978-3-442-15821-8
www.goldmann-verlag.de

Besuchen Sie den Goldmann Verlag im Netz

Inhalt

	Einführung	11
	Prolog: Im Reich der Sinne	17
I	»Liebste, gib mir tausend Küsse«	23
II	Das erste Mal	75
III	Die Hochzeit der Pudentilla	99
IV	Er, sie und die anderen	149
V	»Ihr Liebhaber aber darf alles«	161
VI	Hinter den Dampfschwaden der Thermen	171
VII	Das Schauspiel der Schönheit	199
VIII	Der Gladiator und die Matrone	213
IX	Das große Spiel der Liebe	243
X	An den Orten der Freude	299
XI	Sex und Macht	331
XII	Das »griechische Laster«	343
	Conclusio	353
	Dank	363
	Bibliographie	367
	Anmerkungen	379

*Gewidmet der Venus und ihrer Welt,
die Träume gebiert,
Herzen entflammt
und die Sinne verwirrt
seit Anbeginn aller Zeit.*

Omnia vincit amor.
Die Liebe besiegt alles.

VERGIL

Einführung

Wie liebten die alten Römer? Welche Worte flüsterten Mann und Frau sich zu, wenn sie einander tief in die Augen schauten? Erschien der römische Kavalier gar mit einem Strauß roter Rosen zum Stelldichein? Und was passierte unter der Bettdecke, wenn zwei Menschen im Alten Rom ineinander verliebt waren? Haben wir uns solche Fragen nicht schon das eine oder andere Mal gestellt?

Stehen wir vor den Fresken Pompejis oder betrachten wir ähnliche Darstellungen im Museum, denken wir unwillkürlich: »Na, so viel anders war das damals auch nicht!« Sehen wir uns dann aber einen Film oder eine Fernsehserie über das Römische Reich an, so entfährt uns vielleicht ein Satz wie: »Gott, waren die pervers!«

Was aber stimmt nun?

Dieses Buch macht sich auf die Suche nach der Wahrheit über die Liebe im Alten Rom. Es geht der Frage nach, ob die Menschen damals tatsächlich so frei waren in der Liebe wie wir Heutigen und wo die Unterschiede zu unserer Zeit liegen. Es beleuchtet die Regeln und Gebote des Umwerbens, die Tabus im Bett und das damals geltende Schönheitsideal. Und natürlich will es wissen, wie sie »es« damals gemacht haben.

Dabei tun sich – wie Sie sehen werden – ganz erstaunliche Einsichten auf. Ich jedenfalls stieß auf einige ziemlich überraschende Fakten, und das, obwohl ich nun schon seit geraumer Zeit als Fernsehjournalist und Buchautor das Römische Reich zu meinem Hauptthema erkoren habe.

Ich wollte ein Buch über das Alte Rom schreiben, wie ich es gern in den Regalen der Buchhandlungen gefunden hätte, aber nicht fand. Ein Buch, das die Liebe im Alten Rom unter allen Blickwinkeln betrachtet. Denn zu diesem Thema findet der interessierte Leser so gut wie nichts – im Gegensatz zu den zahllosen Abhandlungen über das römische Heer, die Geschichte der Kaiser oder das tragische Schicksal Pompejis.

Die wenigen Studien, die es über die Liebe in all ihren Ausprägungen bei den alten Römern gibt, sind wirklich ausgezeichnet. Dieses Buch erhebt erst gar nicht den Anspruch, es ihnen gleichzutun. Doch es unterscheidet sich durch seinen, sagen wir mal, »investigativen« Ansatz. Es beschränkt sich nicht auf einen bestimmten Ausschnitt, sondern will ein Gesamtbild erschaffen.

Der rote Faden, der sich durch diese Seiten zieht, ist einzig und allein unsere Neugier. Neugier und die Suche nach Antworten auf Fragen, die man sich eben so stellt, wenn es um die Liebe im Alten Rom geht: Küssten die Leute damals genauso wie wir? Was war mit Verhütungsmitteln? Oder Reizwäsche? Und welche Strategien wandten der Römer beziehungsweise die Römerin an, um beim anderen Geschlecht Eindruck zu schinden? Wie versuchten sie, den Partner zu binden? Wie stand es um Treue und Betrug, akrobatische Stellungen und Liebesamulette? Kamen vielleicht sogar Aphrodisiaka zum Einsatz, um die Leistung zu steigern? Was sagen uns Inschriften? Wie war die Institution der Ehe geregelt? Und die Scheidung?

Aber wie bringt man derart unterschiedliche Themen unter einen Hut? Natürlich mit einem Trick. Stellen Sie sich vor, Sie besteigen eine Zeitmaschine und landen auf einem Platz im Alten Rom. Vor Ihren Augen tummeln sich dieselben Menschen, die im Jahr 115 n. Chr. diesen Platz bevölkert haben. Und jetzt drücken Sie auf »Standbild« wie bei Ihrem DVD-Player. Wer präsentiert sich vor Ihren Augen? Ein Adliger mit seiner Frau. Ein Jüngling und ein

Mädchen, die ganz offensichtlich verliebt sind. Ein Gladiator, der einer jungen Edelfrau einen heißen Blick zuwirft. Ein junger Mann, der lässig an einer Säule lehnt. Ein Eunuch. Ein Vater mit seinem Sohn. Ein reicher Edelmann mit seinem jugendlichen Liebhaber. Eine Edelhure. Eine Schauspielerin, die sich vielleicht auch als Prostituierte betätigt. Und so weiter, und so fort.

Können diese Menschen uns sagen, was Liebe im Alten Rom bedeutete? Etwa ein Dutzend Leute, deren Wege sich zufällig auf diesem einen Platz kreuzen? Und ob. Wir müssen nur wieder auf »Play« drücken und jedem dieser Menschen durch seinen Tageslauf folgen – und schon werden sie uns enthüllen, was es mit Liebe und Sex im Alten Rom tatsächlich auf sich hatte. Sie werden uns Einblick gewähren in ihr persönliches Erleben von Liebe und Sex.

Jeder von ihnen ist ein Pinselstrich in diesem gewaltigen Fresko der Liebe. Denn sie ist die eigentliche Hauptfigur in diesem Drama, nicht die Personen, die wir begleiten.

Aber wie können wir als Nachgeborene den Liebesgeheimnissen einer anderen Epoche nachspüren? Woher bekommen wir Daten und Informationen? Schließlich ist uns ja kein Abdruck eines Kusses erhalten geblieben, keine archäologische Ausgrabung legt geflüsterte Liebesschwüre frei... Nun, geflüsterte vielleicht nicht. Aber es gibt durchaus Inschriften, es gibt Statuen und Fresken in Bordellen, die – wie in Pompeji – gut erhalten sind.

Die Reise, auf die ich Sie hier mitnehme, ist Frucht eines langjährigen Studiums von wissenschaftlichen Arbeiten, Büchern, Aufsätzen und Artikeln über die Liebe im Alten Rom. Die Seiten, die Sie in Händen halten, verdanken sich darüber hinaus auch intensiver Recherche in Bibliotheken, Universitäten, Museen und Forschungseinrichtungen sowie dem Austausch mit zahllosen Sachverständigen. Zudem führten mich Dreharbeiten und Vorbereitungen zu Fernsehsendungen an nahezu alle wichtigen Ausgrabungsstätten der römischen Antike im Mittelmeerraum.

Nicht wenige Hinweise aber stammen direkt von den alten Römern, die uns ihre Gewohnheiten darlegen im Werk ihrer Dichter: Ovid, Martial, Juvenal, Catull.

Ein Mann hat ganz besonders zu diesem Buch beigetragen, ein Journalistenkollege namens Emilio Quinto. Dieser unermüdliche Forscher in Bibliotheken und Archiven trägt denselben Namen wie der Prätorianerführer Emilius Quintus, der vor 1800 Jahren Kaiser Commodus die Hilfe verweigerte, als dieser im Kampf gegen Maximus sein Schwert verloren hatte (Commodus war der »Bösewicht« im Film »Gladiator«).

An vielen Stellen werden Geschichten Sie ins römische Leben eintauchen lassen. Um Ihnen die Mentalität der Römer nahezubringen, habe ich versucht, die Feder wie eine Kamera zu benutzen. Damit Sie das Gefühl bekommen, tatsächlich Teil des Alten Roms zu sein, seine Straßen, seine Bankette, seine Alkoven unmittelbar vor Augen zu haben.

Die Gladiatoren, die Sie im Kolosseum kämpfen sehen, sind dieselben wie in meinem ersten Buch *Ein Tag im Alten Rom*. Das hat einen einfachen Grund. Ich möchte sie hier aus einer anderen Perspektive zeigen, unter dem Aspekt der Liebe. So gibt eine Szene den Auftakt zu zwei völlig unterschiedlichen Geschichten, die sich zwar zur selben Zeit abspielen, aber gänzlich entgegengesetzten Zielen zueilen. An dieser Stelle überschneiden sich das Reich der Liebe und das Reich des Todes. Saßen Sie im ersten Buch als Zuschauer in den Rängen der Arena und verfolgten die Kämpfe, geht Ihr Blick nun einer reichen Edelfrau hinterher, die das antike Theater verlässt und ins Dunkel abtaucht – zu einem Stelldichein mit dem Gladiator, der soeben als Sieger das Rund verlassen hat.

Dieses Buch bedient sich verschiedener Blickwinkel und unterschiedlicher Darstellungsformen, um sein Thema zu präsentieren: Es ist erstens Archäologiebuch (seinen Inhalten nach), zweitens populärwissenschaftliches Sachbuch (von der literarischen Gattung her) und drittens Roman, wenn es in den römischen Alltag eintaucht.

Im Idealfall ist es also auch für den Leser der dritte Band einer ganzen Reihe: Nach *Ein Tag im Alten Rom* und *Der faszinierende Alltag im Römischen Reich* folgt nun Teil 3, der »das Reich der Sinne« in der römischen Antike erforscht (wenn es den Titel nicht schon gäbe, hätte ich ihn für dieses Buch gewählt...).

Das Buch richtet sich thematisch wie auch stilistisch vor allem an die Frauen. Denn sie kennen die Regeln der Liebe wie niemand sonst und verstehen sie auch anzuwenden. Heute wie damals sind sie es, die das Karussell der Liebe in Schwung halten.

Ich wünsche Ihnen viel Lesevergnügen!
Vale

Alberto Angela

Prolog
Im Reich der Sinne

Aus dem Halbdunkel fällt der durchdringende Blick ihrer schwarzen Augen auf uns. Ihr selbstsicheres Lächeln wirkt wie eine unausgesprochene Einladung, und so tun wir ein paar Schritte auf sie zu. Und während sich allmählich weitere Einzelheiten ihres Gesichts aus dem Dunkel des Raums herauskristallisieren, bleibt ihr Blick unverwandt auf uns gerichtet. Ihre Anmut schlägt unser gesamtes Denken in ihren Bann. Atemberaubend die vollen Lippen, die Zartheit der Haut, die hohen, geschwungenen Wangenknochen, die Fülle ihres dunklen Haars, ihr Gesicht, das ganz aus sanftem Licht gemeißelt scheint.

So nah sind wir ihr nun, dass unser Atem sachte ihr Antlitz streift. Da scheint mit einem Mal ihr Blick aufzuflackern und wieder zu verlöschen... doch schon im nächsten Moment ruhen wieder ihre Augen auf uns, aus denen diese unerschütterliche Sicherheit spricht. Was ist geschehen? Ein Windstoß hatte das Öllämpchen neben ihr zum Flackern gebracht, und auch jetzt spielt der Wind mit der Flamme und taucht ihre Augen in ein wechselndes Lichterspiel. Sie aber bleibt seltsam unbewegt. Wie könnte es auch anders sein? Ist sie doch kein Mensch aus Fleisch und Blut, sondern nur ein Wandfresko mit dem Antlitz der Venus, das uns die Dunkelheit als echt vorgegaukelt hat.

Die Öllampe warf diesen einen Flecken Licht ins Dunkel und erhellte mit ihrem Schein das Bild der Venus, das die Wandmitte einnimmt. Sonst gibt es keine Lichtquelle in diesem Raum, der ganz erfüllt ist von der lauen Stille und den Düften der Sommernacht. Noch ein paar Schritte, und wir befinden uns in einem langen

Flur, der einzig von den makellosen Strahlen des Mondlichts erhellt wird. An seinem Ende liegt ein weiterer Raum. Dort spielt der Wind in sanften Stößen mit dem durchscheinenden Vorhang, der den Eingang verhüllt, und verwickelt ihn in einen langsam schwingenden Tanz. So dünn ist der Vorhang, dass wir mühelos erahnen, was sich dahinter verbirgt: zwei Liebende, die sich umschlungen halten. Das Mondlicht, das auf ihren Körpern spielt, zeichnet ihre Gestalt nach, ohne sie ganz zu offenbaren – vergleichbar dem nächtlichen Wogen des Meeres, das sich uns nur durch das Auf und Ab der weißen Wellenkämme verrät. Hier ist es das Meer der Leidenschaften, das auf der anderen Seite des Vorhangs wogt, mit seinen zärtlichen Liebkosungen, seinem bezaubernden Lächeln, seinen bloßen Händen, die sich tief ins Haar graben, und den Lippen, die über die im Mondlicht zart schimmernde Haut wandern. Feuchte Küsse folgen, dann ein an Heftigkeit stetig zunehmendes Stöhnen, schließlich tiefe Atemstöße, die sich wie unsichtbare Kletterpflanzen die Wandfresken emporzuranken scheinen.

Nun ergreift die Frau die Initiative. Mit ihren schlanken Fingern liebkost sie seine breiten Schultern, seine muskulösen Arme – bis sich ihr Blick an den schwellenden Adern seiner Hände verfängt. Eine übermächtige Woge des Verlangens erfasst sie und lässt sie diese Hände packen, wie man die Zügel eines Pferdes greift, ehe man es zum Galopp antreibt, und sie besteigt ihren Geliebten zu einem langen nächtlichen Ritt. Als hätte der Mond begriffen, was nun kommen soll, hüllt er ihren sinnlichen Körper, der sich hin- und herwiegt wie eine züngelnde Flamme, in ein bläuliches Licht. So wie ein Maler sein Motiv mit einigen Pinselhieben auf der Leinwand skizziert, deutet er mit einigen Lichtpunkten die Gestalt der Frau in der Dunkelheit an: die Wölbung der Brust, die Kontur der Schenkel, in die sich jetzt die Hände des Mannes verkrallen, und schließlich ihr Gesicht – ein Ebenbild der Venus aus dem Wandfresko –, dessen volle Lippen sich verlangend öffnen. Immer weiter sinkt ihr Kopf in den Nacken, der Blick geht zu den Sternen hinauf. Ein inneres Feuer hat von ihr Besitz ergriffen, verzehrt sie unter immer lauterem Seufzen und Stöhnen. Und dann schließen sich ihre Augen, und unter einem Beben, das in Wellen durch den ganzen Körper läuft, verzerrt ihr Gesicht sich in der Verzückung der Liebe...

Machten »es« die alten Römer also genauso wie wir? Das ist die Frage, die sich jeder stellt, der schon einmal bestimmte Wandbilder aus Pompeji beziehungsweise die entsprechenden Bilder in den Museen gesehen hat. Nebenbei bemerkt gab es für die eben beschriebene Stellung, bei der die Frau »oben« ist, vor zweitausend Jahren schon einen präzisen Terminus technicus: *mulier equitans*, was so viel bedeutet wie »Reiterin« oder »reitende Frau«. Und wir haben diese Stellung bewusst gleich zu Beginn unserer Erzählung beschrieben. Wenn Sie nämlich wissen möchten, wie es um die Stellung und Wertschätzung der Frau in einer bestimmten antiken Kultur bestellt war, so genügt es meist – das werden Ihnen zahlreiche Experten bestätigen –, die Abbildungen von Sexstellungen auf Vasen oder Fresken einer näheren Betrachtung zu unterziehen. Während beispielsweise auf griechischen Abbildungen die Frau immer eine »passive« Position einnimmt, dem Mann unterworfen ist und von ihm in Besitz genommen wird, zeigen römische Darstellungen Frauen in Positionen, die den Schluss nahelegen, dass sie meist eine gleichberechtigte und in einigen Fällen sogar die dominierende Rolle spielten. Auf jeden Fall nahmen sie stets aktiv am Liebesspiel teil.

Diese spezielle Form des Verhältnisses der Geschlechter, für das wir in der Geschichte keine Vorläufer kennen und das uns so erst wieder in unserer Zeit und in unserer westlichen Kultur begegnet, ist eine der überraschenden Entdeckungen, welche die Welt der Römer für uns bereithält. Natürlich gibt es da auch ein paar Unterschiede, denn wir haben es immer noch mit einer antiken Kultur zu tun, und in der führt der Mann das Kommando. Dennoch lässt sich daran ablesen, wie »modern« sich die Paarbeziehungen in vielen Fällen schon gestalteten.

Und machten die Römer »es« nun wie wir? Die Antwort auf diese Frage wird uns unser Spaziergang durch das Alte Rom geben. Stellen Sie sich vor, wie Sie durch seine verwinkelten Gassen wandeln und plötzlich auf einen kleinen Platz hinaustreten. Denn dort begegnet uns eine der Gestalten, die wir schon aus der Einführung kennen, nämlich jener Jüngling, der nun an einer Säule lehnt. Hier beginnt unsere Entdeckungsreise durch das Reich von Venus und Amor, an einem Tag wie jedem anderen in der Hauptstadt des Imperiums, einem Dienstag des Jahres 115 n. Chr.

I
»Liebste,
gib mir tausend Küsse«

Küssen ... auf Römisch

Mitten auf dem kleinen Platz stehen zwei Bäume. Hungrig nach Licht strecken sie ihre grünen Zweige dem blauen Himmel entgegen, der sich über die großen Häuser breitet. Doch hoch hinauf kommen sie nicht, werden sie doch mühelos von den *insulae* überragt, den großen Häuserblocks, die sich rundum erheben. Ihre Zweige peitschen den Putz an den Häusern, sodass halbrunde Spuren zurückbleiben. Wie Gefangene sind sie, diese Bäume, Gefangene in einem tiefen Brunnen. Plötzlich bleibt unser Blick am Fuß der Bäume hängen: ein Schatten, der dunkle Tupfen eines Haarschopfs ... Ein junger Mann spaziert nervös auf und ab, ohne jedoch heraus ins Licht zu treten. Plötzlich bleibt er stehen.

Sein Blick richtet sich auf zwei Frauen, die gerade aus dem Portal eines Hauses treten. Eine junge Frau und ihre beleibte Sklavin, vielleicht ihre frühere Amme, denn der Altersunterschied ist beträchtlich. Es kommt recht häufig vor, dass Ammen sich auch noch um ihre »Milchtöchter« kümmern, wenn diese schon in der Pubertät sind. Dem jungen Mann gehen die Augen über, als das Mädchen ganz im Licht steht: Ihre dunklen Locken glänzen im Sonnenschein. Über dem Kopf trägt sie einen himmelblauen Schal *(palla)*, der ihr in weichen Falten auf die Schultern fällt. Ihre Augen sind züchtig zu Boden gerichtet, als wolle sie den Blicken der Passanten ausweichen. Nur ein Mal hebt sie die Lider, und wie ein Pfeil, der vom Bogen schnellt, trifft ein Blick aus tiefschwarzen Augen den Jüngling ...

In dieser Sekunde verengt die Welt sich auf diesen einen Augenblick, in dem ihre Augen einander begegnen. Die Pupillen weiten sich, der Atem geht schneller, der Herzschlag ebenso, der Körper scheint sich öffnen zu wollen ... Im nächsten Moment ist alles vorüber. Die Amme macht dem Mädchen ein Zeichen, und die beiden Frauen gehen weiter. Der junge Mann löst sich aus dem Schatten und folgt ihnen durch die Menge. Vorbei an den Werkstätten der Handwerker, den Läden der Barbiere, die er kaum wahrnimmt. Denn der Blick seiner grünen Augen hängt gebannt an den noch unfertigen, aber doch schon weiblichen Bewegungen des Mädchens. Nach wenigen Minuten verschwinden die beiden in einem Laden. Der junge Mann steht am Eingang und blinzelt hinein. Körbe voller Datteln und Trockenfeigen. Er tritt ein.

Da stellt sich ihm auch schon im Halbdunkel die Amme entgegen, die ihm den Weg versperrt wie ein Bär, der sein Junges schützt. Sie messen einander mit ihren Blicken. Ganz plötzlich aber lässt die Dicke den Jüngling durch, der hinter den Vorhang im hinteren Teil des Ladens schlüpft. Ein abgekartetes Spiel. Der Jüngling entstammt einer reichen Familie und hat sich mit einem hübschen Sümmchen die Komplizenschaft der Amme gesichert. Er weiß, dass am Ende das Geld alles regeln wird, sollte es Probleme mit der Familie des Mädchens geben, die sozial unter ihm steht. Sogar eine Vergewaltigung wird durch ein Bußgeld abgegolten, wie die Untersuchungen von Jens-Uwe Krause, Professor für Alte Geschichte an der Ludwig-Maximilians-Universität in München, zeigen. Doch zwischen den beiden, die sich hier sozusagen im Hinterzimmer des Ladens ein Stelldichein geben, wird es so weit nicht kommen. Sie lieben sich. Und die Amme, die nun den Eingang des Ladens überwacht und mit dem Besitzer plaudert, mit dem sie verwandt ist, hat ihr Rendezvous arrangiert.

Was aber geschieht hinter dem Vorhang?

Die jungen Leute umarmen sich. Ganz nah sind ihre Gesichter

einander, und sie flüstern sich leise Liebesworte ins Ohr. Ganz normal, möchte man meinen. Wie oft haben wir schon ähnliche Szenen zwischen Liebenden beobachtet, sei es auf dem Weg zur Arbeit oder zum Einkaufen. Freilich, doch vergessen wir nicht, dass wir jetzt durchs Alte Rom schlendern. Was machten die Liebenden damals? Wenn wir uns an das halten, was Dichter wie Catull oder Martial uns berichten, können wir ihnen gleichsam lauschen:

»Liebste, gib mir tausend und dann noch hundert Küsse…«, flüstert er, während er seine Lippen denen des Mädchens nähert.

»Wie viele denn?«, will sie lächelnd wissen und sieht ihn aus halb geschlossenen Augen schelmisch an.

»Wie viele? Aber Liebes, zählst du denn die Wellen im Ozean, die Muscheln am Strand, die Bienen, die von Blüte zu Blüte fliegen? Zählst du die Stimmen, die in diesem Augenblick flüstern: ›Ich liebe dich‹, oder die Liebkosungen zärtlicher Hände auf der Haut? Meine süße Venus! Nur der fordert wenig Küsse, der sie zu zählen weiß. Ich aber will mit dir das Zählen vergessen, während ich mich in deinen Augen verliere.«

Und schon berühren die Lippen einander, die Augen schließen sich, ein langer Kuss nimmt seinen Anfang.

Gut, aber küssten die Römer sich denn tatsächlich genau wie wir? Die Antwort lautet ja. Genau so wie wir. Mit einigen wenigen Abweichungen: Kuss war nicht gleich Kuss. Tatsächlich wurde zwischen drei Formen unterschieden (die wir bald kennenlernen werden). Und für das Küssen in der Öffentlichkeit gab es ohnehin genaue Regeln.

Küssen junge Römer und Römerinnen sich in der Öffentlichkeit?

Anders als heute hätten Sie im Alten Rom niemals Paare gesehen, die sich auf der Straße küssen. So etwas lief der herrschenden Moral zuwider. Sich auf der Straße zu küssen war nicht gern gesehen, weil dadurch die *Keuschheit* infrage gestellt wurde, die oberstes Anliegen der römischen Frau zu sein hatte. Niemals hätte eine römische Matrone – also die Dame des Hauses – ihren Mann vor aller Augen geküsst (oder sich in der Öffentlichkeit von einem Mann berühren lassen). Auch Mädchen aus hochgestellten, meist aristokratischen Familien hätten sich so nie verhalten.

Und da die aristokratischen Familien den Verhaltenskodex vorlebten, dem auch die »Neureichen« nacheiferten – also Familien niedrigeren Standes, die, weil sie zu Reichtum gelangt waren, in der römischen Gesellschaft aufsteigen wollten –, kann man davon ausgehen, dass diese Regel von den meisten befolgt wurde.

Na gut, die Reichen haben sich also in der Öffentlichkeit nicht geküsst. Und der Rest der weniger Begüterten? Auch der nicht. Der »leidenschaftliche« Kuss zwischen zwei »Verlobten« beispielsweise galt als Skandal, als Angriff auf die öffentliche Moral. Ein wenig wie im Italien der Vierziger- und Fünfzigerjahre. Denn wie viele küssende Pärchen konnte man in der Nachkriegszeit schon in der Öffentlichkeit beobachten? Wir alle kennen die Schwarzweißfotos, auf denen eine »modern« angezogene Frau, ganz offensichtlich Amerikanerin, durch die Straßen Roms schlendert, verfolgt von den sehnsüchtigen, neugierig funkelnden Männeraugen ... Die scheinbar »antike« römische Moral war also bis vor gar nicht so langer Zeit auch bei uns gültig. Aus ebendiesem Grund haben die zwei jungen Leute, denen wir soeben gefolgt sind, sich im »Hinterzimmer« eines Ladens getroffen, um sich zu küssen. Und für die Sklaven galt ganz sicher dasselbe. Ganz anders hingegen im Fall der Prostituierten, die ihre Klienten auf der Straße mit Küssen empfingen, um sie in ihren »Alkoven« zu locken.

Im Rom der Antike gab es also ganz sicher keine der leidenschaftlichen Gesten zu beobachten, die wir heute auf Straßen und Plätzen sehen, auf den Mäuerchen vor den Schulen und in den Cafés. Keine zärtlichen Umarmungen, keine liebevollen Neckereien zwischen Verliebten. Die Moral jener Zeit verlangte, dass solche Gebärden der Intimität des Hauses vorbehalten blieben. Wenn man genau darüber nachdenkt, gibt es auch nur wenige Bildwerke (erotischer Natur oder nicht) aus römischer Zeit, auf denen ein Paar im Begriff ist, sich zu küssen. (Das schönste ist vermutlich ein Mosaik aus einer Villa im sizilianischen Ort Piazza Armerina. Darauf küssen sich zwei Liebende, wobei die Frau Dekolleté zeigt ... auf der Kehrseite.) Ein Szene wie auf dem Foto von Robert Doisneau, auf dem zwei Liebende sich vor einem Pariser Bistro leidenschaftlich umschlingen, wäre im Alten Rom unmöglich gewesen.

Welche Art Kuss kennt der Römer überhaupt?

Die Römer kannten verschiedene Arten von Küssen, die je nach Situation unterschieden wurden. Eva Cantarella, Professorin an der Universität Mailand, wies darauf hin, dass die Römer sich bei vielen Gelegenheiten küssten. Angehörige des Militärs zum Beispiel begrüßten sich mit einem Kuss, aber es gab auch den Abschiedskuss, den Beileidskuss, den Versöhnungskuss, den Glückwunschkuss und so weiter.

Beim Kuss aus Liebe erwartet uns jedoch eine überraschende Entdeckung. Wir denken gewöhnlich, dass es für den Kuss zwischen Mann und Frau nur eine Form gibt. Die Römer hingegen kannten hierfür situationsbedingt drei verschiedene Begriffe.

Das *osculum* ist der Kuss mit geschlossenen Lippen, ohne Leidenschaft. Der Begriff leitet sich von *os* her, dem Wort für »Mund«, und ist eine Verkleinerungsform desselben, vielleicht um das Bild des zum Kuss gespitzten Mundes wiederzugeben. Dies ist der älteste Begriff für den Kuss. Damit wurden die keuschen Küsse bezeichnet, die man in Gegenwart anderer Menschen geben durfte, zum Beispiel bei Zeremonien. Dies war der einzige Kuss, der Frauen in der Öffentlichkeit erlaubt war. Im Haus wurde er gar zur Pflicht. Denn die Ehefrau musste ihren Mann (ja sogar andere Verwandte) täglich auf diese Weise küssen. Dies schrieb das *ius osculi* vor, das Kussrecht, eine eiserne Regel, die uns bald wieder beschäftigen wird.

Das *savium* ist der leidenschaftliche, erotische Kuss, bei dem die Zunge eingesetzt wird, der Kuss der Liebenden. Das Wort kommt von *suavis*, was »süß«, »angenehm« bedeutet. Mit einem Wort: der »französische« Kuss eben. Diesen Kuss meint Apuleius, wenn er im *Goldenen Esel*, im Mythos von Eros und Psyche, Venus verkünden lässt: »Er soll für seine Mühe von Venus in Person sieben Küsse zur Vergeltung bekommen, einen noch insbesondere, der mit allen Süßigkeiten gewürzt ist, welche nur der Liebesgöttin Honigmund zu geben vermag.«[1] (*Ab ipsa Venere septem savia suavia et unum blandientis adpulsu linguae longe mellitum*; Venus ist Eros' Mutter und will Psyche, die dem Palast des Eros entkommen ist, unbedingt wiederfinden. Daher verspricht die Mutter dem Ersten, der Psyche findet, all diese Küsse.)

Es gibt davon auch verniedlichende Formen, zum Beispiel das Diminutivum *saviolum*. Dieses Wissen verdanken wir Catull, der über einen Jungen, den er liebte, schrieb: »Ich stahl, während du spieltest, honigsüßer Juventius, wie Ambrosia süß, süßer noch, dir einen Kuss.«[2]

Von *basium* schließlich stammt das italienische Wort *bacio* (»Kuss«) ab, das jeder Italienreisende (auch) als leckere Näscherei kennt. Dieser Begriff entstand erst wenige Jahrzehnte vor Christi Geburt und sollte neben dem ursprünglichen *savium* verwendet werden, um es später zu ersetzen. Anfänglich war damit ein erotischer Kuss gemeint, in der späten Kaiserzeit aber bezeichnete der Begriff einen liebevollen Kuss, wie man ihn der eigenen Ehefrau oder den Kindern aufdrückt.

Interessanterweise sollte von diesen drei Begriffen in nachrömischer Zeit nur das *basium* überleben, das sogar ein Verb, *basiare* (»küssen«), hervorbrachte. Damit bezeichneten die alten Römer wie wir heute jede Form des Kusses, ob erotisch oder nicht. Ein Kuriosum am Rande: An den Wänden Pompejis wurde das *basium* in einem Graffito in seiner Schreibung verstümmelt. Dort steht es mit einem »v« zu lesen, also *vasium*. Dies spiegelt mit Sicherheit wider, wie das Wort ausgesprochen wurde. Und auch diese Eigenheit ist den Italienern zweitausend Jahre lang erhalten geblieben. Verlangt heute ein(e) Neapolitaner(in) seiner (ihrem) Liebsten einen Kuss ab, so heißt das auf Neapolitanisch »Damme 'nu vase« statt »Dammi un bacio«.

Den Mann auf den Mund küssen?
So schreibt es das Gesetz vor

Die Römer hatten einen eigenartigen Brauch. Das Gesetz sprach nämlich dem Ehemann das »Recht auf einen Kuss« zu, das *ius osculi*. Die Gemahlin war also von Rechts wegen verpflichtet, den Mann einmal täglich auf den Mund zu küssen. Und nicht nur ihn, sondern alle Verwandten (die eigenen und die des Mannes) bis zum Vetter zweiten Grades, wenn sie ihrer an diesem Tag zum ersten Mal ansichtig wurde.

Woher stammt nun dieser für uns seltsam anmutende Brauch? Seine Wurzeln reichen weit zurück in die Gründertage Roms, vielleicht sogar in die Zeit des Romulus selbst, doch wurde er noch bis weit hinein in die Kaiserzeit geübt. Und er hat einen ganz simplen Hintergrund: Man wollte kontrollieren, ob die gnädige Frau nicht etwa getrunken hatte!

Doch warum? Dahinter stand ein uraltes Gesetz, das einer Frau jeglichen Genuss von Wein verbot und dem Mann das Recht gab, sie sogar zu töten, wenn sie reinen Wein getrunken hatte. Dies war zwar schon zu Beginn der Kaiserzeit nicht mehr üblich, kam aber vereinzelt durchaus noch vor. Gewöhnlich wurde die Frau verstoßen, aber es gab durchaus Fälle, in denen der Ehemann seine Frau tötete, indem er sie in ein Zimmer des Hauses sperrte (wie er es auch mit einem in flagranti erwischten Liebhaber tun konnte) und sie dort verhungern ließ. Der Historiker Valerius Maximus, der zwischen dem ersten vor- und nachchristlichen Jahrhundert lebte, teilt uns gar mit, dass der Ritter Egnatius Mecennius seine Frau mit Stockschlägen tötete.

Woher diese Wut? Nun, das Trinken von Wein war damals gleichbedeutend mit Ehebruch. Und der Kuss war sozusagen der antike Alkomat und die Nagelprobe für die eheliche Treue. Die Gleichung war eine ganz simple. Das Trinken war die Vorstufe zum Ehebruch. Denn eine Frau, die trank, verlor die Kontrolle über sich und konnte sich leicht zum Ehebruch oder anderen Schändlichkeiten hinreißen lassen. »Die dem Wein verfallene Frau schlägt der Tugend die Tür vor der Nase zu und reißt sie auf für das Laster.« So hieß es damals.

Natürlich bedurfte es auch einer »Gegenprobe«, wie bei den Dopingproben im modernen Sport: Diese lieferten die Verwandten des Ehemanns. Sie schnüffelten, um einen zweiten Test zu machen, der den Befund des Ehemanns bestätigte oder widerlegte. Oder um die Ehre der Familie *(gens)* zu retten, falls der Mann des Hauses nichts bemerkt haben sollte.

Doch das *ius osculi* hatte noch eine andere düstere Seite: die

Ansteckung mit dem Herpesvirus (Herpes labialis). Die täglichen Küsse sorgten für eine rasche Verbreitung der Infektion. Als sich daraus eine regelrechte Epidemie entwickelte, ließ Kaiser Tiberius das *ius osculi* schließlich verbieten, vor allem während öffentlicher Zeremonien.

Und noch ein paar römische Küsse

Während unsere beiden jungen Leute noch damit beschäftigt sind, im rückwärtigen Teil des Ladens Zärtlichkeiten auszutauschen, treten wir an den Eingang. Wir lehnen uns an die Mauer und lassen unseren Blick über die Menge schweifen. (Neben uns die Amme, und auch sie kontrolliert die Straße mit wachem Blick.)

Welche anderen Formen des Küssens können wir auf den Straßen des Alten Roms beobachten? Alle sind sie hier vertreten. Da sind ein paar junge Leute, die sich gerade treffen. Die jungen Männer geben sich die Hand und begrüßen sich mit einem Kuss auf die Wange zum Zeichen der Freundschaft. Der leidenschaftliche Kuss mag ein Skandalon sein, der »normale« Kuss unter Freunden (und Freundinnen) ist etwas Alltägliches. Wie im heutigen Italien, so tauschte man auch im Alten Rom Küsse zur Begrüßung aus. Das beweist schon ein witziges Epigramm von Martial, einem lateinischen Dichter, der im zweiten nachchristlichen Jahrhundert lebte: »Küsse gibst du den einen, die Rechte, Postumus, andern, sagst mir: ›Wähl, was du willst!‹ Lieber schon möchte ich die Hand.«[3]

Auch im Senat war der Kuss nicht selten. Dort war er vor allem ein Zeichen der Versöhnung. So beschreibt Plinius der Jüngere in seiner *Lobrede auf den Kaiser Trajan*, die in ebenjener Zeit entstand, in der unsere Geschichte spielt, wie Trajan sich von seinem Platz erhebt, um seinen Kandidaten für das Amt des Konsuls zu gratulieren. Dies tut er, schreibt Plinius, indem er sie küsst, als sei er »ein ganz normaler Bürger«. Im Allgemeinen war der Kuss auf die Wange Zeichen dafür, dass man der so begrüßten Person den gleichen Rang zubilligte. Gab es einen bemerkenswerten Rangunterschied – wie zwischen Sklave und Adligem beispielsweise –, wurde kein Kuss getauscht, zumindest nicht in der Öffentlichkeit. Was Plinius hier über Trajan erzählt, kann nur so verstanden werden: Trajan gratuliert den neuen Konsuln und behandelt sie als Gleichgestellte, als wäre er ein ganz normaler Bürger. Er pocht also nicht auf seine Würde als Kaiser.

Und wenn jemand einen Begrüßungskuss nicht zurückgab? Dies galt als mangelnde Respektsbezeugung, ja als Feindseligkeit. Hier müssen wir uns an Seneca halten, der in *De ira* rät, es ernst zu nehmen, wenn der Begrüßungskuss nicht gewürdigt wird (...*ille osculo meo non adhaesit* [»Er hat sich so rasch von meinem Kuss zurückgezogen«][4]). Doch solle man sich andererseits davon nicht allzu sehr beeindrucken lassen.

Küss die Hand...

Ein reicher Römer bewegt sich gemessenen Schrittes durch die Straßen. Seine strahlend weiße Toga umhüllt den massigen Körper. In eleganten Falten fällt sie bis auf die Knöchel. Ein Sklave geht ihm voran und stößt alle zurück, die sich ihm etwa nähern wollen. Hinter ihm ein ganzer Schwanz Leute, die ihn verfolgen wie eine Meute hungriger Hunde den Braten. Die kleine Schar durchmisst die Straße mit derselben Feierlichkeit wie eine Braut, die zum Altar schreitet. Hier werden wir Zeugen des Schauspiels der Macht, das für die römische Gesellschaft typisch ist. Der Edelmann, der zahlreiche Besitztümer sein Eigen nennt (Läden, ganze *insulae*, diese riesigen Häuser, die das architektonische Gewebe Roms bilden), gilt im Viertel als mächtiger Mann. Viele der Handwerker und Ladenbesitzer sowie ihre Kunden kennen den Mann und grüßen ihn respektvoll. Manchmal gelingt es einem, die Abwehr zu durchbrechen, die der Sklave um ihn errichtet. Dann küsst er die goldberingte Hand des *dominus*, der sie ihm gleichgültig, ja gelangweilt überlässt. Gewöhnlich sind dies keine freien römischen Bürger – die diese Geste eines Römers unwürdig erachten würden –, sondern Sklaven und Freigelassene.

Der »Handkuss« für die Mächtigen war also schon in römischer Zeit bekannt? Ja, durchaus. Erst in der Folge hat sich diese Art der Begrüßung in alle europäischen Kulturen verbreitet. Damals aber war sie noch gar nicht so üblich. Viele Historiker glauben ja, dass die Römer diese Art von Kuss unter Nero oder Domitian sozusagen aus dem Orient importiert haben. In der zweiten Hälfte der römischen Geschichte, vor allem in spätkaiserlicher Zeit, hat er sich dann immer mehr verbreitet. Auch damals hatte der Handkuss eine eindeutige Funktion: Es handelte sich um eine Geste, die Ehrerbietung und Unterwerfung ausdrückte. Daher wurde sie vor allem von Sklaven und Freigelassenen ausgeführt, aber nicht von freien Bürgern. Vermutlich spielte der Handkuss auch bei der *salutatio matutina* eine große Rolle, der allmorgendlichen Audienz, die ein mächtiger *dominus* den Bittstellern in seinem Haus gewährte. Die Ärmsten, die Bedürftigsten unter ihnen begrüßten ihn wohl mit einem Kuss auf seinen Siegelring, bevor sie ihre Anliegen vorbrachten.

Dass dieser Kuss als Unterwerfungsgeste galt, wird schon aus der bereits zitierten *Lobrede auf Trajan* von Plinius dem Jüngeren klar. Dieser nämlich zählt unter den Tugenden Trajans auch die Gewohnheit auf, auf die Schmeicheleien der Leute nicht mit dem »Ausstrecken der Hand« zu antworten. Wieder ein Beleg für die Einzigartigkeit dieses Kaisers, der vielleicht von allen der »modernste« war. Auf jeden Fall der, der dem Reich seine größte Ausdehnung bescherte.

Aber es sind uns auch einige Fälle überliefert, in denen Kinder die Hand des Vaters küssten. Auch dies ist in vielen heutigen Kulturen noch der Fall: Ein junger Mann (kein Kind mehr) küsst dem Vater zu Beginn ihrer Begegnung respektvoll die Hand. Ich zumindest konnte dies einmal in Nordafrika beobachten. Ein Freund, der Medizin im Ausland studiert hatte, kehrte nach einer langen Reise ins Heim seines Vaters zurück. Der saß auf vielen Kissen im Hauptraum des Hauses. Obwohl Vater und Sohn sich lange Zeit nicht gesehen hatten und obwohl die beiden sich nahestanden, erhob sich der Vater nicht etwa, um den Sohn zu umarmen. Er streckte ihm vielmehr die reichberingte Hand entgegen, sodass dieser die Ringe küssen konnte. Und doch war der Mann ein liebevoller Vater, der Verhaltenskodex aber schrieb diese Art der Begrüßung vor. Eine ähnliche emotionale Distanz (die auch bei uns vor wenigen Generationen noch üblich war) beherrschte die Beziehungen in der römischen Welt.

Heute ist der Handkuss selten geworden, wenn man von Begegnungen mit religiösen Würdenträgern einmal absieht. Meist gilt er noch als Zeichen einer guten Erziehung. Leider vergessen viele Menschen dabei, dass der Schmatz, der vor zweitausend Jahren noch als schicklich betrachtet wurde, heute als vulgär gilt: Wenn ein Herr der Dame die Hand küsst, dürfen seine Lippen die Hand nicht berühren, sondern allerhöchstens streifen.

Gibt's denn Knutschflecken?

Aber ja doch. Auch wenn es keinen Begriff dafür gab, wissen wir doch aus antiken Texten, dass sie gar nicht so selten waren.

Hier ein paar Verse des großen Dichters Ovid aus dem 1. Jahrhundert v. Chr.: »Vor allem sieh zu, dass er sich seiner Liebe nicht allzu sicher sei und stets einen Rivalen habe. Ohne Wetteifer währt die Liebe nicht lang. Lass ihn die Spuren des anderen auf dem ganzen Bett sehen und die blauen Male an deinem Hals, Zeichen zärtlichen Spiels.«[5] *(Ne securus amet nullo rivale caveto; non bene, si tollat proelia, durat amor. Ille viri videat toto vestigia lecto factaque lascivis livida colla notis.)*

Der Rat Ovids würde bei heutigen Männern vermutlich eine solch heftige Reaktion der Eifersucht auslösen, dass keine Beziehung dies überlebte! Aber immerhin zeigt er, welche Strategien die Römerin im Spiel der Liebe anzuwenden wusste. Doch auf dieses Thema, das durchaus einige Überraschungen bereithält, kommen wir später noch zurück.

Der Kuss aus der Ferne

Wie wir sehen, haben wir doch so einige Gesten mit den Römern gemein. Unter anderem die, jemandem Küsschen zuzuwerfen. Gewöhnlich führt man dabei die geschlossenen Fingerspitzen an den Mund, deutet einen Kuss an und schickt ihn dann auf die Reise. Die Römer machten es nicht anders und nannten das *iacere oscula* oder *iacere basia*, wörtlich also »Küsse werfen«.

Woher aber stammt diese Geste? Die Römer haben sie nicht erfunden, denn tatsächlich handelt es sich dabei um eine der ältesten Gesten der Zivilisationsgeschichte: Die Römer haben sie von den Griechen übernommen, doch etwas Ähnliches gab es schon bei den Sumerern, Assyrern und Babyloniern.

Interessanterweise stammt der Brauch des Küssezuwerfens ursprünglich aus dem religiösen Bereich. Denn in der Antike war es verboten, Götterbilder direkt zu küssen. Aus diesem Grund warf man den Statuen der Gottheiten oder ihren symbolischen Repräsentationen diese »Fernküsse« zu.

Allerdings unterschied sich die Geste ein wenig in der Ausführung von der, die wir kennen. Man benutzte nicht alle Fingerspitzen, sondern nur Daumen und Zeigefinger. Mit ihnen »pflückte« man den Kuss gleichsam von den Lippen und schickte ihn dann genauso weiter wie heute. Historikern zufolge war dieser »Fernkuss« sowohl in Griechenland als auch in Rom ein ganz normaler Teil der Anbetungsriten.

Plinius der Ältere, der berühmte Naturforscher, Offizier und Verwaltungsbeamte, der während des großen Vesuvausbruchs im August 79 in Stabiae am Golf von Neapel ums Leben kam, gibt in seiner *Naturalis historia* ein weiteres Detail an: Der Kuss, den man den Göttern zuwarf, musste mit der rechten Hand weitergegeben werden. Wie das genau vor sich ging, lässt sich vielen römischen Texten entnehmen. Zum Beispiel dem Werk *Octavius* des nordafrikanischen Juristen Minucius Felix, der gegen Ende des 2. oder zu Beginn des 3. Jahrhunderts in Rom lebte. Er beschreibt die Geste des Heiden Caecilius vor der Statue des ägyptisch-hellenistischen Gottes Serapis: Caecilius habe der Statue Verehrung erwiesen, indem er die Hand an den Mund hob, wie es die abergläubischen Leute täten, und einen Kuss darauf gedrückt habe.

Hier dürfen wir uns nicht an der Bezeichnung »abergläubisch« stören, denn so bezeichneten die Christen die religiösen Gepflogenheiten der Nichtchristen. Der Christ Minucius Felix schrieb den *Octavius* zur Verteidigung des Christentums. Es handelt sich um einen Dialog zwischen drei Personen: Octavius, Minucius (beide zum Christentum übergetreten) und dem Heiden Caecilius. Dieses Gespräch findet bei einem Strandspaziergang in Ostia statt und endet mit der Bekehrung des Caecilius, der sich von den Worten des Octavius überzeugen lässt.

Und doch hielt der einst heidnische »Fernkuss« auch Einzug ins Christentum, als die Gläubigen nämlich den Darstellungen des gekreuzigten Christus solche Küsse zuwarfen.

So verließ der Fernkuss allmählich die Tempel und fand Eingang ins Alltagsleben, wo er bald als Zeichen der Zuneigung, aber auch des Lobpreises, der Dankbarkeit und Vollkommenheit galt, wie das auch heute der Fall ist. Vor allem auf der Bühne. Wenn Sie heute Popsänger oder Fußballstars sehen, die nach einer Darbietung oder einem Tor dem Publikum diese imaginären Küsse zuwerfen, dann tun sie, was auch die Römer im 1. Jahrhundert n. Chr. taten. Das zumindest belegt Martial in seinen Epigrammen: »Hört man ein mächtiges ›Bravo!‹ und dankt erst grade mit Kusshand, wird von dem Mantel man schon bis zu den Sternen geprellt.«[6]

Und doch war das Kusshändchen nicht für alle angemessen. Denn auch wenn es häufig vorkam, so galt es doch als »prollig« und einem Aristokraten völlig unangemessen. Der Historiker Tacitus beispielsweise, der vom ersten bis zum zweiten nachchristlichen Jahrhundert lebte, tadelte Kaiser Otho scharf dafür, dass er bei der Krönungszeremonie im Jahr 69 der Menge Küsschen zugeworfen hatte. Seiner Ansicht nach war dies eine Anbiederung, eines Kaisers nicht würdig…

Geht man mit seinem Mädchen aus?

Wollen wir unseren Weg durchs antike Rom fortsetzen und weiter nach den Spuren der Liebe suchen? Lassen wir unsere Liebenden im Laden zurück, in einem der tausend Verstecke, die sie sich ersonnen haben. Die römische Moral verbot Liebesbezeugungen in der Öffentlichkeit, daher begegnen uns nirgendwo, was heute selbstverständlich ist: junge Pärchen, die Hand in Hand spazieren gehen oder sich auf Parkbänken küssen. Oder junge Männer, die ihr Mädchen zum Abendessen ausführen.

Die Römer kannten kein »Dating«, keine galanten Abendessen, zu denen man lädt, um den anderen besser kennenzulernen.

Und das hat nicht nur moralische Gründe: Es gab einfach keine Restaurants, in die man hätte gehen können. Ein Römer könnte uns kein romantisches Lokal verraten, in dem man bei Kerzenlicht dinieren kann ... dergleichen kennt die Antike nicht. Es gab nur Kneipen und wenig empfehlenswerte Pinten, in denen die Kellnerinnen Prostituierte waren oder andere Huren auf Kundenfang gingen. Von den Gästen dieser Etablissements gar nicht zu reden: Trinker, Diebe, Spieler, Kutscher auf der Suche nach sexuellen Abenteuern oder Schlägereien ... An diesen Orten herrschte wohl dieselbe Atmosphäre, wie wir sie aus den Saloons des Wilden Westens kennen. Würden Sie Ihre Freundin für ein intimes Abendessen zu zweit in ein derartiges Lokal ausführen? Wohl kaum. Unter anderem, weil diese Art Gaststätte nicht der richtige Ort für ein »anständiges« Mädchen wäre.

Und wie ist es mit Händchenhalten?

Das Leben war für Verliebte im Rom der Antike also deutlich schwieriger als heute. Man durfte sich nicht in der Öffentlichkeit küssen. Man konnte nicht mit seinem Mädel ausgehen ... Durfte man dann wenigstens Hand in Hand durch die Straßen bummeln und gelegentlich mit einer zärtlichen Geste zeigen, wie sehr man den anderen liebte? Ganz und gar nicht. Wie Küsse galt jeder zärtliche Kontakt in der Öffentlichkeit als unmoralisch und skandalös, da er an der Keuschheit der Betreffenden zweifeln ließ. Nicht einmal verheiratete Paare (schon gar nicht, wenn sie aus der höheren Gesellschaft stammten) konnten in der Öffentlichkeit Händchen halten. Das war nur in Ausnahmefällen gestattet, zum Beispiel bei der Hochzeitszeremonie, bei der die Hände des Paares offiziell ineinandergelegt wurden.

Verliebte Gesten kamen nicht einmal auf der Bühne vor, in Komödien zum Beispiel, was ein klares Anzeichen dafür ist, dass die Beziehungen zwischen Mann und Frau deutlich formaler geregelt waren als heute (was allerdings für die Zeit unserer Großeltern durchaus noch zutrifft). Eine der ganz wenigen Szenen auf der Bühne, in denen eine Frau die Hand eines Mannes ergreift, findet sich im *Amphitryon*, einer Komödie von Plautus. Alkmene nimmt ihren Mann bei der Hand und küsst ihn, doch auch diese Szene spielt letztlich in der Intimität des Schlafzimmers, nicht auf offener Straße.

Dies waren die Regeln, nach denen das Leben der Römer geordnet war. Natürlich wissen wir nicht, ob in all den Jahrhunderten, die die römische Zivilisation bestand, nicht die ein oder andere Abweichung möglich war, vor allem, was die niederen Schichten der Bevölkerung betrifft. Dort wurden die Gebräuche sicher nicht ganz so streng gehandhabt wie in den Adelsfamilien. Vielleicht war in den Straßen, in denen das gemeine Volk lebte, in den Straßen der Subura zum Beispiel, des Rotlichtviertels von Rom, der flüchtige Körperkontakt (Zärtlichkeiten, Umarmungen, höchstens mal ein Kuss) nicht ganz so verpönt. Doch wir sollten nicht vergessen, dass ein schlechter Ruf im Alten Rom nicht nur dem Einzelnen anhing, sondern immer die Ehre der ganzen Familie betraf. Es ist also anzunehmen, dass jeder bestrebt war, die Gebote der Moral einzuhalten.

Ein Anti-Stalking-Gesetz

Für die römischen Frauen, vor allem die Matronen der höheren Schichten sowie die *virgines* (unverheiratete junge Frauen), galten ausgesprochen strenge Verhaltensvorschriften. So wissen wir von dem Historiker Valerius Maximus, dass kein Mann in der Öffentlichkeit eine Frau mit der Hand berühren durfte, weil er sonst ihre Keuschheit »befleckt« hätte, also ihre Ehrbarkeit in sexueller Hinsicht. Dieses Verbot zeitigte eigenartige, teils hochnotpeinliche Folgen. Richtern zum Beispiel waren damit die Hände gebunden. Wenn eine Matrone nicht angefasst werden durfte, wie sollte man sie dann etwa verhaften? Die Historikerin Danielle Gourevitch hat diese Frage geklärt. Die Matrone kam keineswegs »ungeschoren« davon. Sie wurde der Familie überantwortet und musste den Zorn des Vaters oder Gemahls auf sich nehmen, da sie den Namen der Familie entehrt hatte. Man kann sich unschwer die Verlegenheit der Zöllner vorstellen, wenn ihnen an der Grenze (zwischen den verschiedenen Provinzen des Reiches und bei der Einreise nach Italien über die Alpenregion) eine Matrone begegnete, die verdächtig war, unter ihren wallenden Röcken Perlen oder andere Kostbarkeiten zu schmuggeln, für die Zoll fällig war. Unmöglich, sie zu durchsuchen oder auch nur zum Absteigen zu zwingen. Das wäre für den Römer ein echtes Sakrileg gewesen.

Doch nicht nur körperlich war die römische Matrone unantastbar. Auch ihre moralische Integrität musste stets gewahrt werden. So wurde etwa 200 v. Chr. ein Gesetz erlassen (Lex de adtemptata pudicitia), das die Ehrbarkeit der römischen Frau rundum schützen sollte. Der gesamte Gesetzestext ist zwar nicht überliefert, doch den Historikern ist es gelungen, seine Inhalte aus anderen Quellen zu rekonstruieren. Gegenstand des Gesetzes war die sexuelle Ehrbarkeit dreier Kategorien von Frauen: einmal die verheirateten Frauen *(nuptae)*, sodann die Witwen *(viduae)* und die Jungfrauen *(virgines)* sowie die noch nicht erwachsenen Mädchen.

Das Gesetz bestrafte nicht nur das Berühren einer Frau (bewusst und in der Absicht, sie zu belästigen). Bestraft wurde auch, wer sie mit beleidigenden Ausdrücken belegte *(appellare)* oder unsittliche Angebote machte. In dieser Hinsicht war der Jurist Ulpianus (2. bis 3. Jahrhundert n. Chr.) recht klar: Unter *appellare* (wörtlich »anreden«) hatte man nicht nur Schimpfwörter oder

Vulgaritäten zu verstehen, sondern überhaupt jede Art von Verhalten auf der Straße, das die Absicht verfolgte, die Matrone zu amoralischem Verhalten zu bewegen. In anderen Worten: Auch der wurde bestraft, der seelischen Druck auf sie ausübte, zum Beispiel, indem er sie auf der Straße verfolgte. So gesehen erinnert die Lex de adtemptata pudicitia, die während der gesamten Kaiserzeit galt, an unsere Anti-Stalking-Gesetze.

Natürlich traf das Gesetz vor allem jene, die »es wissen wollten«, die einer Matrone den Hof machten und sie zum Eingehen einer sexuellen Beziehung bewegen wollten: denn diese war eine Straftat. Die Papagalli des Alten Rom mussten also auf der Hut sein. Natürlich war es erlaubt, Frauen anzusprechen, doch wenn man sich die falsche Frau aussuchte (eine Matrone von hoher Stellung) oder die falsche Methode anwandte, wenn man ihr in vulgärer oder aufdringlicher Weise nachstellte, dann konnte man von Gesetzes wegen bestraft werden. Es wurde sogar schon als Verbrechen betrachtet, wenn man versuchte, ihren Leibwächter-Sklaven wegzulocken, um freie Bahn zu haben.

Die Strafen allerdings waren reine Geldstrafen und hingen ganz von der sozialen Stellung der Belästigten ab. Je höher der gesellschaftliche Rang ihrer Familie war, desto tiefer musste der Belästiger in die Tasche greifen. Da wurden mitunter schon recht hohe Summen fällig.

Die Lex de adtemptata pudicitia galt im ganzen Römischen Reich. Sie schützte freie römische Bürgerinnen von tadellosem Ruf. Frauen, die eines solchen ermangelten, weil sie zum Beispiel schon einmal wegen Ehebruchs verurteilt worden waren, oder Sklavinnen konnten sich nicht darauf berufen. Leider wissen wir nicht, wie häufig dieses Gesetz tatsächlich angewendet wurde. Vermutlich waren es ohnehin eher Frauen aus ausgesprochen vermögenden Familien, die entsprechende Prozesse anstrengen konnten, da Prozesse sehr viel Geld kosteten.

Wir wissen auch nicht, inwieweit das Gesetz in den römischen Provinzen Anwendung fand, da dort neben den römischen häufig eigenständige Rechtsvorschriften galten. Römische Matronen allerdings, die in der Provinz lebten, weil sie beispielsweise ihren Männern gefolgt waren, die dort hohe administrative oder militärische Funktionen innehatten, konnten sich auf seinen Schutz berufen.

Vielleicht wagten sich »anständige« Frauen auch deshalb nie allein auf die Straße. Sie hatten immer eine Eskorte dabei, vor allem einen *comes*, der sie schützte, einen vertrauenswürdigen Sklaven oder Verwandten. Natürlich war dieser »vertrauenswürdig« in erster Linie in den Augen des Ehemannes (!), der auf diese Weise kontrollierte, dass es nicht zu Seitensprüngen kam ... Und so machte sich eine Frau aus gutem Hause, die ohne *comes* auf die Straße ging, schon von vornherein verdächtig, ja sie befleckte die Ehre ihrer Familie: Schließlich konnte man sie ohne entsprechende Begleitung leicht für eine Sklavin halten oder gar für eine Prostituierte. Ähnlich hätte man von ihr auch gedacht, hätte sie sich öffentlich zu Küssen oder Zärtlichkeiten hinreißen lassen.

Schenkt man seiner Angebeteten Blumen?

Also gut: Man küsste sich nicht auf der Straße, hielt nicht Händchen und ging nicht zusammen zum Abendessen aus. Aber man durfte der Angebeteten doch wohl noch Blumen mitbringen? Falsch: Die Römer kannten die Gewohnheit gar nicht, einen Blumenstrauß oder gar Rosen zu schenken. Das gehörte einfach nicht zu ihrer Tradition.

Dabei liebten die römischen Frauen, ja die Römer im Allgemeinen, Blumen durchaus. Doch ihre Farben und Düfte schmückten eher das Haus oder fanden im religiösen Rahmen Verwendung.

Es kam natürlich vor, dass jemand seiner Angebeteten als Überraschung Blumen mitbrachte, doch das war eher die Ausnahme. Jedenfalls geschah es nicht mit der Häufigkeit und der Absicht wie bei uns.

Ich möchte Ihnen dies einmal am Beispiel einer Kerze verdeutlichen. Wo begegnen uns heute Kerzen? Auf jeden Fall in der Kirche (religiöser Hintergrund), auf dem Geburtstagskuchen (Feier). Wir benutzen Kerzen, wenn wir einen Raum verschönern oder eine romantische Stimmung schaffen wollen (Einrichtung). Niemand käme auf die Idee, der Verlobten einen Leuchter mit einundzwanzig angezündeten Kerzen zu schenken, wie wir es heute mit roten Rosen tun. Das gehört einfach nicht zu unseren Traditionen. Ähnlich hielten es die alten Römer mit den Blumen ... mit gelegentlichen Ausnahmen, wie wir gleich sehen werden.

Wir lassen uns weiter durch die Straßen treiben. Die beiden Liebenden nutzen ihre Zeit im Hinterzimmer des Ladens für weitere Zärtlichkeiten. Über ihre Zukunft wird das Schicksal entscheiden. Wir aber folgen zwei römischen Matronen, die plaudernd durch die Menge schreiten. Vor ihnen her gehen die *comes*, die sie schützen wie Leibwächter, indem sie die Menge teilen und dafür sorgen, dass niemand ihnen zu nahe kommt. Dazu muss noch eines gesagt werden: Wenn wir heute den Begriff »Matrone« hören, denken wir an dicke, behäbige, alte Frauen, die mit allerlei Goldschmuck behangen sind. In römischer Zeit allerdings war die *matrona* ein Synonym für »Dame von Stand« und konnte sich durchaus auf junge, schöne und schlanke Frauen beziehen ... wie die beiden, denen wir im Moment nachgehen. Die zwei verschwinden um die nächste Straßenecke, und plötzlich taucht mitten in der Menge eine *lectica* auf, eine Sänfte. Wer wie wir nicht an diesen Anblick gewöhnt ist, würde wohl eher an einen Trauerzug denken oder an eine Prozession, bei der eine Heiligenfigur unter einem Baldachin durch die Straßen getragen wird. Tatsächlich ist die Sänfte nichts anderes als ein Bett mit Baldachin, das an Stangen getragen wird. Acht vollkommen gleich gekleidete Sklaven transportieren sie auf ihren Schultern. Ihre Beine bewegen sich im Gleichschritt, sodass die Sänfte aussieht wie eine Art Tausendfüßler, der sich über das Pflaster schiebt. Wenige Sekunden später kommt sie an uns vorbei. Wir blicken in die Gesichter der Sklaven: Die Adern an den Schläfen treten vor Anspannung hervor, der Schweiß rinnt ihnen in Strömen über Stirn und Wangen... Vermutlich sind sie schon länger unterwegs, und die Sänfte ist richtig schwer! Tatsächlich ist sie von massiver Bauart, sozusagen der Rolls-Royce der Antike. Eine solche Konstruktion ist nicht dazu bestimmt, schneller durchs Gewühl zu kommen, sondern dient der Zurschaustellung des eigenen Reichtums. Ein echtes Statussymbol also: mit Beschlägen aus vergoldeter Bronze, Elfenbein- und Holzfiguren, die das Gestänge schmücken. Der Anstrengung der Sklaven nach zu urteilen, ist auch der Getragene kein Leichtgewicht... Wer allerdings darin sitzt, bleibt uns verborgen. Schwere, fein gearbeitete Vorhänge entziehen ihn unseren Blicken (das Gegenstück der dunklen Scheiben heutiger Luxuskarossen).

Wir kennen solche Sänften ja aus unzähligen Filmen, die ein Detail allerdings nicht »transportieren« können. Wir aber werden es in der nächsten Sekunde sozusagen »live« erleben: Die Sänfte, die an uns vorüberzieht, hinterlässt eine merkwürdige Geruchsspur: Es ist der Duft aromatischer Hölzer (aus denen auch das Mobiliar in den Häusern der reichen Römer gefertigt ist, also natürlich auch die Sänfte), der sich mit flüchtigeren Düften paart, orientalischen Essenzen beispielsweise, mit denen man Matratze und Kissen im Innern der Sänfte besprengt hat (das luxuriösere Pendant des duftenden »Wunderbaums« also, das in so vielen Autos am Rückspiegel baumelt). Das Ganze vermengt sich mit dem beißenden Schweißgeruch der Sklaven. Was diese Duftmischung bei den Umstehenden auslöst, ist an den Gesichtern der beiden Edeldamen vor uns deutlich abzulesen: Neugier, Freude und schließlich Ekel. Glücklicherweise macht sich, kaum ist die Sänfte vorüber, wieder der Geruch der Straße breit, der von den zahllosen Blumentöpfen geprägt ist, die auf den Balkonen und Fenstern der *insulae* stehen. Obwohl das Leben in diesen Mietskasernen des antiken Rom hart ist, zeigt sich die vorherrschende Lebensfreude auch in winzigen Einzelheiten wie diesen. Die Straße ist im Viertel bekannt und beliebt, eben weil so viele Blumentöpfe sie mit ihren Farben und Düften beleben. Ein echtes »Postkartenmotiv«, wie wir heute wohl sagen würden.

Das ist weiter nicht erstaunlich. Im Alltagsleben des Alten Rom sind Blumen recht verbreitet. Alle Häuser wohlhabender Römer besitzen einen privaten Garten *(hortus)*, in dem Blumen gezogen werden. In den großen Städten gibt es die sogenannten *ambulationes*, das sind Straßen, in denen die Bürger nach dem Essen spazieren gehen. Diese *ambulationes* sind mit verschiedensten Blumen geschmückt, die in Töpfen und in der Erde kultiviert werden.

Und welche Blumen liebt der Römer nun am meisten? Vor allem Rosen, Veilchen (verschiedenen Typs), Lilien, Iris, Krokus, Mohn, Narzissen, Gladiolen, Nelken, Amaranth, Geißblatt und so weiter...

Wenn schon nicht für die Lebenden, dann für die Toten

Die Römer bedachten die Lebenden eher selten mit Blumensträußen, den Toten aber brachte man auf jeden Fall welche! Am letzten Tag (Feralia) des Totenfestes (Parentalia), das zwischen dem 13. und dem 21. Februar gefeiert wird, brachten die Römer ihren Lieben Geschenke ans Grab. Besonders beliebt waren Blumengirlanden (meist in rötlich violetten Tönen). Doch es gab auch haltbarere Girlanden, bei denen die Blüten aus rötlichen Kugeln bestanden, die aus gestampften Blütenblättern hergestellt wurden. Diese waren vor allem beliebt, wenn jemand im Winter starb, wo es kaum frische Blüten gab.

So sehr ist der Totenkult mit den Blüten verknüpft, dass einige Totengedenkfeste den Namen von Blumen trugen. Bei den Violaria Ende März oder den Rosaria (oder Rosalia) Ende Mai oder Anfang Juni feierten die Verwandten auf den Gräbern und schmückten diese mit Veilchen oder Rosen.

Doch auch ein Fest des Lebens ist untrennbar mit Blumen verbunden: die Hochzeit. Dort werden die Blütenblätter zum Symbol des Glücks und des Wohlstands. Am beliebtesten sind hier Rosen! Wie bei der Hochzeit des Sohnes der Dionisia. Aber diese Geschichte sollen Sie nun selbst hören.

Zweitausend Rosen für die Hochzeit

In einem im ägyptischen Oxyrhynchos gefundenen Papyrus, der auf römische Zeit zurückgeht, sogar genau auf jene Zeit, in der wir unseren Spaziergang auf den Spuren der Liebe machen, lesen wir, wie zwei Blumenhändler namens Apollonius und Serapia sich bei einer Frau namens Donisia entschuldigen. Es war ihnen nicht gelungen, alle Blumen aufzutreiben, die diese für die Hochzeit des Sohnes bestellt hatte. Tatsächlich scheute Dionisia für diesen Anlass keine Kosten und hatte zweitausend Rosen und zweitausend Narzissen bestellt! Doch die beiden Blumenhändler konnten nur tausend Rosen auftreiben und boten der Dame im Gegenzug viertausend Narzissen an. Wir wissen nicht, was Dionisia den beiden antwortete, noch, wie die Sache ausging. Eines aber ist sicher: Heute wie damals waren Rosen die Blumen der Liebe und als solche sehr begehrt.

Und noch eine andere Einzelheit können wir dem Papyrus entnehmen. Wir wissen nun (auch aus anderen Quellen), dass es bei Hochzeiten die Familie des Bräutigams übernahm, für Blumen und Wein zu sorgen. Der Familie der Braut hingegen oblagen die Organisation des Festes und nicht zuletzt die Einladungen.

Gibt es denn Blumen außerhalb der Saison?

Wie wir gesehen haben, schenkt ein römischer Latin Lover (im wahrsten Sinne des Wortes) seiner Angebeteten keine Rosen. Aber selbst wenn er das gewollt hätte, hätte er einem schier unüberwindlichen Problem gegenübergestanden: Es gab keine riesigen Treibhäuser, keine industrialisierte Blumenzucht wie heute, wo wir auch im Winter die schönsten Blumen schenken können.

Kleinere Treibhäuser allerdings existierten durchaus. Möglicherweise waren es sogar die Römer, die sie erfunden haben (zumindest stammen die ältesten Belege für deren Existenz aus der Römerzeit), um auch im Winter ihren Bedarf an Blumen decken zu können. Plinius der Ältere schreibt, dass Kaiser Tiberius eine Leidenschaft für Gurken hatte. Um dieser das ganze Jahr über frönen zu können, ließ er eine Art »mobiles Gewächshaus« entwickeln, eine Art »mit Glasscheiben abgedeckte Kisten auf Rädern«. So konnte man sie jederzeit in die Sonne stellen, um auch im Winter Gurken ziehen zu können.

Doch die kaiserlichen Treibhausgurken waren die Ausnahme. Die Anzucht von Pflanzen im Gewächshaus war nicht üblich. Und nur der Kaiser konnte es sich leisten, Hülsenfrüchte, Obst oder Blumen außerhalb der Saison kultivieren zu lassen. Aber die findigen Römer wussten sich natürlich auch hier zu helfen: Man importierte Obst und Gemüse einfach aus dem Ausland, wenn dort gerade Saison war.

Wir sind uns dessen wahrscheinlich nicht bewusst, doch hinter jeder Blume, die uns angeboten wird, steckt ein weltumspannendes Handelsnetz. Die Rose, die ein Mann zum galanten Stelldichein mitbringt, die Blumen, die eine Frau ihrer Freundin schenkt, kommen meist aus weit entfernten Ländern. Das Nadelöhr dafür ist Alsmeer, ein Ort in der Nähe von Amsterdam, wo jeden Morgen der größte Blumenmarkt der Welt stattfindet. Dort kaufen die Großhändler ein, um Ihren Blumenhändler um die Ecke zu versorgen. In römischer Zeit gab es zwar keine Boeing und keinen Airbus, die die Blumen in wenigen Stunden frisch über Kontinente hinweg an ihr Ziel bringen, doch auch die Römer hatten ein ebenso praktisches System erfunden. Denn wer reich war, wollte auch Blumen haben, wann immer ihm der Sinn danach stand.

Das schönste Geschenk: Rosen im Winter

Anders als das gemeine Volk, das sich mit den Blumen der Saison zufriedengeben musste, konnte die römische Elite sich zu besonderen Anlässen auch ein floristisches Juwel leisten, das einem echten Edelstein im Preis nicht nachstand: »Winterrosen aus Ägypten«.

Denn in dieser Provinz des Römischen Reichs herrschte ein wärmeres Klima, sodass Rosen dort auch in der bei uns kalten Jahreszeit wuchsen. Und gewitzte Geschäftsleute sorgten dafür, dass sie übers Meer direkt nach Rom geliefert wurden. Diese Rosen allerdings waren so teuer wie Diamanten, daher schenkte man sie auch nur zu bestimmten Anlässen, wie uns der erotische Dichter Krinagoras von Mytilene berichtet. Dieser lebte im Rom des Kaisers Augustus und war Botschafter, was ihm Zutritt zu den Kreisen der Hofdichter verschaffte.

Antonia der Jüngeren, der Nichte des Kaisers, schenkte er an ihrem Geburtstag einen Strauß seltener Winterrosen, die aus Ägypten kamen. Und ein Gedicht: »Blühten nicht Rosen einst im Frühling? Nun aber öffnen sich uns mitten im Winter die purpurfarbenen Kelche, um am Morgen dieses schönsten Jahrestages der Morgenröte gleich zu lächeln, nahe dem hochzeitlichen Bett. Denn ist es nicht besser, den Tempel der lieblichsten Frau zu umfangen, als weiter auf die Sonne des Frühlings warten zu müssen?«

Wenn wir nun zwei und zwei zusammenzählen, finden wir ganz leicht heraus, wann diese kostbare Gabe überreicht wurde. Denn Antonia die Jüngere war Tochter der Schwester von Augustus und des schönen Marcus Antonius. Sie kam am 31. Januar zur Welt. Dem Dichter war es also gelungen, Ende Januar Rosen aufzutreiben, zu einer Zeit, in der sogar die Schifffahrt wegen der Winterstürme eingestellt wurde. Wie die ägyptischen Rosen nach Rom kamen, ist ein Rätsel, denn immerhin handelte es sich dabei um zarte, leicht verderbliche Ware. Und auch wenn die üblichen Routen über das Mittelmeer von Oktober bis März oder April nicht befahren wurden, riskierten dennoch einige Kapitäne die Reise... gegen entsprechende Bezahlung natürlich. Möglicherweise entschieden sie sich eher für die Küstenrouten, die zwar länger, dafür aber sicherer waren, und wagten sich nur aufs offene Meer, wenn dies unumgänglich war.

In der Kaiserzeit eröffnete man die Meeresschifffahrt jedes Jahr am 5. März mit dem Navigium Isidis, einem der Isis gewidmeten Fest, das auch Apuleius im *Goldenen Esel* beschreibt. Kam dann der Herbst (Oktober), kehrten die Handelsschiffe ins Winterquartier zurück. Doch es gab ja noch die Küstenschifffahrt, bei der die Schiffe von Hafen zu Hafen fuhren. Die Routen säumten gleichsam die Küste, und so gelangte auf diesem Weg allerlei Handelsware nach Rom, obwohl die Fahrt länger dauerte.

Aus diesem Grund waren solche Rosen ungeheuer wertvoll. Männer hatten für sie ihr Leben riskiert oder waren gar gestorben. Daher war ein solches Geschenk außerordentlich kostbar. Was auch Martial unterstreicht. Eines seiner Epigramme erklärt, warum die Winterrosen gar so hoch geschätzt werden: Sie sind rar und teuer. »Seltenes erfreut. So genießt man die ersten Äpfel am meisten. Rosen zur Winterszeit haben drum höheren Wert. Die dich plündert, die Freundin, empfiehlt es, tut sie recht spröde. Ist stets offen die Tür, lockt es die Jünglinge nicht.«[7]

Einige Historiker gehen davon aus, dass die hohen Gewinne und die anhaltend starke Nachfrage nach Winterrosen römische Geschäftsleute dazu anregten, die Methoden der Rosenzucht in Italien entsprechend zu verbessern. Etwa um die Zeitenwende begann man vor allem in der Gegend um Paestum, Rosen in großem Stil anzubauen. Paestum war in der Kaiserzeit für seine stark duftenden roten Rosen bekannt. Der Historiker Marius Mello berichtet, in den Rosengärten von Paestum (den *rosaria*) hätte man eine Sorte gezüchtet, die tatsächlich zweimal im Jahr blüht: im Frühling und im späten Herbst. Plinius hingegen weist darauf hin, dass man die Anbautechnik enorm verbessert hatte: um die Rosen früher zum Blühen zu bringen, müsse man um die Wurzel einen Graben von einem Fuß Tiefe ausheben und diesen, sobald sich die Knospen bilden, regelmäßig mit warmem Wasser füllen.

Doch auch die Rosen aus Paestum waren teuer und rar, also gleichfalls ein höchst exklusives Geschenk. Wenn dann auch noch zu den Rosen ein eigens für diesen Anlass geschriebenes Gedicht kam, wie im Falle des Hofdichters Krinagoras von Mytilene, so war dies wahrhaft ein kaiserliches Geschenk!

Gedichte und Rosen für eine Frau ... da würde man heute sofort an Romanzen oder Affären denken. Im Alten Rom war dies nicht automatisch der Fall, auch wenn damals schon vor allem Frauen Empfänger solcher Gaben waren. Doch der Grund war ein anderer, genauer gesagt waren es deren zwei: Zum einen galten sie als »Musen« der Dichtkunst, zum anderen waren sie wie im Fall unseres »erotischen« Dichters Krinagoras auch deren Sponsoren und sorgten mit finanziellen Zuwendungen dafür, dass diese ihre Dichtkunst überhaupt ausüben konnten.

Es war also weniger die Liebe als der Sinn fürs Praktische und der Wunsch, Eindruck zu schinden, was den Rosenmarkt im winterlichen Rom florieren ließ... Kaum aber kehrt die warme Jahreszeit zurück, nimmt die Rose wieder ihren Platz im Alltag ein und wird neuerlich zum Zeichen des Glücks und der Liebe. Auch dies entnehmen wir dem Epigrammatiker Martial. Für ihn ist die Rose die Blume der Liebe schlechthin (wenn auch nicht der Liebe zu einer Frau, sondern zu einem von ihm hochgeschätzten Mann, seinem Freund und Sponsor): »Selige Rose, mit schmiegsam weichen Kränzen schmücke meines Apollinaris Locken! Schling auch, aber erst spät, dich um die weißen! Dann soll Venus auch dir auf ewig hold sein.«[8]

Was schenken sich Verlobte?

Nun hallt ein entschlossener, fast schon militärischer Schritt in unserer Blumenstraße wider und fesselt unsere Aufmerksamkeit. Wir drehen uns um und erkennen einen hochgewachsenen Mann in der Menge. Sein Gesicht scheint uns ungewöhnlich: hochangesetzte Wangenknochen mit entschiedenem Schwung, darüber kleine Augen, die fast schon in den Höhlen verschwinden. Er durchmisst die Straße, als gehöre sie ihm: Dies und seine durchaus teure Kleidung zeigen uns, dass er einen hohen sozialen Rang genießt und ans Befehlen gewöhnt ist. Zwei Sklaven springen willfährig zur Seite, als er vorübergeht. Nun kommt er direkt an uns vorbei. Das Erste, was wir bemerken, ist sein Duft, so intensiv, dass er für einen Moment den Gestank der Straße überdeckt. Er macht uns neugierig. Wer mag er wohl sein, und wo will er hin? Schon im nächsten Moment erhalten wir Antwort auf unsere Frage. Er biegt in die nächste Straße ein, die zu den eleganteren des Viertels gehört. Dort begegnen wir mehr Menschen wie ihm, gut gekleidet und gepflegt. Das Glitzern von Gold, das Schimmern leuchtender Farben hebt sich von den matteren Tönen (Grau, Braun, schmutziges Weiß) der Kleidung ärmerer Menschen deutlich ab. Die Leute hier scheinen jeden, der nicht ihresgleichen ist, gar nicht zu bemerken. Hier geht man nicht spazieren, um zu sehen, sondern um gesehen zu werden.

Allmählich dringt das unaufhörliche Schlagen kleiner Hämmer in unser Bewusstsein. Der Mann steuert direkt auf einen der Läden zu, aus dem dieses merkwürdige Geräusch zu kommen scheint, und verschwindet darin. Wir folgen der Spur seines Parfüms. Was für ein Laden ist das? Wir bleiben davor stehen und studieren das Ladenschild: zwei elegante goldene Ketten, die sich umeinanderschlingen, Perlen und Ringe mit grünen und blauen Steinen. Vermutlich soll dies Smaragde und Saphire darstellen. Eine Goldschmiedewerkstatt also! Eine *taberna gemmaria*, wie die Römer es nennen. Wie üblich liegen diese in eher eleganten Straßen, wie das auch heute bei renommierten Juwelieren der Fall ist. Der Mann sucht offensichtlich ein Geschenk für eine Frau: Wir wissen nicht, ob es sich dabei um seine Ehefrau, seine Geliebte, seine Konkubine oder seine Verlobte handelt... Eines aber ist sicher: Auch römische Männer machten ihren Frauen Geschenke. Gut, aber welche Art von Geschenken?

Immerhin wissen wir, dass sich die künftigen Eheleute bei der Verlobungsfeier Geschenke machten (wie sich eine derartige Feier gestaltete, dazu kommen wir später noch). Dies war ein uralter Brauch, bei dem die Braut die meisten Geschenke erhielt: vor allem Kleider, Möbel, Schmuck, Kosmetikkoffer oder Accessoires für die tägliche Schönheitspflege. Natürlich hing die Art der Geschenke vor allem davon ab, wie gut die eigenen Taschen gefüllt waren. (Auch wenn der Römer noch keine Taschen kannte. Taschen an Kleidern kamen erst auf, als man für Hosen, ein Kleidungsstück, das von den Barbaren übernommen wurde, Taschen aus Leder oder Stoff nähte, die man zunächst einmal am Gürtel trug: So waren sie gut gegen Diebstahl gesichert.) Wie üppig solche Geschenke in den höheren Gesellschaftsschichten waren, können wir uns nur ausmalen. In einem Fall allerdings wissen wir es. Wollten Sie nicht immer schon mal wissen, was ein Kaisersohn seiner Verlobten schenkte? Julius Capitolinus zählt in seiner *Historia Augusta* auf, was Maximinus der Jüngere, Sohn von Maximinus Thrax (3. Jahrhundert n. Chr.), seiner Junia Fadilla zum Geschenk gemacht haben soll: »Eine einreihige Kette mit neun weißen Perlen, ein Haarnetz mit elf Smaragden, ein Armband mit einer mit vier Hyazinthsteinen besetzten Schließe, mit Gold, Edelsteinen und anderen Preziosen geschmückte Gewänder.«

Welche Art von Schmuck gefällt den Römerinnen?

Außerhalb der allerhöchsten Kreise allerdings hatten die Geschenke der Verlobten immer auch symbolischen Wert, vor allem wenn sie kostbar waren. Am beliebtesten waren zweifelsohne Düfte aus wertvollen Essenzen, Armreifen und -bänder, Ketten, Ringe, große Ohrringe (ein Lieblingsschmuckstück der Römerinnen), Diademe et cetera. Wie hoch die Summe dafür sein durfte, bestimmte nicht nur der Geldbeutel des Mannes, sondern vor allem die Tatsache, wie sehr er emotional involviert war.

Im Grunde lief der Kauf genauso ab wie heute. Je nachdem, was der Kunde wünschte, öffnete der Juwelier verschiedene Kästchen, in denen Schmuckstücke aus Gold oder Silber, besetzt mit Perlen oder Edelsteinen, in verschiedenen Preisklassen lagen, zum Schutz eingeschlagen in weiche Tücher. Unser Mann mit den hochstehenden Wangenknochen hat es sich in einem der bequemen (mit Wolle oder Gänsefedern) gepolsterten Sessel gemütlich gemacht, die solche Läden für ihre Klientel stets bereithielten. Er beugt sich über eine reich mit Intarsien geschmückte Holzbank, auf der der Besitzer ihm seine Stücke vorlegt. Der Mann ist dick und hat weißes Haar. Seine lebhaften Augen blitzen aus den tiefen Falten um die Lider, als wären sie zwei Segelboote, die gegen ein stürmisches Meer ankämpfen. Rundherum stehen elegant geschmückte Schränke, in denen der Schmuck aufbewahrt wird. Auf den Tischen rundum stehen hölzerne Ständer und Etageren, von denen Armreife und Ketten baumeln. Auch eine kleine zweiarmige Goldwaage findet sich. Auf der Bank hat der Goldschmied mehrere geöffnete Kästchen abgestellt. Aus einem greift er nun mit wohlkalkulierter Weile eine dicke Kette aus Gold und Bernstein heraus. Wie ein Zauberkünstler hebt er die Kette immer höher und hält den Blick dabei fest auf den Käufer gerichtet. Seine Segelbootaugen sind längst zu Piratenschiffen geworden, die hinter der Beute herjagen. Da und dort lässt er einen Satz fallen über die Reinheit des Bernsteins, die Schwierigkeiten, ihn zu bearbeiten, die Einzigartigkeit der Machart und so weiter. Natürlich erzählt er das all seinen Kunden, gewöhnlich mit halblauter Stimme. Dabei hält er sich an ein berühmtes Sprichwort: »Die Leute glauben alles, wenn man es ihnen nur ins Ohr flüstert.«

An einem bestimmten Punkt greift er nach einem Bronzegestell, in dem ein Kristall sitzt, vermutlich ein Bergkristall. Dieses Gerät benutzt er als Vergrößerungsglas und reicht es nun seinem Kunden, um ihn auf die besonders feine Verarbeitung des Schließhakens aufmerksam zu machen, ein echtes Meisterwerk. Wir wissen nicht mit Sicherheit, ob die Römer Vergrößerungsgläser kannten, doch viele Wissenschaftler sind davon überzeugt. Professor Lucio Russo lehrt Wissenschaftsgeschichte an der Universität Tor Vergata. Seiner Ansicht nach waren Vergrößerungsgläser schon im alten Griechenland bekannt. Die Römer haben diese »Technologie« geerbt, um sie in der Goldschmiedekunst und beim Münzgießen nutzbringend einzusetzen. Für den täglichen Gebrauch allerdings wurden keine optischen Linsen entwickelt (obwohl alte Leute auch damals weitsichtig waren). Das Vergrößerungsglas blieb den Werkstätten der Handwerker vorbehalten.

Während der Kunde sich die Kette nun genauer ansieht, lassen wir den Blick herumschweifen und nehmen den Laden genauer in Augenschein. Wie jede *taberna gemmaria* ist auch diese nicht nur Laden, sondern auch Werkstatt, in der die Schmuckstücke angefertigt werden. Hier arbeiten mehrere Leute. In einer Ecke sitzt der *gemmarius* und bearbeitet Edelsteine. Weiter hinten erkennen wir den Mann, von dem das Klicken des Hammers stammt: den *aurifex* (von *aurum* und *facere*, »Gold« und »machen«), also den eigentlichen Goldschmied, der meist auch seine Waren selbst an den Mann brachte. Er sitzt auf der Erde, neben sich mehrere winzige Hämmerchen und ein kleiner Schmelzofen. Eine Szene, wie sie so auch im heutigen Indien oder im Nahen Osten zu sehen sein könnte. Lange hat er ein Goldblatt so bearbeitet, dass es nun hauchdünn ist. Nun kann er anfangen, daraus Schmuck zu machen. Der junge Mann ist mager. Über seinem Spitzbart funkeln schwarze Augen, deren Blick sich einzig auf das kostbare Metall konzentriert. Wie alle anderen hier ist er ein Freigelassener, ein ehemaliger Sklave. Seine dunkle Haut verrät uns, dass er aus der Levante stammt, dem östlichen Teil des Mittelmeers. Seine Aufgabe erfordert höchste Präzision: Die Schmuckstücke der Römerinnen sind zweifellos richtige »Klunker«, doch die meisten bestehen aus einer dieser hauchdünnen Goldplatten, die dann mit Wachs gefüllt werden, um Verformungen zu verhindern. Bis das Schmuckstück fertig ist, haben viele verschiedene Handwerker daran gearbeitet. Da gibt es den *bractearius*, der für das Treiben des Goldes zuständig ist, den *caelator*, der es ziseliert, den *inaurator*, der es vergoldet, den *gemmarius*, der die Edelsteine einsetzt, und den *anularius*, der die Ringe schmiedet. Und dann gibt es natürlich jene Juweliere, die sich auf Perlenschmuck spezialisiert haben. Sie nennen sich *margaritarii* und haben sich entlang der Via Sacra angesiedelt, die zum Forum Romanum führt, im sogenannten Porticus Margaritaria, einem Säulengang, in dem die Perlenhändler ihre Geschäfte machten. Und ist es nicht auch heute noch so, dass die teuersten Juweliere, ob in New York oder Antwerpen, die besten Einkaufsstraßen säumen?

Wie viel kostet solch ein Schmuckstück?

Doch zurück zu unserem potenziellen Käufer, der sich von den Einflüsterungen des Juweliers nicht beeindrucken lässt und sich nun eine schöne massive Goldkette ansieht. Die Kettenglieder greifen in regelmäßigen Abständen ineinander, da und dort unterbrechen gefasste Edelsteine die goldene Pracht. Dieses Modell ist äußerst schick und steht bei den Römerinnen gerade hoch im Kurs. Die Wahl ist nicht schlecht getroffen: Eine Kette ist immer noch das auffälligste Schmuckstück und schon daher ein gutes Geschenk. Wie viel muss unser Mann dafür wohl lockermachen? Nun, das hängt ganz von den verwendeten Edelsteinen ab, aber auch von der Verarbeitung und vom Gewicht des Goldes... Aus dem Höchstpreisedikt von Kaiser Diokletian (Edictum de pretiis rerum venalium) aus dem Jahr 301 n. Chr. (also etwa zweihundert Jahre nach der Zeit, in der wir uns momentan befinden) wissen wir, dass 327 Gramm Gold (eine Libra oder ein römisches Pfund) einen Wert von 288 000 Sesterzen haben. Legen wir einen hypothetischen Wechselkurs von 2 Euro pro Sesterz zugrunde und rechnen wir den Wert des Goldes auf die Zeit Trajans herunter (wobei wir annehmen, dass es zu seiner Zeit sechzigmal weniger kostete), dann heißt dies, dass eine Libra Gold etwa 9600 Euro kosten würde, also weniger als 30 Euro pro Gramm. Verglichen mit dem aktuellen Goldpreis, der bei 43 Euro pro Gramm liegt, war Gold damals auf jeden Fall billiger als heute. Eine durchaus zulässige Schlussfolgerung, denn die Römer hatten in Dakien viele Goldminen entdeckt und beuteten sie regelmäßig aus, sodass sich eine wahre Flut des kostbaren Metalls in die Hauptstadt ergoss. Trotzdem bleibt dies reine Spekulation, denn es ist wirklich schwierig, hier einen Vergleich anzustellen.

Doch es gab durchaus Schmuckstücke, die exorbitante Preise erzielten. So beschreibt Plinius der Ältere die Verlobungsfeier zweier Angehöriger der römischen Aristokratie. Auf dieser habe sich die enorm reiche Lollia Paulina, künftige dritte Gattin des Kaisers Caligula, ausschließlich in Schmuckstücke gehüllt präsentiert. Das Ensemble aus Gold, Smaragden und Perlen soll einen Wert von 40 Millionen Sesterzen, also 80 Millionen Euro gehabt haben.

Der Raub

Nun muss man sich nur noch über den Preis einig werden. Juwelier und Käufer sind in ihre Verhandlungen versunken, als plötzlich von der Straße her ein lauter Schrei ertönt. Wie alle anderen stürzen wir eilig hinaus. Wenige Meter entfernt liegt ein Mann auf dem Bauch. Um ihn herum eine Blutlache, die sich schnell ausbreitet. Ein harter Schlag mit einem Knüppel hat seinen Schädel getroffen. Ein wenig weiter die Straße hinab kauert sich eine Matrone verängstigt an die Mauer. Mit weit aufgerissenen Augen starrt sie ins Leere. Der Schrei ist ihr im Hals stecken geblieben. Um sie versammeln sich jetzt alle, um ihr zu helfen. Schreckensstarr fasst sie sich mit der Hand ans stark blutende Ohr.

Was ist passiert? Offensichtlich ein Überfall. Man versucht, die beiden Verletzten zu versorgen. Für den Mann kommt jede Hilfe zu spät. Er ist der Leibwächter der Matrone, konnte jedoch gegen den brutalen Angriff zweier Männer nichts ausrichten. Die beiden sind sofort in die finstere Gasse nebenan verschwunden. Offensichtlich war der Ort des Überfalls klug gewählt, der Fluchtweg einkalkuliert. Kette und Ohrringe der Matrone müssen den Schurken in die Augen gestochen haben. Sie sind ihr gefolgt und haben im richtigen Moment zugeschlagen. In kürzester Zeit war der Sklave außer Gefecht gesetzt, dann haben sie sich auf die Dame gestürzt und ihr den Schmuck vom Leib gerissen. Dabei wurden ihre Ohrläppchen verletzt. Keiner konnte die Verbrecher aufhalten… Von den prächtigen Schmuckstücken ist nur noch eine Perle übrig, die nun weiß schimmernd in der Blutlache liegt, die immer größer wird.

Die Straßen des Alten Rom sind für jedermann gefährlich, vor allem aber für Frauen: Dort flanieren nämlich nicht nur Verehrer, sondern auch Diebe. Wer kostbaren Schmuck auf der Straße trägt, zieht automatisch die Aufmerksamkeit potenzieller Räuber auf sich. Das ist ähnlich wie heute mit einer Rolex. Im Rom jener Zeit war das Phänomen sicher noch ausgeprägter, denn die Schere zwischen Arm und Reich klaffte oft gewaltig auseinander. Viele Räuber haben keinerlei Skrupel, eine Frau zu berauben, deren Schmuck mehr Geld gekostet hat, als sie in ihrem ganzen Leben verdienen werden.

Auf einer Grabstele über einem Frauengrab beweint der Mann seine Gattin, die bei einem Juwelenraub ihr Leben verlor. Der Mann beschreibt die Juwelen genau: »Wer immer diese Inschrift liest und seine Frau liebt, sollte sich hüten, ihre Arme mit Gold zu bereifen. Selbst wenn sie ihre liliengleichen Arme um deinen Hals schlingt und dich in den süßesten Tönen bittet, ihr doch durch Geschenke zu zeigen, wie teuer sie dir ist, halte dich an Kleidung und Gewänder, doch schenke ihr keinen Schmuck. Auf diese Weise hältst du Diebe und Räuber von ihr fern. Eine goldfunkelnde Schlange (im Original heißt es *draco*) um ihren Arm hat den Tod meiner Herrin verursacht, der mir, ihrem Mann, das Herz bricht. Und diese Wunde wird niemals heilen.«

Der arme Mann bestätigt uns, was wir aus zahlreichen Historienfilmen kennen: Eines der liebsten Schmuckstücke der Römerin waren schlangenförmige Armreife oder auch Ringe. Der Grund? Nun, die Römerin der Kaiserzeit trug schlangenförmigen Schmuck, weil er einen symbolischen Bezug zum Isiskult hatte, der im Rom des ersten vorchristlichen Jahrhunderts in Mode kam und sich im ersten nachchristlichen Jahrhundert unter Caligula weiter verbreitete. Im Gefolge wurde der aus Ägypten stammenden Göttin ein Tempel auf dem Marsfeld geweiht. Isis, Göttin der Fruchtbarkeit und Mütterlichkeit, war die Schlange heilig. Als Herrscherin der Schlangen, so glaubte man, könne sie auch ihr Gift unschädlich machen. Daher kamen immer mehr Amulette oder Schmuckstücke in Umlauf, die das Zeichen der Schlange trugen und als Abwehrzauber galten. Auf Schmuckstücken wurde die Isisschlange mit Schuppen und mehreren Windungen dargestellt. Ihre Augen waren meist aus Smaragden oder aus Emaille gemacht.

Opfer von solchen Raubüberfällen wurden aber nicht nur erwachsene Frauen oder Matronen, sondern auch Mädchen. Auf einer anderen Grabinschrift aus Solin, nicht weit vom kroatischen Split, beweint ein Elternpaar namens Julius Restitutus und Statia Pudentilla seine Tochter Julia, die im Alter von zehn Jahren umkam, als Räuber ihr den Schmuck stahlen, den sie trug.

Noch ein Geschenk, das Frauen schätzen: »Markenkleidung«

Zurück in unsere Straße, in der der Überfall stattgefunden hat. Dort ist wieder Ruhe eingekehrt. Die Matrone wurde weggebracht ebenso wie der Leichnam ihres Sklaven. Das Blut wurde mit mehreren Kübeln Wasser weggespült. Und auch die Gaffer, die neugierig von den Balkonen herunterblickten, sind verschwunden. Nun gehört die Straße wieder allein den Passanten. Wie in der Savanne: Sobald die Raubtiere abziehen, übernehmen die Grasfresser das Feld und erobern sich die Alltäglichkeit zurück.

Wir lassen unseren Blick über die Matronen schweifen, die durch die Menge schreiten, und stellen erstaunt fest, dass die anspruchsvollen Römerinnen alle gleich gekleidet sind – ganz anders als heute, wo wir uns möglichst um Originalität bemühen. Was dazu führt, dass die Mode sich alle paar Monate ändert. Daher können wir mit Fug und Recht behaupten, dass es die Mode, wie wir sie kennen, in römischer Zeit nicht gab: Kein Kleidungsstück verändert Jahr für Jahr Schnitt, Farbe oder Form. Ganz im Gegenteil, eine Römerin würde auf die Konsumhysterie unserer Zeit, die jede Saison neue Modelle und Kollektionen hervorbringt, nur mit Befremden reagieren. Die Mode Roms gründet auf Tradition, nicht auf Innovation. Veränderungen gibt es nur, wenn es zur Wachablösung an der Spitze kommt und eine neue Kaiserin eine neue Haarmode oder Ähnliches lanciert. Wir reden also über Jahre und Jahrzehnte, wenn wir von Moden sprechen, und nicht etwa über Monate. Wie dies ja auch bei uns bis ins 19. Jahrhundert der Fall war und heute noch in vielen Ländern ist. Das hat letztlich einen ganz einfachen Grund: Mit der Kleidung, die man trägt, signalisiert man seinen sozialen Status. Man macht klar, zu welcher gesellschaftlichen Schicht man gehört.

Zu diesem Zweck aber steht der römischen Matrone keineswegs eine Flucht von Schränken zur Verfügung, die möglichst viele und möglichst unterschiedliche Kleider enthalten. Auch sie besitzt möglicherweise viele Outfits, doch die sind letztlich alle gleich. Vor allem gleich elegant und kostbar. Die Gewänder sind der »Rolls-Royce« der Frauen, den sie unweigerlich aus der Garage holen, wenn sie sich in Gesellschaft zeigen. Die Mode soll die Römerin also nicht mit originelleren und modischeren Kleidern ausstatten als ihre Konkurrentinnen. Sie soll vor allem signalisieren, dass man zur Elite gehört. Wenn eine römische Matrone durch die Straßen flaniert, dann trägt sie Klassisches, doch aus so kostbarem Material, wie andere Frauen es sich schlicht und einfach nicht leisten können. Und dazu natürlich reichlich Schmuck: So sieht man schon auf den ersten Blick, dass sie nicht zu den Frauen niederer Schichten gehört oder gar Sklavin ist oder Freigelassene.

Doch womit kleidet sich die römische Matrone? Zunächst mit einer weich fallenden Tunika *(stola)*, die in eleganten Falten bis zu den Knöcheln reicht und mit Nadeln über der Schulter befestigt wird. Um die Taille und unterhalb der Brust wird sie mit einem Gürtel oder einem Band gerafft, um die weiblichen Formen zu unterstreichen. Das geschieht mit einer solchen Perfektion, dass man sich unwillkürlich fragt, weshalb kein Kreativer in den modernen Modehäusern dieses so einfache und praktische System für seine Entwürfe nutzt.

Über der Stola wird stets die *palla* getragen, ein Schal, der als Mantel dient und Kopf und Schultern bedeckt. Keine römische Matrone würde ohne die *palla* aus dem Haus gehen.

Francesca Cenerini, Dozentin für Alte Geschichte an der Universität Bologna, sieht dieses Kleidungsstück nicht nur als Statussymbol. Für die römische Matrone war die *palla* ein Schutzschild, das zwischen ihr und den Blicken der Welt eine undurchdringliche Barriere errichtete. Denn auf diese Weise sieht man vom Körper der Frau wenig oder nichts. Und das gilt auch für die Kleidung der freigelassenen Frau, die sich mit der *palla* von den Sklavinnen, Prostituierten oder anderen Frauen niederen Ranges abgrenzt, die durchaus freizügigere Gewänder tragen. So wie die Schauspielerin, die uns jetzt überholt, denn die Straße, durch die wir nun schlendern, führt direkt zum Theater. Sie trägt nur eine strahlend weiße und halb durchsichtige Tunika, unter der bei jedem Schritt die Brüste wippen.

Und wie viel kostet die Garderobe der Römerin?

Die Frauen der Römerzeit sind anders als die Frauen heute: Sie tragen am liebsten elegante Kleidung. Zwar gibt es ein paar eherne Regeln, was die Art der Gewandung angeht, doch bei Stoffen und Farben ist schon die ein oder andere Verrücktheit erlaubt. So gibt es *stolae* und *pallae* aus höchst kostbaren Stoffen, aus feinstgesponnener Wolle zum Beispiel, oder aus Seide, die aus dem weit entfernten China importiert wird. Diese Art von Geschenken liebt natürlich jede Römerin.

Die nobelsten Bekleidungshäuser der Hauptstadt des Reiches haben sich in bestimmten Straßen auf dem Marsfeld angesiedelt, in den Arkadengängen von Saepta Julia zum Beispiel. Doch natürlich werden wir keine Matrone je dort sehen, denn die Römerin, die auf sich hält, lässt den Schneider (*vestitor* oder *vestificus*) oder den »Boutiquenbesitzer« *(vestiarius)* natürlich ins Haus kommen.

Und wie viel musste der Mann nun hinblättern, wenn er seiner Geliebten ein Kleid schenken wollte? Ein hübsches Sümmchen bei Standardqualität, ein Vermögen, wenn es etwas Besseres sein soll. Eben weil sich in der Kaiserzeit die Kleiderproduktion immer mehr spezialisierte und kostbare Stoffe verarbeitete, ausgefallene Farben zu erzielen versuchte, Stickereien (manchmal aus Goldfäden), Schals, Schärpen, Schuhe und Überwürfe herstellte. Und so entstanden ganz neue Berufe: *lintearii* (Leinensachen), *plumarii* (Stickereien), *sericarii* (Seidengewänder), *sagarii* (Togen und Mäntel), *pelliones* (Pelze), *offectores* (die mit bestimmten Techniken die Farben der orientalischen Gewänder zu erneuern wussten) und *infectores* (die die Originalfarben der Stoffe veränderten, sie also färbten). Und was kostete nun so ein elegantes Gewand, mit dem die Dame des Hauses entsprechend auffiel? Wieder gibt uns das Höchstpreisedikt Diokletians Aufschluss. Allerdings müssen wir hier Vorsicht walten lassen, da es zwei Jahrhunderte nach unserem Spaziergang und nach Zeiten heftiger finanzieller Krisen mit einer galoppierenden Inflation (von über 100 Prozent) und der Abwertung des Sesterzes erlassen wurde. Zu der Höhe der Inflation gibt es verschiedene Angaben. Manche Wissenschaftler nehmen für den fraglichen Zeitraum an, dass die Preise sich um das 67- bis 73-Fache erhöht haben, andere rechnen für Rom mit dem Zwanzigfachen. Wir haben uns aufgrund verschiedenster Überlegungen für eine Preissteigerung um das Dreißigfache entschieden. Wenn wir daher den Preis eines Produktes, dessen Höchstpreis im Edikt aufgeführt ist, durch 30 teilen, müssten wir in etwa auf den Preis kommen, den es zu Trajans Zeit hatte (für die wir unsere Umrechnung anstellen). Wenn wir dann noch für einen 1 Denar = 4 Sesterzen setzen, können wir den Preis in Euro berechnen. (Der theoretische Wechselkurs für einen Sesterz liegt bei 2 Euro.)

Lassen Sie uns nun mit diesen Zahlen den Preis einer Dalmatika berechnen, die vom 3. Jahrhundert n. Chr. an zunehmend die Stola der Frauen ersetzt, die über Jahrhunderte hinweg die Frauenkleidung geprägt hatte. Die Dalmatika war ein Leinengewand, das kurz sein, aber auch bis zu den Knöcheln reichen konnte. Das weite Gewand mit ausgesprochen weiten Ärmeln konnte bis zu 3000 Euro kosten. War das Leinen von mittlerer Qualität, dann sind 500 Euro zu veranschlagen. Selbst wenn das Leinen grob strukturiert war wie bei der Kleidung des einfachen Volkes, dann fielen immer noch 130 Euro an. Wenn man davon ausgeht, dass dies ein Festgewand war, war der Preis also ganz passabel. War die Dalmatika aber aus Seide und hatte vielleicht sogar Streifen in besonders kostbarem dunklem Purpur (wofür Tausende Purpur-Meeresschnecken sterben mussten), dann kostete sie bis zu 13 000 Euro ... also ein echtes Nobelteil (und in diesem Preis sind die Goldfadenstickereien und die kostbaren Edelsteinapplikationen noch gar nicht enthalten). Natürlich ist diese Berechnung rein theoretisch, doch gibt sie uns wenigstens ansatzweise eine Vorstellung davon, wie viel die Gewänder einer römischen Matrone wert sind. Im Vergleich zum Beispiel mit Gegenständen des täglichen Bedarfs wie einer Flasche ausgezeichneten Falernerweines, die einen Denar kostete, genauso viel wie 1 Liter Öl oder 8 Kilo Brot.

Diese wertvollen Kleider kosteten also in etwa so viel wie heutzutage ein Mittelklassewagen. Dies verdeutlicht, dass es im Alten Rom zuging wie heute in Indien, Saudi-Arabien oder in Entwicklungsländern, wo neben den Ärmsten der Armen, die mit einem Sesterz auskommen müssen, die Superreichen leben, die Güter im Überfluss besitzen. Daher ist der Wert eines Sesterzes ganz unterschiedlich zu veranschlagen, je nachdem, mit welchen Mitgliedern der Gesellschaft man zu tun hat: Für den einen ist er alles, für den anderen nichts. Natürlich konnten nur Frauen aus sehr reicher Familie sich solche Dinge leisten. Wenn ein Mann also seine Angebetete überraschen wollte, dachte er nicht nur an Juwelen. Er schenkte ihr kostbare Kleider aus erlesener Seide und kostbaren Stickereien. Wollte er nicht so viel ausgeben, konnte er immer noch ein Accessoire kaufen, einen Schal oder Gürtel zum Beispiel. Doch selbst diese Anschaffung konnte richtig ins Geld gehen. Das Höchstpreisedikt klärt uns auf:

- Ein Schal mit feinen Stickereien aus Tarsus, einer Stadt gelegen in der heutigen südlichen Türkei und damals bekannt für ihre kostbaren Stoffe und schönen Kleider wie Italien heute, kostete 7000 Denare, also 1800 Euro.
- Ein Leinengürtel höchster Qualität kostete 1000 Denare (260 Euro).
- Mäntel waren sehr teuer. Sie konnten bis zu 15 000 Denare (4000 Euro) kosten. Dieser Preis ist angegeben für »einen Mantel mit einer Nervier-Kapuze, von löwenartiger Farbe« (eindeutig ein Kleidungsstück für Männer). Ein Mantel mit einer rätischen Fibel kostet 12 500 Denare (3300 Euro), einer mit phrygischer Kapuze 2000 Denare (500 Euro).

Und die Leibwäsche? War auch sie ein »intimes« Geschenk zwischen Liebenden, wie dies heute so ist? Tatsächlich liebten die Römerinnen bestickte Slips mit eleganten Blumenarabesken. Vermutlich trugen sie diese raffinierten Stücke, wenn sie ihren Geliebten trafen. Doch kein Römer hätte seiner Frau je eine Garnitur Unterwäsche geschenkt, und sei sie noch so kostbar ... Dies wäre ein äußerst unpassendes, ja vulgäres Geschenk gewesen.

Frau vs. Mann

Und wieder flanieren wir durch Roms Straßen. In dem Durcheinander von Gesichtern und Gerüchen fallen uns zwei kleine Gestalten auf, die immer wieder zwischen den Tuniken verschwinden, um sogleich an anderer Stelle wiederaufzutauchen wie Spatzen in der Krone eines Baumes. Sie laufen los, verfolgen einander und lachen dabei laut. Einige Passanten weichen ihnen einfach aus, andere schimpfen ihnen erbost hinterher. Die meisten aber ignorieren sie. Und vielleicht tun sie ja gut daran, denn es sind Kinder. Zwei von vielen, die sich in den römischen Gassen tummeln. Tatsächlich wimmelt Rom von Kindern und Jugendlichen. Wenn wir uns umsehen, entdecken wir fast nur junge und ganz junge Gesichter. Die reiferen Leute sind da schon in der Minderheit, alte Menschen sieht man nur hie und da. Das Altersprofil der römischen Gesellschaft entspricht am ehesten der heutigen Dritten Welt: wenig alte und viele junge Menschen.

Wenn Sie schon einmal im Nahen Osten waren, in Südamerika oder Indien, ist Ihnen vielleicht aufgefallen, wie viele Kinder sich dort auf den – meist schmutzigen – Straßen herumtreiben. Ein ganz anderes Bild als in unseren Breiten. Aber das ist normal für eine Gesellschaft, in der Männer im Durchschnitt 41 Jahre alt werden, Frauen aber nur 29. Dieses Missverhältnis begegnet uns immer wieder, denn es ist der Faktor, der die Beziehungen zwischen den Geschlechtern entscheidend prägt. Jetzt aber interessieren uns die beiden Kinder, die ungeniert auf der Straße Fangen spielen. Wir versuchen, ihnen auf den Fersen zu bleiben, doch in der Menge ist das gar nicht so leicht. So mancher schickt uns eine unfreundliche Bemerkung hinterher. Schließlich verschwinden sie im Tor einer *insula* wie im Maul eines großen Fisches, der so seine Jungen beschützt. Wir treten näher. Der blendend weiße Putz umschließt das verrottete Holztor. Aus dem dunklen Flur schwirren ein paar leuchtende Punkte, nur um sofort wieder darin zu verschwinden. Fliegen und Mücken, die sich in dem ungesund feuchten Klima wohlfühlen. Einen Augenblick zögern wir. Doch die Kinderstimmen, die uns aus dem Flur entgegenschallen, ziehen uns magisch an. Was verbirgt sich wohl hinter dem Eingang zur *insula*?

Wir treten ein. Die Luft ist sehr viel kühler hier, aber auch ein wenig muffig. Anfangs sehen wir gar nichts, denn unsere Augen müssen sich an das Halbdunkel erst gewöhnen. Ganz hinten zeichnet sich ein Lichtfleck ab. Dort entdecken wir gemauerte

Treppen. Es ist schmutzig. Die Wände sind voller Handabdrücke. Auch die hölzernen Geländer wirken abgegriffen und speckig. Da sind die beiden ja wieder: Sie sitzen auf den Stufen, vielleicht sechs, höchstens acht Jahre alt. Sie spielen mit Nussschalen, die ihnen als Ersatz für Spielsteine dienen. Auf einer der Treppen haben sie eine Art Schachbrett gemalt, ähnlich dem Mühlespiel, das sich auf zahlreichen Steinen aus dem Altertum eingeritzt findet, auch auf dem Forum Romanum. Leider erklären die Führer nur selten, was es damit auf sich hat. Als wir die beiden Kinder, ein Junge und ein Mädchen, ein wenig genauer betrachten, fällt uns sofort auf, dass die beiden nicht unterschiedlich gekleidet sind. Tatsächlich ist in ihrem Alter die Mode noch ... unisex! Es gibt nicht Röcke für Mädchen und Hosen für Jungen. Damals trug ohnehin jeder eine Tunika, die fast ebenso praktisch und unverwüstlich ist wie eine Jeans.

Wie hält man Jungen und Mädchen dann auseinander? Man erkennt sie am Haarschnitt: kurz für Jungen, lang, eventuell mit Zöpfen für Mädchen. Und an den Schmucksachen und Kettchen, die die Mädchen tragen.

Die *bulla* hingegen tragen beide um den Hals, ein wenig wie heutige Soldaten ihre Erkennungsmarke. Doch im Gegensatz zu dieser ist die *bulla* ein Amulett, das vor Krankheiten und anderen Unbilden schützen soll. Uns Heutige erinnert sie an eine Taschenuhr. Die *bulla* besteht aus zwei Hälften, die aufeinandergelegt werden wie die beiden Schalen einer Muschel. Darin befindet sich das eigentliche Amulett, gewöhnlich eine kleine Metallscheibe oder ein Papyrusröllchen mit magischen Formeln, Buchstaben und Figuren. Doch auch hier gibt es eine Art »Familientradition« – manchmal enthält die *bulla* auch Haare oder Zähne von Tieren wie Wölfen oder Dachsen, getrocknete Kräuter, Muscheln oder Steinchen ... Die Hälften können auch aus verschiedenen Metallen gefertigt sein. Gold, das edelste aller Metalle, wird auch hier gern verwendet, vor allem für Kinder reicher Familien. Im saharischen und subsaharischen Afrika findet man diese Amulette auch heute noch bei Kindern. Sie heißen *grigri* oder *gris-gris* und sind Säckchen aus Stoff oder Leder, die schützende Amulette enthalten. Ihre Funktion ist die gleiche wie im Alten Rom. In der Mongolei hingegen gibt es ein anderes Mittel, um Kinder vor lebensbedrohlichen Krankheiten zu schützen: Man kleidet die Jungen wie Mädchen und umgekehrt. Damit die bösen Geister verwirrt wieder abziehen.

Die *bulla* aber verrät uns schon eines: Wir haben es mit freien römischen Bürgern zu tun. Kinder von Nichtrömern, Sklaven oder Freigelassenen dürfen keine *bulla* tragen.

Die *bulla*, das Spiel, die Tunika derselben Farbe machen es in diesem Alter schwer, Jungen und Mädchen im Alltag auseinanderzuhalten. In wenigen Jahren wird sich dies für diese beiden ändern. Jungen aus reicher Familie tragen von der Pubertät an eine besondere Toga, die *toga praetexta*, die einen Purpursaum hat. Das gilt zwar auch für Mädchen, doch ansonsten wird sich der Alltag für die beiden Geschlechter massiv verändern. Die Mädchen bleiben von nun an zu Hause, die Jungen folgen ihrem Vater auf das Forum und zu all den anderen Orten, wo er sie in das Leben eines römischen Bürgers männlichen Geschlechts einführt. Mit sechzehn oder siebzehn Jahren unterziehen sich die jungen Männer dann einem besonderen Ritus. Der Vater begleitet sie in den Tempel, wo sie die *bulla* und die *toga praetexta* abgeben. Anschließend erfolgt rituell die erste Rasur. Der Bart wird sozusagen den Göttern geopfert. Mit diesem Akt wird der junge Römer offiziell in die Welt der Erwachsenen aufgenommen. Ein echter Initiationsritus also. Ein Gegenstück für die weibliche Welt fehlt allerdings. Der einzige Ritus, mit dem ein Mädchen den Übergang in die Welt der Erwachsenen vollzieht, ist die Heirat. Die nicht zu einem bestimmten Zeitpunkt und, wie wir noch sehen werden, mitunter extrem früh erfolgt.

Die beiden Lauser vor uns necken sich gegenseitig. Das Mädchen schnappt sich einen der Spielsteine und läuft über die Stufen nach oben. Der Junge ihr nach. Auf und ab verfolgen sie einander durchs ganze Haus. Auf und ab wie im richtigen Leben. Heute spielen sie noch unbeschwert zusammen, doch bald wird dies vorüber sein. In einem Jahr wird man das Mädchen an einen wesentlich älteren Mann verheiraten. Der Junge hingegen wird lernen, dass in der Beziehung zur Frau Liebe zweitrangig ist: Er muss die Frauen beherrschen, und nicht nur sie, sondern alle, die dem Rang nach unter ihm stehen. Sowohl moralisch als auch sexuell...

Der römische Mann? Ein gewalttätiger Bisexueller

Der römische Mann war bisexuell. Von der Moral jener Zeit wurde er dazu erzogen, ja geradezu gedrängt. Warum? Auf uns moderne Menschen, die wir nach ganz anderen moralischen Vorstellungen erzogen wurden, mögen die Gründe dafür eigenartig wirken. Doch vor zweitausend Jahren lagen die Dinge nun einmal anders. Und ohne eine Auseinandersetzung mit der römischen Mentalität können wir diese Gründe nicht verstehen. Der römische Mann, der *civis Romanus*, wird von Kindesbeinen an dazu erzogen, seine Dominanz bei jeder Gelegenheit unter Beweis zu stellen. Im Krieg, in der Politik, in der Gesellschaft, aber vor allem in der Familie. In den eigenen vier Wänden ist der *pater familias* der absolute Herr, ein Halbgott quasi, der (vor allem in der archaischen und republikanischen Zeit) über Frau, Kinder und Sklaven das Recht über Leben und Tod ausübt. Eine vollkommen andere Ethik, als wir sie heute kennen, bezeichnend für eine Macho-Gesellschaft wie die römische. Denn genau das ist der Römer: ein Macho.

Aber warum ist er dann bisexuell und kein eingeschworener Heterosexueller? Genügt es denn nicht, dass er die Frau beherrscht, das andere Geschlecht? Nein, denn sein Vormachtstreben begnügt sich nicht mit ihr. Er muss alle beherrschen. Die Mentalität des römischen Mannes ist die des Siegers, der alles seinem Willen unterwirft: feindliche Völker mit Waffen und Schwert, andere Römer mit Hilfe seines Reichtums und seiner Stellung (was gewöhnlich Hand in Hand geht) und Menschen niederen Ranges auch mit... seiner Sexualität. Seine Männlichkeit ist ein Machtinstrument, mit dem er sich andere unterjocht. Und mit »andere« sind wirklich alle gemeint: Männer, Frauen, Kinder.

Für die Historikerin Eva Cantarella, eine ausgewiesene Kennerin sexueller Verhältnisse im Griechenland und Rom der Antike, lebt der römische Mann seine Sexualität anmaßend, arrogant, ja raubtierhaft aus. Auch Paul Veyne, Professor am Collège de France, spricht von einer »Vergewaltigungsmentalität«.

Dies rückt den römischen Mann in ein ganz neues Licht. Wie dürfen wir vor diesem Hintergrund die Gedichte Catulls verstehen? Das »Gib mir tausend und dann noch hundert Küsse, wieder tausend und wieder hundert Küsse, und aufs neue noch tausend und noch hundert«,[9] das er Lesbia widmet, an die er sein Herz verloren hatte? Natürlich haben diese romantischen Dichtungen ebenfalls einen wahren Kern. Der Römer konnte durchaus gefühlsbetont sein, wenn er wollte. Doch dies waren Intermezzi in seiner gewöhnlichen Beziehung zur Frau (und zu anderen), die gleichwohl unter dem Zeichen der Herrschaft stand. Es ist ja laut Eva Cantarella kein Zufall, dass der römische Mann sich beim sexuellen Akt niemals unterwerfen durfte. Hatten die Römer ihre Feinde auf dem Schlachtfeld besiegt, vergewaltigten sie sie der Reihe nach. Und nicht nur sie. Sie zwangen auch andere zum Analverkehr: Haussklaven und ehemalige Sklaven, die auch als Freigelassene in einem Abhängigkeitsverhältnis zu ihren früheren Herren standen.

Man könnte also schließen, dass das Sexualorgan eines römischen Mannes zu drei sehr verschiedenen Zwecken diente: Fortpflanzung, Vergnügen (das er anderen bereitete, denn das war sein Monopol) und Herrschaft über andere.

Kehren wir also zur ursprünglichen Frage zurück: Warum erzogen die Römer ihre männlichen Kinder zur Bisexualität? Die Antwort darauf heißt sicher nicht: »Zum größeren Lustgewinn.« (Die Gründe waren schon eher »politischer« und kultureller Natur.) Sondern sie lautet kurz gefasst: »Um ihre Macht durchzusetzen.« Vor diesem Hintergrund muss auch der berühmte »Raub der Sabinerinnen« gesehen werden. Man raubte Frauen, um Sex mit ihnen zu haben und Kinder zu zeugen. Eine Massenvergewaltigung also, die zum Ursprung Roms wurde.

Natürlich verallgemeinern wir hier. Es gab sicherlich auch sanfte und fürsorgliche römische Männer, die sexuellen Beziehungen zu anderen Männern ablehnend gegenüberstanden. Sie waren nun einmal durch und durch »hetero« und nicht unbedingt zum »Raubtier« geeignet. Hier aber geht es mehr um die in der römischen Gesellschaft vorherrschende Ethik. Um die Kultur und Mentalität also, die jeder römische Mann in sich trug.

Dieser Herrschaftsgestus, der sich in den ersten Jahrhunderten der römischen Geschichte herausbildete, blieb ihr bis zum Ende erhalten. Doch wir müssen gar nicht so weit zurückgehen: Auch heute gilt die Vergewaltigung eines Mannes durch einen anderen in manchen Teilen der Welt noch als Zeichen der Macht.

Und noch eine letzte Betrachtung sei hier erlaubt: Da der römische Mann sich als Herrscher sah, kam es nicht infrage, dass er im Bett eine passive Rolle ausübte. Womit wir bei der Frage nach den sexuellen Tabus der römischen Gesellschaft wären.

Sexuelle Tabus im Alten Rom

Im Grunde gab es nur vier Tabus.

Erstens: Ein Mann, der außereheliche Zerstreuungen suchte, musste diese mit Personen tun, die sozial unter ihm standen. (Das hatte einen einfachen Grund: Im Falle einer Schwangerschaft konnte ein Kind aus einer solchen Mesalliance keinen Anspruch auf das Erbe erheben.)

Zweitens: Bei homosexuellen Kontakten durfte der Römer nur aktiver Teil sein, nie passiver.

Drittens: Bei homosexuellem Oralsex war es hingegen umgekehrt. Da musste der Römer den passiven, empfangenden Part spielen.

Viertens: Die orale Befriedigung einer Frau war tabu. Denn in diesem Fall würde er sich ihr unterordnen, und zwar sowohl von der körperlichen Stellung her als auch durch die Tatsache, dass er ihr Lust bereitete.

Natürlich stellt sich die Frage, inwieweit diese Tabus unter der Bettdecke tatsächlich befolgt wurden. Vor allem im letzten Fall können wir Heutige das kaum überprüfen. Eine gewisse Wahrscheinlichkeit für ihre Einhaltung gibt es, wenn man davon ausgeht, dass die römische Gesellschaft von der Überlegenheit des Mannes überzeugt war. Für einen Römer war sein Mund, mit dem er im Senat Gesetze debattierte, heilig. Völlig klar, dass er ihn nicht durch Handlungen »beflecken« konnte, die mit dem Status eines Römers unvereinbar waren.

Die genannten sexuellen Tabus der Römer mögen uns unverständlich erscheinen, doch ähnlich würde ein Römer über unsere Gesellschaft denken. Er hätte in unserer Zeit allerhand Regeln, Unterschiede und Kategorisierungen wahrgenommen, die ihm fremd erschienen. So kannte er beispielsweise kein »hetero«,

»bi« oder »homo«. Sex war für ihn Sex und basta, je nachdem, mit wem er gerade im Bett war. Sex galt als Geschenk der Götter, daher musste man ihn gut machen. Vor allem, wenn man gesunde Kinder wollte. Was übrigens Kinder angeht, so haben die Römer eine Besonderheit der männlichen Anatomie mit geschlechtsspezifischer Differenzierung gleichgesetzt. Auch ihnen war aufgefallen, dass beim Mann der rechte Hoden immer ein bisschen weiter oben sitzt als der linke. Für die Römer entsprangen männliche Kinder immer aus dem rechten Hoden, weibliche aber aus dem linken. Dies begründete die höhere Stellung des Mannes sozusagen bereits im Moment der Zeugung. Wer also einen Jungen zeugen wollte, sollte sich während des Liebesaktes den linken Hoden mit einem Band abschnüren.

II
Das erste Mal

Die erste sexuelle Begegnung

Vor uns auf dem Gehsteig gehen schweigend zwei Männer. Es sind dieselben, die wir schon auf dem kleinen Platz gesehen haben, von dem aus wir dem jugendlichen Liebhaber gefolgt sind. Wohin sie wohl wollen? Und warum fällt zwischen ihnen nicht ein Wort? Der Junge hat ein Kindergesicht und ist vielleicht dreizehn Jahre alt. Trotzdem wird er einen gewaltigen Schritt ins Erwachsenenleben tun. Denn heute wird etwas passieren, woran er sich sein Leben lang erinnern wird. Er wird seine erste sexuelle Begegnung erleben.

Der Vater begleitet ihn, ein kräftiger Mann mit kleinen Augen. Die Haare hat er nach vorn gekämmt, um seine beginnende Glatze zu verdecken. Sie stechen nicht aus der Menge hervor, und doch sind sie ein seltsames Paar: Der Junge, angespannt und ein bisschen ängstlich, stolpert fast vor sich hin, während die Schritte des selbstsicheren Älteren auf dem Pflaster widerhallen. Eigentlich erinnert das Bild eher an den Gang zum Richtplatz: Ohne jede Hoffnung schwankt der Verdammte aufs Schafott zu, angetrieben von seinem Henker. Zumindest scheint der Junge sich so zu fühlen. Ohnehin hat es ein schüchterner Junge nicht leicht in einer Familie, in der der Mann die Rolle des Oberhaupts einnehmen soll. Wir können uns kaum vorstellen, wie viele gehemmte, sensible Knaben sich von dieser Vorstellung erdrückt fühlten, die sie sozusagen per definitionem zur Arroganz verpflichtete. In einer Macho-Kultur ist kein Raum für Schüchternheit oder Gefühl.

Offensichtlich sind die beiden am Ziel. Sie schlüpfen in eine enge Seitengasse im Herzen der Subura, des Rotlichtviertels Roms, wo sie einem Bordell zustreben. Der Vater hat es ausgesucht, da er dort selbst häufig zu Gast ist. Er hat ein ganz bestimmtes Freudenmädchen im Sinn, eine sinnliche Nubierin mit großen Augen, die seine Wünsche stets zu erfüllen wusste. Sie soll seinen Sohn in die Geheimnisse der körperlichen Liebe einführen. Und tatsächlich ist sie es auch, die den Vorhang vor der Bordelltür hebt und die beiden hereinlässt.

Sie hat die zwei schon von Weitem ausgemacht und den Mann erkannt. Die Hand des Vaters liegt im Nacken des Sohnes, er will ihn ermutigen. Und die Nubierin weiß sofort, worum es geht, auch wenn der Junge die väterliche Geste wohl eher als Joch erlebt, das ihn am Weglaufen hindert. Die Frau lächelt. Sie weiß, dass sie viel Geld bekommt, wenn sie ihre Arbeit gut macht.

Und so beugt sie sich weit vor, als sie den Vorhang zur Seite schiebt, um die beiden eintreten zu lassen. Der Anblick ihres großzügigen Dekolletés verfehlt seine Wirkung nicht. Die Blicke der beiden Männer bleiben daran hängen. Und schon dreht sie sich wieder weg. Der Vater wendet sich sofort an den *leno* (was eigentlich »Sklavenhändler« bedeutet, in diesem Fall aber »Kuppler«), dem das Etablissement gehört, und handelt mit ihm den Preis für diesen besonderen Fall aus. Während der Vater noch redet, macht der *leno* der Nubierin ein knappes Zeichen mit dem Kopf. Er deutet auf den Jungen und mit einer zweiten Bewegung auf eine freie Kammer im langen Flur.

Die Nubierin geht hüftenschwingend auf den Jungen zu. Ihre leichte, durchscheinende Tunika wellt sich bei jedem Schritt, als würde eine leichte Brise sie heben. Auch die Augen des Vaters zeichnen ihre Kurven begehrlich nach. Heftiges Verlangen leuchtet in seinen Augen auf. Er beißt sich auf die Lippen, als das junge Mädchen an ihn herantritt. Wie gut er diese Brüste kennt! Wenige

Zentimeter vor ihm bleibt sie stehen. Der Mann saugt begierig ihren Duft ein, spürt ihren Atem auf seiner Haut. Er kann gar nicht anders, als sie leidenschaftlich zu begehren. Aber heute ist nicht sein Tag. Die junge Schwarze dreht sich um, wirft dem Mann einen letzten sinnlichen Blick zu und nimmt den Jungen dann an der Hand. Sie zieht ihn mit wiegenden Schritten in den langen Korridor, er folgt ihr, steif wie eine Holzpuppe. Er kann kaum noch atmen, seine Kehle ist wie ausgedörrt, das Herz scheint aus dem Hals springen zu wollen, so heftig schlägt es. Irgendwie wird ihm übel.

Das Bordell ist in düsteres Halbdunkel getaucht, da und dort erhellt vom Schein der Öllampen, die von der Decke baumeln. Je tiefer sie in den Korridor eintauchen, umso finsterer wird es. Und umso schärfer wird der Geruch: Das ewig verschlossene Haus hat die Ausdünstungen zahlreicher menschlicher Körper gleichsam aufgesogen. Sie kommen an vielen Kammern vorbei, in denen Sex gegen Geld geboten wird. Obwohl es noch früh ist und nur wenige Kunden da sind, klingen aus den Kammern allenthalben weibliche Seufzer und männliches Stöhnen. Hier, in diesen wenig heiligen Hallen, wird der Junge heute seine Unschuld verlieren.

Nun stehen die beiden vor dem Vorhang ihrer »Zelle«. Wie versteinert bleibt der Junge stehen. Er dreht sich um und wirft einen Blick zurück. Ganz hinten erkennt er seinen Vater. Die Nubierin schiebt mit einer Hand den Vorhang beiseite, mit der anderen schiebt sie den Dreizehnjährigen sanft hinein. In der Kammer findet sich ein gemauertes Bett, auf dem eine fleckige, alte Matratze liegt. Wieder bleibt der Junge steif wie ein Stock stehen. Die Nubierin stellt sich vor ihn und lächelt ihn an. Mit einer gekonnten Bewegung lässt sie die Tunika von den Schultern gleiten. Vollkommen nackt steht dieser vollendete Körper nun vor ihm. Sie hält seinen Blick mit ihren Augen fest und lässt sich aufs Lager sinken. Dann öffnet sie die Beine, um ihn ihre Scham sehen zu lassen.

Doch diese einladende Geste macht den Jungen nur noch nervöser. Seine Hände sind feucht vom Schweiß, die Angst scheint ihn zu überwältigen. Und so erhebt sich die Frau wieder, geht auf ihn zu, legt ihre Lippen auf seine und spürt als Erstes deren Eiseskälte. Mit einem Finger nur hebt sie sein Kinn an. Nun ist er schutzlos dem Anblick ihrer schwellenden Formen ausgeliefert. Sie nimmt seine Hand und legt sie sanft auf ihre Brust. Doch er packt immer noch nicht zu. Seine Finger zittern. Die Frau mustert ihn wie ein Löwe seine Beute. Dann beugt sie sich über ihn, küsst ihn leidenschaftlich und entkleidet ihn langsam. Sobald die Toga auf dem Boden liegt, führt sie ihn zu ihrem Bett, kniet sich vor ihn hin und erkundet mit ihren vollen Lippen seinen Körper. Sie braucht all ihre Erfahrung für dieses Unternehmen, am Ende aber gewinnt sie doch: Ganz allmählich erwacht die Lust in dem Jungen. Ihre Zärtlichkeit und ihr Lächeln stärken seinen Mut. Sie führt ihn sanft, bis er schließlich von ihr Besitz ergreift. Denn er ist es, der sein Vergnügen suchen soll. Was mit der Frau dabei passiert, hat keine Bedeutung.

Zumindest ist es das, was dem Jungen davon im Gedächtnis bleiben wird, denn er wird sich sein Leben lang an diesen Tag erinnern, an dem er auf einem verschwitzten Bett die körperliche Liebe kennenlernte. Und lernte, was man von ihm als jungem Römer erwartete: sich zu verhalten wie ein Raubtier, das sich egoistisch und gewaltsam holt, worauf es Appetit hat. Doch ein solches Gebaren verträgt sich nur schlecht mit seiner angeborenen Schüchternheit und Introvertiertheit. Irgendwie wird er beides zusammenbringen müssen. Und das wird nicht einfach sein.

Gibt es denn Sex vor der Ehe?

Diese kleine Szene offenbart uns eine Rollenverteilung, die in römischer Zeit bindend war: Von einem jungen Mann erwartete man, dass er nicht als »Jungfrau« in die Ehe ging, sehr wohl aber von einer jungen Frau. Es war üblich, dass junge Männer vor der Ehe mit Prostituierten oder – was häufiger der Fall war – mit den Hausklavinnen »übten«. Und noch mehr: Es war absolut normal, dass ein Mann vor der Heirat Liebesbeziehungen hatte und sexuelle Kontakte genoss. Er konnte sogar eine feste Bindung zu einer »Konkubine« eingehen. (Diese allerdings musste er verlassen, sobald er in den Stand der Ehe trat.) Wir müssen uns nur die pompejanischen Wandkritzeleien ansehen, um zu erkennen, dass es für einen jungen Mann völlig unmöglich war, ohne jede sexuelle Erfahrung zu heiraten.

Da heißt es zum Beispiel: »Ein junger Mann *(adulescentulus)* ist kein toller Typ *(bellus)*, wenn er zuvor keine Frau geliebt hat.«

Für eine Frau hingegen galt das Gegenteil. Für eine junge Frau aus gutem Hause war ein Sexualleben vor der Ehe undenkbar. Sie hatte als unberührte Jungfrau vor den Altar zu treten. Der Grund liegt auf der Hand. Da war zum einen der psychologische und soziale Wert, den der Mann der Tatsache beimaß, dass die Frau sich noch keinem anderen hingegeben hatte. Aber es gab auch noch einen ganz pragmatischen Grund: Das Risiko, dass sie schwanger in den Stand der Ehe trat und der Ehemann einen Bastard als Sohn aufzog, war viel zu hoch. Damit wäre zum einen die Ehre des Mannes befleckt worden, zum anderen war da das Problem des Erbes. Und nicht zu vergessen die Gefahr, dass fremdes Blut sich mit dem der Familie vermischen könnte *(commixtio sanguinis)*: eine für den Römer völlig inakzeptable Vorstellung, nicht zuletzt auch deswegen, weil dies negative Folgen für den Ahnenkult gehabt hätte, der nur von Menschen »eines Blutes«, vor allem von den Söhnen, ausgeübt werden durfte. Aus diesem Grund durfte sich auch eine Witwe vor Ablauf eines Jahres nicht wieder verheiraten. So schloss man aus, dass sie etwa ein Kind des Verstorbenen unter dem Herzen trug. Eine verlobte Frau, die mit ihrem Liebhaber Sex hatte, bevor sie heiratete (was natürlich nur anhand der Leibesfrucht zu beweisen war), konnte wegen Ehebruchs verurteilt werden. Dann musste sie alle Geschenke, die ihr der Verlobte gemacht hatte, zurückgeben, und das Eheversprechen war null und nichtig.

Zur Lösung des Problems der »Kuckuckskinder« gibt es bei einigen afrikanischen Stämmen auch heute noch eine »diagonale« Erblinie: Nicht der Sohn des Paares erbt, sondern der Sohn der Schwester des Ehemannes, der Neffe also. So ist sichergestellt, dass der Besitz an einen Blutsverwandten fällt.

Eine Lösung, auf die die sonst so praktischen Römer nicht gekommen sind. Doch es kam auch vor, dass die Frau nicht als Jungfrau in die Ehe ging und der Mann das nicht weiter krummnahm. Das war gewöhnlich dann der Fall, wenn zwei junge Leute, deren Heirat schon vor Jahren von den Familien arrangiert worden war, vor der Hochzeit Sex hatten. Das war kein größerer Skandal, nur wenn sie schwanger wurde, musste schnell geheiratet werden.

Und noch ein Kuriosum gibt es zu vermerken: Wenn ein Mädchen aus guter Familie heiratete, musste nicht nur ihr Jungfernhäutchen intakt sein, sie durfte auch noch nie einen Mann geküsst haben! Es gab also sogar die »Kusskeuschheit«. Die ist jedoch so leicht nicht zu überprüfen.

Wir reden hier allerdings nur von den oberen Zehntausend, die sich einen ehernen Kodex gegeben hatten, um ihre Position zu zementieren. Doch wie verhält es sich mit dem Rest der Bevölkerung? Dass die Braut jungfräulich in die Ehe ging, war nicht nur in besseren Kreisen Conditio sine qua non. Dieses Gebot wurde auch von den niederen Schichten übernommen, unter anderem, weil diese ja den Verhaltenskodex der Oberschicht nachahmten: zum einen, um sich selbst zu nobilitieren, zum anderen, weil sie die Hoffnung hegten, irgendwann, wenn die Geschäfte mal gut laufen, auch zu dieser Schicht zu gehören. Daher war es hier ebenfalls wichtig, dass die Frau unberührt in die Ehe ging.

Dies geht aus vielen Inschriften hervor, zum Beispiel der auf dem Grabstein einer Bäckersgattin, sicher keine Vertreterin der oberen Zehntausend. Heute würden wir vermutlich sagen, sie gehörte zur Mittelschicht. Ihr Name war Claudia Earine, ihr Gemahl hieß Marcus Iunius Pudensis. Sie lebten etwa zu der Zeit in Rom, die wir gerade erkunden (1. bis 2. Jahrhundert n. Chr.). Auf ihrer Grabstele lesen wir, dass sie fünfunddreißig Jahre mit ihrem Mann verheiratet war, und zwar »von dem Moment an, in dem sie ihre Jungfräulichkeit verlor« *(cum quo vixit a virginitate annis XXXV)*. Dass dies noch auf dem Grabstein herausgehoben wird, zeigt deutlich, dass nicht nur in der Oberschicht Wert auf die Unschuld gelegt wurde.

Ganz anders lagen die Dinge für die ehemaligen Sklavinnen, die Freigelassenen. Sie erfreuten sich unter allen römischen Frauen vermutlich der größten Freiheit. Vor allem, wenn ihr früherer Besitzer gestorben war, denn dieser bestimmte schon seit der Geburt der Frau darüber, wer mit ihr verkehren durfte und wer nicht. Eine Freigelassene hatte mehr Umgang mit anderen Menschen als eine freie Römerin. Wurde sie bereits in jungen Jahren freigelassen, hatte sie noch am ehesten die Möglichkeit, vor der Ehe sexuelle Beziehungen einzugehen.

Von diesen wenigen Ausnahmen einmal abgesehen durchzog ein tiefer Graben zwischen den Geschlechtern die römische Gesellschaft. Von einer Frau erwartete man stets ein beispielhaftes Verhalten, der Mann hingegen konnte mehr oder weniger tun, was er wollte. Diesen so unterschiedlichen Erwartungen werden wir im Laufe unserer Erkundungen noch öfter begegnen.

Darf ein Mädchen überhaupt allein aus dem Haus?

Für uns Heutige stellt sich diese Frage erst gar nicht. Natürlich handhabt jede Familie das Problem anders, doch im Allgemeinen darf ein Mädchen durchaus ohne Begleitung aus dem Haus, sei es, um zur Schule zu gehen, um eine Freundin zu besuchen und mit ihr Hausaufgaben zu machen oder um auf eine Party oder in die Disco zu gehen. Manche fahren sogar allein in Ferien. Im Allgemeinen erfreuen sich Mädchen heute größerer Freiheit als noch ihre Mütter oder Großmütter. Gehen wir aber nur zurück ins 19. Jahrhundert, so stellen wir fest, dass auch bei uns die Mädchen lange Zeit ans Haus gefesselt waren.

In römischer Zeit war das nicht anders. Junge Frauen aus aristokratischer Familie, die zur *nobilitas* gehörten, verließen das Haus nur zu ganz bestimmten Gelegenheiten (Hochzeiten, Theater, Feste, Pferderennen, Gladiatorenkämpfe, Triumphzüge...), und auch dann nur in Begleitung von Dienern, Familienmitgliedern oder Lehrern. Die Möglichkeit, außer Haus einen Jungen kennenzulernen, mit ihm zu flirten oder gar eine Liebesgeschichte anzufangen, war praktisch nicht gegeben. Sogar ihre Mütter, die Matronen, konnten kaum allein aus dem Haus gehen, nicht einmal zum »Shopping« in die Parfümerie oder Boutique beziehungsweise zum Juwelier... Gewöhnlich kamen diese Leute ins Haus.

Wie lernte eine junge Aristokratin also einen jungen Mann kennen? Nun, ein paar Gelegenheiten gab es da schon. Zum Beispiel Geburtstags- oder Jahrestagsfeiern, bei denen Freunde und Verwandte zu Besuch kamen. Natürlich nur tagsüber, nie am Abend. (Die üblichen Bankette waren für Mädchen streng verboten.) Bei solchen Gelegenheiten lernten junge Frauen gleichaltrige Männer kennen. Daraus entstand vielleicht nicht gleich Liebe, aber immerhin konnte man ein bisschen plaudern und Freunde gewinnen.

Und was taten die Mädchen anderer Gesellschaftsschichten? Für ein Plebejer-Mädel stellte sich die Situation schon einfacher dar. Es stimmt zwar, dass die einfachen Leute häufig die Normen und Gebote der Reichen übernahmen, was in diesem Fall hieße, dass die Mädchen nicht allein aus dem Haus dürfen. Doch im Allgemeinen erfreute sich ein Mädchen aus einfacher Familie weit größerer Bewegungsfreiheit als ihre Altersgenossin aus gutem Hause. So durfte ein solches Mädchen zum Beispiel die Mutter bei ihren Einkäufen begleiten. Dabei begegneten ihr zwangsläufig junge Männer, vielleicht auch potenzielle Verlobte. In Rom fanden alle neun Tage die *nundinae* statt, mit anderen Worten der Markttag. Man kann sich unschwer vorstellen, dass sich hier zahlreiche Gelegenheiten boten, jemanden kennenzulernen, kamen doch an diesem Tag ganze Familien in die Hauptstadt, um Obst und Gemüse zu verkaufen. Wir können uns die heimlichen Blicke, das Herzklopfen, den Blitzschlag der Liebe nur vorstellen, der die jungen Leute ergriff, wenn sich nach neun Tagen die Gelegenheit bot, einander wiederzusehen. Solche kleinen Alltagsgeschichten lassen sich natürlich nicht durch Ausgrabungsbefunde belegen, und doch füllte der Markttag ganz sicher die Träume und Fantasien junger Römer und Römerinnen.

Trotz allem begegnete man auch in den Straßen Roms allein umherschlendernden Frauen, die einkaufen oder einfach spazieren gingen. Dies waren mit Sicherheit freigelassene Frauen, ehemalige Sklavinnen, die, wie wir bereits festgestellt haben, die Einzigen waren, deren Stellung sich mit der heutiger Frauen vergleichen lässt. Zumindest solange sie noch nicht verheiratet waren (und damit in die Bestimmungsgewalt, die *potestas*, des Ehemannes übergingen). In manchen Fällen konnten sie tatsächlich ein selbstbestimmtes Leben führen und wurden ganz sicher von anderen Frauen beneidet, weil sie Männer treffen, Liebesgeschichten leben und Sex haben konnten, um schließlich den »Richtigen« auszuwählen.

Sind denn die Mütter der Mädchen »Cougar-Frauen?«

Die Welt der Teenager konnte also recht unterschiedlich aussehen, doch letztlich standen alle unter dem Diktat einer strengen Moral. (Was Teenager heute so tun, hätte in jeder römischen Stadt Anstoß erregt.) Wie aber war es mit den Müttern? Auch hier ist die Situation ganz unterschiedlich, je nachdem, mit welchen Schichten wir zu tun haben. Für Frauen im Allgemeinen und Matronen im Besonderen galten sehr strenge soziale Regeln.

Wenn eine Matrone aus dem Haus ging, wurde sie gewöhnlich von einer Sklavin begleitet, die ihr wie ein Schatten folgte, eine *pedisequa*. Bei ihren Ausflügen in die Stadt konnte die Matrone zwei Transportmittel nutzen: die *sella*, einen an zwei langen Stangen befestigten Sessel, der von zwei Sklaven getragen wurde; und die *lectica*, die Sänfte, die, wie wir bereits gesehen haben, von mehreren Sklaven getragen wurde.

Außerdem musste sie ständig ein Taschentuch dabeihaben, eine *mappa*, um Schweiß und Staub zu entfernen. Noch zwei andere Utensilien waren in den Straßen Roms unverzichtbar: der Fächer *(flabellum)*, häufig aus Pfauenfedern gefertigt, um Fliegen abzuwehren oder sich Kühle zuzufächeln. Im Sommer kam dazu noch das *umbraculum*, ein kleiner Schirm. Es mag uns erstaunen, dass es in der Antike Schirme gab, doch tatsächlich waren sie schon in vorrömischer Zeit bekannt, zum Beispiel bei den Etruskern. (Einige Schirmskelette aus Elfenbein, zweifellos die Luxusausführung, wurden bei Ausgrabungen gefunden und können heute im Museum bewundert werden.) Im Grunde ähnelten sie den Bambusschirmen, wie man sie heute in Asien sieht. Mit einem großen Unterschied: In römischer Zeit schützte der Schirm nicht vor Regen, sondern vor der Sonne... wie bei uns noch im vorigen Jahrhundert durchaus gang und gäbe.

Auf ihrem Weg durfte die römische Matrone sich von keinem Mann berühren lassen, also auch nicht zur Begrüßung. Daher war es den Frauen sogar möglich, ihre Einkäufe von der Sänfte aus zu tätigen. Es gab in der Antike also eine Art Drive-in (oder Drive-through). Dieses Verbot schränkte die Möglichkeiten, mit dem anderen Geschlecht zu kommunizieren, natürlich drastisch ein. Aber es gab doch sicher auch Möglichkeiten, diese moralischen Hürden zu umgehen? Ja, zum Beispiel in den Thermen.

Die Thermen waren zu bestimmten Zeiten nur für Männer geöffnet oder nur für Frauen. Doch wir wissen, dass es in anderen Epochen auch gemischte Thermen gab (was seitens der Moralapostel heftig kritisiert wurde). Bei dieser Gelegenheit konnte eine Frau mühelos Liebhaber treffen, ohne aufzufallen. Wir wissen nicht, inwieweit die römischen Matronen diese Möglichkeit nutzten, auch wenn man sich durchaus vorstellen kann, dass die Moral und der Ehemann sie dazu zwangen, ihr Bad in den hauseigenen Thermen einzunehmen, falls die Familie dergleichen besaß. Falls nicht, was im Rom des chronischen Platzmangels durchaus vorstellbar ist, dann begab die Römerin sich – je nach Rang – in die kleineren Thermen im Viertel. Kaum aber je in die großen Thermen, die wir heute alle kennen (Trajans-, Caracallathermen et cetera).

Wollte eine reiche unternehmungslustige Römerin einen Mann kennenlernen, dann hatte sie nicht nur die Thermen zur Auswahl. Es gab ja schließlich noch das Theater, die langen Säulengänge, in denen man flanieren konnte, Amphitheater wie das Kolosseum (wo Männer und Frauen allerdings getrennt saßen) und natürlich den Zirkus mit den Wagenrennen. Doch sie musste vorsichtig sein und immer darauf achten, dass ihr Verhalten in der Öffentlichkeit dem herrschenden Moralkodex entsprach.

Mochte die Moral auch streng sein, so scherten sich viele römische Matronen doch kein bisschen darum (wenn dies auch nur auf die reichen Frauen zutrifft, die wirtschaftlich unabhängig waren). In einigen Fällen konnte man wohl vom Cougar-Syndrom sprechen. Der Cougar, der Puma, ist das Sinnbild für ältere Frauen, die sich auf die Jagd nach einem jüngeren Partner machen. (Und wenn wir von älteren Frauen sprechen, dann sind damit heute vielleicht Frauen in den Fünfzigern gemeint, die die Menopause hinter sich haben, im Alten Rom mit seiner niedrigen Lebenserwartung waren sie sicher einiges jünger.) Frauen also, die schnellen Sex und gelegentliche Abenteuer einer festen Bindung vorziehen.

Und dann gab es natürlich immer noch die »Ferien«, eine Gelegenheit, all diese Regeln endlich einmal zu brechen. Auch heute tut sich im Urlaub ja so manche Gelegenheit zum Seitensprung auf, zu unerwartetem Sex, zu neuer Liebe. Dazu trägt sicher der andere Ort bei (an dem man uns nicht kennt, was die Zügel der Moral lockerer macht), die anderen Menschen (potenzielle Partner) und im Sommer die Hitze, die halb nackten Leiber in einer von Erotik und Romantik geprägten Atmosphäre.

Und wie hielten es die alten Römer? Nun, sie kannten keine Ferien wie wir. Nur reiche Familien entflohen der sommerlichen Hitze in den Städten und begaben sich auf ihre Landgüter oder ans Meer. Wie es heute in Mode ist, im Sommer nach Ibiza, Formentera, Acapulco oder an die Côte d'Azur zu fahren, so lagen die angesagten Orte für die Sommerfrische in römischer Zeit in der Gegend um Neapel, Pompeji oder Pozzuoli. Vor allem Baiae, eine Siedlung am Golf von Neapel, war der Ort, an dem sich jene wenig sittenstrenge Stimmung einstellte, die wir aus anderen Ferienorten kennen (wie wir bereits im Buch *Der faszinierende Alltag im Römischen Reich* erfahren haben). Seine bildschönen Strände, das angenehme Klima, die großen Thermen, die Bootsfahrten, die Villen, die Austernzuchten (deren Produkte bei den Banketten verspeist wurden) bildeten das Herzstück des *dolce vita* im Alten Rom. Denn tatsächlich war dieser Küstenabschnitt nicht nur wegen seiner landschaftlichen Schönheit berühmt, sondern vor allem wegen des zügellosen Lebens, das man dort führte. Die Überlieferung berichtet von Festen, Banketten, Theateraufführungen, Orgien, nächtlichen Feiern auf Barken und dergleichen mehr. Glaubt man den antiken Autoren, so war Baiae tatsächlich der Ort der Verkommenheit. In den *Satiren* des Varro steht gar zu lesen, dass Jungfrauen dort »Allgemeingut« waren, die Alten wieder jung wurden und die Knaben zu Mädchen: »Nicht nur werden Jungfrauen öffentlich zugänglich, auch die Alten tun, als ob sie jung wären, und die Buben, als wären sie Mädchen.« Eine klare Aussage: Orgien mit jungen Mädchen, Pädophilie und – vermutlich – Feste, von angejahrten Männern organisiert, denen das Alter genug Macht und Einfluss beschert hatte, um die Gunst der vielen Frauen zu entlohnen, die sich zu den Festen in ihren Villen einfanden. Martial schreibt in den Epigrammen, dass auch die Weiblichkeit sich der Atmosphäre dieses Ortes nicht entziehen könne. Die Frauen kämen dort an keusch wie Penelope und zögen wie Helena von dannen, durchaus willens, sich vielen verschiedenen Männern hinzugeben: »Keusch war Laevina wie nur die Sabinerfrauen der Vorzeit; und war streng schon ihr Mann, strenger doch war sie noch selbst. Doch wie sie bald am Lucriner und bald am Averner See wandelt und sie in Baiaes Bad häufig die Welle umkost, packt sie die Glut; sie verlässt ihren Mann und folgt einem Jüngling: die als Penelope kam, geht nun als Helena fort.«[10]

Ovid schreibt in der *Ars amatoria*, die Frauen seien an jenen Sommerurlaubsorten so forsch, dass sie sogar den Latin Lovern Probleme bereiteten. Sie, die ausgezogen waren, Eroberungen zu machen, kämen mit gebrochenem Herzen zurück: »Was soll Versammlungsorte von Frauen, die passend zur Jagd sind, ich aufzählen? Es zählt weniger Körner der Sand. Was nenn ich Baiae dir und die Baiae umsäumenden Strände und das Wasser, das heiß dampft von der schweflige Glut? Einer, der von hier an der Brust eine Wunde nach Hause trug, sprach: ›Dies Wasser war doch nicht so gesund, wie man sagt.‹«[11]

Der Sex in den heißen Nächten von Baiae, in den Villen, am Strand oder an Bord der Boote, war in der Kaiserzeit allen ein Begriff. Vermutlich ist Ihnen mittlerweile klar, dass Baiae der ideale Ort für die emanzipierte Frau war, die ein Abenteuer suchte. Eine Matrone hingegen, die auf ihren Ruf achtete, mied solche »amoralischen« Orte und zog sich im Sommer ganz in das ruhige Leben auf ihrem Landsitz zurück. Darüber berichtet zumindest Properz in seinen Elegien: »Auch wenn du gegen meinen Wunsch aus Rom fortgehst, freue ich mich doch, Cynthia, dass du fern von mir in ländlicher Einsamkeit wohnen wirst. Das Land ist unverdorben. Dort wird kein junger Verführer sein, der es dir mit seinen Schmeichelreden unmöglich macht, treu zu bleiben. Vor deinen Fenstern wird kein Streit entstehen, man wird dich nicht rufen, und der Schlaf wird dir nicht sauer werden. Du wirst allein sein und allein die Berge sehen, das Vieh und das Gehöft eines armen Bauern.«[12] Aber das heißt natürlich nicht, dass die Damen nicht auch auf dem Land die ein oder andere Gelegenheit fanden, sich unbeobachtet aus den Zwängen der Moral zu befreien – ganz ohne den Festspielcharakter, den dieser Akt in den Badeorten annahm. Denn an Bewunderern fehlte es nicht, nicht einmal auf dem ach so friedlichen Land ...

Die Revolte der Frauen

Vergleicht man die römische mit unserer Zeit, so finden sich zahlreiche Parallelen. Eine der überraschendsten ist, dass es auch im Alten Rom eine Phase gab, in der die Frauen sich gegen männliche Bevormundung zur Wehr setzten und sich ihre Freiheit »eroberten«. Diese Episode erinnert stark an die heftigen gesellschaftlichen Auseinandersetzungen der Siebzigerjahre über Abtreibung und Scheidung. Und sie sollte die römische Geschichte für immer verändern.

Während des Zweiten Punischen Krieges, wurde unmittelbar nach der verheerenden Niederlage von Cannae in einem Klima moralisierender Sparpolitik zu harten Gesetzen gegriffen, die vor allem die Frauen dazu ermuntern sollten, die lockeren Sitten, die sich während des Ersten Punischen Krieges eingeschlichen hatten, wieder abzulegen. Die Lex Oppia (benannt nach dem Tribun Gaius Oppius, der dieses Gesetz vorgeschlagen hatte) verbot Frauen das Tragen von Kleidern in allzu lebhaften Farbtönen, den Besitz von mehr als einer halben Unze Gold (woraus sich keine kostbaren Geschmeide machen ließen), die Benutzung von Pferdegespannen in der Stadt außer für religiöse Zeremonien et cetera. Das Gesetz wurde tatsächlich verabschiedet, blieb aber nur etwa zwanzig Jahre in Kraft. 195 v. Chr. lehnten sich die Frauen nämlich dagegen auf.

Der Historiker Titus Livius, der um die Zeitenwende in Rom lebte, schildert in seiner Geschichte der Stadt Rom *(Ab urbe condita)*, wie während der Debatte über die Abschaffung dieses Gesetzes die Frauen auf die Straße zogen und die Männer lautstark aufforderten, diesem Antrag zuzustimmen. Tags darauf gingen noch mehr Frauen auf die Straße und zogen in Massen zum Forum Romanum. Eine echte weibliche Revolte: Die Frauen machten ihrem Unmut über die Lex Oppia so deutlich Luft, dass das Gesetz schließlich abgeschafft wurde. In den Augen der Historiker war dies ein entscheidender Moment der römischen Geschichte, weil Roms Frauen hier zum ersten Mal demonstrierten.

Und das ist kein Einzelfall. Bei anderer Gelegenheit wurden die Frauen sogar noch aufmüpfiger. Augustus erließ, um die Institution Familie zu retten und die Geburtenzahlen zu steigern, die Lex Iulia »über den Ehebruch« *(Lex Iulia de adulteriis coercendis),* die des Ehebruchs überführte Frauen zum Exil auf einer Insel verdammte. Als dieses Gesetz verabschiedet wurde, brach ein Aufstand los. Denn nun war Ehebruch zum ersten Mal keine Sache, die man innerhalb der Familie löste, sondern »öffentliches« Delikt. Jeder, der wollte, konnte ein entsprechendes Verfahren anstrengen. Aber Augustus hatte die Rechnung ohne die Frauen und ihren Willen zur Unabhängigkeit gemacht. Denn natürlich betraf das Gesetz nur »anständige« Frauen, nicht aber Prostituierte. Und so zogen die Römerinnen los, ließen sich als Prostituierte registrieren und führten so das Machtstreben der Männer ad absurdum. Da das Gesetz trotz dieser Proteste nicht abgeschafft wurde, behielten die Römerinnen diese Gepflogenheit auch nach Augustus' Tod bei ...

Die römische Gesellschaft war zwar durchaus von männlichem Chauvinismus geprägt, und die Macht lag in den Händen der Männer, doch war ihr die Befreiung der Frau sozusagen in die Wiege gelegt. Denn nach der archaischen Zeit und den ersten Jahrzehnten der Republik wandelte sie sich immer mehr zu einer »modernen« Gesellschaft: praxisorientiert, dynamisch, auf freien Austausch von Ideen und Waren gegründet, nichtrassistisch und tolerant gegenüber anderen Religionen (solange ihre Anhänger den Kaiser als obersten Gott anerkannten). In einer offenen Gesellschaft wie dieser ist es weiter nicht erstaunlich, dass die Frauen sich schließlich alle Rechte eroberten, die einst nur den

Männern zugestanden wurden: Sie durften an Banketten teilnehmen und, o Schreck, sogar Wein trinken. Das Verbot aus archaischer Zeit geriet zunehmend in Vergessenheit (auch wenn es in Sitten wie dem *ius osculi*, mit dem der Hausherr den »Weingehalt« seiner Dame prüfen konnte, noch nachwirkte).

Wie verlobt man sich im Alten Rom?

Eine Verlobung war damals eine ernste Sache. Wir müssen uns das etwa so vorstellen wie eine »offizielle« Verlobung, die heute zwar selten geworden ist, jedoch immer noch im Bürgerlichen Gesetzbuche (§ 1297–1302) geregelt ist.

Eine Verlobung hieß bei den Römern *sponsalia*. Vor allem in archaischer Zeit galt dieser Ritus als heilig. Die Verlobten brachten Trankopfer für die Götter dar und opferten Tiere, aus deren Eingeweiden (vorzugsweise der Leber) der Haruspex, einer der offiziellen Seher, für sie die Zukunft las.

Und doch hatte eine Verlobung damals eine andere Bedeutung als heute. In römischer Zeit war sie ein Vertrag zwischen zwei Familien, die eine formelle Bindung implizierte: Die Kinder mussten heiraten. Der Begriff *sponsalia* kommt vom Verb *spondere* (»versprechen«). Die *sponsio* war im römischen Recht eine Art mündlicher Vertrag, der in vielen verschiedenen Bereichen Anwendung fand. Eine Partei forderte ein konkretes Versprechen, das die andere Partei in eben der verlangten Form abgab.

Die Forderung stellte der *stipulator*. Er ließ sich vom künftigen »Schuldner« oder *sponsor* das Versprechen geben.

Dabei war von entscheidender Bedeutung, dass in Frage und Antwort dasselbe Verb benutzt wurde. Zum Beispiel: »Versprichst du, mir hundert zu geben?« Antwort: »Ich verspreche es.« Ein Zeuge bestätigte mündlich das Zustandekommen des Vertrages.

Der ganze Aufwand nur für eine Verlobung?

Allein die vertragliche Gestaltung lässt vermuten, dass Gefühle hierbei keine große Rolle spielten. Dies umso mehr, als den Vertrag ja nicht die künftigen Eheleute schlossen, sondern ihre Väter. Die jungen Leute hatten dabei nichts zu melden. Da eine Verlobung eine wirtschaftliche und vertragliche Transaktion wie jede andere darstellte, diente das Vermögen der Väter als Sicherheit, falls die ganze Sache schiefgehen sollte. Mitunter waren es auch der Vater der Braut und der künftige Schwiegersohn, die die Verlobung vertraglich aushandelten. Die Frau war an der Vertragsgestaltung nicht beteiligt: Sie war nur das Tauschobjekt.

Ehen dienten in römischer Zeit und in den gehobenen Gesellschaftsschichten vor allem dazu, die Familie politisch, sozial und wirtschaftlich besserzustellen. Ein Beispiel: Ein reifer Herr aus altem, wenn auch verarmtem Adel heiratete die Tochter eines reichen, nichtadligen Bürgers, der dadurch die soziale Stufenleiter hinaufstieg. Auf diese Weise sanierte sich Ersterer finanziell, während Letzterer Zugang zur römischen Oberschicht erhielt einschließlich eines »Titels«, auch wenn dieser »nur« seiner Tochter und seinen Enkeln zustand.

Und wie verlobte man sich nun genau? Die Formel, die in der ersten Hälfte des Römischen Reiches sicher Millionen mal ausgesprochen wurde, lautete: *Filiam tuam uxorem filio meo dari spondes?* (»Versprichst du, dass du deine Tochter meinem Sohn zur Frau gibst?«) Diese Frage stellte der Vater des jungen Mannes. Der Vater der Braut antwortete darauf: *Spondeo!* Dann wurde der Schutz der Götter erbeten: *Di bene vortant!* (»Auf dass die Götter uns beistehen mögen!«) Und die Antwort lautete: *Ita di faxint!* (»So sei es!«) Oder: *Di fortunabunt vostra consilia!* (»Auf dass die Götter euren Plänen wohlgesinnt seien!«)

Während der Kaiserzeit verlor die Verlobung allmählich ihren formellen Charakter. Bald waren keine Zeugen mehr nötig, keine feierlichen mündlichen Verträge, keine schriftlichen Dokumente et cetera. Meist schickte man »Botschafter« (Verwandte oder Freunde) oder Briefe, um die Zustimmung zu einer Verlobung zu erbitten.

Dafür wurde die Zustimmung der Verlobten zur formalen Voraussetzung für die Gültigkeit des Vertrags. Denn meist waren die jungen Leute von den Vätern viele Jahre vorher und ohne ihr Wissen einander versprochen worden. Meist erfuhren sie dies erst im letzten Augenblick, wenn Boten oder Briefe bereits angekommen waren. Man kann sich die dadurch ausgelösten Dramen leicht vorstellen. Konnten sie sich einer solchen Zwangsverheiratung widersetzen? Nur theoretisch. In der Praxis aber waren sie dem *pater familias* zu Gehorsam verpflichtet und hatten kaum je eine Wahl. Ulpian, ein Rechtsgelehrter der Kaiserzeit, meint, dass ein Mädchen eine Verheiratung nur ablehnen kann, wenn ihr Künftiger behindert oder moralisch verwerflich ist. Doch geschah dies so gut wie nie.

In welchem Alter wird die Verlobung geschlossen?

Anders als für die Ehe galten für eine Verlobung keine Altersgrenzen. Vor allem die Mädchen wurden schon in jungen Jahren versprochen: Augustus selbst verlobte seine Tochter Julia bereits im Alter von zwei Jahren mit dem Sohn des Marcus Antonius. Diese Praxis konnte allerdings erschütternde Folgen haben. Obwohl das Mindestalter für die Ehe bei zwölf Jahren lag, lebten die »verlobten« Mädchen meist schon im Haushalt des künftigen Ehemanns und wurden nicht selten sexuell missbraucht.

Grabplatten verraten uns, ab welchem Alter verlobte Mädchen bei ihrem Mann lebten. Zieht man vom Lebensalter die Jahre ab, die das Mädchen mit ihrem Mann verbracht hat, erhält man mitunter erschreckende Ziffern. Zum Beispiel in diesem Fall: *D. M. Lucciae Redemptae vixit annis XXXXV, N. Cassicius Phoebus fecit, coniugi bene merenti cum qua vixit ann. XXXVIII.*

Diese Frau, deren Name Luccia Redempta war, starb mit 45 Jahren, nachdem sie 38 Jahre lang mit ihrem Mann Cassicius Phoebus gelebt hatte. Ergo: Sie war mit sieben Jahren in sein Haus gezogen!

Und wie sieht der Verlobungsring aus?

Waren der Tag für die Verlobung festgesetzt, denn es musste ein glückverheißender Tag sein, und die erforderlichen Rituale durchgeführt (speziell die Tieropfer, durch deren Eingeweide die Götter ihre Zustimmung oder Ablehnung kundtaten), lud man Verwandte und Freunde der beiden Familien ein. Diese wurden so in gewisser Weise zu Zeugen der wechselseitigen Verpflichtung, die die Verlobten eingegangen waren. Dann tauschten die Verlobten Geschenke aus, wobei diese hauptsächlich für die junge Frau gedacht waren: Schmuck, Kleidung, Artikel für die Schönheitspflege und so weiter.

Der Höhepunkt dieser Zeremonie war der Moment, wenn der Verlobte *(sponsus)* vor allen Geladenen seiner Braut *(sponsa)* den Verlobungsring an den Finger steckte. Diese Tradition hat sich bis heute erhalten. Heutige Verlobungsringe sind meist mit einem Edelstein, häufig einem einzelnen Diamanten, besetzt (eine Mode, die übrigens Lorenzo vor mehr als fünfhundert Jahren einführte).

Wie aber sah der Ring aus, der den römischen Bräuten an den Finger gesteckt wurde? Der *anulus pronubus*, wie man ihn nannte, ist nicht ganz so spektakulär: Es war ein einfacher Ring aus Eisen! Von wegen Edelsteine. Er sollte an die römische Schlichtheit der Anfangszeit erinnern. Im 2. Jahrhundert n. Chr., also in ebenjener

Zeit, in die wir unsere Forschungsreise unternehmen und die von zunehmendem Reichtum geprägt war, wurde er dann allmählich aus Gold gefertigt.

Der Ring wurde an denselben Finger gesteckt, an dem wir ihn auch heute tragen: den Ringfinger der linken Hand. Und warum ausgerechnet der? Weil die Römer glaubten, dass von diesem Finger ein feiner Nerv ausgeht, der direkt ins Herz führt.

Was geschah nach dem Tausch der Ringe? Tauschten die Verlobten danach noch einen Kuss, wurde die ganze Zeremonie *osculo interveniente* genannt. Dieser Kuss war von entscheidender Bedeutung. Nur er gab der Verlobten das Recht, im Falle eines vorzeitigen Hinscheidens ihres Versprochenen die Hälfte der Geschenke zu behalten. Damit war das Verlobungszeremoniell vorüber, und es folgte ein vom Vater der Braut bezahltes Bankett in seinem Haus.

Kann man die Verlobung wieder auflösen?

Natürlich: Diese Zeremonie hieß *repudium* und folgte genauen Regeln. Zunächst einmal musste das Auflösungsverlangen über einen Boten mit einer genau bestimmten Formel kundgetan werden: *Conditione tua non utor.* (»Ich werde dein Angebot nicht nutzen.«) Wenn nun der Geschädigte damit nicht einverstanden war, konnte er vor Gericht gehen. Der Richter unterzog den Fall einer eingehenden Betrachtung und konnte die Partei, von der das Verlangen zur Auflösung der Verlobung ausging, zu einer Schadensersatzzahlung verurteilen, deren Höhe von der zuvor festgelegten Mitgift abhängig war.

Doch aus welchen Gründen wurden in der Römerzeit Verlobungen gelöst? Zum Beispiel wegen des Todes eines der Verlobten oder der übermäßig langen Dauer der Verlobung. Unpassende Familienverhältnisse oder Lebensführung hingegen waren kein hinreichender Grund, denn man ging davon aus, dass die Familien vor der Verlobung ausreichende Nachforschungen angestellt hatten. Nicht einmal eine geistige Behinderung wurde als Grund akzeptiert, denn die Römer betrachteten eine solche als heilbares Leiden.

III
Die Hochzeit der Pudentilla

Ehe für den Römer? Lieber nicht!

Das Erste, was uns an römischen Ehen auffällt, ist die Tatsache, dass es so gut wie keine Liebesheirat gab – von wenigen Ausnahmen abgesehen. Die alten Römer heirateten nicht aus Liebe. Wenn Sie die Gelegenheit hätten, einen Römer oder eine Römerin zu fragen, was die Ehe für sie bedeute, würde die Antwort kaum lauten: »Die Vereinigung zweier Liebender, die ihr Leben miteinander verbringen wollen.« Sie würden Ihnen vielmehr erklären, dass es sich dabei um eine soziale wie staatsbürgerliche Pflicht (ein bisschen wie der Militärdienst vielleicht) zum Zwecke der Fortpflanzung handle. Um Gesellschaft und Staat neues Blut zuzuführen, damit Rom groß und mächtig bliebe. Und damit basta.

Dazu kam noch der Nutzen für die Familie: Durch die Ehe schloss man eine Allianz mit einem anderen Clan, um den eigenen wirtschaftlichen, politischen und sozialen Einfluss zu vergrößern. Diese Gemengelage rationaler Begründungen findet sich auch in Ländern wie zum Beispiel Indien, wo es auch heute noch arrangierte Ehen gibt. Aber auch in fortgeschrittenen Ländern wie Japan konsultieren Väter Websites, auf denen »gute Partien« angepriesen werden, um für die eigene Tochter einen passenden Schwiegersohn zu finden.

Bis vor nicht allzu langer Zeit waren arrangierte Ehen, bei denen es um ganz andere Bande ging als um jene der Liebe, auch bei uns üblich. Und kann man nicht auch heute noch – gerade wenn Frauen sich unterhalten – hören: »Er ist eine gute Partie«, speziell wenn es um die finanzielle Ausstattung eines Junggesellen geht?

Aber natürlich kam es auch vor, dass aus einer arrangierten Ehe Liebe wurde: so geschehen zwischen Pompeius und Julia, der Tochter des Julius Caesar, aber auch zwischen Augustus und Livia Drusilla. Leider blieb dies offensichtlich die Ausnahme.

Keine Erotik zwischen den Eheleuten

Zweifellos waren die Beziehungen zwischen den Eheleuten in römischer Zeit ganz anders als heute. Es gab zwischen den beiden keine Nähe, kein Verlangen, keine Wärme, keine Erotik. Bei der Heirat kannten sie sich kaum, häufig war der Altersunterschied beträchtlich. Gelegentlich war die Braut viel zu jung, stand gerade mal am Anfang der Pubertät. Wie sollte daraus eine haltbare, glückliche Beziehung entstehen, in der die Partner einander begehren?

Das Ganze war eine offizielle Verbindung, die Beziehungen untereinander fast schon »Verwaltungskram«. Kein Wunder also, dass bei Trennungen keine Tränen flossen. (Wie wir noch sehen werden, gab es auch Scheidungen.) Ebenso wenig verwundert es, dass sexuelle Leidenschaft zwischen Ehegatten als sinnlos erachtet wurde, ja sogar als unangemessen galt.

Sextus Pitagoricus, über dessen Leben wir wenig wissen, schreibt sogar in seinen *Sententiae* (von denen uns überarbeitete Ausgaben aus dem 2. Jahrhundert n. Chr. erhalten sind): »Wer seine Ehefrau zu leidenschaftlich liebt, begeht Ehebruch.« *(Adulter est, quis, in suam uxorem amator ardentior.)*

Der griechische Dichter Plutarch lebte zwischen dem ersten und zweiten nachchristlichen Jahrhundert und schrieb in seiner Biografie über *Cato maior* (17, 7), dass Cato der Ältere einen Mann namens Manilius aus dem Senat ausschloss, weil man beobachtet hatte, wie er am helllichten Tage vor den Augen der Tochter die eigene Frau küsste. Ein echter Römer, der sich an die moralischen Prinzipien seines Staates hält, wendet sich seiner Frau nicht aus erotischem Verlangen zu. Für diese Triebe gibt es schließlich Sklavinnen, Geliebte, Konkubinen, Prostituierte ...

Carla Fayer, Expertin für das Familienrecht des antiken Rom, beschreibt das so: »Die Ehefrau durfte die Freuden der Sexualität nicht kennenlernen, ihr oblag einzig die Aufgabe der Reproduktion.« Dass diese Moralvorstellung im Alten Rom verbreitet war, bestätigt auch Lucius Aelius Caesar, der von Kaiser Hadrian adoptiert worden war. Der Kaiser hatte ihn zum Nachfolger vorgesehen, doch leider verstarb er schon 138 n. Chr., noch vor der Thronbesteigung. Auf die Klagen seiner Frau über seine außerehelichen Abenteuer antwortete er: »Lass mich doch meine Lüste anderswo ausleben, denn ›Ehefrau‹ ist eine andere Bezeichnung für ›Würde‹, nicht für ›Lust‹.« *(Patere me per alias exercere cupiditates meas: uxor enim dignitatis nomen est, non voluptatis.)*

Die Römer heirateten zwar, doch nur aus einem sozialen Pflichtgefühl heraus. Die Ehe war nicht Liebesheirat, sondern eine notwendige Voraussetzung, um die ehrgeizigen wirtschaftlichen oder sozialen Projekte des Vaters oder der Familie zu erfüllen. Daher schob der Römer die Heirat so lange wie möglich auf, denn so konnte er dem Ruf des Herzens folgen und seine Sexualität ungehindert ausleben. Im Allgemeinen waren die alten Römer nicht sehr heiratslustig, was zu einer dramatischen Reduktion von Eheschließungen und Geburten führte. Ebendem versuchte Augustus mit strengen Gesetzen entgegenzuwirken, die Ehelose letztlich bestraften.

»Ich bitte Sie um die Hand Ihrer Tochter«

Wie oft haben wir diesen Satz in Film und Fernsehen schon gehört und ihn für ein romantisches Klischee gehalten? Der künftige Schwiegersohn bittet um die Hand des Mädchens, um sie fortan ewig in der seinen zu halten... Weit gefehlt. Die raue Wirklichkeit ist eine andere. Die *manus* steht im römischen Sprachgebrauch für das »Eigentum« der jungen Dame, das aus der Verfügungsgewalt des Vaters in das des Ehemannes übergeht.

Daher kannte der Römer auch zwei Formen der Hochzeit: *cum manu* (»mit Hand«) und *sine manu* (»ohne Hand«). Im ersten Fall *(cum manu)* bekam der Ehemann das gesamte Eigentum der Ehefrau. Im zweiten Fall blieb die Ehefrau unter der Verfügungsgewalt des Vaters, was dem Mann einiges an Einfluss nahm, nicht nur, was das Erbe angeht, sondern auch bei eventuellen Seitensprüngen.

Wenn der Ehemann nach Hause zurückkam und die Frau mit einem Liebhaber erwischte, durfte er sie im ersten Fall (Manus-Ehe) töten, was als Ehrenmord gewertet wurde. War er mit ihr aber *sine manu* verheiratet, durfte er nicht Hand an sie legen, weil sie »Eigentum« des Schwiegervaters war: Er würde dann entscheiden, was zu tun war... All dies zeigt, wie sehr die Frau als lebendes Objekt galt, das zwischen zwei Familien getauscht wurde.

Doch im Laufe der Zeit änderte sich die Heiratspraxis beträchtlich. Schloss man anfangs Ehen fast nur *cum manu*, so überwog später die Ehe *sine manu*, die man auch »freie Ehe« nannte.

Vier Formen der Ehe

Die Ehe *cum manu* war wohl die traditionellste Form der Ehe in römischer Zeit. Der Begriff *matrimonium* (»Ehe«) kommt von *mater* (»Mutter«) und *munus* (»Obliegenheit«), wörtlich also »Obliegenheit der Mutter«.

Die Frau verließ ihre Familie und trat in die des Mannes ein. Dabei verlor sie alle Bande zu ihren Vorfahren, ihrer *gens*, dem Ahnenkult, der in ihrem Haus gepflegt wurde *(sacra privata)*. Ein glatter Schnitt. Erstaunlicherweise aber nahm sie in der neuen Familie nicht die Stellung der »Ehefrau« ein, sondern die der »Tochter«! Juristisch gesehen war sie dem Mann untergeordnet und stand auf einer Stufe mit den Kindern, die aus dieser Verbindung hervorgingen oder die der Ehemann aus früherer Ehe mitgebracht hatte. Die Kinder sahen in ihr bestenfalls die »Schwester«, nicht die Mutter.

Dies ist ein weiteres Element, das klar die männlich dominierte Gesellschaftsstruktur der Römerzeit zeigt. Kein wirklicher neuer Befund, hat die Frau doch nur in wenigen Ländern unserer Welt eine echte Gleichstellung mit dem Mann erlangt. (Und sogar dort, wo sie rechtlich gleichgestellt ist, in den entwickelten Ländern also, erhält sie für gleiche Arbeit weniger Geld.)

Ohne weiter ins Detail gehen zu wollen, kann man sagen, dass es drei Formen der Ehe *cum manu* gab: die *confarreatio*, die *coemptio* und den *usus*.

Die hergebrachte Form der Ehe

Die traditionellste und förmlichste Art der Eheschließung, die fast ausschließlich in der Oberschicht praktiziert wurde, ist die *confarreatio*, die später für die obersten Priester Vorschrift wurde. Ihr

Name stammt von der Formulierung *cum farreo*, also »mit Dinkel«. Dies bezog sich darauf, dass die Ehegatten dabei ein Stück Dinkelbrot *(farreum)* verzehrten, und zwar mit derselben Feierlichkeit, wie wir heute die Kommunion entgegennehmen. Der Rest des Brotes wurde dann auf einem Rost über offenem Feuer zu Ehren Jupiters verbrannt. In diesem Augenblick unterwarf die Frau sich dem Mann. Der Ritus war extrem kompliziert, die Priester des Reiches mussten ihn vollziehen. Ging es um die Familien des Landes, dann wurde er in der Kurie (dem Tagungsort des Senats) zelebriert, unter Anwesenheit des Kaisers in seiner Funktion als oberster Priester, als *pontifex maximus*. Bedeutung und Zeremoniell waren vergleichbar mit einer Hochzeit im englischen Königshaus von heute.

Wie man eine Frau mit Hilfe einer Waage heiratet

War die *confarreatio* die Hochzeitszeremonie der Oberschicht, so hatte auch das römische Volk, die *plebs*, einen eigenen und höchst kuriosen Ritus: die *coemptio*, was wörtlich heißt »mit Kauf«: *cum* (»mit«) und *emptio* (»Kauf«). Denn während der Zeremonie fand ein symbolischer Verkauf statt. Die Braut wurde an den Bräutigam veräußert, und zwar mit einer Waage.

Dabei handelte es sich um die Neuauflage eines uralten Kaufrituals *(mancipatio)*, bei dem auf eine Seite der Waage der monetäre Gegenwert gelegt wurde, der der Ware entsprach – und zwar in Bronzestücken.

Vor fünf Zeugen stellte der Bräutigam sich vor den Waagehalter und sprach die Worte: »Ich sage hier, dass diese *mater familias* nach dem Recht der Quiriten mir gehört und dass ich sie mittels dieser Bronze und dieser bronzenen Waage erwerbe.« Dann legte er das Bronzestück auf die Waage und brachte sie so aus dem

Gleichgewicht. Dieses Bronzestück übergab er gleichsam dem Veräußerer. Historiker meinen, dies sei die Frau selbst gewesen. So hatte er die Frau »käuflich erworben«, und sie war nun sein.

Heirat durch »Ersitzung«

Der *usus* war vermutlich die älteste Form der Ehe. Wenn eine Frau länger als ein Jahr im Haus eines Mannes lebte, war sie damit automatisch seine Frau: Der Mann durfte über ihre *manus*, über ihr Hab und Gut, verfügen. Letztlich war dies eine recht »moderne« Form des Zusammenlebens. Die beiden hatten Gelegenheit, sich kennenzulernen und das Leben zu zweit zu testen. Aber natürlich hatte dieser Modus der Eheschließung in Rom einen anderen Grund, der mit dem üblichen Männlichkeitswahn zusammenhing.

Zum einen, weil er die Frau auf dieselbe Stufe mit einem Objekt stellte, dessen Eigentum man sozusagen durch Gebrauch erwarb. Gewöhnlich waren dies zwei Jahre. Zum anderen, weil das Jahr dem Mann Gelegenheit gab, die Fruchtbarkeit der Frau zu prüfen, war Fortpflanzung doch hauptsächlicher Zweck der Ehe. Nötigenfalls konnte er sie dann ja wieder verlassen. Dasselbe galt für die Frau, falls sie keine Lust hatte, mit dem Mann weiter zusammenzuleben. Diese Form der Ehe ließ also ein Hintertürchen offen: Wenn die Frau drei Nächte hintereinander *(trinoctium)* nicht im Haus des Mannes schlief, war die Automatik damit unterbrochen.

Die Vorteile dieser Art der Gewohnheitsehe *(usus)* waren offenkundig. Kein Wunder also, dass sie bei den einfachen Leuten sehr beliebt war, zumindest bis zu Cäsars und Augustus' Zeiten. Das lag vor allem an der Einfachheit, mit der sie wieder aufgelöst werden konnte, sollte sich ein Problem ergeben. Dann war das Vermögen der Eheleute noch nicht berührt. Später war sie immer weniger gebräuchlich, sodass sie im 2. Jahrhundert n. Chr. fast gar nicht mehr existierte. Auch die anderen bislang beschriebenen Formen der Ehe gerieten in Vergessenheit, weil sich dann die Ehe *sine manu* zu verbreiten begann.

Die weitverbreitete Ehe sine manu

Diese Form entwickelte sich aus der *Gewohnheitsehe (usus)*, jedoch mit einem grundlegenden Unterschied: Die Frau ging nicht in die Verfügungsgewalt des Ehemannes über. Ihre Besitztümer wurden nicht dem Mann zugeschlagen. Über diese bestimmte nach wie vor der Vater oder, falls sie dazwischen unabhängig gelebt hatte, sie selbst. Vom 1. Jahrhundert n. Chr. an war dies die am weitesten verbreitete Form der Ehe. Interessant ist auch, dass dieser Typus der Ehe jeden formaljuristischen Charakter verlor. Sie war einzig auf den Willen beider Ehepartner zum Zusammenleben gegründet *(affectio maritalis)*.

In der Kaiserzeit gab es also keine formellen Pflichten für die Partner, wenn sie die Ehe eingehen wollten. Anders als bei uns, wo die Ehepartner ihren Willen zur Eheschließung vor einem staatlichen Beamten bekunden müssen, um als verheiratet zu gelten. Doch in Rom hatten die Zeremonien, die diesen Ritus begleiteten, keinerlei rechtlich bindenden Charakter. Es genügte, dass Mann und Frau die *affectio maritalis* verkündeten, ihre Absicht, eine stabile Bindung einzugehen. Sie mussten auch nicht ständig zusammenleben oder, wie es in gehobenen Schichten vorkam, unter einem Dach, um als verheiratet zu gelten.

Die Ehe *sine manu* gründete anders als die Manus-Ehe also nicht auf rechtlichen Formalien, sondern einzig auf dem Willen der Eheleute, zusammen Kinder zu zeugen und eine Familie zu gründen.

Wie aber ließ sich dann der formelle Nachweis für den Ehestand erbringen? Die Juristen der Römerzeit hatten ihre Tricks, wenn sie herausfinden wollten, ob eine Ehe tatsächlich bestand: Sie überprüften den gemeinsamen Haushalt *(domicilium matrimonii)*, der das Zusammenleben quasi öffentlich machte. Außerdem mussten sich die Eheleute in der Öffentlichkeit so verhalten, als wären sie verheiratet. Das nannte man *honor matrimonii*. Ein klares Indiz war auch die Mitgift. Ohne Mitgift war es für eine Frau nicht möglich, einen Ehemann zu finden. Vor allem für die weniger gut gestellten Schichten war dies ziemlich problematisch. Aber ohne Mitgift wurde die Frau nicht als Ehefrau *(uxor)* anerkannt, sondern galt nur als Konkubine. Daher taten auch arme Familien ihr Möglichstes, um die Mädchen mit einer Mitgift auszustatten.

Diese wurde dann offiziell registriert und in den *tabulae dotales* eingetragen. Auch dies galt als Beweis, dass tatsächlich eine Hochzeit stattgefunden hatte. Gab es eine Volkszählung, so musste der Mann seinen Familienstand beschwören: »Schwöre nach deinem Gewissen: Hast du eine Frau?« Und auch dieser Schwur galt als Beweis für eine bestehende Ehe. Cicero erzählt uns hier in seinem *De oratore* (2, 260) eine lustige Begebenheit, die sich zwischen Cato dem Älteren und Lucius Nasicus zugetragen hatte. Dieser antwortete nämlich auf die formelle Frage, ob er eine Ehefrau hätte: »Ja, ich habe eine Ehefrau, aber, beim Herkules, keine, die ich wollte.«

Bedingungen für eine vollkommene Ehe

Damit aus einer Ehe ein *iustum matrimonium* wurde, das den ethischen und rechtlichen Vorstellungen im Alten Rom entsprach, musste auch eine gewisse »Kompatibilität« auf sozialer Ebene eingehalten werden, das *conubium*: In einer Gesellschaft wie der römischen, in der es enorme Standesunterschiede gab, erfreuten sich nicht alle Mitglieder des gleichen rechtlichen Status. Diese Klassenunterschiede mussten auch in der Ehe Berücksichtigung finden, wie es zum Beispiel heute noch in Indien der Fall ist. Dort verhindert das Kastensystem Ehen zwischen Mitgliedern unterschiedlicher sozialer Schichten. Außerdem gab es ein Verbot der Ehe zwischen Blutsverwandten. Anfangs erstreckte sich das Verbot auf Verwandte in direkter Linie bis ins sechste Glied (was bei uns als Cousin beziehungsweise Cousine zweiten Grades gelten würde). Das selbst dann, wenn die Verwandtschaftsbeziehung durch Adoption entstand. Später allerdings erlaubte man der Reihe nach die Ehe zwischen Cousins beziehungsweise Cousinen ersten Grades, dann, im 1. Jahrhundert n. Chr., auf Betreiben von Kaiser Claudius die Ehe mit einer Nichte, aber nur, wenn sie Tochter des Bruders war. Denn Claudius musste Agrippina die Jüngere heiraten, die Tochter seines Bruders Germanicus. Aus politischen Gründen...

Für die Ehe *sine manu* war außerdem die Zustimmung der künftigen Eheleute erforderlich, der *consensus*. In Wirklichkeit allerdings bestimmten immer noch weitgehend die Väter, auch wenn sie rein formal die Nase nicht in die Angelegenheit ihrer Kinder hätten stecken dürfen.

Es wurde festgelegt, dass man nicht mehr als ein Ehegespons haben durfte. (Die Monogamie war gesetzlich vorgeschrieben.) Dann musste noch die Fähigkeit, Kinder in die Welt zu setzen, gegeben sein. Tatsächlich war in der römischen Gesellschaft der Eintritt in die Pubertät ein wichtiger Lebensabschnitt: Er markierte den Übergang zum Erwachsenenleben für Jungen und Mädchen gleichermaßen. Für das Mädchen war der Initiationsritus im Wesentlichen die Ehe, für den jungen Mann gab es eine formelle Zeremonie, mit der der Übergang vom *puer* (»Knaben«) zum *vir* (»Mann«) gefeiert wurde.

In welchem Alter heiratet ein junger Mann?

Die Römer hatten kein Fixdatum wie wir (der achtzehnte Geburtstag), ab dem man als erwachsen galt. Daher musste eine körperliche Untersuchung *(inspectio corporis)* die sexuelle Reife feststellen. Bei einigen, wie zum Beispiel beim heiligen Augustinus, fand diese innerhalb der Familie statt: *Quin immo ubi me ille pater in balneis vidit pubescentem et inquietam indutum adulescentiam, quasi iam ex hoc in nepotes gestiret, gaudens matri indicavit.* »Als mein Vater mich, den eben Mannbaren, einst im Bade beobachtete und Zeichen schwellender Jugendkraft wahrnahm, erzählte er's, künftiger Enkel froh, heiteren Angesichts meiner Mutter.«[13]

War die Pubertät auf diese Weise festgestellt, legte der Junge die purpursäumte *toga praetexta* ab, die er bislang getragen hatte. Seine *bulla*, das Amulett um den Hals, brachte er den Laren, den Schutzgeistern der Familie, als Opfergabe dar. Dann zog er eine leuchtend weiße Tunika an, die *tunica recta*. (Diese wurde auf einem aufrechten Webstuhl in einem Stück von unten nach oben gewebt.) So gewandet legte er sich schlafen.

Am nächsten Morgen erwartete ihn aufgeregt die Familie. Der Junge erhielt eine neue Tunika, immer noch strahlend weiß. Diese aber trug die Bezeichnung *tunica virilis* (Männertunika, auch »reine« oder »freie« Tunika genannt). Zusammen mit seinem Vater und einigen männlichen Freunden und Verwandten begab er sich dann über das Forum aufs Kapitol, wo er in das Register der freien Bürger aufgenommen wurde – zum ersten Mal mit seinem vollen Namen, der sich aus *praenomen, nomen gentile* und eventuell *cognomen* zusammensetzte, zum Beispiel Gaius Julius Cäsar. Dies waren die sogenannten *tria nomina* aus Vor-, Familien- und Beinamen. Damit war er offiziell Bürger der Stadt Rom.

Weiterhin musste an diesem besonderen Tag dem Schatz der

Göttin Iuventas geopfert werden sowie der Statue des Gottes Liber im Tempel des Jupiter Capitolinus ein Opfer dargebracht werden. Am Abend dann gab es ein Bankett mit Freunden und Verwandten im Haus der Familie, die, wenn sie denn reich war, eine Geld- oder Sachspende an das Volk, die *plebs*, gab: Manche verteilten 50 000 Sesterzen, andere wieder nur Fettgebackenes mit Honig.

Damit war dem jungen Mann der Weg ins Leben bereitet: Die *toga virilis* symbolisierte seinen Eintritt ins öffentliche Leben mit allen Rechten und Pflichten eines normalen Bürgers (den Militärdienst zum Beispiel, aber auch das Recht, zu wählen, Ämter zu bekleiden, Senator zu werden). Dem Gesetz nach konnte er sich ab diesem Tag jederzeit verheiraten.

Und in welchem Alter geschah dies alles? Wann durfte ein junger Mann heiraten? Normalerweise zwischen dem vierzehnten und sechzehnten Lebensjahr. (Man ging auf jeden Fall davon aus, dass der Eintritt der Pubertät mit siebzehn schon erfolgt war, da dann der Militärdienst begann.) Bei einigen berühmten Persönlichkeiten wissen wir, wann sie diesen Schritt vollzogen haben: Cicero mit sechzehn, Vergil mit fünfzehn, Augustus mit fünfzehn, Tiberius mit vierzehneinhalb, Nero mit vierzehn, Galba mit sechzehn Jahren.

Und wann tritt ein Mädchen in den Stand der Ehe?

Da die Frauen aus dem öffentlichen Leben ausgeschlossen waren, stand der Übergang zum Leben als Frau nicht so sehr im Vordergrund. Es gab zumindest keine augenfälligen Zeremonien wie bei den jungen Männern. Die *puella* galt dann als erwachsene Frau, wenn sie heiratete.

Dennoch setzten die Römer sich mit der Frage auseinander, wie alt ein Mädchen sein musste, damit es heiraten konnte. In archaischer Zeit scheint es hier keinerlei Altersbeschränkungen gegeben zu haben: Der Vater bestimmte, das Alter des Mädchens zählte nicht. In republikanischer Zeit legte man dann das Mindestalter auf zwölf Jahre fest. Manche Historiker gehen aber davon aus, dass Augustus dieses Gesetz erließ.

Doch die Meinungen dazu waren höchst unterschiedlich. Nach dem römischen Gesetz der Kaiserzeit galt ein Mädchen mit zwölf Jahren als *viripotens* (eigentlich »mächtig an Kraft«). Das hieß, dass sie körperlich so weit war, um mit einem Mann ins Bett zu gehen. Man definierte dies als *quae virum pati potest* oder »die den Mann [von der physischen Kapazität her] ertragen kann«.

Dies war zumindest die juristische Lehrmeinung, Ärzte waren da anderer Ansicht. Soranos von Ephesos, der unter Trajan lebte, also zu der von uns erkundeten Zeit, vertrat die Ansicht, Mädchen erreichten dieses Alter nicht vor ihrem vierzehnten Geburtstag. Vor Eintreten der Menstruation sei jede sexuelle Beziehung schädlich. Und wie sah es nun in der Realität aus?

Aus den Daten, die uns vorliegen (vorzugsweise von Grabstelen und aus alten Texten, die sich jedoch hauptsächlich auf Frauen aus wohlhabenden Familien beziehen), können wir schließen, dass die Mädchen im Alter von zwölf bis vierzehn Jahren verheiratet wurden. Einige Historiker sind der Meinung, dass die Töchter weniger wohlhabender Familien bereits sechzehn bis achtzehn Jahre alt waren, wenn sie heirateten. Das hatte einen ganz einfachen Grund: Da man nicht zur Oberschicht gehörte, bestand auch keine dringende Notwendigkeit, politisch-wirtschaftliche Verbindungen mit anderen Familien zu knüpfen.

Welche Tage gelten nun als förderlich für eine Hochzeit?

Gab es nun bei den Römern Tage, an denen eine Hochzeit ausgeschlossen war? Dazu müssen wir wissen, dass die römische Hochzeit einen ganzen Tag dauerte, vom Morgen bis zum Abend. Dies war der *dies nuptialis*, die Hochzeitsfeier selbst hieß *nuptiae*. Dieses Wort wiederum kommt von *nubere* (»[einen Mann] heiraten«; möglicherweise verkürzt aus *obnubere* [»sich bedecken, verhüllen«]). Damit war das Gesicht der Braut gemeint, die Braut wurde dem Bräutigam nämlich verschleiert zugeführt (von *nubes* für »Schleier, dünne Hülle«).

Ovid meinte nun, man dürfe keineswegs an Tagen heiraten, die einem bestimmten Gott geweiht waren, den *dies festi*. An solchen Tagen wurde nicht gearbeitet, ähnlich wie bei uns am Sonntag. Das waren die Kalenden (der erste Tag des Monats), die Iden (der dreizehnte oder fünfzehnte Tag) und die Nonen (der fünfte oder siebte Tag des Monats [acht Tage vor den Iden]). Des Weiteren, meint der Dichter, dürfe man keinesfalls an den *dies religiosi* heiraten, an denen auch religiöse Aktivitäten ruhten, weil diese Tage angeblich Unglück brachten. Dazu gehörten beispielsweise die Parentalia, den Ahnen gewidmete Feiertage vom 13. bis zum 21. Februar, und die Lemuria, Totenfeste am 9., 11. und 13. Mai. Beim Totenfest nämlich stiegen die Lemuren, die »Seelen der Abgeschiedenen«, aus dem Grab und suchten die Häuser auf, in denen sie gelebt hatten. Die Angst vor den *lemures* war so groß, dass die Römer den gesamten Monat Mai als für Hochzeiten ungeeignet betrachteten.

Auch die erste Junihälfte galt als wenig glückverheißend, da in dieser Zeit der Venustempel gesäubert wurde. Am 18. Juli wiederum jährten sich gleich zwei Niederlagen, die 390 v. Chr. am Fluss

Allia, wo die Römer von den Galliern besiegt worden waren. Und die 477 v. Chr., wo am Fluss Cremera in der Provinz Latium die Fabier eine bittere Niederlage gegen die Veienter erlitten hatten. Gleichermaßen ungünstig waren der 24. August, der 15. Oktober und der 18. November, da an diesen Tagen das Tor zur Unterwelt geöffnet und die irdische Welt mit der unterirdischen verbunden wurde. Und dann gab es da ja noch die Feiertage, die jedes Jahr auf einen anderen Tag fielen. Wann also sollte man in Rom heiraten? Diese Frage zu beantworten war so kompliziert, dass viele Familien sie gleich den Priestern überantworteten. Ohnehin bevorzugten die Paare eine Zeit, die auch tatsächlich als günstig für Hochzeiten galt: die zweite Junihälfte. Und das ist heute noch so.

Der schönste Tag im Leben? Wohl kaum!

Die Geräusche im Haus weckten Pudentilla. Eilige Schritte vor ihrer Tür, Geräusche von schweren Gegenständen, die man im Atrium über den Boden schob, die Stimmen der Sklaven im Garten des Peristyls. Das Haus brodelte. Es roch nach Festtag. Und tatsächlich war heute ein großer Tag: Pudentilla sollte heiraten.

Sie schlägt die Augen auf. Im Zimmer ist es noch dunkel, aber unter der Tür stiehlt sich schon das Licht des Morgens herein und zieht eine schmale Schneise ins Dunkel, in der Pudentilla eine Ameise krabbeln sieht. Das Licht lässt alle Unregelmäßigkeiten des Mosaikbodens klar hervortreten. Einige Steinchen sitzen ein bisschen höher als andere. Eine Schattengeografie, die Pudentilla nur zu gut kennt. Sie studiert sie jeden Morgen, schon seit sie ein Kind war. Sie kennt die Figuren auswendig, weiß, welche Gesichter, Tiere, Gestalten sich im Schatten verbergen. »Nun sehe ich sie zum letzten Mal«, denkt sie. Denn von heute Abend an wird sie in einem anderen Haus nächtigen, in dem ihres Gemahls. Alles, was sie im Augenblick umgibt, wird in wenigen Stunden nur noch Erinnerung sein. Sie merkt nicht, dass ihr die getrockneten Tränen vom gestrigen Abend glänzende Streifen aufs Gesicht gemalt haben. Der Mann, den sie heiraten wird, war nie ihr Traummann. Noch wird er es je sein. Er ist fast so alt wie ihr Vater. Sie hat ihn nur ein paarmal im Haus gesehen. Er wird es sein, ein völlig Unbekannter, der ihr die Kinder schenkt, die sie sich immer gewünscht hat. Als würden sich Traum und Albtraum vermischen. Kann es denn wirklich sein, dass der schönste Tag ihres Lebens ein so dunkles Antlitz hat?

Der letzte tiefe Seufzer ... sie fühlt sich jetzt schon gefangen in der Hochzeitstunika, die sie zum Schlafen übergezogen hat: eine strahlend weiße Tunika, die *recta* (die man bei Mädchen auch *regilla* nannte), mit einer Haube, einem *reticulum*. So zumindest will es der Brauch: Die Braut verbringt ihre letzte Nacht als Jungfrau in der weißen Hochzeitstunika, Symbol ihrer Jungfräulichkeit. Traditionell wird sie auf einem stehenden Webstuhl gewebt, von unten nach oben. Diese Methode ist mittlerweile überholt, doch der Aberglaube der Römer lässt sie, zumindest für die Hochzeit, daran festhalten. Auf dieselbe Weise wird die Haube gewebt. Aus orangerotem Stoff: dem *luteum*, der Hochzeitsfarbe der Römer, wie Plinius der Ältere bestätigt.

Doch dies sind keineswegs die einzigen Accessoires für die letzte Nacht als jungfräuliche Braut. Pudentilla spürt den Wollgürtel um die Taille, das *cingillum*, und dessen großen Knoten, den *nodus Herculeus*, der ihr auf die Brust drückt. Er ist absichtlich so groß, da er einen machtvollen Schutz gegen den bösen Blick darstellt und Fruchtbarkeit schenken soll. Hatte doch Herkules, so will es der Mythos, mehr als siebzig Kinder. Gleichzeitig ist es das letzte Hindernis, das der künftige Gemahl auf dem Weg zum Nachwuchs überwinden muss: Es ist nicht leicht, diesen Knoten zu lösen.

Warum aber so einen komplizierten Knoten machen? Eine, wenn auch kuriose Erklärung dafür gibt es. Plinius der Ältere erzählt in seiner *Naturalis historia* (28, 63–64), dass eine Wunde sich eher schließt, wenn die Binden darüber mit diesem Knoten befestigt werden. Denn die Römer glaubten, Herkules halte Krankheiten und Komplikationen fern. Daher schien es geraten, einen Gürtel mit solch einem Knoten zu tragen.

Pudentilla steht die Zeremonie vom Vorabend noch lebhaft vor Augen: Sie legte die Tunika ab, die sie stets trug, und gab all ihr Spielzeug weg, vor allem die Gliederpuppen (die unserer Barbie glichen, nur dass diese aus Holz, Elfenbein oder Terrakotta waren). Dann brachte sie die Tunika als Opfergabe der Göttin Fortuna dar. Die Puppen, die Bälle, die Haarnetze und andere persönliche Dinge wie die *bulla*, die sie jahrelang um den Hals getragen hatte, ja sogar ihre »Büstenhalter« legte sie vor den Statuen der Hausgötter im Andachtsraum ab. (Andere Mädchen opferten sie der Venus.) Auf diese Weise machte sie klar, dass sie nun kein Mädchen *(puella)* mehr war, sondern eine Frau *(matrona)*. Und tatsächlich ist es nach der Eheschließung jungen Mädchen verboten, mit Puppen zu spielen, die für immer im väterlichen Haushalt bleiben.

Brüsk wird Pudentilla aus ihren Gedanken gerissen. Schritte nähern sich ihrer Tür. Unausweichlich bricht die Flut der Schemen über sie herein, die sich vor ihrer Tür versammeln. Sie fegen die zarte Schattenwelt der Kindheit hinweg, die sie in ihrem Zimmer jeden Morgen tanzen ließ. Diese Zeit gehört nun der Vergangenheit an, ihr neues Leben klopft an die Tür. Es trägt das Gesicht ihrer alten Amme, die sie heute zum letzten Mal wecken wird. Es ist noch früh, doch heute wird das Ankleiden lange dauern. Es wird Zeit...

Das Ankleiden der Braut

Das Haus ist zum größten Teil bereits geschmückt. Girlanden aus Lorbeer, Efeu und Blüten ranken sich um Säulen und Tische. Sklaven kommen und gehen und geben dem *domus* ein ganz neues Gewand, schöner als alles, was Pudentilla bisher gesehen hat. Im Hintergrund entdeckt sie ihre Mutter, die Anweisungen erteilt, wo im Atrium die großen Vasen mit dem Blumenschmuck aufgestellt werden. Vom Vater ist nichts zu sehen, nur seine sonore Stimme schwebt über dem Teppich aus Geräuschen. Offensichtlich steht er an der Tür und debattiert mit einigen Lieferanten, die alles andere als pünktlich sind.

Nach einem mageren Frühstück wird Pudentilla ins Bad geleitet. Das Wasser stammt aus einer Quelle, die sie auf die Hochzeit vorbereiten soll. Sklaven haben es tags zuvor in großen Amphoren geholt. Nun sitzt sie in einem aus Weidenruten geflochtenen Korbstuhl mit hoher Lehne, um sie herum fünf Sklavinnen, die sich um ihre hochzeitliche Haartracht kümmern. Diese Frisur ist hochkompliziert und erinnert an die überlieferte Art der Vestalinnen, ihr Haar zu tragen. Sie besteht aus sechs *seni crines*, als Sinnbild ihrer Keuschheit. Woraus diese bestehen, ist nicht vollständig geklärt. Einigen Historikern zufolge sind dies Zöpfe, drei auf jeder Kopfseite. Diese werden kreisförmig hochgesteckt, bis sie gleichsam eine Krone bilden, auf der dann der Schleier der Braut befestigt wird. Was uns mehr auffällt, ist, dass die Sklavin, die das Haar kämmt (die *ornatrix*), dazu eine Lanzenspitze benutzt. Nicht weil es an Instrumenten für die Haartracht fehlte: Das Kämmen der Braut ist ein Zeremoniell, bei dem eine Lanzenspitze *(hasta caelibaris)* eingesetzt wurde, die schon einmal einen Feind Roms oder einen Gladiator getötet hatte (so der hochgelehrte Lexikograf Sextus Pompeius Festus im 2. Jahrhundert n. Chr.).

Was der Sinn dieses Brauches war, ist nicht geklärt, aber es gibt dazu verschiedene Hypothesen: möglicherweise als gutes Vorzeichen für eine starke, mutige Nachkommenschaft. Oder als Symbol für die Verfügungsgewalt des Ehemanns. Vielleicht sollte die Lanzenspitze auch die bösen Geister vertreiben, die sich vorzugsweise in den Haaren einnisten, wie die abergläubischen Römer dachten… Jedenfalls »desinfizierte« die Lanzenspitze die Haare und reinigte sie vom Unglück. Wie dem auch sei: Sogar Plinius der Ältere berichtet von dem Glauben, dass eine schwere Geburt erleichtert würde, wenn man auf dem Hausdach der Gebärenden eine Lanzenspitze drehte, die bereits einen Mann durchbohrt habe. Außerdem sei es ein gutes Omen für die Eheleute, wenn man unter ihrem Bett Pfeile platzierte, die allerdings den Boden nicht berühren durften. Dies sei ein machtvoller Talisman, der den Eheleuten Glück bringe.

Nach langen Vorbereitungen steht Pudentilla geschminkt und parfümiert vor uns. Nun setzt man ihr eine Krone aus Blumen auf, die sie dem Brauch folgend selbst gepflückt und mit heiligen Lorbeer-, Oliven- oder Myrtenzweigen zum Kranz geflochten hat. Da, wie Professor Carla Fayer meint, die Römer diesen Hölzern magische Eigenschaften zuschrieben, war auch die Brautkrone eine Art »Amulett«, das vor den *daimones*, den bösen Geistern, schützen sollte. Die Blüten nahm man vom Majoran, der Verbene und der Myrrhe, vom Orangenbaum, dem Rosmarin, dem Granatapfel, dazu noch Lilien und Getreideähren.

Schließlich steckt man auf Pudentillas Kopf das *flammeum* fest, den Hochzeitsschleier (wörtlich: das Flammende). Er ist leicht und durchscheinend, bodenlang wie ein Mantel und leuchtet in hellem Orangerot, der Farbe des Zeus, dem bereits zitierten *luteum*. Dieser leuchtende Schleier senkt sich nun über die Augen der Braut. Für Pudentilla hat die Welt ihre Farbe gewechselt: Die Gesichter der Sklavinnen, der Mutter, die neben ihr steht, ja sogar die Wände sind jetzt orange getönt. Diesen Schleier nimmt die Braut nun bis zum Moment der Eheschließung nicht mehr ab.

Sie ist wunderschön, wie alle Mädchen, die Hochzeit machen. Eines allerdings sticht uns sofort ins Auge. Anders als heutige Bräute trägt die römische nicht nur Weiß: Einzig die *tunica recta* ist von dieser Farbe. Doch darüber liegt das *flammeum*, der orangefarbene Schleier, und auch ihre riemenlosen Sandalen, die *socci*, sind orangerot. Vor diesem Hintergrund strahlen die Ringe, Ketten und Armbänder, der Verlobungsring nur umso stärker.

Und der Bräutigam? Wie war er gekleidet? Sehr viel einfacher jedenfalls: Er trug eine strahlend weiße Tunika, darüber die *toga virilis* und Stiefel *(calcei):* rote für Edelleute, schwarze für Senatoren.

Die letzten Vorbereitungen

Pudentilla beobachtet hinter der angelehnten Tür hervor die Vorbereitungen im Haus, das fast nicht mehr wiederzuerkennen ist, so geschmückt mit Efeuranken und Lorbeerzweigen. Zwei Sklaven befestigen über der Treppe einen Myrtenkranz, der, so will es der Mythos, einst bei der Hochzeit der Venus das Haupt der Göttin gekrönt hatte. Fackeln und Öllampen lassen das Haus in neuem Glanz erstrahlen. Geschmückt sind die Säulengänge des Peristyls und die Säulen ums Impluvium herum, das große Wasserbecken im Atrium, in dem das Regenwasser sich sammelt. Da und dort leuchten orangerote Vorhänge, über den Türen hängen weiße Kränze und Schleifen... der Duft von Weihrauch schwängert die Luft. Wohlriechende Essenzen aus Arabien und dem fernen Orient verglühen in den Kohlebecken. Die feierliche Atmosphäre wird noch erhöht von den hochzeitlichen Gesängen, die durch das Haus wehen.

In einer Ecke des Atriums wurden gut sichtbar Masken aus Wachs aufgestellt. Die verschiedenen Gesichter, mager und rund, alt und jung, sind die *imagines maiorum*, die Totenmasken der Ahnen, die dieses Geschlecht groß gemacht haben. Normalerweise werden sie in Schränkchen im Atrium aufbewahrt, doch an diesem großen Tag wurden sie hervorgeholt, mit Inschriften versehen und quasi zur Ahnentafel angeordnet. Sie sollen allen Anwesenden zeigen, welch edle Wurzeln dieses Reis hat, das heute vermählt wird. Auch bei jeder Beerdigung eines Familienmitglieds werden sie in einer langen Prozession mitgetragen. Gleichsam als dreidimensionale Form der Ahnentafel ...

Die glückverheißenden Riten

Die ersten Rituale wurden schon im Morgengrauen ausgeführt. Man beobachtete den Flug der Vögel, horchte auf ihren Gesang, um daraus den Willen der Götter abzulesen und sich ihres Wohlwollens für die Hochzeit zu versichern. Plinius der Ältere berichtet, dass damals nicht weniger als sechzehn Falkenarten bekannt waren. Eine von ihnen, der *aegithus*, galt als besonders gutes Omen für die Eheleute. Und welches war das allerschlechteste? Ein Erdbeben oder ein Wirbelsturm – beides so selten, dass kaum je eine Hochzeit davon getrübt wurde. Im Laufe der Zeit verloren diese Bräuche an Bedeutung, aber vor der Hochzeit die *auspices nuptiarum* zu erfragen, die Auspizien für das Eheglück, blieb noch lange Zeit Usus. Man bat die Priester, aus dem Flug der Vögel das künftige Eheglück vorherzusagen. Und man rief die Götter an, vor allem jene, die die Eheleute schützten: Da war Tellus, die Göttin der Erde, Juno, die den Brautleuten bei der Hochzeit beistand, Ceres, die Göttin der Fruchtbarkeit, Venus und noch viele andere mehr.

Eine Unterschrift, bitte

Nun kommt der Bräutigam mit allen Freunden und Verwandten. Urplötzlich ist das Haus voll. Überall lachende Gesichter, bunte Togen, funkelnde Juwelen und berauschende Düfte. Dann teilt sich unter lauten Jubelrufen und Lachen die Menge, und Pudentilla steht da in all ihrem Prunk, das Gesicht unter dem Schleier nicht erkennbar. Das Herz des Mädchens schlägt wie wild. Ihr künftiger Gatte hat bereits graue Haare, sie aber ist erst zwölf.

Die erste Zeremonie ist im Wesentlichen ein bürokratischer Akt. Es geht um die Unterzeichnung des Ehevertrags auf den sogenannten *tabulae nuptiales*. Zeugen sind zehn speziell dafür ausgewählte Freunde. Darin werden sämtliche Ehevereinbarungen festgehalten, unter anderem die Mitgift, welche das Mädchen in die Ehe mitbringt und die im Falle einer Scheidung dem Schwiegervater zurückerstattet werden muss, wenn die Schuld nicht bei der Frau liegt.

Dann findet im Atrium des bräutlichen Hauses das Hochzeitsopfer statt. Ein großer Widder wird festgehalten. Dann schneidet ihm ein Priester unter Murmeln ritueller Gebete die Kehle durch und lässt ihn vor allen Anwesenden ausbluten.

Schließlich kommt der feierlichste Moment der ganzen Hochzeit. Die *pronuba*, eine ältere Frau, die nur einmal verheiratet gewesen sein darf (damit kein unglückseliger Schatten auf diese Ehe fällt), geht auf Pudentilla zu. Ihr engelsgleiches Lächeln steht in heftigem Gegensatz zur Aufregung der Braut. Die *pronuba* nimmt Pudentilla an der Hand und führt sie gemessenen Schrittes vor einen kleinen, mit Girlanden geschmückten Altar aus Marmor, auf dem ein offenes Feuer brennt. Dann tritt sie zurück, holt den Bräutigam und führt ihn an Pudentillas Seite. Eine fast unnatürliche Stille legt sich über die Hochzeitsgesellschaft. Nur die Hymnen eines kleinen Orchesters im Hintergrund sind noch vernehmbar. Die Spannung steigt. Doch Pudentilla hebt ihren Schleier und lächelt. Die *pronuba* ergreift Pudentillas rechte Hand und legt sie auf die Rechte des Bräutigams. Diese Geste bekräftigt symbolisch den Willen der beiden Eheleute, als Mann und Frau zusammenzuleben. Es werden also keine Ringe getauscht. Der Ehevertrag wird durch Handschlag besiegelt, durch die *dextrarum iunctio* (»Vereinigung der Rechten«).

Damit ist die Eheschließung vollzogen. Man geht weder zum Standesamt noch in einen Tempel. Die rituelle Hochzeitsfeier findet stets im Haus der Braut statt, das ist uralte Sitte. Die auch vorschreibt, dass nun das Bankett stattfindet, die *cena nuptialis*, für die der Vater der Braut eine Unsumme hinlegen muss. Und schon werden über die Köpfe der Anwesenden hinweg die silbernen Tabletts hereingetragen, beladen mit gefüllten Muränen und Wildschweinbrust. Dichter und Akrobaten treten auf und unterhalten die Gäste. Kein ernstes Wort darf an so einem Tag über die Lippen: Am Hochzeitstag spricht man nur über schöne Dinge. Auf diese Weise wird nun der ganze Tag vergehen, unterbrochen von lauthals verkündeten Glückwünschen an die Eheleute und den Rufen, die die einzelnen Gerichte ankündigen. Dann rückt der Abend näher und damit die Stunde, in der das Mädchen sich ein für alle Mal von ihrer Familie und dem Haus ihrer Eltern verabschiedet.

Der Brautraub

Draußen wird es dunkel, die Gäste gehen allmählich. Nun ist der Moment gekommen, ein ungewöhnliches Ritual auszuführen, das fest zur römischen Hochzeit gehört: die *deductio uxoris in domum mariti*.

Man fingiert gleichsam eine Entführung, um die junge Ehefrau ins Haus ihres Mannes zu bringen. Möglicherweise ist das ja eine

Reminiszenz an den Raub der Sabinerinnen. Pudentilla weiß, was nun auf sie zukommt. Sie umarmt die Mutter und drängt sich ein letztes Mal an sie. Auch die Mutter weiß, dass nun der Augenblick der Trennung gekommen ist. Ihre heißen Tränen fallen auf das Gesicht der Tochter hernieder, die ebenso herzzerreißend weint. Doch die Tradition verlangt, dass sie genau in diesem Moment der Mutter entrissen wird. Die Eingeladenen »rauben« sie, um sie dem Ehemann zuzuführen. Der aber hat sich bereits nach Hause begeben. Dort erwartet er die Ankunft der geraubten Braut...

Der Festzug verlässt mit seiner »Beute« das Haus und nimmt den Marsch durch die Straßen auf. Anfangs sind es nur geladene Gäste, Freunde, Verwandte. Doch allmählich werden es immer mehr: Fremde mischen sich darunter, Neugierige, Schmarotzer und auch ein paar Diebe. Man kann ja nie wissen, was bei dem Ganzen abfällt: ein bisschen was zu essen und der ein oder andere gestohlene Ohrring vielleicht. Bei wichtigen Hochzeiten nehmen auch Magistratsbeamte teil und andere Träger hoher Ämter. Geht es gar um die ersten Familien der Stadt, dann errichtet man Podeste, damit die Bürger dem Umzug zusehen können.

Vorneweg erhellen Fackeln das Dunkel, Flötenspieler gehen dem Festzug voran. Sie spielen Melodien (die wir uns vielleicht so vorstellen müssen wie den Mendelssohn'schen Hochzeitsmarsch), doch leider ist uns davon nichts überliefert. Die Menschen stehen an den Fenstern, drängen sich auf den Gehsteigen. Die meisten lächeln, einige aber fühlen sich von dem Lärm auch gestört.

Nicht zuletzt, weil dabei Trinklieder angestimmt wurden, die nicht ganz astrein, in anderen Worten: obszön waren. Dabei fielen recht deutliche Anspielungen auf die Körperlichkeit des Ehemannes (der ja nicht dabei war). Man sang Hymnen auf den Hochzeitsgott Hymenaeus und rief Thalasso an. Die Bedeutung dieser Anrufung ist nicht ganz klar, möglicherweise geht es um Thalassius, den Römer, der die schönste der Sabinerinnen raubte.

Nach Plutarch hingegen verweist dieser Begriff auf *talasius*, das von Romulus gewählte Signal für den Raub.

Und Pudentilla? Sie kann es kaum fassen, dass all das sich nur um sie dreht. Atemlos folgt sie den zwei Knaben, die sie an den Händen halten, ein dritter geht mit einer Fackel voran und leuchtet ihnen. Es sind die sogenannten *pueri praetextati, patrimi et matrimi:* Jungen, die noch die *toga praetexta* tragen und deren Vater und Mutter noch leben. Sie sind das römische Pendant unserer Pagen. Die Fackel ist nicht aus Kiefern- oder Pinienholz gemacht oder aus einem anderen harzhaltigen Holz, sondern aus Weißdorn. Denn der Weißdorn hält, wie der Römer glaubt, böse Geister fern, Verwünschungen, Flüche und andere Machinationen von Hexen oder Zauberern. Außerdem gilt er als Symbol der Fruchtbarkeit.

Aber Pudentilla ist nicht ganz allein. Direkt hinter ihr geht eine Freundin, die symbolische Gaben für sie trägt: einen Spinnrocken und eine Spindel, Sinnbild der guten Haushälterin.

Das »Ja« im Haus des Ehemannes

Bald erreicht der Festzug das Haus des Ehemannes, das ebenfalls mit Blumen, Girlanden, Schleifen und Fahnen geschmückt ist. Aus dem Inneren erklingen auch hier Hochzeitslieder. Doch da geschieht etwas Merkwürdiges: Die Weißdornfackel wird plötzlich in aller Eile fortgeschafft. Warum? Hören wir dazu Sextus Pompeius Festus: »… eilig mühen sich die Freunde beider Parteien nun, die Hochzeitsfackel wegzubringen. Die Freunde des Ehemanns, damit die frischgebackene Ehefrau sie nicht unter das Hochzeitsbett legen kann, jene der Ehefrau, damit der Mann sie nicht auf einem Grab verbrennen lassen kann. In ersterem Fall stirbt der Ehemann schneller, in letzterem die Ehefrau …«

Der Ehemann steht auf der Schwelle seines Hauses. Und wieder wird ein denkwürdiges Ritual ausgeführt. Die anwesenden Kinder rufen ihm laut zu, sie wollen Nüsse haben. Der Ehemann wirft Nüsse in die Menge, die Kinder stürzen sich drauf und wollen möglichst viele erobern. Ein heilloses Durcheinander. Auch diese eigenartige Geste hat verschiedene Interpretationen erfahren. Die überzeugendste ist wohl, dass der Ehemann damit das Ende seiner Jugend unterstreicht und der damit verbundenen Kinderspiele (gerade Nüsse wurden häufig fürs Murmelspielen benutzt) und dass er damit seine Pflichten als Erwachsener annimmt.

Doch es folgt noch ein weiteres Ritual, in dessen Mittelpunkt jetzt Pudentilla steht. Vor aller Augen beginnt sie die Pfosten des Eingangstors mit Fett zu bestreichen. (Sie tut das, um böse Geister von ihrem neuen Heim fernzuhalten. Anfangs benutzte man dazu das Fett von Wölfen, später dann von Schweinen, am Ende Olivenöl.) Nach dem Einstreichen der Pfosten umwickelt sie diese mit Wollbinden und signalisiert damit, dass sie sich künftig der Aufgabe des Spinnens widmen wird, wie es der Tradition zufolge jede Römerin tun sollte.

Damit kommen wir zu einem weiteren entscheidenden Punkt der Eheschließung. Die Eheleute stellen sich jetzt gegenseitig eine Frage, und der andere antwortet. Diese Zeremonie entspricht im Grunde dem heutigen Jawort. Welche Worte der Ehemann genau gebrauchte, ist uns leider nicht überliefert. Es gibt allerdings Grund zu der Annahme, dass es sich um eine Formel handelte wie *Quaenam vocaretur?*, *Quae vocare?* oder *Qui es?*, also: »Wie heißt du?«. Darauf antwortete die Ehefrau: *Ubi Gaius, ego Gaia*. Also: »Wo du, Gaius, bist, bin ich Gaia.« Auch dies unterstreicht noch einmal den Willen der Eheleute, künftig ein Paar zu bilden. Einige Historiker gehen davon aus, dass die Bedeutung des Satzes eine noch weiter gehende ist: »So du Gaius bist, bin ich Gaia.« Damit nimmt die Frau symbolisch den Vornamen des Mannes an und zeigt, dass sie sich seiner Verfügungsgewalt unterwirft, seiner *manus*.

Die Hochzeitsnacht

Nun ist alles bereit. Pudentilla kann zum ersten Mal den Fuß in ihr neues Heim setzen. Sie muss über die Schwelle gelangen und dabei achtgeben. Auf der Schwelle zu stolpern oder sie gar mit dem Fuß zu berühren, wäre ein schlechtes Vorzeichen für die Ehe.

Und so rät der Komödiendichter Plautus, der zwischen dem 3. und 2. Jahrhundert v. Chr. gelebt hat, in seiner Komödie *Das Mädchen Casina*: *Sensim supera tolle limen pedes, mea nova nupta, sospes iter incipe hoc...* »Heb ein wenig den Fuß, mein frisch angetrautes Weib, wenn du die Schwelle übertrittst. Damit glücklich dein Weg beginnen möge.«

Und so heben die drei Jungen, die sie begleitet haben, Pudentilla hoch. (In anderen Fällen wird die junge Frau nur gestützt.) Auch dieses Ritual hat sich bis in unsere Zeit erhalten: Bei uns trägt der Mann die frischgebackene Gattin über die Schwelle. Ein uralter, ja heidnischer Brauch...

Kaum hat Pudentilla die Schwelle überschritten, ist die fingierte Entführung vorüber. Der Festzug löst sich auf, die *pueri praetextati* führen die Braut wieder der *pronuba* zu, die die Hand der Eheleute ineinandergelegt hatte.

Sie begleitet Pudentilla nun ins Atrium ihres neuen Hauses, wo sie ein Reinigungsritual erwartet: Der Ehemann reicht seiner Frau einen Becher reinsten Quellwassers, mit dem er sie besprengt. Mit der anderen Hand gibt er ihr einen brennenden Span, den Pudentilla annimmt. Man nennt dies *aquam et ignem accipere*, den Empfang von Wasser und Feuer.

Hätte Pudentilla ein wenig früher gelebt, hätte sie drei Münzen mitbringen müssen: drei Asse – eines für den Ehemann, eines für die Hausgötter und eines für die Götter des Viertels. So hätte sie sich deren Schutz vor Diebstahl, Feuer et cetera gesichert.

Inzwischen hat die *pronuba* sich ins Schlafzimmer begeben, um das Hochzeitslager vorzubereiten, das in römischer Zeit einen eigenen Namen hatte: das *lectus genialis*. Ein eigenartiger Name, der sich aber von selbst erklärt, wenn man weiß, dass er mit dem Genienkult zu tun hat. Der Genius ist der Schutzgeist eines Mannes, Symbol seiner Zeugungskraft. Die *pronuba* kontrolliert, ob man auf dem Bett auch genügend Krokusblätter und Pulver von seinen Staubfäden verstreut hat. Beides galt in römischer Zeit als starkes Aphrodisiakum und wird in der ersten Nacht sicher helfen.

Nun begeben die Eheleute sich ins Schlafzimmer. Der Tradition folgend, breitet der Mann seine *toga virilis* über das Bett, während Pudentilla seinen Genius anruft, damit er die Ehe fruchtbar machen und den Fortbestand der Familie sichern möge. Doch das Mädchen kommt dieser Pflicht eher mechanisch nach. Insgeheim beobachtet sie mit wachsender Besorgnis ihren Mann. Ihre Stimme ist zu einem heiseren Wispern geworden. Die Stimme eines Kindes, das sich fürchtet.

Nun kommt ein letztes Ritual, das der Ehe Glück bescheren soll. Die frischgebackene Ehefrau betet zu Priapos, der »guten Sex« und Fruchtbarkeit schenkt. Wir erkennen den Gott unschwer an seinem überproportionierten, ständig erigierten Glied. Viele Bräute berühren ihn nur kurz, doch Pudentilla will alles richtig machen in dieser ersten Nacht ihrer Ehe, denn Priapos macht die Frauen empfängnisbereit. Und so setzt sie sich auf das Glied der Götterstatue.

Nun wird das Mädchen auf die Liebesnacht vorbereitet. Der Ehemann lässt sie mit der *pronuba* allein. Pudentilla ist sichtlich angespannt. Am liebsten würde sie weglaufen. Dieser Mann, den sie kaum kennt, wird sie in Kürze ihrer Jungfräulichkeit berauben. Die ältere Frau versucht, sie zu beruhigen. Sie gibt ihr gute Ratschläge und macht ihr Mut. Nebenbei nimmt sie ihr alles ab, was für den Mann in dieser ersten Nacht gefährlich werden könnte. Anders ausgedrückt: Sie nimmt alles an sich, was Pudentilla als Waffe verwenden könnte, um sich zu verteidigen. Zumindest wird dieser Brauch im *Epithalamium Laurentii* (73) so gedeutet. Dieses »Hochzeitslied« wurde häufig dem römischen Dichter Claudianus zugeschrieben, im Allgemeinen aber geht man davon aus, dass der Autor unbekannt ist. Dort jedenfalls heißt es: »Nehmt Nadeln und Haarspangen, schwere Ketten, nehmt den *anulus asper* [den Verlobungsring aus Eisen] aus den zarten Händen und befreit die lilienweißen Arme von Goldreifen.«

Sobald dies vollbracht ist, verabschiedet sich die *pronuba* mit einem letzten Lächeln und lässt die verzweifelte Pudentilla weinend auf dem Bett zurück. An ihrer Stelle erscheint nun der Mann, mit dem ihre Familie sie verheiratet hat. Auch er lächelt, doch dieses Lächeln scheint ihr maskenhaft und falsch. Er beginnt sich auszukleiden. Offensichtlich ist er noch älter, als er angekleidet aussieht. Das Haar auf seiner Brust ist schon grau, die Haut faltig. Pudentilla kann ihren erschreckten Blick kaum von diesem erigierten Glied wenden, das ihr viel zu groß erscheint. Sie erstarrt zu Eis. Sie spürt nicht, wie ihr Mann den Herkulesknoten löst, wie er sie von der Tunika befreit. Seine Finger erkunden ohne Begeisterung ihren Körper, Pudentilla spürt gar nichts. Dann lässt er sie sich aufs Bett legen. Sie spürt die Schwere seines Körpers auf ihr, seinen weinseligen Atem. Ganz fest presst sie die Lider aufeinander, sie will nichts sehen. Vielleicht ist ja alles ganz schnell vorbei ...

Diese erste schreckliche Nacht war sicher nicht nur für Pudentilla so, sondern für den Großteil der römischen Ehefrauen. Trotz der Aufklärung durch die *pronuba* sind die Mädchen unerfahren und verängstigt. Wenn wir dann noch den Altersunterschied in

Rechnung stellen, die Fremdheit, die Anspannung, die Müdigkeit von all den Festlichkeiten und die Tatsache, dass die beiden sich nicht lieben, dann können wir uns vielleicht ausmalen, wie wenig angenehm oder leidenschaftlich, ja wie traumatisch die Hochzeitsnacht für die römischen Mädchen war. In einigen Fällen war der erste Akt nichts weiter als eine brutale Vergewaltigung. Das sagen uns schon die Gottheiten, die in diesem Moment angerufen wurden, und ihre jeweiligen Aufgaben:

- Virginense (die Jungfräuliche) hilft der Ehefrau beim Ausziehen.
- Subigo, ihr Vater, sorgt dafür, dass das Mädchen während des Aktes unter dem Mann liegen bleibt.
- Prema, die Mutter der Virginense, bewirkt, dass das Mädchen sich während des Aktes nicht zu sehr wehrt.
- Pertunda wacht über den Geschlechtsakt.

Am nächsten Morgen wird Pudentilla zum ersten Mal den Hausgöttern ihres neuen Heimes, den Laren und Penaten, Opfergaben darbringen. Nun ist sie trotz ihres jugendlichen Alters eine Matrone. Und sie wird von ihrem Mann ein Geschenk empfangen, wie Juvenal berichtet. Meist sind es einige Goldmünzen. Abends gibt es dann erneut ein Bankett, dieses Mal im Haus der Eheleute *(repotia)*. In sieben Tagen wird Pudentilla ins Haus ihrer Eltern zurückkehren und wieder einem Bankett beiwohnen. Damit beginnt ihr Leben als Matrone. Nun muss sie so schnell wie möglich einen Sohn zur Welt bringen. Das ist ihr Teil in diesem Arrangement. Mehr wird von ihr nicht erwartet.

Schlafen Mann und Frau denn im selben Bett?

In welchem Bett aber schläft Pudentilla fortan? Etwa im selben Bett wie ihr Mann, so wie Mann und Frau das heute tun? Ja, tatsächlich. Die Eheleute schliefen zusammen in einem Raum. Mit allen »klassischen« Problemen: Einer schnarcht, der andere will wärmere Decken und so fort. Nach all den Jahren, in denen sie ein Schlafzimmer für sich allein hatte, teilt Pudentilla dieses nun mit einem »Unbekannten«, der Verkehr mit ihr hat, wann immer es ihm einfällt. Auch dieser Aspekt wird in der Literatur selten beschrieben, gehört aber unausweichlich zum Alltag römischer Ehefrauen.

Erst in der Kaiserzeit entwickelt sich in gutgestellten oder aristokratischen Familien die Gewohnheit, dass Mann und Frau getrennte Räume haben. Das ist weniger eine praktische Notwendigkeit als Statussymbol, weil es unterstreicht, dass man in einem Haus wohnt, das genügend Räume besitzt. So machten es beispielsweise Plinius der Jüngere und seine sehr junge Gattin Calpurnia. Gewöhnlich befanden sich diese Zimmer immer im Erdgeschoss des Hauses, die Zimmer der Dienstboten hingegen fanden sich in den oberen Stockwerken.

Doch natürlich gab es auch noch andere Räume, die dem Sexualleben geweiht waren. Zumindest der Ehemann hatte dort Verkehr, allerdings nicht mit seiner Frau. Er konnte sich dort anderer Frauen bedienen und schlief mit Sklavinnen oder Konkubinen.

»Mit der Zeit wirst du lernen, ihn zu lieben«

Wie wir gesehen haben, ist die Liebe die große Leerstelle in der römischen Ehe, die eher unter dem Diktat familiärer Interessen steht. In vielen Ländern unserer Erde, unter anderem in Indien, ist dies heute noch so. Spricht man aber mit einem Menschen, der eine arrangierte Ehe eingegangen ist, dann begegnet man nicht immer nur Leid und Elend. Paradoxerweise hat auch dieses System seine innere Logik. So habe ich auf einer Reise nach Indien mit einem Einheimischen gesprochen, der es vollkommen richtig fand, dass er seine Ehefrau nicht selbst ausgesucht hatte, was er mit folgenden Argumenten begründete: »Was wissen zwei junge Leute denn schon vom Leben? Wie soll man in diesem Alter beurteilen, ob das Mädchen, das einem gefällt, auch tatsächlich die richtige Frau ist? Wie wollen Sie ohne jede Erfahrung beurteilen, ob sie eine gute Ehefrau und Mutter sein wird? Meist macht die Liebe uns ja blind, sodass wir den falschen Partner wählen. Da kommt ein reifer Mensch, der weiß, was man im Leben braucht und mit welcher Person sich dies verwirklichen lässt, ganz recht. Auch ich habe meine Frau zu Beginn unserer Ehe nicht geliebt, ich kannte sie ja noch nicht mal. Wir waren beide ganz unerfahrene junge Leute. Aber aus ebendiesem Grund ist daraus dann eine tragfähige Bindung geworden, weil wir miteinander gewachsen sind und gemeinsam das Leben entdeckt haben. Mit der Zeit habe ich gelernt, mit ihr zu leben, und unsere Zuneigung ist dabei gewachsen...« Diese Worte stammen von einem Mann, der seine Wahl nicht selbst treffen konnte. Wie wir dazu stehen, ist wieder eine andere Sache. Hätte er sich frei entscheiden können, würde er die Dinge vielleicht anders sehen. Doch die Worte dieses Mannes verweisen uns auf Aspekte, an die man nicht sofort denkt, wenn man von arrangierten Ehen hört.

Vielleicht verhielt es sich ja auch bei vielen römischen Paaren ähnlich. Andererseits verhinderte gerade der meist beträchtliche Altersunterschied dieses Heranwachsen der Zuneigung und hielt Mann und Frau auf Distanz.

Doch manchmal entsprang nach einer arrangierten Hochzeit tatsächlich das Reis der Liebe. In den meisten Fällen allerdings war die Liebesheirat eine Sache der freigelassenen Sklaven, da diese mehr Möglichkeiten hatten, sich vor der Hochzeit kennenzulernen und zu sehen. In diese Richtung deuten zumindest einige Grabstelen wie jene, die der Freigelassene Atimetus Anteriotanus, der unter Kaiser Tiberius lebte, für seine Frau Claudia Homonoea machen ließ, die noch vor ihrem zwanzigsten Geburtstag starb. Die Grabinschrift (CIL VI 12652) ist ein zutiefst berührender Dialog zwischen den beiden Eheleuten. Er beginnt mit der Aufforderung der Verstorbenen an den Passanten, der an ihrem Grab vorbeikommt.

Homonoea: »Du, der du leichten Schrittes des Weges kommst, halt für einen Augenblick inne, ich bitte dich, und lies diese wenigen Worte. Ich bin Homonoea, die glücklichste unter den Mädchen, jetzt aber liege ich in diesem Grab. Venus schenkte mir Schönheit, die Grazien Anmut, Pallas Athene wies mich ein in all ihre Künste. Noch nicht zwanzigjährig dämmerte mir ein schändliches Schicksal. Doch ich klage nicht um meinetwillen! Mehr als der Tod schmerzt mich der Kummer meines Gefährten Atimetus.«

Atimetus antwortet: »Leicht sei dir der Weg, Gefährtin, die du so sehr das Leben verdientest, dessen Güter dir einst so reichlich beschert waren. Ließe das schändliche Schicksal zu, dass unsere Seelen füreinander stehen und dass durch den eigenen Tod der andere ins Leben zurückkehre, so wollte ich wohl opfern, was mir an Zeit noch bleibt. So aber bleibt mir nichts weiter, als Licht und Götter zu meiden, um schnell dir zu folgen über den Styx.«

Homonoea: »O bitte, hör auf, geliebter Gemahl, deine Jugend mit Tränen zu ersticken und im Schmerz ein mir gleiches Schicksal heraufzubeschwören. Tränen nützen niemandem, das Schicksal lässt sich nicht umstimmen. Mein Leben hat sich erfüllt: Dies ist das Ende, das schließlich alles Lebendige nimmt. Nun stille deine Tränen. Mögest du nie wieder solchen Kummer erleiden, und mögen die Götter dir wohlgesinnt sein. Möge der Tod das, was er zu früh von meinem Leben nahm, nun dir schenken und dein Leben entsprechend verlängern.«

Die tiefe Liebe, die diese beiden verbindet, berührt uns über die Jahrhunderte hinweg. Atimetus war ein ehemaliger Sklave von Pamphilius, einem von Tiberius Freigelassenen. Er war also durchaus ein gebildeter Mann von Rang. Das erklärt den hohen Bildungsgrad, der aus der Grabinschrift spricht. Möglicherweise war auch Claudia Homonoea eine Freigelassene aus dem Umfeld des Kaiserhofes.

Ein weiteres Zeugnis einer so großen Liebe ist eine Stele, die für uns heute leider verloren ist. Die Inschrift allerdings ist überliefert. Es handelt sich um Publius Vibius Verissimus, der Statilia Tigris (möglicherweise eine Freigelassene) so innig liebte, dass er ihr eine Grabstele (ILCV 3099) widmete, obwohl sie mit einem anderen Mann verheiratet gewesen war:

»Dem Gedenken an Statilia Tigris, die 36 Jahre lebte.

O Allerschönste, die ihren Ehemännern stets treu ergeben war. In zwei Betten ruhtest du, zwei Kinder der Liebe hast du geboren. Wenn deinem ersten Mann das Schicksal hold gewesen wäre, hätte er dir diesen Grabstein gewidmet. So aber bin ich der Unglückliche, der deiner Gegenwart beraubt ist. Nach sechzehn Jahren, in denen ich deiner keuschen Liebe teilhaftig wurde.

Der noch lebende Publius Vibius Verissimus stellte dieses Grabmal für die unvergleichliche Gattin auf.«

Echo der Leidenschaft

Dabei waren die Römer sicher nicht anders veranlagt als wir. Sie liebten und begingen aus Liebe Dummheiten genau wie wir. Sie verloren den Kopf für einen Mann oder eine Frau. Und taten Dinge, die sie sonst nie im Leben getan hätten... aus Liebe. Man muss nur Catull lesen, um sich der Gefühlstiefe der Römer bewusst zu werden, selbst wenn sie in einer Welt starrer Regeln lebten, die deren Ausdruck mitunter verhinderten.

Und so hätten sie uns sicher nicht nur um unsere doppelt so hohe Lebenserwartung, den Komfort, die medizinischen Möglichkeiten und die reichlich vorhandene Nahrung beneidet, sondern auch um die Freiheit zu lieben, wen wir wollen. Um die Möglichkeit, die geliebte Frau vor aller Augen auf der Straße küssen zu können, wenn einem danach ist. Für uns ist das ganz normal, doch für Millionen Menschen war dies lange Zeit ein Traum.

Wenn wir vom Werk der Dichter einmal absehen, die uns von heftigen Leidenschaften berichten, welche Beweise haben wir, dass es diese auch im Alltagsleben der Römer gab? Hat das sicher millionenfach gehauchte *te amo* irgendwo Spuren hinterlassen? Nun, zumindest können wir die Inschriften befragen, die bei archäologischen Ausgrabungen zutage gefördert wurden und die so viele Jahrhunderte überdauert haben.

So findet sich auf einer Mauer des Domus Tiberiana auf dem römischen Palatinshügel das Gekritzel eines verzweifelten Verliebten: »Ich kann nicht mehr, ich tue kein Auge zu, denn Tag und Nacht lodert die Flamme der Liebe.« *(Vis nulla est animi, non somnus claudit ocellos, noctes atque dies aestuat omnis amor.)*

Der Schmerz eines anderen Mannes aber scheint noch heftiger zu sein. Er lebte in Pompeji und wurde von seiner Angebeteten nicht erhört: »Wenn du kannst und nicht willst, wieso schenkst du mir dann Freuden, ermutigst meine Hoffnung und sagst mir stets, ich solle doch morgen wiederkommen? Zwinge mir lieber den Tod auf als dieses Leben ohne dich, denn gnädig ist die Hand, die vom Leiden erlöst. Die Hoffnung aber gibt dem Liebenden nur zurück, was du ihm zuvor entrissen.«

Ebenfalls in Pompeji finden sich die glückseligen Worte eines Mannes, der das Delirium der Liebe beschreibt (verursacht durch den vermehrten Ausstoß von Hormonen wie Dopamin, Oxytocin und Endorphin). Lesen wir, was er schreibt: »Wie die Bienen genießen die Liebenden ein Leben süß wie Honig.« *(Amantes ut apes vitam mellitam exigunt.)*

Und ein sarkastischer Pompejaner schrieb darunter: »Schön wär's!« *(Vellem.)*

Doch die Mauern Pompejis tragen noch andere Zeugnisse brennender Liebe: »Wer liebt, sollte nicht in zu heißem Wasser baden. Wer vor Liebe brennt, erträgt keine Hitze.« *(Quisquis amat, calidis non debet fontibus uti, nam nemo flammas ustus amare potest.)*

Tatsächlich muss das Verhalten Liebender der Umgebung mitunter merkwürdig erscheinen. Dieses Ausmaß an Irrationalität hat wohl einiges an Kopfschütteln hervorgerufen, vielleicht aber auch ein klein bisschen Neid. So steht an einer pompejanischen Mauer geschrieben: »Liebenden Vorhaltungen zu machen ist, als wolle man die Luft binden, als versuche man, das ewige Sichverströmen der Quelle aufzuhalten.«

Doch nicht alle waren glücklich über die Nebenwirkungen der Liebe, litt doch der eine oder andere auch unter dem klassischen Liebesschmerz. So droht ein namenloser »Enttäuschter« gar der Venus: »Kommt, ihr Liebenden. Ich will der Venus die Rippen brechen mit rüden Schlägen, der Göttin die Lenden zerfetzen. Wenn sie mir die empfindsame Brust mit Pfeilen durchbohren darf, wieso sollte ich ihr nicht mit einem Prügel den Schädel spalten?«

Kann nicht jeder von uns sich in die Gefühle des Schreibers hineinversetzen? Doch natürlich soll unsere kurze Blütenlese antiker Liebessprüche nicht derart drastisch enden. Denn auf jenen Mauern findet sich auch ein wunderbarer Hymnus auf die Liebe, der ihre Unvergleichlichkeit preist: »Möge gedeihen, wer liebt. Möge untergehen, wer dazu nicht fähig ist. Und möge der doppelt verderben, der anderen die Liebe vergällt.« *(Quisquis amat valeat, pereat qui nescit amare. Bis tanto pereat, quisquis amare vetat.)*

Eine wahre Geschichte über eine leidenschaftliche Liebe

In antiken Texten finden sich immer wieder kleine »Perlen«, die zeigen, was die Liebe auch damals vermochte. Eine besonders berührende Geschichte stammt aus den Schriften des großen Arztes Galen, der im zweiten nachchristlichen Jahrhundert in Rom lebte. Er kam dahinter, dass ein Sklave sich krank stellte, um seine Liebste sehen zu können. Er hatte es geschafft, sein Knie anschwellen zu lassen, damit er seinen Herrn nicht aufs Land begleiten musste. Eine Verrücktheit, die ihn beinahe teuer zu stehen gekommen wäre. Alle hatte er getäuscht ... aber nicht Galen, der als guter Arzt alles begriff und sich über die Beweggründe des Mannes amüsierte:

»Eines Tages hatte ich einen Patienten, der behauptete, schreckliche Schmerzen im Knie zu haben. Ein Sklave, der seinen Herrn hätte begleiten sollen. Ich hatte gleich den Verdacht, dass der Schmerz nur gespielt war. Zum einen, weil sein Herr ausgerechnet an diesem Tag zur Sommerfrische auf seinen Landsitz aufbrechen wollte. Zum anderen, weil der Junge eben von der Sorte war, die sich solche Lügengeschichten ausdachte. Also befragte ich einen anderen Sklaven, der ihn gut kannte, ob es nicht vielleicht eine Liebelei zwischen dem jungen Mann und irgendeinem Mädchen gebe. Das hätte erklärt, wieso er unbedingt zu Hause bleiben wollte. Und tatsächlich war es so ... Das Knie wies eine große, rote Schwellung auf, die einen Laien vielleicht beeindruckt hätte. Mit ein wenig Erfahrung in diesen Dingen aber sah man sofort, dass hier die Thapsia am Werk gewesen war [*Thapsia garganica* oder Garganodolde, deren Saft Rötungen, Pusteln und Schwellungen hervorruft] ...

Der junge Mann war keine weiteren Wege gegangen als sonst. Niemand hatte ihn geschlagen. Er hatte sich nicht bei einem

Sprung verletzt. Und er war körperlich weder träge noch zu dick. Als wir ihn dann zu seinen Schmerzen befragten, antwortete er nicht unmittelbar, noch schnell, noch ohne Widersprüche. Als sein Herr weg war, trug ich ein Mittel auf sein Knie auf, das keinerlei Auswirkungen auf die Schmerzen haben konnte. Es sollte nur die Hitze der Thapsia-Schwellung wegnehmen. Innerhalb einer Stunde sagte er mir, dass er keine Schmerzen mehr habe und geheilt sei. Wäre der Schmerz durch eine entzündliche Schwellung entstanden, wäre er von einer kühlenden Salbe nicht verschwunden, sondern noch stärker geworden.«

Galen kam dem Sklaven also sofort auf die Schliche, meldete ihn aber nicht bei seinem Herrn, sondern drückte in diesem Fall amüsiert beide Augen zu. Wir können nur Vermutungen anstellen, was der Sklave in der halb leeren Stadtvilla machte, während sein Herr den Sommer auf dem Land verbrachte ...

Interessanterweise fand dieser uralte Trick auch in moderner Zeit noch Anwendung. So klagten französische Militärärzte im 19. Jahrhundert darüber, dass viele Soldaten vor der Schlacht ihre Arme und Beine mit der Garganodolde behandelten, die Rötungen und Schwellungen hervorrief.

Wenn Liebe tötet: Die Geschichte von Octavio und Pontia

Hätte es zu Neros Zeiten, genauer im Jahr 58 n. Chr., bereits eine Zeitung gegeben, hätte die Geschichte von Octavius und Pontia Schlagzeilen gemacht, denn ihre leidenschaftliche Liebe endete tragisch.

Octavius Sagitta ist ein Volkstribun, ein wichtiger Politiker, der die Plebejer vertritt. Pontia Postumina hingegen ist eine verheiratete Frau, die einer der einflussreichsten Familien Roms angehört, deren Namen wir aber nicht kennen. Octavius verliebt sich in sie, macht ihr den Hof, sendet ihr tausend Geschenke, sodass sie sich ihm am Ende hingibt. Er überzeugt sie, sich von ihrem Mann scheiden zu lassen. Sobald sie aber geschieden ist, trennt Pontia sich von Octavius. Ihre Beschreibung lässt den Schluss zu, dass es sich bei Pontia um eine recht verwöhnte Dame handelt, die Octavius wohl nur benutzt hat, um einen Ausweg aus ihrer Ehe zu finden. Der verliebte Octavius, der nun nicht mehr ein noch aus weiß, ersticht sie. Einer seiner ehemaligen Sklaven versucht noch, die Schuld auf sich zu nehmen, doch das nutzt Octavius nichts. Er wird schuldig gesprochen und hat damit vor dem Gesetz die Wahl: Exil oder Tod. Er entscheidet sich für Ersteres. Nach Neros Tod kehrt er nach Rom zurück, denn mit dem Tod des Kaisers ergeht ein Straferlass.

Diese so »modern« anmutende Geschichte erzählt uns Tacitus in seinen *Annalen*: »Zur gleichen Zeit erkaufte sich der Volkstribun Octavius Sagitta, vor Liebe zu Pontia, einer verheirateten Frau, von Sinnen, mit außerordentlichen Geschenken den Ehebruch und später die Scheidung von ihrem Gatten, indem er ihr die Ehe versprach und die Heirat mit ihr verabredete. Aber sobald die Frau frei war, erfand sie hinhaltende Ausflüchte, schützte die ablehnende Willensäußerung ihres Vaters vor, und als sie entdeckte, dass sie Hoffnung auf einen reicheren Gatten habe, sagte sie sich von ihren Versprechungen los. Octavius dagegen versuchte es bald mit Klagen, bald mit Drohungen, wobei er beteuerte, sein Ruf sei vernichtet, sein Vermögen erschöpft, und schließlich die Entscheidung über sein Leben, das Einzige, was ihm noch geblieben sei, ihr überließ. Und als er abgewiesen wurde, verlangte er zum Trost eine einzige Nacht, um, durch sie entschädigt, für die Zukunft Maß halten zu können. Man setzt die Nacht fest, und Pontia überträgt einer vertrauten Dienerin die Wache vor dem Schlafgemach. Jener erscheint mit einem Freigelassenen und bringt im Gewand versteckt einen Dolch mit. Jetzt kommt es, wie das üblich ist, wenn Liebe und Zorn im Spiel sind, zu Zänkereien und Bitten, zu Vorwurf und Versöhnung, und ein Teil der Nacht bleibt dem Liebesgenuss vorbehalten; durch ihn gleichsam in leidenschaftliche Erregung versetzt, durchbohrt er die Frau, die sich dessen in keiner Weise versieht, mit dem Dolch, verjagt die herbeieilende Dienerin durch einen Hieb und stürzt aus dem Schlafgemach. Am folgenden Tag wurde der Mord offenbar, und kein Zweifel bestand über den Mörder; denn er wurde überführt, sich bei ihr aufgehalten zu haben. Doch der Freigelassene bekannte, *seine* Tat sei es, *er* habe die Kränkungen seines Patrons gerächt; und er hatte manche durch die Größe seiner beispielhaften Tat beeindruckt, bis die Dienerin, von der Verwundung wiederhergestellt, die Wahrheit ans Licht brachte. So wurde er vom Vater der Getöteten vor das Gericht der Konsuln gefordert und, nachdem er das Tribunat niedergelegt hatte, durch den Spruch der Väter nach dem Gesetz über Meuchelmord verurteilt.«[14]

Diese dramatische Geschichte aus der Rubrik »Vermischtes« bringt uns zu einem anderen, eher »modernen« Thema, nämlich der Scheidung.

Gibt es Scheidungen in römischer Zeit?

Die Antwort lautet: Ja. Und eine Scheidung war noch nicht einmal schwer zu erlangen. Julius Paulus, einer der bekanntesten römischen Juristen, der wohl im 3. Jahrhundert n. Chr. starb, meint, es gebe vier Gründe, eine Ehe als nicht bestehend zu betrachten. Wenn wir uns diese vier Gründe ansehen, fällt uns sofort auf, wie verschieden das Leben damals von unserem gewesen sein muss. Die Gründe nämlich sind: 1) Scheidung, 2) Tod eines Ehegatten, 3) Kriegsgefangenschaft und 4) Sklaverei in ihren verschiedenen

Formen. Offensichtlich war die Scheidung häufiger als der Tod. Wenn man sich nun noch vor Augen hält, dass die Todesursachen damals vielfältig waren (Krankheiten, Frostperioden, Tod im Wochenbett, Sturz vom Pferd, Brände, Kriege, Infektionen, mangelnde medizinische Kenntnisse et cetera), ist es schon erstaunlich, dass die Scheidung offensichtlich noch mehr »Opfer« forderte.

Eine Scheidung jedenfalls ist in römischer Zeit kein juristischer Akt, was daran liegt, dass ja bereits die Ehe als bloßer Ausdruck des Willens der beiden Eheleute zusammenzuleben keinerlei rechtlich bindenden Charakter hat. Professor Carla Fayer schreibt: »Die Scheidungsmodalitäten im Alten Rom waren direkte Konsequenz aus dem Ehebegriff der Römer: Die Ehe beruhte auf der *affectio maritalis*, dem fortgesetzten und verwirklichten Willen von Mann und Frau, als Paar zusammenzuleben. Wenn die *affectio* also nicht mehr gegeben war, ob nun bei einem oder beiden Ehepartnern, wurde die Ehe aufgelöst.«

In dieser Hinsicht lässt der Codex Justinianus, eine Sammlung antiker Rechtsgrundsätze, keinen Zweifel: »Seit alter Zeit gilt die Ehe als frei. Daher weiß man, dass Vereinbarungen, die die Scheidung verhindern sollen, nicht gültig sind. Ebenso wenig gelten Abmachungen, welche der die Scheidung fordernden Partei Strafen abverlangen.«

Diesen Vorgang bezeichneten die Römer als *divortium*, ein Begriff, der von *divertere* kommt, wörtlich »trennen«. Praktisch bedeutete das, dass die Eheleute, nachdem sie einen Teil ihres Lebens gemeinsam gemeistert hatten, nun getrennte Wege gingen.

Die Verkündung der Scheidung allerdings hatte einen etwas drastischeren Namen, den wir bereits im Abschnitt über die Verlobung kennengelernt haben: das *repudium*, wörtlich »die Verstoßung«. Dahinter steht die Idee, dass man jemanden mit Fußtritten davonjagt, denn es stecken Begriffe wie *re* und *pes* darin, also »mit dem Fuß zurückdrängen«.

Wie laufen Scheidungen ab?

Anders als heute, wo es Jahre braucht, bis eine Scheidung »durch« ist, und es regelmäßig zu Anwaltsschlachten, verbunden mit einem explodierenden Aufwand an Papier und Kosten, kommt, gab es vor zweitausend Jahren weniger böses Blut, denn die Scheidung erfolgte ganz formlos sozusagen im »Schnellverfahren«. Es genügte, dass einer der Ehepartner die Ehe beenden wollte und dies vor Zeugen (sieben an der Zahl, wie Augustus festlegte) dem anderen kundtat, und die Verbindung war gelöst. Schluss, aus, Ende.

Wie gesagt: Nachdem schon für die Eheschließung keine rechtlichen Formalitäten nötig waren, galt dies auch für die Auflösung der Partnerschaft.

Allerdings gab es bestimmte Vorschriften, wie das Scheidungsverlangen dem Partner bekanntzugeben war. Es mussten exakt die folgenden Worte verwendet werden. Stellen wir uns einen Mann vor, der sich eiskalt seiner Frau nähert und zu ihr sagt: *Tuas res tibi habeto!* (»Nimm deine Sachen und geh!«) Oder: *Tuas res tibi agito!* (»Schaff dein Zeug weg!«) Eine andere, häufig verwendete Formel war: *Vade foras!* (»Verlass das Haus!«) Von diesem Moment an bestand die Ehe nicht mehr. Es reichte, dass einer der Partner die Auflösung wünschte, selbst wenn der andere nicht einverstanden war.

Manchmal sprach der Scheidungswillige die Worte nicht einmal selbst, sondern schickte einen seiner Freigelassenen als Boten. Oder er ließ nur einen Brief verlesen, den sogenannten *libellus divortii*. Dies wurde vor allem in der späten Kaiserzeit üblich.

Meist war es der Mann, der diese rituellen Formeln sprach, weil es ja Brauch war, dass die Frau bei der Heirat zu ihm zog. Dann musste die Ehefrau ihre persönlichen Habseligkeiten zusammenpacken – Kleidung, Schmuck, Verlobungsgeschenke, Haushaltsgegenstände. Sie gab symbolisch die Hausschlüssel zurück, die sie am Tag nach der Hochzeit erhalten hatte, da ja die ganze Verwaltung des Hausstandes als Matrone ihr allein oblag.

Allerdings konnte es auch geschehen, dass die Frau diese Sätze sprach, dann nämlich, wenn sie das Haus als Mitgift in die Ehe gebracht hatte.

Damit das *repudium* nicht einfach im Affekt ausgesprochen wurde, mussten bestimmte Bedingungen erfüllt werden. Die Juristen des Alten Rom gingen davon aus, dass eine Scheidung vorlag, wenn es sich bei der Trennung nicht um eine kurze Uneinigkeit infolge eines Streits *(iurgium)* oder eines »kleinen Haders« *(frivusculum)* handelte. Daher musste eine gewisse Zeit vergehen, bevor die Trennung als Scheidung anerkannt wurde, oder einer der Partner musste sich wieder verheiratet haben.

Warum lässt man sich scheiden?

In der Römischen Republik konnte eine Scheidung sogar vom Vater eines der Brautleute *(pater familias)* ausgesprochen werden, und dies selbst gegen den Willen der jungen Leute. In archaischer Zeit hingegen durfte dies nur der Ehemann und nur aus einem von vier Gründen: wenn sie ihn betrogen hatte; wenn sie sich betrunken hatte; wenn sie mit Zaubertränken oder giftigen Substanzen gegen den Willen ihres Mannes oder ohne sein Wissen abgetrieben hatte. Und wenn die Ehefrau sich der schwarzen Magie und Zauberei zugewandt hatte und Gifte oder Rauschmittel produzierte.

In republikanischer Zeit kamen dann noch weitere hinzu wie die Sterilität der Ehefrau. Einige Gründe sind so bizarr, dass sie ein bezeichnendes Licht auf die Männergesellschaft jener Zeit werfen. Der römische Historiker Valerius Maximus berichtet von einigen solcher Fälle aus dem dritten und zweiten vorchristlichen Jahrhundert. Zum Beispiel den des Caius Sulpicius Galus, der seine Frau verstieß, weil sie es gewagt hatte, mit unbedecktem Haupt durch die Straßen zu schlendern. Der Mann rechtfertigte sein Verlangen damit, dass »das Gesetz es vorschreibt, dass nur seine Augen die Schönheit seiner Frau kennen dürfen und diese sich folglich nur für diese schön machen dürfe. Jeder Blick, den sie aus falsch verstandener Gefallsucht auf sich zieht, lässt sie notwendig schuldig erscheinen.«

Einen anderen Fall könnte man als »Präventivscheidung« bezeichnen: Quintus Antistius Vetus trennte sich von seiner Frau, weil er sie im Gespräch mit einer Freigelassenen von zweifelhaftem Lebenswandel gesehen hatte.

Publius Sempronius Sofus wiederum sprach das *repudium* aus, weil sie es gewagt hatte, zu den Spielen (möglicherweise den Gladiatorenspielen) zu gehen, ohne ihrem Mann Bescheid zu sagen. In archaischer Zeit war die Scheidung eine schreckliche Waffe in den Händen des Mannes, die die Frau in eine mehr als heikle Position bringen konnte, da der vorherrschende Ehetyp ja der der Manus-Ehe war, die dem Mann die Verfügungsgewalt über ihr Vermögen gab. Plautus geißelt diese Gepflogenheit in seiner Komödie *Mercator* (Der Kaufmann): Die alte Sklavin Syra verteidigt ihre junge Herrin in leidenschaftlichem Protest gegen die Lebensbedingungen der Frauen: »Beim Kastor, unter harter Ordnung leben doch die Frauen, die bejammernswerten, unter einer weitaus ungerechteren auch als die der Männer. Treibt ein Mann es nämlich heimlich, hinterm Rücken seiner Frau, mit einer Dirne und die Frau erfährt davon, geschieht ihm nichts. Wenn ohne Wissen ihres Mannes die Frau auch nur das Haus verlässt, so ist das für den Mann ein Grund, sie aus der Ehe zu verstoßen. Gäb es ein Recht doch, gleichermaßen gültig für den Mann wie für die Ehefrau!«[15]

Mit der Ausbreitung der Ehe *sine manu* konnten die Frauen, die weder ihrem Mann noch ihrem Vater unterstanden, selbst ihren Gefährten entlassen, wenn dieser sie betrogen oder anderweitig schwere Schuld auf sich geladen hatte. Doch das kam nur selten vor, da in diesem Falle die Kinder beim Mann blieben und die Frau sie nicht mehr sehen durfte. Aber allmählich besserte sich die Lage der Frauen. Gegen Ende der republikanischen Zeit konnten sie sich ebenso einfach scheiden lassen wie die Männer, auch wenn sie keinen gravierenden Grund hatten. Cicero zum Beispiel berichtet von einem Fall, in dem die Scheidung ohne jeden Grund, also *sine causa*, erfolgte. Paula Valeria, Tochter eines bekannten Prätors, sprach ihrem Mann die Scheidung aus, als dieser vom Dienst in den römischen Provinzen zurückkehrte. Ihr einziger Grund war, dass sie so schnell als möglich ihren Liebhaber Decimus Brutus heiraten wollte! Allein dies zeigt schon, dass zu Beginn der Kaiserzeit die Emanzipation der Frauen, wo es um die Ehescheidung ging, erreicht war. Das galt natürlich nur für wohlhabende Frauen. Für die anderen hing das Damoklesschwert einer jederzeit möglichen Scheidung immer noch bedrohlich über ihnen...

Ein Scheidungskarussel

In der Kaiserzeit schließlich explodierte die Zahl der Scheidungen nachgerade. Die Gleichstellung (wohlhabender) Frauen mit den Männern sowie das ständige Geschacher um neue und alte Allianzen zwischen den Patrizierfamilien ließ die Zahl der Scheidungen so sehr ansteigen, dass der bekannte französische Historiker Jérome Carcopino von einer »Scheidungsepidemie« im römischen Adel sprach.

Kaiser Augustus selbst zum Beispiel ließ sich zweimal scheiden. Die Historikerin Susan Treggiari zählte, dass es allein in der kaiserlichen Familie zwischen den Kaisern Augustus und Domitian, das heißt zwischen 27 v. Chr. und 96 n. Chr., zu siebenundzwanzig Scheidungen kam. Zehn davon gingen vom Kaiser selbst aus.

Dies wiederum veranlasste die römischen Moralwächter, allen voran Juvenal, zu so mancher kritischen Bemerkung. Er lästerte über die reichen Männer, die ihre Ehefrau wechselten, sobald ihr Körper die Zeichen des Alters zu zeigen begann. Und in seiner sechsten Satire (Gegen die Frauen) lesen wir: »Warum glüht Sertorius vor Leidenschaft für Bibula? Wenn du der Wahrheit nachgehst: das Gesicht, nicht die Gattin wird geliebt. Sollten drei Runzeln sich einstellen und die Haut trocken werden und erschlaffen, die Zähne dunkel werden und die Augen kleiner, wird der Freigelassene sagen: ›Pack deine Klamotten zusammen und zieh aus, du fällst uns schon lästig und putzt dir häufig die Nase. Zieh rasch aus und beeil dich, mit trockener Nase kommt schon die Nächste.‹«[16]

Seneca stößt ins selbe Horn. Er wirft der aristokratischen Klasse vor, diesem Verfall der Sitten Vorschub geleistet zu haben. Vor allem die Frauen der bessergestellten Familien kritisiert er, weil sie keinerlei Skrupel mehr haben, eine Ehe aufzulösen: »So manch edle Dame aus noblem Hause zählt ihre Jahre nicht nach der Abfolge der Konsuln, sondern nach der der Ehemänner. Sie lässt sich scheiden, um sich wiederzuverheiraten, und heiratet, um sich scheiden zu lassen.«

Über die Ehemänner meint er in seiner Schrift über die Ehe *De matrimonio*: »Wir lesen, dass einige Frauen sich sofort wieder verheiratet haben, nachdem sie am zweiten Tag der Ehe verstoßen worden waren. Hier sind beide Ehemänner zu tadeln. Der eine, dem sein Weib so schnell missfiel, der andere, der sie sogleich voller Begeisterung aufnahm.«[17]

Martial hingegen liest der reichen Proculeia die Leviten, die sich vom Mann hat scheiden lassen, weil er ein Hungerleider ist und sie keine Lust hatte, die Ausgaben für seine Wahl zum Prätor zu übernehmen: »Mit dem Beginn des Janusmondes, Proculeia, verlässt du deinen alten Gemahl, sagst ihm, er bleibe für sich. Bitte, was ist denn geschehen? Welcher Grund zu plötzlichem Kummer? Du sagst nichts? So will ich's: Dass er als Praetor im Amt! Dass er den Purpur trägt, hätt' dich hunderttausend gekostet beim megalesischen Spiel, wär es auch noch so beschränkt, und die Feier des Volks hätt' zwanzigtausend erfordert. Proculeia, das ist Scheidung nicht, ist ein Geschäft.«[18]

Es gab also viele Gründe, die im Alten Rom zur Scheidung führen konnten. Schließlich mischte sich sogar der Gesetzgeber ein. Augustus verpflichtete alle Ehemänner, die ihre Frau beim Seitensprung erwischt hatten, sich von dieser innerhalb kürzester Zeit scheiden zu lassen. Anderenfalls riskierten sie eine Anklage wegen Kuppelei – also wegen Anstiftung zur Prostitution. Die Frau wurde in solch einem Fall ins Exil geschickt, ging der Hälfte ihrer Mitgift verlustig und büßte ein Drittel ihrer Güter ein. War ihr Liebhaber ebenfalls verheiratet, musste auch er ins Exil. Harte Zeiten für Ehebrecher also!

Die Historikerin Reay Tannahill allerdings macht in ihrer *Kulturgeschichte der Erotik* auf einen anderen Aspekt des römischen Geschlechterkampfes aufmerksam. Sie geht davon aus, dass es so viele freie römische Bürgerinnen gar nicht gab. Und ein Mann in der Ehe vor allem zwei Dinge suchte: die Möglichkeit, einen Erben zu zeugen und mit der Mitgift eine »ordentliche Finanz-Transfusion« zu erhalten. Da diese Ehen ohne Liebe geschlossen wurden, war es für die Männer nicht weiter wichtig, was die Frau tat oder dachte, so sie keinen Skandal verursachte, der ihn aufgescheucht hätte: Wichtig waren nur der gute Name und die Mitgift.

Leider verfügen wir nicht über genügend Daten hinsichtlich des Anteils der freien Bürgerinnen an der römischen Bevölkerung, um diese These verifizieren zu können. Jede diesbezügliche Zählung wird verzerrt durch die zahllosen Sklaven, die Teil der römischen Bevölkerung wurden, dann freikamen und heirateten. Außerdem starben viele freie römische Bürgerinnen bei der Geburt ihrer Kinder. Ein Mann konnte seine sexuellen Gelüste mit Sklavinnen, Freigelassenen und Konkubinen befriedigen, eine Frau seiner Schicht zu finden war dagegen gar nicht so einfach. Um diese Frauen fand ein erbitterter Wettbewerb statt (befördert noch durch die Tatsache, dass viele Mädchen schon bei der Geburt getötet wurden, weil sie als Belastung für die Familie galten). Daher fand eine römische Matrone recht leicht Liebhaber. Reay Tannahill jedenfalls macht uns auf eine interessante Tatsache aufmerksam: »Im Lateinischen gibt es kein Wort, das dem heutigen Ausdruck ›alte Jungfer‹ entspricht.«[19]

IV
Er, sie und die anderen

Kann der Römer polygam sein?

Kehren wir nun zurück ins Labyrinth der römischen Straßen, in die Subura, das meistfrequentierte Viertel Roms. Rundherum allerlei Läden und Geschäfte. Körbe hängen über unseren Köpfen, Lederschläuche voller Getreide und gehäutete, von Fliegen umschwirrte Zicklein, deren Blut auf den Gehsteig tropft. Jeder Laden hat seinen ganz eigenen Geruch, sodass selbst ein Blinder erraten könnte, was dort angeboten wird: Gewürze, Weidenbündel, Weinamphoren, lebende Hühner... Der Boden unter unseren Füßen ist aus gestampfter Erde, denn die Gassen in diesem Viertel, ja selbst die Straßen sind nicht durchweg gepflastert. Gelegentlich treten wir auf etwas Weiches: ein Stück zerquetschtes Gemüse, ein Stück Stoff oder andere, nicht mehr erkennbare Dinge. Da und dort gehen Gässchen ab, von Rinnen gesäumt, aus denen der beißende Geruch von Urin steigt. Hier wirkt alles irgendwie heruntergekommen. Nicht einmal die Wände sind verputzt, überall starrt uns der nackte Ziegelstein an. Ganz oben ist kaum ein Streifen blauer Himmel zu erblicken, denn die Häuser sind hoch, und dazwischen spinnt sich ein Gewirr von Leinen mit den verschiedensten Wäschestücken daran. Wie ein bunt beflaggtes Schiff, das in die blaue See sticht. Überall brodelt das Leben. Da ruft eine Mutter ihren Sohn, dort dröhnt eine Lachsalve aus einem Laden, vor uns plaudert ein Grüppchen Passanten und schreckt vom lauten Gebell eines Hundes hoch, den der Ladenbesitzer mit einem Fußtritt zur Ruhe bringt. Dies ist die Ewige Stadt.

Wir spähen in einen kleinen Hof hinein, der von einem umlaufenden Holzbalkon gesäumt ist. Da und dort stehen Blumentöpfe. Eine Frau tritt heraus und zupft ein paar Blättchen von einem der Kräuter. Sicher ist sie gerade beim Kochen. Eine Frau aus dem Volk, ein bisschen rundlich, mit kräftigen Armen und roten Wangen. Hinter ihr kommt ein Mann heraus, offensichtlich der Ehemann. Nach ein bisschen Geplänkel lächeln sie sich zum Abschied liebevoll an. Der Mann geht zur Arbeit. Ein paar Schritte weiter allerdings bleibt er noch mal stehen. Eine andere Frau hängt gerade die Wäsche auf. Auch sie lächelt ihm zu, und er legt ihr grinsend die Hand auf den Hintern. Er flüstert ihr etwas ins Ohr, bevor er weitergeht. Seine Ehefrau hat aus den Augenwinkeln alles gesehen, sagt aber kein Wort...

Der Mann spaziert fröhlich pfeifend die Treppe herunter und macht sich durch das Gässchen davon. Wie kann das sein? Wieso lässt seine Frau ihn widerspruchslos gewähren? Eine neue Welt tut sich vor uns auf, die des Konkubinats...

Der Begriff »Konkubine« setzt sich zusammen aus den Wörtern *cum* und *cumbare*, bedeutet also, dass man »bei jemandem liegt« beziehungsweise »mit jemandem schläft«. Die Konkubine ist eine Frau, die eine sexuelle Beziehung mit einem verheirateten Mann unterhält, mit ihm zusammenlebt, manchmal sogar in seinem Haus, aber ... nicht seine Frau ist. Ein römischer Mann durfte also mit mehr als einer Frau zusammenleben. Allerdings hat der Römer dieses System nicht erfunden, sondern gleichsam ererbt, nämlich von den Ureinwohnern Mittelitaliens.

Das kann nur eines bedeuten: dass die Polygamie (genauer gesagt, die Polygynie, denn es war ja immer der Mann, der mit mehreren Frauen lebte) schon zu Beginn der römischen Geschichte verbreitete Praxis war. Dies belegt zum Beispiel ein Gesetz, das Numa Pompilius vor 2600 Jahren erlassen haben soll. Er verfügte, dass die Ehefrau auf einer höheren Stufe stehe als die *paelices*, die im Haus lebten, die verschiedenen Konkubinen also. Viele Historiker gehen daher davon aus, dass es zu jener Zeit normal war, dass ein Ehemann neben seiner Ehefrau noch eine oder zwei Nebenfrauen im Haus hatte. Wie es in den islamischen Ländern Afrikas und des Nahen Ostens immer noch üblich ist.

Das Gesetz von Numa Pompilius versuchte offensichtlich, diesen Brauch einzudämmen, und gab damit der Monogamie seinen offiziellen Segen. Aber das Gesetz ist eine Sache, die Realität eine völlig andere. Und so blieb es in der römischen Zivilisation gang und gäbe, eine Ehefrau und eine oder zwei Konkubinen zu haben. Das zeigen schon die unter Konstantin und Justinian (im einstigen Ostrom, also relativ spät) erlassenen Gesetze. Sie nämlich verboten verheirateten Männern, eine Konkubine zu haben. Oder sie stellten die Konkubine rechtlich mit der Ehefrau gleich. Auch dies ein Anzeichen, dass die Praxis nach wie vor recht weit verbreitet war.

Die Ehe ohne Trauschein gibt es schon im Alten Rom

Jetzt treten wir wieder auf unseren kleinen Platz hinaus, denn um zu verstehen, was es mit dem Konkubinat auf sich hat, müssen wir uns ein bisschen genauer umsehen. Dazu aber brauchen wir einen strategisch gut gewählten Platz. Wir lassen uns an einem der Tische vor einer *popina* nieder, einer der vielen kleinen Gaststätten in Rom, die der Italienreisende von heute als *bar* kennt. Der Hocker wackelt ein bisschen, auf der roh gehobelten Tischplatte sehen wir ölige Flecken, ein paar Brösel und ein paar Tropfen Wein. Die Reste der Mahlzeit des Gastes, der vor uns hier saß. Kaum haben wir uns hingesetzt, kommt ein kleiner, gefleckter Hund schwanzwedelnd heran. Hunde findet man oft in dieser Art

Lokal. Sie ersetzen quasi den Staubsauger, weil sie sich von Speiseabfällen ernähren. Doch plötzlich schießt er davon wie ein geölter Blitz. Die Tochter des Besitzers, ein großes, stämmiges Mädchen mit ungepflegtem, lockigem Haar, hat ihn weggescheucht. Kokett fragt sie uns, was wir denn haben wollen. Ein Glas Falernerwein tut's schon. Der beste Wein jener Zeit, schließlich wollen wir uns nicht mit dem, was sonst so angeboten wird, den Magen verderben. »Sestertium unum!«, schnauzt sie uns an. Die Münze, die wir hervorziehen, kommt uns bekannt vor. Wir drehen sie um. Ja, tatsächlich, auf der anderen Seite ist das Konterfei Trajans zu sehen. Und sie hat einen feinen Haarriss an der Seite. Es ist jene Münze, der wir durchs gesamte Römische Reich gefolgt sind. Jetzt werfen wir sie achtlos auf den Tisch.

Und Trajans Konterfei verschwindet in den Händen des Mädchens. So setzt die Münze also ihren Weg durchs Alte Rom fort ... Gleich darauf stellt sie den Terrakottapokal mit dem Wein vor uns auf den Tisch. Wir nehmen einen tiefen Schluck und lassen unseren Blick über die Menge wandern. Sklaven, Geschäftsleute, fliegende Händler, die die Leute auf der Straße anhalten, um ihnen ihr Fettgebackenes zu verkaufen. Frauen mit ihren Töchtern, die ihren alltäglichen Verrichtungen nachgehen. Zwei *vigiles* (Feuerwachleute) auf ihrer Runde mustern mit wachen Augen die Umgebung, bereit, jedes kleinste Feuer sofort zu löschen.

Auch Paare sieht man. Zum Beispiel direkt vor uns ein gut gekleideter Mann in seiner Toga. Um ihn herum ein Grüppchen von Helfern und Bittstellern. Wenige Schritte hinter ihm geht eine Frau mit orientalischen Zügen. Sie ist groß, elegant zurechtgemacht und wird von einem Sklaven begleitet. Ganz offensichtlich ein bedeutender Mann mit seiner Konkubine. Nur wenige Meter weiter kommt ein Offizier vorbei, der im Gehen mit einer Frau plaudert. Auch sie vermutlich seine Konkubine. Die beiden berühren sich nicht, wie die Moral es vorschreibt, doch sie werfen sich sehnsüchtige Blicke zu. Anscheinend ist die Beziehung noch jung. Und dort hinten gehen zwei junge Leute, eindeutig Sklaven. Sie lachen und scherzen, anscheinend ein Pärchen, doch heiraten ist ihnen verboten. Sie können höchstens auf ein Zusammenleben *(contubernium)* hoffen, wenn ihr Herr dies zulässt.

Wie wir sehen, gilt es hier, einen Mythos zu schleifen. Wir denken immer, dass nur wirklich reiche und mächtige Männer, wie sie am kaiserlichen Hof verkehren, sich eine Konkubine halten. Das ist durchaus richtig, doch unser Spaziergang durchs Alte Rom zeigt uns, dass es Konkubinen in allen Bevölkerungsschichten gibt. Auch bei den weniger Begüterten also.

Konkubine wurde man aus zwei Gründen: entweder man lebte mit einem verheirateten Mann und wurde sozusagen die »Ehefrau zweiter Klasse« (und lebte polygam), oder man war die einzige Frau dieses Mannes, der sich aber trotzdem nicht zu einer Heirat entschließen konnte. Heute würden wir vielleicht sagen, der Unterschied ist der zwischen einer Ehefrau und einer Lebensgefährtin.

In vielerlei Hinsicht ähnelte das Konkubinat dem, was wir heute als »Ehe ohne Trauschein« bezeichnen.

Ein Römer würde diese Art des Zusammenlebens ohne Zögern als »Konkubinat« bezeichnen. Einen Unterschied allerdings gab es: Heute beruht eine Ehe ohne Trauschein auf einer gegenseitigen Einwilligung, vor zweitausend Jahren war es der Mann, der darüber entschied, ob seine Konkubine sich auch zur Ehefrau eignete. In einer vom Männlichkeitswahn geprägten Gesellschaft wie der römischen gibt es zwischen Ehefrau und Konkubine, wie der römische Jurist Julius Paulus (*Sententia* 2, 20.1) bemerkt, ohnehin nur ein Unterscheidungskriterium: die Lust *(dilectus)* des Ehemannes.

Warum lieber eine Konkubine als die eigene Frau?

Warum heiratet ein Römer seine Konkubine nicht? Häufig, weil die beiden verschiedenen Gesellschaftsschichten angehörten (eine Situation vergleichbar mit der, wie sie sich in Indien durch das Kastenwesen ergibt). Es war beispielsweise üblich, dass die Sprösslinge aus reichem Hause zuerst mit einer Konkubine »übten«, gewöhnlich einer Sklavin oder Freigelassenen des Hauses, bevor sie auf ein Mädchen ihres Ranges losgelassen wurden. Geheiratet wurde ja, um den eigenen politischen, finanziellen, unternehmerischen Aufstieg zu sichern.

Augustus erließ sogar ein Gesetz, das es Senatoren verbot, Schauspielerinnen, Freigelassene, Frauen von zweifelhafter Moral *(feminae probrosae)* oder von unbekannter Abstammung *(obscuro loco natae)* zu heiraten. Was würde wohl geschehen, wenn man heute Politikern verböte, Schauspielerinnen oder Frauen von dubioser Moral und obskurer Herkunft zu ehelichen?

Eigentlich aber war dies gar nicht nötig. Kein Senator oder Edelmann hätte je eine solche Frau geehelicht. Als »Gefährtinnen« hingegen waren sie beliebt und als Konkubinen gesucht. Das hatte auch einen ganz praktischen rechtlichen Grund, denn mit einer solchen Liaison lief man nie Gefahr, etwa der Vergewaltigung *(stuprum)* angeklagt zu werden, deren man sich nur durch Gewalt an gut beleumundeten Frauen schuldig machen konnte.

Viele Senatoren fortgeschrittenen Alters, Witwer oder Geschiedene mit Kindern wollten sich oft auch bewusst nicht mehr verheiraten und zogen das Konkubinat der Ehe vor. Auf diese Weise hielten sie das Familienerbe zusammen und vermieden Erbfolgeprobleme durch etwaige neue Kinder.

Pack die Konkubine ein

Hin und wieder allerdings war es auch das Gesetz, das verhinderte, dass ein Mann sich verehelichte und sich stattdessen mit einer Konkubine bescheiden musste. Das war zum Beispiel bei den Soldaten der Fall. Ein Legionär etwa durfte während des Militärdienstes nicht heiraten. Erst nach seiner Entlassung (und nur wenn er die *honesta missio* erhalten hatte, die Anerkennung für seine Leistungen im Militärdienst, welche ihm das Anrecht auf eine kleine Entschädigung nach seinem Ausscheiden gab) durfte er sich eine Frau nehmen. Dann konnte die Frau, mit der er über Jahre zusammengelebt und die ihm Kinder geboren hatte, endlich offiziell seine Angetraute werden, statt nur als *focaria* dazustehen, »die das Feuer (zum Kochen) anzündet«.

Noch eine Einschränkung galt für viele Militärs. Hohe Offiziere, Gouverneure und Beamte, die in den verschiedenen Provinzen des Reiches Dienst taten, durften keine Frauen heiraten, die aus dem jeweiligen Ort stammten. Sie hatten vielmehr eine »Dienstfrau«. Ein alter Brauch bestimmte, dass ein Beamter oder Offizier, wenn er zum Dienst in die Fremde ging, eine Entschädigung dafür erhielt: Geld, Maulesel, Pferde, Gewänder, einen Koch, einen Kutscher und ... eine Konkubine. Der Römer konnte sich also nicht vorstellen, dass ein Mann dieses Ranges ohne eine Frau an seiner Seite leben und arbeiten konnte.

Für eine Frau aus den niederen Schichten war es also durchaus von Vorteil, wenn sie einem Mann höheren Standes als Konkubine dienen durfte.

Und was hatte der Mann davon? Welche Vorteile bot es ihm, eine Konkubine aus dem gemeinen Volk zu haben?

Nun, er konnte mit jeder Frau eine Beziehung eingehen, ohne fürchten zu müssen, dass seine Würde, seine *dignitas*, darunter litt. Er konnte sich sozusagen gar nicht kompromittieren, denn da sie niederen Standes war, konnte sie nichts von ihm fordern. Kinder aus solchen Beziehungen waren nicht legitim, sie konnten also keinen Anspruch auf das Erbe erheben und so weiter. Sie würden vielmehr denselben Status innehaben wie ihre Mutter.

Viele Kaiser wie Nero, Vespasian, Antonius Pius oder Mark Aurel hatten feste Konkubinen, die zu einer Art inoffizieller First Lady wurden. Einige unter ihnen erlangten auf diese Weise großen Einfluss und häuften enorme Reichtümer an.

Wer sind die Konkubinen? Woher stammen sie?

Da es quasi »Grundvoraussetzung« für eine Konkubine ist, nicht ehrbar zu sein, kommen die meisten aus den niederen Ständen. Auf jeden Fall handelt es sich um Frauen, mit denen eine normale Ehe *(iustum matrimonium)* nicht möglich wäre. Dazu gehören Sklavinnen, Schauspielerinnen, Prostituierte, Kupplerinnen oder Frauen, die andere wenig »ehrbare« Tätigkeiten ausüben (als Bedienung in den *popinae* zum Beispiel). Oder Frauen, die wegen Ehebruchs oder anderer Vergehen verurteilt waren.

Dazu kommen die »Ausländerinnen« (die nicht über das römische Bürgerrecht verfügen). Man nennt sie *peregrinae*. Diese müssen, um sich zu verheiraten, eine Sondererlaubnis beantragen, die häufig verweigert wird.

Und dann natürlich noch die ehemaligen Sklavinnen, die Freigelassenen. Diese dürfte ein römischer Bürger theoretisch durchaus ehelichen, was in manchen Fällen sogar geschah. Doch da sie dem niedrigsten Stand angehören (und als ehemalige Sklavinnen ziemlich sicher von ihrem Herrn missbraucht worden waren), ließ kein Mann sich auf eine Ehe mit ihnen ein.

Kurioserweise bringt das Konkubinat für die Frauen auch einige Vorteile mit sich. Da keinerlei formelle Bindung existiert, fallen auch deren Pflichten weg. Wird eine Konkubine zum Beispiel mit einem anderen Mann ertappt, kann ihr Partner sie nicht wegen Ehebruchs anklagen.

Hier haben die Archäologen eine interessante Entdeckung gemacht. Es kam auch vor, dass zwei Männer sich eine Konkubine teilten. Eine Ménage-à-trois also, bei der alle drei glücklich und zufrieden waren.

Ein römischer »Dreier«

Die Frau, die gleichzeitig mit zwei Männern verkehrte, hieß Allia Potestas. Sie war eine Freigelassene aus Perugia, ihr Grab wurde in der Via Pinciana in Rom gefunden. Wer immer ihren Grabstein in Auftrag gegeben hat, hat für sie ein Gedicht in fünfundzwanzig Versen (in daktylischen Pentametern) verfasst. Er hat ihre erotischen Qualitäten beschrieben und auf die Tatsache verwiesen, dass sie von zwei Männern geliebt wurde (Polyandrie), was in lateinischen Quellen äußerst selten ist. So steht zu lesen: »Hier ruht die Peruginerin, und keine war schöner als sie... Sie machte kein Aufheben um sich und ließ sich von Tadel nicht beeindrucken. Als Erste entstieg sie morgens dem Bett, als Letzte sank sie abends hinein, nachdem sie alles in Ordnung gebracht hatte.«

Und dann: »Ihre Haut war weiß, ihre Augen groß, ihr Haar golden... ihre schneeweiße Brust war klein. Und was soll ich über ihre Beine sagen? Atalanta selbst wäre neben ihr in den Boden versunken.

Nie war sie störrisch, großzügig schenkte sie ihren wunderbaren Körper mit seinen glatten Gliedern, von denen sie jedes Haar entfernte...«

Schließlich wird noch auf ihre beiden Liebhaber verwiesen:

»Solange sie lebte, schenkte sie ihre Liebe zwei jungen Männern, lebendes Beispiel der Freundschaft wie Pylades und Orest: Ein Heim besaßen sie, eine Seele. Nach ihrem Tod werden nun auch die beiden getrennt voneinander alt werden.«

Anscheinend konkurrierten die beiden Männer nicht um die Frau, sondern verstanden sich gut. (Pylades und Orestes werden in der Literatur immer als Beispiel für eine tiefe Freundschaft angeführt.) Alle drei lebten zusammen in einem Haus. Offensichtlich war die Frau das Bindeglied zwischen den beiden, denn nach ihrem Tod ging jeder seiner Wege, was belegt, dass außer der Ménage-à-trois keine andere Beziehung zwischen den beiden Männern bestand. Der Verfasser der Grabinschrift war ein gewisser Aulus, der *patronus* des Mädchens, der als ihr ehemaliger Herr ebenfalls in sie verliebt gewesen war. Was natürlich unsere Neugier noch mehr anstachelt: Welche Rolle mochte er bei dem »Terzett« gespielt haben? Wir werden es nie erfahren. Eines aber ist sicher: Die Institution des Konkubinats ermöglichte es dieser Frau, eine Liebe zu dritt zu leben, die sie zutiefst zu befriedigen schien, ohne auch nur im Mindesten gegen das Gesetz zu verstoßen. Ihr *patronus* war damit sogar einverstanden. Eine kleine Königin im Zentrum des Dreiecks aus zwei (oder gar drei) Männern. Hier kehrte sich also das übliche Verhältnis von einem Mann und mehreren Frauen um. Auch dies war Rom.

V
»Ihr Liebhaber aber darf alles«

Eine Mutter, die ihre eigenen Töchter zu Prostituierten macht

Und wieder sind wir unterwegs auf unserer Erkundungsreise zu den sexuellen Gepflogenheiten im Alten Rom. Dabei fällt unser Blick auf das bunte Schild eines Ladens. Er gehört einem Barbier. Das Schild ist ungeschickt gepinselt und erinnert ein wenig an die, die einem so häufig in Afrika oder der Dritten Welt begegnen. Wir sehen darauf Rasierzeug, eine überdimensional große Schere (ohne Grifflöcher, nur zwei Klingen, die durch einen u-förmigen Haken verbunden sind wie heute unsere Schafscheren) und den Kopf eines Mannes mit einer aktuell recht modischen Frisur: kurze Haare, die Stirn frei. Wir hören Lachsalven aus dem Laden dringen, kurz darauf kommt ein junger Mann heraus und verabschiedet sich fröhlich von den anderen Kunden. Wir erkennen ihn wieder: Es ist der junge Mann, den wir heute Morgen auf dem kleinen Platz gesehen haben, wie er die Wand bekritzelte. Eilig geht er davon. Wir folgen seiner süßlichen Duftspur, die aber möglicherweise nur von der schmerzstillenden Salbe herrührt, die der Barbier aufträgt, nachdem er mit seiner rauen Klinge die Haut abgeschabt und dabei viele kleine Reizungen und Wunden hinterlassen hat. Wohin will er denn, der junge Mann, so hübsch gekleidet und rasiert? Er betritt eine *insula* und springt munter die Treppen hinauf, wobei er immer zwei Stufen auf einmal nimmt. Der Hausmeister auf seinem Hocker an der Tür weiß schon, wohin er will, und sagt nichts. Aus der Dunkelheit des Treppenhauses schlagen uns üble Gerüche entgegen. Einige Stufen sind kaputt, aber das hält unseren jungen Mann nicht auf. Ungeduldig nimmt er eine Stufe nach der anderen. Auf jedem Stockwerk gibt es ein Fenster, und ein Blick hinaus verrät uns, dass wir dem Dachgeschoss immer näher kommen. Mittlerweile können wir schon den blauen Himmel sehen. Wir haben also die Regionen verlassen, in denen die bessergestellten Römer wohnen. Es geht hinauf in die luftigen Höhen der Armen. Doch als der junge Mann stehen bleibt, sind wir noch nicht ganz oben angelangt. Hier wohnen jene Römer, die sozusagen die Mittelschicht bilden – nicht wohlhabend, aber auch nicht arm.

Der junge Mann klopft. Gleich darauf hören wir den Schlüssel im Schloss. Die Türangeln quietschen, als die Tür sich öffnet. Eine nicht mehr ganz junge Frau steckt den Kopf durch die Tür. Sie mustert den Jüngling eingehend, prüft, wie er gekleidet ist. Dann lässt sie ihn ein. Der junge Mann ist ein bisschen verlegen, doch er ist ja nicht zum ersten Mal hier. Er räuspert sich ein wenig und tritt über die Schwelle.

Drinnen empfängt ihn der intensive Duft von Räucherwerk. Prachtvolle Fliesen mit geometrischem Muster bedecken den Boden des Raumes, in dessen Mitte ein schwerer, mit einem purpurroten Überwurf bedeckter Holztisch steht. Darauf thront ein gewaltiger Bronzekrug, den allerlei mythologische Szenen zieren. Auch die Vorhänge sehen teuer aus. Auf den ersten Blick möchte man meinen, dass es sich hier um eine gutgestellte Familie handelt, aber alles wirkt ein wenig heruntergekommen, und so ist anzunehmen, dass hier doch wohl eher Schmalhans Küchenmeister ist. Offensichtlich ist die Familie in Geldnöten. Kein Hausherr lässt sich blicken. Vielleicht ist die alte Dame allein, eine Witwe vielleicht oder eine geschiedene Frau. Er folgt ihr und kann nicht umhin, ihr regloses Gesicht zu studieren. Sie sieht älter aus als die fünfundvierzig Jahre, die sie tatsächlich auf dem Buckel hat. Ihre Schultern sind knochig, sie ist kaum geschminkt.

Vor einem großen Vorhang bleiben die beiden stehen. Die Frau dreht sich um, nimmt den Jungen noch einmal in Augenschein, dann schlägt sie lächelnd den Vorhang zur Seite. Dahinter ein Raum mit mehreren Tischchen, Sesseln, üppigen Kissen und Vorhängen: Auf einem Triklinium sitzen zwei Mädchen in durchscheinenden, bestickten Tuniken, die ihre Körperformen mehr enthüllen als verbergen – Nabel und Brustwarzen sind deutlich erkennbar. Unter geschminkten Augenlidern werfen sie dem jungen Mann provozierende Blicke zu. Dem gehen fast die Augen über. Auf ein Zeichen der Frau erheben die Mädchen sich, treten auf den Jüngling zu und lassen die Tunika geschickt nach unten gleiten. Nun stehen sie nackt vor ihm. Das Licht der Öllampen zieht die verführerischen Konturen ihrer zwanzigjährigen Körper nach. In den Augen des jungen Mannes flammt das Begehren auf. Von der ein oder anderen Narbe abgesehen sind die Mädchen jung und schön. Ihre breiten Hüften, ihre festen Brüste verheißen so manches. Die Frau stellt die Mädchen mit Namen vor und zählt dem jungen Mann auf, in welchen Liebestechniken sie besonders versiert sind. Nun hat er die Qual der Wahl. Doch die Größere der beiden mit dem kastanienbraunen Haar und den blauen Augen hat von Anfang an seinen Blick gefesselt. Ihre vollen Lippen sind es schließlich, die den Ausschlag geben. Die ältere Frau hat sofort verstanden. Sie macht den Mädchen Zeichen, sich anzuziehen, der Auserwählten aber bedeutet sie, sich bereitzuhalten...

Den jungen Mann nimmt sie am Arm und führt ihn an eines der Tischchen, wo er sich hinsetzen darf. Nun wird übers Geld geredet. Das hört man schon an der veränderten Stimme. Kühl wie ein Verkäufer nennt sie den Preis für das Mädchen, ihre Dienstleistungen und das, was im Umgang mit ihr verboten ist. Hier wird offenkundig ein richtiger Vertrag ausgehandelt... Als Garantie nimmt sie nicht nur die Vorauszahlung. Sie hält dem jungen Mann auch ein Wachstäfelchen hin, auf dem die Bedingungen des Geschäfts festgehalten sind. Darunter muss er mit dem Ring sein Siegel setzen. Hier ist festgehalten, wie er das Mädchen zu behandeln hat und wann er sie zurückgeben muss. Der Jüngling lächelt und legt eine Lederbörse auf den Tisch. Die Frau leert ihren Inhalt auf den Tisch: Ein Haufen Silbermünzen rollt auf die Holzplatte. Die Frau zählt sie Münze für Münze. Dann lächelt sie zufrieden. Der junge Mann war großzügiger als üblich. Das auserwählte Mädchen steht inzwischen schon bereit. Ihre Kleider, Schuhe und Schminkutensilien hat sie zu einem kleinen Bündel gerollt. Sie wird den jungen Mann nach Hause begleiten und eine Zeit lang dort bleiben – als seine persönliche Prostituierte, die all seine sexuellen Wünsche erfüllt. Dann wird sie zu Mutter und Schwester zurückkehren und auf einen neuen Kunden warten. Mutter und Tochter verabschieden sich mit einer innigen Umarmung. Dann sieht das Mädchen den jungen Mann an und wendet sich zum Gehen. An der Schwelle wirft sie einen letzten Blick zurück auf die Mutter, während seine Finger schon ihre Taille umfassen. Sie lächelt der älteren Frau ermutigend zu, als wolle sie sagen: »Das schaffen wir schon, du wirst sehen.« Dann zieht sie die Tür hinter sich ins Schloss.

Szenen wie diese waren im Alten Rom gar nicht so selten. Wir wissen, dass Mütter des Öfteren ihre Töchter zur Prostitution anhielten und als Kupplerinnen fungierten. Meist geschah dies aus wirtschaftlichen Gründen, zum Beispiel wenn die Mutter verwitwet war und das Einkommen der Töchter brauchte, um die Familie über Wasser zu halten. Aber es kam auch vor, dass die Familie einfach mehr Geld heranschaffen wollte: Promiskuität war an der Tagesordnung und die soziale Konkurrenz enorm. Die Töchter waren hübsch, also versuchte man auf diese Weise, sie in die »höhere« Gesellschaft einzuschleusen. Das höhere Einkommen erlaubte dann einen aufwendigeren Lebensstil. In unserem Fall aber ist der *pater familias* gestorben. Ohne das Einkommen der Töchter säße die Familie schon längst auf der Straße.

Nur wenig später klopft es wieder an der Tür. Ein anderer Kunde. Die Mutter bedeutet dem Mädchen, sich wieder auf dem Triklinium zu drapieren. Sie zieht den Vorhang zu und begibt sich zur Tür.

Die Fehler römischer Frauen (nach Juvenal)

Wie dachte der römische Mann eigentlich von den Frauen? Nahm er irgendwelche Fehler an ihnen wahr? In dieser Frage können wir auf eine ausgezeichnete Quelle zurückgreifen. Als wir aus der *insula* heraustreten, begegnet uns ein Mann, der uns den gewünschten Aufschluss geben kann. Es ist Juvenal, der berühmte Dichter, der in der von uns erforschten Zeit lebt und für seine herbe Kritik an den Frauen berühmt ist, über die er in seinen Satiren ätzt – vor allem in der bereits zitierten sechsten.

Er sitzt vor einer *popina* und debattiert heftig gestikulierend mit anderen Gästen. Unbemerkt treten wir näher.

Die Schamhaftigkeit, so Juvenal, sei wie die Gerechtigkeit längst aus der Welt entschwunden. Heutzutage sei es unmöglich, wie in alten Tagen eine Ehefrau mit festen Prinzipien zu finden, »eine mit keuschen Lippen«, schimpft er und schlägt mit der Faust auf den Tisch.

Wie viel Macht haben die Frauen nicht schon über ihre Ehemänner: »Nichts wirst du gegen den Willen der Gattin verschenken, nichts gegen ihren Widerstand verkaufen, nichts wird ohne ihre Zustimmung gekauft. Sie schreibt dir deine Zuneigung vor: von der Schwelle zu weisen ist, der schon lange dein Freund war, bei dem deine Tür noch den ersten Bart sah...«[20]

Längst hätten die Frauen im Haus die Hosen an, so der Dichter.

Der Zorn übermannt ihn, als er von den intimen Beziehungen zwischen den Eheleuten spricht, denn dem Liebhaber sei alles erlaubt, für den armen Ehemann aber habe die Römerin nur Zank und Missgunst übrig.

Ohnehin seien die Römerinnen, was die Treue angeht, gerade kein Vorbild: »Immer gibt es Streit und gegenseitige Vorwürfe in dem Bett, in dem eine Ehefrau liegt, sehr wenig wird in ihm geschlafen. Dann wird sie dem Manne lästig... wenn sie Schluchzen vortäuscht im Bewusstsein eines verborgenen Fehltritts... du glaubst, dies bedeute Liebe, du bildest dir, du Wurm, darauf etwas ein und küsst mit den Lippen die Tränen ihr weg: welche Mitteilungen und wie viele Liebesbriefe würdest du lesen, wenn du das Schränkchen der Eifersucht mimenden Ehebrecherin öffnetest?«[21]

Und damit ist Juvenal noch keineswegs am Ende mit seinem Latein. Seine Trinkkumpane nicken wissend, als er anfängt, sich über die Schwiegermütter auszulassen, die den Familienfrieden stören und ihren Töchtern manchmal den Brief an den Liebhaber in die Feder diktieren.

Hohn und Spott gießt er auch über die Schönheitsmittelchen der Römerinnen aus: »Inzwischen ist garstig und lächerlich ihr Gesicht anzusehen, das von dickem Brotteig geschwollen ist oder nach einer fetten Poppaea-Salbe duftet, wovon die Lippen des armen Ehemanns verklebt werden. Für die Liebhaber hingegen wird Parfüm besorgt.«[22]

Der Dichter springt auf, denn nun legt er den Finger in eine schwärende Wunde seiner Zeit: Die Frauen weigern sich, sich der Mühsal der Schwangerschaft auszusetzen (was kein Wunder ist angesichts der hohen Sterblichkeit im Kindsbett, des Verlusts der körperlichen Schönheit und der Tatsache, dass sie in diesem Zustand am öffentlichen Leben quasi nicht teilnehmen können). Juvenal zufolge hat die Abtreibung mittels irgendwelcher Tränke Hochkonjunktur. Im Grunde aber, poltert er weiter, sei das vielleicht das kleinere Übel, da der Ehemann sonst das Kind des Liebhabers aufziehen muss: »Freue dich, du Unglücklicher, und reiche selbst ihr zum Trinken, was immer es sei; denn wenn sie ihren Leib dehnen und peinigen lassen wollte durch zappelnde Knaben, würdest du vielleicht Vater eines Negers, würde später in deinem Testament ein farbiger Erbe stehen, den du nie am Morgen erblicken möchtest.«[23]

Immer hitziger steigert er sich in seine Tiraden hinein, wir aber haben langsam genug. Juvenal ist als eingeschworener Frauenfeind bekannt, seine Kritik entsprechend überzogen. So übel scheint es um die antiken Beziehungen zwischen Mann und Frau auch nicht bestellt zu sein. Außerdem findet sich in seinen Auslassungen so mancher Gemeinplatz, der eher dem geistigen Klima heutiger Stammtische entsprungen scheint. Aber einen ungefähren Einblick in die Probleme des Zusammenlebens der Geschlechter vermag er uns doch zu geben. Und siehe da: Es begegnen uns altbekannte Themen, die uns auch heute noch beschäftigen.

Einer dieser Punkte ist – leider – nur allzu offensichtlich: die Gewalt gegen Frauen. Denn auf der Straße kommen uns gerade drei entgegen. Eine hat ein geschwollenes Gesicht und vom Weinen gerötete Augen. Offensichtlich hat ihr Mann sie geschlagen, vermutlich hat sie sich aber damit abgefunden und sucht nun den Trost ihrer Freundinnen. Sie hinkt ein bisschen und lässt den Kopf hängen. Es stimmt uns traurig, ihr ganzes Leben in diesem verlorenen Blick untergehen zu sehen. Doch niemand hier achtet darauf. Niemand wirft ihr einen mitfühlenden oder verständnisvollen Blick zu. Denn in römischer Zeit ist es normal, dass der Mann seine Frau schlägt. Wegen solch einer Lappalie kommt kein Mann vor Gericht. Zumindest nicht so lange, bis die Frau an den Folgen der Schläge stirbt. Allerdings scheint die Gewalt an der Ehefrau in der Mittel- und Unterschicht weiter verbreitet. In den höheren Ständen würde sie die Beziehungen zwischen den Familien belasten. Daher ist eine reiche Frau vor Schlägen eher geschützt. Was gewalttätige Ehemänner angeht, findet sich ein vielsagender

Passus in den *Bekenntnissen* des Augustinus, wo er über den Lebenswandel der heiligen Monika spricht: »So ertrug sie auch seine eheliche Untreue und hatte niemals deswegen mit ihrem Gatten Streit... Wenn manche Frauen, deren Männer doch weniger heftig waren, die Spuren von Schlägen aufwiesen, womöglich im misshandelten Gesicht, und dann im vertrauten Gespräch über ihrer Männer Lebenswandel schalten...«[24]

Seit damals sind zweitausend Jahre ins Land gegangen, und immer noch ist Gewalt gegen Frauen ein verbreitetes Problem. Von Vergewaltigung in der Familie bis zu Schlägen, vom Sterben auf Raten durch praktizierten Egoismus bis zu körperlichen Übergriffen bleibt die Frau der verwundbarere Teil des Paares. Anscheinend hat sich diesbezüglich seit den Tagen der alten Römer nicht allzu viel geändert.

VI
Hinter den Dampfschwaden der Thermen

Römischer »Karneval in Rio«

Alljährlich am 28. April nehmen im Alten Rom die Floralien ihren Anfang, ein Fest zu Ehren der Göttin Flora, Schirmherrin all dessen, was wächst: Bäume, Blumen, Getreide. Ganz Rom fiebert diesem Fest entgegen, welches das Erwachen der Natur nach einem langen Winter feiert. Der männliche Römer erwartet dieses Fest aber auch noch aus einem anderen Grund ungeduldig: Es ist nämlich eine der wenigen Gelegenheiten, bei denen er zahllose Frauen nackt in der Öffentlichkeit tanzen sehen kann. Denn zwischen dem 28. April und dem 3. Mai fanden Umzüge statt, die man wohl am ehesten mit dem Karneval in Rio vergleichen könnte, bei dem sich zahlreiche Sambagruppen mit ihren Wagen und halbnackten Mädchen im Sambodrom präsentieren.

Aber natürlich übertrifft das Alte Rom die Gegenwart auch hier. Denn statt des Sambodroms dient der gewaltige Circus Maximus als Kulisse, und die Mädchen sind Prostituierte und Schauspielerinnen, die dort fünf Tage lang kostenlosen Striptease bieten! Das liegt zum einen daran, dass Flora ihre Schirmherrin ist, zum anderen, dass Floras Tempel in der Nähe des Circus Maximus liegt. Die Spiele folgten dabei einem ganz bestimmten Ablauf, wie Professor Romolo Staccioli von der Università La Sapienza erklärt: Es werden Spiele veranstaltet, die an die Gladiatorenkämpfe erinnern. Nur sind es keine Männer, die gegen wilde Tiere antreten, sondern Frauen, die mit Ziegen oder Kaninchen kämpfen. Das Finale bildet der kollektive Striptease aller Akteurinnen. Der Lärm, den die männlichen Fans mit ihren Anfeuerungsrufen, begeisterten Kommentaren, Sprechchören und dem Verlangen nach Zugabe veranstalteten, war vermutlich ohrenbetäubend.

Schauspielerinnen vollführten pantomimisch eindeutige und recht vulgäre Handlungen, die Prostituierten taten es ihnen gleich. (Beide Berufsgruppen hatten einen extrem niedrigen sozialen Status.) Dann zogen sie sich aus und liefen die Ränge ab wie beim heutigen Striptease. Dieses Schauspiel konnten die Römer nonstop genießen. Es begann in der Nacht, da man Flora nachts feierte, und dauerte bis in die frühen Morgenstunden – fünf Tage in Folge. Der Schriftsteller Tertullian, der im 2. und 3. Jahrhundert n. Chr. lebte, beschreibt in seinem *De spectaculis* (17, 8) ein Floralienfest. Offensichtlich war das ganze Spektakel klug geplant, denn die weniger hübschen Frauen zeigten ihre Darbietungen des Nachts, wenn die Dunkelheit ihre körperlichen Mängel gnädig umhüllte. Die jungen Frauen hingegen präsentierten sich in den ersten Sonnenstrahlen in all ihrer Schönheit und mit allem, was nach Tertullian »hätte verborgen bleiben sollen«. Neben den Prostituierten stellten sich die Zuhälter auf und riefen lauthals den Preis der Damen und ihre besonderen erotischen Fertigkeiten aus.

Ein altrömisches Wellness-und-Fitness-Center: die Thermen

Feste wie die Floralien werfen natürlich gewisse Fragen auf. Zum Beispiel: Zeigte die römische Frau ihren Körper? Und wenn ja, wie viel enthüllte sie? Und welcher Frauentyp war überhaupt der gefragteste? Frauen mit üppigeren Formen oder eher der knabenhafte Typ? Diese Fragen können wir nur an einem Ort tatsächlich klären: in den großen Thermen. Begeben wir uns also in die Trajansthermen auf dem Oppio-Hügel, zwei Schritte vom Kolosseum entfernt. Zu der Zeit, in der wir unseren Erkundungen nachgehen, herrscht in den Thermen noch keine Geschlechtertrennung. Sie werden von Männern und Frauen gemeinsam genutzt wie heutzutage die gemischte Sauna. Nur die Umkleidekabinen sind getrennt.

In gewissem Sinne sind die Thermen das Äquivalent dessen, was wir heute als Spa kennen (denn »Spa« steht für *salus per aquam*, also »Gesundheit durch Wasser«). Andererseits sind sie vergleichbar mit gewissen Fitnessstudios, in denen intensiv gebräunte Körper, korrigierte Brüste und aufgepumpte Muskeln präsentiert werden und die Luft förmlich nach Anbaggern riecht.

Die Trajansthermen sind riesig, als wäre ein ganzes Viertel nur dem körperlichen Wohlbefinden gewidmet. Der Eingang ist mit zahlreichen Statuen und Reliefs geschmückt. Heraus kommen saubere, entspannte Menschen, die Gesichter der Eintretenden sind hingegen von Müdigkeit gezeichnet. An der Schwelle dort vermischen sich gleichsam zwei Ströme wie an der Meerenge von Gibraltar: die nach Salben duftenden Heimkehrer und die nach Schweiß riechenden Neuankömmlinge.

Wohin diese wohl gehen mögen? Wir schließen uns einer Gruppe an. Schon nach wenigen Schritten bleiben wir beeindruckt stehen. Eben waren wir noch in diesem chaotischen Gewirr von Gassen und Straßen, deren Häuser sich so hoch erheben, dass die Sonne kaum je den Boden erreicht. Nun aber tut sich vor unserem Blick eine Insel aus Licht auf. Eine weitläufige Parkanlage mit breiten Wegen und Statuen, in deren Zentrum sich als Gesundheitstempel die Therme erhebt. Wir sehen die großen Fenster des Caldariums, dessen Kamine ununterbrochen schwarze Rauchsäulen ausstoßen, weil in den Öfen darunter ständig Holz verbrannt wird. Schon im Park sehen wir Frauen, die etwas legerer gekleidet sind, was die Blicke der Männer auf sich zieht. Doch erst in den Thermen selbst erkennen wir, wie gern die Römerin ihren Körper zeigt. Drinnen erklingt Stimmengewirr von Männern und Frauen, das vom weißen Marmor des Bodens und dem farbigen der Wände widerhallt. Kannelierte Säulen lenken unseren Blick nach oben in die enormen Gewölbe, die mit Fresken und farbigem Stuck verziert sind. Wir kommen an bemalten Statuen vorüber, die reglos in ihren Nischen stehen, als hätte ein Fluch sie dorthin gebannt.

Wo Sport getrieben wird, hat sich eine kleine Menge versammelt und sieht zwei Männern beim spielerischen Kampf zu. Sie haben ihren Körper eingeölt, sodass das Spiel der Muskeln besser hervortritt. Mehr als eine Römerin wirft so ganz nebenbei interessierte Blicke in ihre Richtung. Aber auch die Männer, die mit den klassischen Instrumenten ihre Muskeln aufpumpen, finden ihre Bewunderinnen: Sie heben schwere, sandgefüllte Ledersäcke, um ihren Bizeps zu stählen.

Welche Körperformen hat ein »gutaussehender Römer«?

Hier wird uns sofort klar: Der »schöne« Mann im Alten Rom ist gebräunt und athletisch. Er hat gut trainierte Brust- und Gesäßmuskeln, wohlgeformte Schenkel, breite Schultern, einen muskulösen Rücken und eine breite Brust. Eigentlich hat sich daran in den letzten zweitausend Jahren nicht viel geändert. Die Körpergröße war damals vielleicht weniger wichtig als heute (denn die Römer sind alle relativ klein, groß und kräftig sind nur die primitiven, ungeschlachten Barbaren). Die Proportionen allerdings zählen wohl. Der mediterrane Mann ist angesagt, und er stählt seinen Körper! Ovid beispielsweise rät den Herren der Schöpfung, sich auf dem Marsfeld ein bisschen Bräune zu holen. Unter der glatten Haut sollten die Muskeln zu sehen sein. Die Römerinnen mögen behaarte Männer nicht. Daher enthaaren viele Männer Beine und Arme. Zu diesem Zweck machen sie mit Nussschalen die Haare weich, bevor sie sie abrasieren. (Ovid zum Beispiel meint, man solle doch bitte die Nasenhaare entfernen!) Natürlich braucht der römische Mann einen schicken Haarschnitt (keinesfalls einen Bürstenhaarschnitt wie die Landeier!) und saubere, schön gefeilte Nägel.

Außerdem schätzt die römische Frau saubere Männer: Körperhygiene steht hoch im Kurs. Also keine übelriechenden Achselhöhlen! Außerdem sollte der Körper möglichst nach Salben duften. Auch die Kleidung ist von Bedeutung: Die Toga muss richtig in Falten gelegt sein. Und Flecken gehen gar nicht!

Doch wir setzen nun unseren Streifzug durch die Thermen fort. Am Rande des großen Wasserbeckens, in das man am Ende des Durchlaufs von Caldarium (Warmbad[ezimmer]), Tepidarium (temperierter Abkühlraum) und Frigidarium (Abkühlraum) eintaucht, fallen uns zwei Frauen auf. Warum? Ihre Kleidung ist eine einzige Provokation: aus durchscheinender Seide, die nicht eine Einzelheit des Körpers im Verborgenen lässt. Wir sehen die prallen Pobacken, sogar das kleine Grübchen darüber. Darüber die Schulterblätter und beim Umdrehen die festen Brüste, deren Spitzen sich durch den Stoff zu drängen scheinen. Farbe und Form der Brustwarzen sind deutlich erkennbar. Und noch etwas fällt uns auf: Am ganzen Körper sprießt nicht ein einziges Haar, weder unter den Achseln noch auf dem Venushügel.

Ihre Bewegungen verraten, dass sie offenbar jeden Schritt mehrfach geübt haben. Sie ziehen die Blicke der Männer auf sich. Und die missgünstigen der Frauen. Denn in den Thermen konkurrieren die Frauen um potenzielle Liebhaber.

Welche Körperformen gefallen bei einer Frau?

Welchen Typ Frau begehrt der römische Lover? Natürlich hatte damals wie heute jeder seine individuellen Vorlieben, doch was den römischen Männern zu jener Zeit am besten gefiel, waren üppige Körperformen mit breiten Hüften, einem voluminösen Po und eher kleinen Brüsten. Man könnte sagen: das »birnenförmige« Modell, das für Gesundheit und Fruchtbarkeit spricht (die Fettverteilung an Hüften, Po und Oberschenkeln) und für viele Kinder (ein breites Becken). Dieses Idealbild ist auch heute noch in vielen Kulturen verbreitet, in denen das Leben schwierig ist, selten genug zu essen auf den Tisch kommt und die Kinder von Krankheiten dahingerafft werden. Wenn wir uns in den Museen umsehen, entdecken wir, dass es auch bei uns bis ins 19. Jahrhundert hinein galt. Seit Anbruch des Industriezeitalters, in dem die Kinder nicht mehr sterben wie die Fliegen und es genug zu essen für alle gibt, können wir uns ein anderes »Frauenmodell« leisten, das eher von der modernen Ästhetik bestimmt ist und nicht von der Notwendigkeit, viele Kinder zu gebären und zu ernähren.

Viele Prostituierte tragen orientalische Namen, denn das Idealbild der Frau trägt zu Anfang noch mediterrane, warme, exotische Züge und ist auf jeden Fall dunkelhaarig. Doch mit der Zeit und der Ausdehnung des Römischen Reiches in nordische Gefilde und der Ankunft der Sklavinnen aus diesen Gebieten setzt sich im erotischen Vokabular des Römers mehr und mehr das Bild einer hellhäutigen Frau mit langen blonden Haaren durch. Und so wird Catull, der seiner Lesbia »tausend und dann noch hundert Küsse, wieder tausend und wieder hundert Küsse« abverlangt, zum ersten Dichter, der die nordische Schönheit feiert, die später – der Historikerin Géraldine Puccini-Delbey zufolge – die gesamte lateinische Dichtung prägen wird.

Dies geschah etwa zur Zeit von Julius Cäsar, denn schon wenige Jahrzehnte später, als Augustus herrscht, färben die Römerinnen sich die Haare blond »mit Kräutern aus Germanien«, wie Ovid schreibt. Und wie ist die ideale Blondine gebaut? Sie muss lange, schlanke Arme und Beine haben, kleine Füße, feine Hände und lange Finger. Ihr Teint soll rosenfarben sein, auf jeden Fall aber hell. Ganz anders also als das eher archaische Bild der Sabinerinnen, die die Römer einst raubten und die kräftige Arme hatten und von deutlich dunklerer Hautfarbe waren. Bodenständige Frauen, die zu Hause blieben und Wolle spannen, wie es das altrömische Ideal der Frau forderte. Die neue Frau aber liebte kostbare, goldbestickte Gewänder, Juwelen und Parfüm. Sie war vor allem eines: hochelegant. Sie gefiel sich darin zu gefallen, und sie gab sich willig hin.

Die Nacktheit römischer Frauen

So jedenfalls beschreiben die zeitgenössischen Dichter die Römerin. Der Mann liebt den weiblichen Körper, er will ihn nackt, und er will ihn beim Akt anschauen können. Aber so einfach ist das nicht. Studiert man nämlich die erotischen Fresken von Pompeji, sieht man nur selten eine vollkommen nackte Frau. Fast immer trägt sie ein *strophium*, eine Brustbinde, die ihr als Büstenhalter dient, oder zumindest einen Schleier. Nicht einmal die Prostituierten in den Bordellen scheinen völlig nackt gewesen zu sein. Das Geschlecht und die Brüste sind gewöhnlich bedeckt (von der Hand, einem Stück Stoff, einem Bein, wenn sie nicht durch die Perspektive ohnehin aus dem Blickfeld rutschen). Darin zeigt sich einmal mehr die römische Moralvorstellung von der »schamhaften« Frau, die in der Mentalität jener Epoche fest verankert war, selbst wenn es sich um eine Liebesdienerin handelt. Ein ganz ähnliches

Phänomen können wir auch heute in der Werbung beobachten, denn die Modelle dürfen zwar nackt sein, aber niemals vulgär präsentiert werden. Auch die entblößte Frau ist von einer gewissen Eleganz. Das galt im Alten Rom ganz genauso.

Die vollkommene Nacktheit der Frau wird also zum Objekt der Sehnsucht von Männern und natürlich auch von Dichtern. (Ovid beispielsweise droht seiner Corinna damit, ihr die Kleider vom Leib zu reißen, falls sie es wagen sollte, angezogen ins Bett zu kommen.) Aber auch für viele Römerinnen wird die »sichtbare« Nacktheit zum Ausweis der Freiheit, und so wird die Öllampe, die während des Liebesaktes brennt, zum erotischen Accessoire. Wie im Übrigen der Spiegel, wie wir gleich sehen werden.

Der Körper der römischen Frau

Das Idealbild einer Frau weist für den Römer drei Merkmale auf: ein üppiger, verführerischer Körper, Jugend und die Fähigkeit, Begehren hervorzurufen. Und so ist er auf drei Farben festgelegt: Weiß, Rot und Gelb (für Blond). Dies ist zumindest das Idealbild der Dichter. Natürlich hat jeder Mann so seine Vorlieben, und der Frauenbilder sind viele. Doch jede Epoche hat ihr spezifisches Idealbild, das wir jetzt bestimmen wollen. Ein bisschen so, als würde in zweitausend Jahren jemand das Frauenbild unserer Epoche untersuchen und aus den vielen Werbe- und Modefotos das Ideal der Frau unserer Zeit herausdestillieren.

Der ideale Körper wurde damals nicht nur durch seine Formen definiert, sondern auch durch seinen Duft. In römischer Zeit schätzten Männer auch die olfaktorische Seite der Liebe, vielleicht mehr als heute. So gehörte das Salben mit duftenden Essenzen bei den Römern zum Liebesspiel, eine Art Vorspiel, das zu jener Zeit sehr geschätzt wurde.

Die Kulturhistorikerin Géraldine Puccini-Delbey jedenfalls geht davon aus, dass Parfüm eine erotische Funktion ausübt, wie dies aus zahlreichen Schriften hervorgeht. Die römischen Frauen wissen sehr wohl um die Qualitäten eines verführerischen Körpers, vor allem, wenn die Verführung ihr Handwerk ist wie bei den Prostituierten und Kurtisanen... Sie beherrschen die Kunstgriffe der Körperpflege und machen im Grunde dasselbe, was die Frau von heute zur Kosmetikerin treibt. Ein paar dieser Tricks wollen wir ihnen nun ablauschen, denn zwei schöne Frauen haben sich in den Thermen auf einer Bank niedergelassen und plaudern angeregt. Beide sind jung, schön, geschminkt und sehr gepflegt. Es hat den Anschein, als würden sie den ganzen Tag damit zubringen, sich zu waschen, Peelings zu machen, die Haut zu glätten, sich zu schminken, zu pudern und die Haare zu richten. Zu den wichtigsten Maßnahmen gehört die Enthaarung des Intimbereichs. Apuleius spricht es klar und deutlich aus, als er eine nackte Frau beschreibt: Sie hat ein »glattes Geschlecht«.

Die Enthaarung soll nicht nur glätten, sondern vor allem den Venushügel sichtbar machen (die leichte Schwellung über dem Schambein, die gewöhnlich nicht sichtbar ist, weil das Schamhaar sie bedeckt). Dieser spricht den Mann besonders an, lädt ihn ein, erfüllt ihn mit Verlangen.

Und dann die Welt der Düfte... Wir entnehmen dem Gespräch der beiden, dass auch duftende Essenzen eine unfehlbare Waffe im Spiel der Verführung sind. Und deren gibt es eine ganze Menge, mindestens ebenso viele, wie der Körper erogene Zonen hat. Denn ein begehrenswerter Körper muss duften, muss die Aromen von Myrrhe und Zimt verströmen, die aus Arabien und Indien eingeführt werden. (Und das gilt nicht nur für Frauen, sondern ebenso für Männer.) Wohin aber tupft man das Parfüm? Da gibt es anscheinend verschiedene Strategien, nach dem Gespräch der beiden zu urteilen. Natürlich parfümiert man das Haar. Auch die

Haut. Aber in den Mund?! Tatsächlich scheint ein nach Zimt duftender Atem für manche Männer unwiderstehlich zu sein.

Auch der Gebrauch von Lippenstift war schon in römischer Zeit recht verbreitet. Rot ist dabei die beliebteste Farbe (weil er akzentuiert, was der Mann am weiblichen Geschlecht instinktiv schätzt). In ihrem »Schminkköfferchen« hat die Römerin schon Lidschatten, Eyeliner (aus Mineralstoffen, Asche von Dattelkernen oder Ameisen!) und sogar eine Art Mascara, die mit gebogenen Nadeln aufgetragen wurde, um den Wimpern mehr Schwung zu verleihen. Weitere Waffen im Kampf um die Krone der Allerschönsten sind Gesichtscremes auf der Grundlage von Honig, Bleiweiß zur Aufhellung des Teints, Salben für eine weiche Haut, Puderrouge für die Wangen und Pinzetten, mit denen man Körper- und Gesichtshaare entfernte... Von den Perücken in Blond, Rot und Schwarz gar nicht zu reden, die man aus germanischem oder orientalischem Echthaar machte. Dazu kamen noch komplizierte Gestelle, mit deren Hilfe man die beliebten Hochsteckfrisuren realisierte. Manche Frauen hatten ihren Haarschmuck so hoch aufgetürmt, dass er an die Mitra des Papstes erinnert. Löckchen fallen in Kaskaden über das Gestell und lassen Perlen oder Juwelen aufblitzen. Diese »Turmfrisuren« waren vor allem für Bankette gedacht.

Schönheitschirurgie zur Beseitigung von überflüssigem Fett

Und es gab auch tatsächlich schon so eine Art »Fettabsaugung«. Wir wissen, dass die Ägypter, die durch ihre Einbalsamierungstechniken gründliche anatomische Kenntnisse besaßen, bereits ästhetisch-chirurgische Eingriffe durchführten. Schon vor 3500 Jahren gab es Peelings, um die Haut zu verjüngen und Falten zu vermindern. Im berühmten Papyrus Edwin Smith, einem medizinischen Traktat, wird die Technik eingehend beschrieben: Auf das Gesicht eines alten Menschen wird eine Salbe aufgetragen, die die Faltentiefe verringert und eine vollkommene Entspannung der Haut bewirkt.

Im Alten Rom hingegen gab es Operationen, um etwa einen Kropf oder eine Hasenscharte zu beseitigen. Auch wurden bei Gladiatoren oder Legionären fehlende Teile des Gesichts kunstvoll ergänzt.

Der aufsehenerregendste Fall ist aber wohl der, den Plinius der Ältere beschreibt. Es ging darum, einen jungen Mann aus einer alten Soldatenfamilie vom überflüssigen Fett zu befreien.

Es handelte sich um den Sohn von Konsul Lucius Apronius Caesanius. Der Junge war fettleibig, und zwar so sehr, dass er nicht einmal mehr gehen konnte. Schuld daran war vielleicht eine Hormonstörung, vielleicht frönte er aber auch zu sehr den Genüssen der Tafel. Etwas musste geschehen. Plinius schreibt: »Man erzählt, dass der Sohn von Konsul Lucius Apronius so fett war, dass er sich das überschüssige Fettgewebe entfernen ließ. So erleichterte er seinen Körper, da er sich aufgrund des zu hohen Gewichts nicht mehr bewegen konnte.«

Experten, die diesen Passus gelesen haben, gehen davon aus, dass es sich dabei um den ältesten überlieferten Hinweis auf eine Abdominoplastik oder Bauchdeckenstraffung handelt. Zu dieser Methode wird gegriffen, wenn eine reine Fettabsaugung nicht mehr effektiv ist. Man öffnet die Bauchdecke an mehreren Punkten, gewöhnlich in Nabelnähe und über dem Schambein. Dann trennt man die Bauchdecke von den Muskeln und schneidet alles Fett und alle überflüssige Haut weg, um die Bauchdecke wieder »glattzuziehen«. Möglicherweise hat der römische Chirurg tatsächlich einen derartigen Eingriff ausgeführt. Allerdings standen ihm nicht die heutigen Methoden der Anästhesie zur Verfügung, und so konnte er nur auf hohe Dosen Opium setzen. Plinius zufolge hat der Patient den Eingriff überlebt. Trotz einer langen Rekonvaleszenz und breiter Narben scheint er sein normales Leben wiederaufgenommen zu haben.

Die Zeit enteilt...

Unter den von den Römern verehrten Gottheiten war eine, die vielleicht besser als jede andere die römische Lebensphilosophie verkörpert. Auch im Bett. Die Rede ist von Kairós, dem der flüchtige Augenblick heilig ist. Die Gelegenheit, die es nicht zu verpassen gilt. »Kairós« ist der griechische Name des Gottes, die Römer nannten ihn bezeichnenderweise »Tempus« oder »Occasio«! Von ihm sind uns nur wenige Darstellungen erhalten geblieben. Der Zeussohn war ein schöner, junger, muskulöser Mann mit langem Haar. Ein richtiger Surferboy eben! Erstaunlicherweise aber trug er das Haar nur vorn lang, der hintere Teil des Schädels war völlig kahl. Auf dem Rücken und an den Füßen hatte Kairós Flügel. In der Hand hielt er ein Rasiermesser, auf dessen scharfer Klinge eine Waage balancierte, Symbol der Tatsache, dass sich alles im Bruchteil einer Sekunde ändern, ja dass innerhalb eines Augenblicks der Tod eintreten kann. Über ebendiesen Augenblick herrscht Kairós. Die Flügel stehen für die Plötzlichkeit, mit der eine Gelegenheit sich bietet, und für die schnelle Entscheidung, die sie erfordert. Die langen Haarsträhnen vorn drücken aus, dass die Gelegenheit beim Schopf ergriffen werden muss, solange man sie auf sich zukommen sieht. Denn wenn sie einmal verstrichen ist, zeigt sie uns nur noch den kahlen Schädel.

Mehr als Gottheit war Kairós eine Lebensphilosophie. In einer Zeit, in der Männer im Durchschnitt einundvierzig Jahre alt wurden und Frauen neunundzwanzig (aufgrund der häufigen

Komplikationen bei der Geburt), musste das Leben ausgekostet werden bis zur Neige, ehe der Tod alles dahinraffte. Es hatte keinen Sinn, Gedanken an das Gestern oder an das Morgen zu verschwenden. Was zählte, war nur der Moment, den man gerade erlebte: Nimm alles, was das Leben dir schenkt. Nimm Liebe, nimm Sex, die Gaben der Götter... die man beim Schopf ergreifen muss.

Und wo geht man hin, wenn man jemanden abschleppen will?

Wenn Sie heute einen Römer fragen, wo man gut Mädchen kennenlernen kann, so hat er vermutlich verschiedene Tipps auf Lager. Das war bei den Alten Römern nicht anders. Da sind die römischen Säulengänge, Inseln der Ruhe und des Friedens jenseits aller Hektik der Straßen. Sie wären wohl am ehesten mit unseren Parks zu vergleichen. Da sind die von Säulengängen umgebenen Plätze, in deren Zentrum häufig ein Tempel oder ein hübscher, mit Statuen und Brunnen geschmückter Garten lag. Dorthin zog sich die Römerin zurück, wenn sie in aller Stille ein wenig spazieren gehen wollte. Dort gab es ausreichend Gelegenheit, sie anzusprechen.

Dann natürlich das Forum, wo zwei junge Leute im Gewühl der Menge untergehen. Andererseits war dies natürlich ein öffentlicher Ort der Begegnung, und Sitte und Anstand mussten gewahrt bleiben. Dazu kamen jene besonderen Gelegenheiten, zu denen sich im Gedränge ein flüchtiger Körperkontakt herstellen ließ: an den Festtagen zum Beispiel oder bei Triumphzügen. Nachdem Augustus die Parther in die Knie gezwungen hatte, ein Rom feindlich gesinntes Volk im Nahen Osten, richtete er einen Triumphzug aus. Unter die Schaulustigen mischte sich auch Ovid. Ihm war sofort klar, welche Möglichkeiten sich da boten, ein Mädchen kennenzulernen. Unter den Tausenden Menschen, die bei solch einer Gelegenheit die Straßen säumten, brauchte man sich nur eine Frau auszusuchen, sie sozusagen aufs Korn zu nehmen und auf eine Gelegenheit warten, mit ihr zu sprechen: zum Beispiel, wenn sie fragt, was das denn auf dem Wagen darstellen soll, der den Triumphzug begleitet, oder welche Gefangenen gemacht wurden, ja welche Gegenden denn überhaupt eingenommen wurden. Denn häufig ist solch eine unschuldige Frage nur der Versuch einer Kontaktaufnahme, eine Gelegenheit, die der Mann im Flug ergreifen muss. Dann muss er schnell und sicher antworten, damit ein Band zwischen den beiden geknüpft wird. Ist dieser erste Schritt getan, meint Professor Karl-Wilhelm Weeber, dann tritt im Gedränge des öffentlichen Ereignisses vielleicht ein, was Properz sich ausmalt: »... damit ich, in den Schoß der teuren Geliebten gebettet, die eroberten Städte betrachten und auf den Schriftbändern ihre Namen lesen darf, und sehen die gefangenen Häuptlinge, die am Fuß von Waffenbergen sitzen ...«[25]

Die lärmende Menge, die mit Triumphwagen, Soldaten und Gefangenen die allgemeine Aufmerksamkeit fesselte, bot den Liebenden Gelegenheit zu Gesten, die sonst auf offener Straße verpönt waren, beispielsweise zärtliches Händehalten. Aus dem dann an weniger öffentlichen Orten etwas mehr wurde.

Daher zog der Latin Lover stets das Gewühl der Menge vor, wenn er eine Frau anbaggern wollte: Dort war die Auswahl größer, und er konnte unauffällig auf erste Tuchfühlung gehen. Ovid zufolge war der beste Ort hierfür der Circus Maximus, wo die Frau sogar »angefasst« werden konnte.

Welche Techniken dafür genutzt wurden, haben wir an anderer Stelle *(Ein Tag im Alten Rom)* bereits gesehen. Da im Circus Maximus, anders als im Kolosseum, die Geschlechter nicht getrennt saßen, riet Ovid den Herren, zuerst die »Beute« auszuspähen und sich dann so eng wie möglich neben sie zu setzen. Dabei findet dann auch der erste Körperkontakt statt: an der Hüfte. Natürlich muss man so tun, als wäre man für ihr favorisiertes Gespann im Wagenrennen, damit wird ein gewisser Einklang hergestellt. Nun kommen die ersten Tricks zum Einsatz: So kann man beispielsweise tun, als würde man Sandkörner aus ihrem Schoß wischen. (Schließlich wirbelt ein Wagenrennen so einiges an Staub auf.) Der zweite Körperkontakt also, bei dem man einen anderen Part der Frau erkundet. Schließlich gibt man noch vor, die Tunika des Mädels habe sich irgendwie in ihren Sandalen verfangen, und bittet sie, doch kurz den Fuß zu heben. Dann hebt man geschickt das Kleidungsstück an, um einen Blick auf die Beine zu erhaschen. So lauten zumindest die Ratschläge Ovids. Der gleichwohl hinzufügt, dass so manche Dame auch schon erobert wurde, indem man ihr bereitwillig das eigene Kissen überlässt. Aber warum ist es denn überhaupt so leicht, im Circus Maximus eine Frau »aufzureißen«? Möglicherweise aus dem schlichten Grund, weil sie in den Circus gekommen ist, um ein Abenteuer zu suchen! Denn die genannten Tricks funktionieren natürlich nur, wenn die Frau mitspielt: In solchen Fällen ist eigentlich sie diejenige, welche »aufreißt«, nicht der Mann.

Wie man eine Frau »rumkriegt«: die Ratschläge Ovids

Welche Verführungstechniken außer den eben genannten hat ein echter Latin Lover denn noch im Repertoire? Gibt es überhaupt eine Möglichkeit, das herauszufinden? Durchaus, denn die römische Liebesliteratur ist recht umfangreich. Diese Werke waren für die römische Elite geschrieben und enthalten so manchen einschlägigen Tipp. Vor allem Ovid erweist sich hier als echte Goldgrube. Seine Liebeskunst hat ihn zur Zeit des Augustus berühmt gemacht und ist auch heute noch ein Bestseller, dessen Verkaufszahlen jeden modernen Autor vor Neid erblassen ließen.

Die Initiative

Das ist schon mal der wichtigste Punkt: Der Mann hat die Initiative zu ergreifen: *Vir prior accedat.* (»Zuerst nähere sich der Mann.«) Denn zum einen hat der Mann die Oberhand zu bewahren, zum anderen darf ein Mädchen in der Öffentlichkeit kein unschickliches Verhalten an den Tag legen.

Der erste Kontakt

Wie aber spricht man sie nun an? Die Römerin lässt sich gern bitten. Also sollte der künftige Liebhaber sich eines sanften, bittenden Tones befleißigen. »Wie im Gebet«, meint Ovid. Auf keinen Fall darf der Mann zu aufdringlich wirken. Eine gute Technik sei es, es zuerst auf die freundschaftliche Tour zu versuchen und den eigentlichen Zweck zu verheimlichen.

»Sicher ist's und beliebt, durch den Namen der Freundschaft zu täuschen.«[26]

Mit welchen Worten spricht man sie an?

Nun kommt es natürlich darauf an, was er sagt und worüber er spricht. Ovid meint, Frauen hätten eine Schwäche für Komplimente. Um die Aufmerksamkeit einer Frau und vor allem ihre Neigung zu erwecken, meint er, müsse man sie mit Komplimenten förmlich überschütten. Dabei wird er gern ein bisschen zynisch: »Jetzt gilt's, heimlich ihr Herz durch Schmeicheleien zu fangen... Lass es dich nicht verdrießen, das Haar, das Gesicht und die feinen Finger, den kleinen Fuß stets zu bedenken mit Lob. Selbst den keuschen Mädchen gefällt's, wenn man ihre Gestalt preist.«[27]

Hier kann der Mann nun seinen Sachverstand in puncto Kleidung ins Rennen schicken und sich von ihrem Look beeindruckt zeigen, ihr sagen, dass ihre Sachen wirklich von bester Qualität seien. Trägt sie jedoch Schmuck, dann sage man ihr, sie sei kostbarer als alles Gold der Welt. Ist sie in Pelz gekleidet, sage man ihr, dass es nichts gibt, was ihr besser zu Gesicht stünde. Ist sie hingegen nur mit einer einfachen Tunika angetan, sei der Ausruf gerechtfertigt: »Aber du setzt ja alle Herzen in Brand!« Trägt sie Scheitel, lobe man diesen. Hat sie sich dagegen die Haare in Locken gelegt, rufe man: »Was für eine Pracht!« Beim Tanz natürlich gilt es, ihre Grazie hervorzuheben. Singt sie, dann ist es die Stimme. Lässt sie sich hingegen gar im Schutze der Nacht auf eine Umarmung ein, sage man ihr, dass diese einem vollends den Verstand raube.

Viele der Ratschläge erscheinen uns heute ein wenig simpel, doch im Grunde steht dahinter eine kluge Strategie. Wie der Lachs, der sich flussaufwärts kämpft, arbeitet der Liebhaber der Reihe nach alle Themen ab, die eine Römerin am meisten beschäftigen: ihr Aussehen, ihre Anmut, die Sorgfalt, mit der sie jedes Detail ihres Auftritts plant.

Wobei man allerdings nicht zu dick auftragen sollte. Ovid selbst rät seinen Nachahmern, ihre eigentliche Absicht nicht allzu deutlich zu verraten, indem man sich in wenig glaubwürdigen Komplimenten ergeht.

Und was darf man ihr nun keinesfalls sagen?

Man unterlasse jeglichen Tadel, jede Anspielung auf etwas, was sie selbst als Mangel empfinden könnte, ob nun körperlich oder charakterlich. Und frage sie nie, nie nach ihrem Alter: »Frag nach dem Alter sie nicht und dem Konsul ihres Geburtsjahrs, dann zumal, wenn die Blüte dahin ist, die bessere Zeit sie hinter sich hat und vom Kopf Haare, die weiß sind, sich zieht.«[28]

Wenig empfehlenswert ist es auch, von den eigenen sexuellen Abenteuern und Eroberungen zu reden. Selbst wenn sie wahr sind, werden sie eine schädliche Wirkung entfalten und die Frau davon überzeugen, dass ihr Wert in den Augen des Anwärters gar nicht so hoch ist, wie er sie glauben machen möchte.

Der falsche Schwur

Um eine Frau zu erobern, meint Ovid, sei sogar offener Betrug angemessen. In welcher Hinsicht? Hier ist der Dichter recht genau in seinen Angaben. Falsche Versprechungen, falsche Schwüre stellen kleine Betrügereien mit großer Wirkung dar. »Sei im Versprechen nicht ängstlich. Versprechungen locken die Mädchen.« Man müsse auch keine Bedenken haben, wenn man einen Meineid bei den Göttern schwöre: »Rufe als Zeugen dafür die Götter an – welche du willst. Jupiter lacht bei falschen Schwüren Verliebter von oben, heißt den Südwind sie ohne Bedeutung verwehen.«[29]

Im Alten Rom ging man einfach davon aus, dass falsche Liebesschwüre von den Göttern verziehen würden.

Dabei dürfe sich der Liebhaber sogar zu Krokodilstränen versteigen! Doch nur, wenn er ein guter Schauspieler sei. Spezialeffekte allerdings sind erlaubt: »Tränen nützen dir auch – Stahl wirst du mit Tränen erweichen; lass sie ja, wenn du kannst, feucht an den Wangen dich sehn. Fehlen dir Tränen – sie kommen nicht immer zum richtigen Zeitpunkt, fett dir die Hand ein und fass dir an die Augen damit.«[30]

Als ausgebuffter Latin Lover hatte Ovid einen letzten Rat für seine Schüler, damit das Geständnis der Liebe so überzeugend wie möglich ausfällt. Man müsse völlig von der Rolle scheinen, so als finde man seit Tagen keinen Schlaf, weil einen die Liebe zu dieser Frau noch in den Wahnsinn treibe: »Bleich sei jeder, der liebt. Der Teint ist für Liebende passend; so gehört es sich, das, glaub mir, hat allen genützt ... Auch durch Magerkeit zeig, was du fühlst, und halt's nicht für schimpflich, wenn das glänzende Haar dir eine Haube bedeckt. Nächte, sind sie durchwacht – den Jünglingen zehrn sie am Körper, Sorge und Schmerz auch, den heftige Liebe erzeugt. Dass sich erfülle dein Wunsch, musst mitleiderregend du wirken, sodass, wer dich sieht, sagen kann: ›Du bist verliebt.‹«[31]

Bei Banketten solle man die Finger vom Wein lassen, könne aber durchaus so tun, als sei man beschwipst, um der Dame »ungehörige« Botschaften zukommen zu lassen. Während rundum alle denken, dies sei dem Wein geschuldet, weiß die Frau diese Art Kompliment zu würdigen. Der Satz, den Ovid hier empfiehlt, lässt an Deutlichkeit nichts zu wünschen übrig: »Zum Wohle der Herrin, zum Wohl auch dessen, mit dem sie schläft.«[32] Eine deutliche Einladung!

Auf Worte müssen Taten folgen

Dies ist der schwierigste Part des Gepländels, denn eine römische Matrone zu berühren ist verboten. Wie also kann der potenzielle Liebhaber sich behelfen? Ovid rät, man solle nach dem Bankett die beim Abschied entstehende Verwirrung nutzen, um die begehrte Dame zu berühren: »Doch ist die Tafel entfernt und gehen nach Hause die Gäste, macht's das Gewühl allein möglich, dass ihr du dich nahst. Mische dich unters Gewühl und berühre sie sacht, wenn sie aufbricht; zupf mit den Fingern ihr Kleid, streif ihr den Fuß mit dem Fuß.«[33]

An öffentlichen Orten wie dem Circus Maximus ist es ohnehin nicht so schwierig, sich einer Matrone diskret zu nähern. Wie wir bereits gesehen haben, empfiehlt Ovid dem Verehrer, sich neben die Dame zu setzen. Hier erfolgt nun – wortlos – der entscheidende Test: Setzt der Mann sich neben die Dame, der er den Hof macht, kann er seinen Schenkel so eng wie möglich gegen ihren drücken. Wenn sie ihm geneigt ist, wird sie auf seinen Druck antworten. Wenn nicht, rückt sie ab.

Geordneter Rückzug im Falle einer Abfuhr

Merkt der Mann, dass er mit seinen Annäherungsversuchen nicht auf Gegenliebe oder sogar auf Verachtung stößt, sollte er sich schnell und elegant aus der Affäre ziehen und sämtliche Schmeicheleien sofort unterlassen. Diesen Punkt gilt es zu erkennen, noch bevor die Frau sich der unerwünschten »Aufmerksamkeiten« mit Worten oder Taten erwehrt. Hier ist das Timing entscheidend: Wechselt der Mann die Taktik, bevor die Frau ihn zurückweist, kann dies sogar einen Meinungsumschwung auslösen, sodass sie nun ihn ermuntert, doch seine Bemühungen wiederaufzunehmen. Dann werden diese auch mit Sicherheit von Erfolg gekrönt sein. (»Viele begehren, was flieht, und sie hassen, was sich ihnen aufdrängt.«[34])

Sollte die kalte Schulter aber tatsächlich als solche gemeint sein, ist es besser, auf ein anderes Pferd zu setzen. Denn die Hauptstadt des Reiches hat einiges zu bieten: »So viel Frauen wird Rom dir geben, so reizende, dass du sagst: ›Was es gibt auf der Welt, alles hat unsere Stadt.‹«[35]

Meint jedenfalls Ovid.

Wie macht die Frau einen Mann auf sich aufmerksam?

Wenn der erste Schritt dem Mann obliegt, muss die Frau wissen, wie sie seine Aufmerksamkeit erregt. Wir haben ja bereits erfahren, wie wichtig der Römerin ihr Aussehen war. Ovid mahnt diesbezüglich ganz bestimmte Maßnahmen an: die Zähne reinigen, Gesicht und Achseln sauber halten – und natürlich Enthaarung allenthalben: »Nicht komme der trotzige Bock euch unter die Achseln, nicht sei rau von den Härchen das Bein.«[36] Der Geruch eines Ziegenbocks unter den Achseln: Allein der Ausdruck zeigt uns, welchen Frauen man auf den Straßen Roms und in Ovids Kreisen so begegnen konnte.

Der aus Sulmona stammende Dichter rät den Frauen vor allem, den Männern niemals in ihre Schönheitsgeheimnisse Einblick zu geben. Er darf nicht sehen, wie sie sich schminkt, darf nicht wissen, welche Cremes sie sich ins Gesicht einreibt. Selbst wenn sie stundenlang ihren Raum nicht verlässt: Der Mann darf das Ergebnis ihrer Bemühungen erst sehen, wenn es vollendet ist. Er soll nicht wissen, wieso ihr Teint so hell erscheint, der Mund so tiefrot.

Da ihr Aussehen das wichtigste Pfund ist, mit dem die Römerin wuchern kann, ist es unabdingbar, alle Mängel geschickt zu überdecken. Und Mängel hat jede Frau. Daher muss sie lernen, wie sie diese verbergen kann. Ist sie beispielsweise klein, sollte sie nach Möglichkeit sitzen bleiben, »damit du nicht zu sitzen scheinst, wenn du dastehst«[37], meint Ovid sarkastisch. Im Bett muss sie sich dann entsprechend strecken oder die Füße mit ihrem Gewand bedecken, damit der Mann, der neben ihr liegt, nicht auf die Idee kommt, ihre Körpergröße mit seiner zu vergleichen. Hier sei noch angefügt, dass die durchschnittliche Größe einer römischen Frau bei 1,55 Meter lag. Wohlgemerkt: Das ist der Durchschnitt. Es gab also durchaus kleinere Frauen.

Und noch ein paar Ratschläge vom großen Dichter:

- Bist du zu mager, trage stets voluminöse Kleider und hülle deinen Körper in einen Mantel.
- Missgebildete Füße versteckt man in einem weißen Schuh, der

Die Römer lebten Liebe und Sexualität sehr viel freier aus als wir: Beides galt als Geschenk der Götter, das man bis zur Neige auskosten konnte, wie es dieses wunderbare Mosaik voller Leidenschaft und Sinnlichkeit zeigt.

(Villa del Casale in Piazza Armerina, Sizilien; © Photo Scala, mit freundlicher Genehmigung des Ministero dei Beni e delle Attività Culturali)

Die Römerin kannte bereits den Bikini, wie uns diese Venusdarstellung aus Ercolano zeigt. Zur Leibwäsche der Frauen gehörte eine Brustbinde, die als Büstenhalter einen Push-up-Effekt hatte.

(Museo Archeologica Nazionale, Neapel, © Dagli Orti/Picture Desk/Mondadori Portfolio)

Kairós war der Gott des flüchtigen Augenblicks. Er steht für die Art und Weise, wie viele Römer Liebe und Sexualität erlebten. Ein Augenblick, der über das ganze Leben entscheidet (dargestellt durch das Rasiermesser, auf dem die Waage baumelt). Die Gelegenheit kommt auf schnellen Flügeln. Vorn ist das Haar des Gottes lang, denn die Gelegenheit will ja verführen. Hinten aber zeigt sich der kahle Kopf, denn wenn sie vorüber ist, haftet ihr keinerlei Reiz mehr an.

(Museo di Antichità, Turin)

Ein Meer von Löckchen. Diese schöne Büste einer römischen Matrone zeigt, wie kompliziert deren Frisuren waren. Auch damals gab es schon Extensions, man flocht fremdes Haar ins eigene. Den ganzen Aufbau hielt ein sorgfältig verborgenes Gestell. Körper- und Schönheitspflege waren bereits im 2. Jahrhundert n. Chr. ein aufwendiges Geschäft.

(Musei Capitolini, Rom)

So können wir uns die Atmosphäre in der Hochzeitsnacht vorstellen. Auf diesem Fresko spricht der ältere Mann liebevoll mit seiner ängstlichen Braut, während im Hintergrund ein Diener wartet. Von einer römischen Gattin erwartete man vorbildliches Verhalten und höchste Zurückhaltung. So verlangten es die strengen Regeln der römischen Tradition.

Eine ganz andere Atmosphäre hingegen herrscht auf diesem Bild, das sicher eine außereheliche Begegnung darstellt. Denn Mann und Frau suchten Liebe, Sinnlichkeit, Leidenschaft und Sex mit anderen Partnern, bei einem Liebhaber oder einer Konkubine.

(Beide Bilder auf dieser Seite: Museo Nazionale Romano di Palazzo Massimo alle Terme, Rom, © Gianpiero Casaceli)

Diese Darstellung von einem Sarkophag zeigt, wie wir uns die Eheschließung in römischer Zeit vorzustellen haben. Statt Ringtausch, Kuss und liebevoller Umarmung erfolgt ein kühler Händedruck. Überraschend für den modernen Betrachter ist die Distanz zwischen den Eheleuten, die nicht aus Liebe heirateten, sondern aus familiären Interessen.

(© The Trustees of the British Museum, London)

Die erotischen Fresken zeigen, dass römische Frauen während des Liebesaktes ihr geflochtenes Haar nicht lösten. Vor allem die Prostituierten zogen noch nicht einmal ihren Büstenhalter (strophium) aus. Armbänder, Fußkettchen und anderer Schmuck zierten den nackten Körper der Frau.

Darstellungen des Priapus mit seinem überdimensionierten Glied finden sich häufig. Diese Gottheit symbolisierte die sexuelle Potenz und Zeugungskraft des Mannes. Im Haus der Vettier in Pompeji legt Priapus sein enormes Gemächt (Symbol von Leben und Gesundheit) auf eine Waage und wiegt es mit Gold (Symbol des Reichtums) auf.

Der Phallus war Träger des Lebens. Er verscheuchte böse Geister und schützte vor der Bosheit der Mitmenschen. Daher findet man ihn in römischen Städten häufig, wie die Wandkritzeleien in Pompeji zeigen. Auch auf Pflastersteinen wird der erigierte Penis gern dargestellt oder in ein Glockenspiel (tintinnabula) integriert, das der Besucher erklingen lässt, um sich im Haus anzumelden. Wer gute Geschäfte machte, stellte einen erigierten Phallus vor seinem Haus auf – zum Schutz vor dem Neid der anderen.

(Museo Archeologico Nazionale, Neapel, © Todd Huffman)

Diese berühmte Tontafel mit der Inschrift *hic habitat felicitas*, »Hier wohnt das Glück«, wurde über dem Backofen eines Bäckers gefunden. Man nimmt an, dass das »Amulett« dafür sorgen sollte, dass der Teig gut geht und sich im Volumen mindestens verdoppelt.

(Museo Archeologico Nazionale, Neapel, © Wolfgang Sauber)

Diese Fresken aus Pompeji zeigen, dass die Römer in allen möglichen Stellungen Liebe machten. Eine überschlägige Rechnung enthüllt: Es waren mindestens neunzig. Obwohl es dabei häufig um kleinere Variationen der klassischen Stellungen geht.

Ovid riet den Frauen zu bestimmten Stellungen, damit sie ihre körperlichen Mänge[l] überdecken beziehungsweise ihre Vorzüge herausstellen konnten: Ist das Mädchen hübsch, soll sie ihrem Liebhaber beim Akt ins Gesicht sehen. Hat sie hingegen einen faltigen Bauch, setze sie sich rittlings auf ihn und kehre ihm den Rücken zu. Auch wenn sie klein ist, sollte sie sich auf ihn setzen, um diesen Unterschied in der Körpergröße nicht allzu sehr hervortreten zu lassen. Hat sie dagegen schöne Schultern, soll sie eine Stellung wählen, die diesen Vorzug zur Geltung bringt. Am bequemsten aber, mein[t] Ovid, sei das »Löffelchen«, bei dem die Frau auf der Seite liegt und der Mann sie von hinten umarmt …

Eine der gängigsten Stellungen war die *Venus pendula* oder *mulier equitans*, die »reitende Frau«. Sie wird vor allem von Prostituierten vollzogen, da sich dabei hauptsächlich die Frau bewegt und dem Manne Lust verschafft. Gleichzeitig dominiert sie den Mann, da sie den Rhythmus vorgibt. Eine Form der »Gleichberechtigung« also, die in der Antike ansonsten selten ist.

(Unten: Museo Archeologico Nazionale, Neapel, © Luciano Pedicini)

Die Stellungen, die wir auf den Öllampen und Terrakotten dieser Seite sehen, stammen aus erotischen Werken, die in der Römerzeit vor allem in den höheren Ständen in Umlauf waren. Diese Sex-Handbücher waren angeblich von Kurtisanen geschrieben, die darin ihre Geheimnisse weitergaben: echte Bestseller.
(Musée de l'Arles antique, Arles, © Michel Lacanaud)

Spielten die Römerinnen ihre Orgasmen? Durchaus. Ovid riet ihnen dazu, um das Vergnügen des Mannes zu steigern und den Liebesakt zu verkürzen. Im Bett konnte der Mann so einiges an Überraschungen erleben wie auf dem Fresko oben zum Beispiel. Leider ist es an der Stelle beschädigt, die uns Aufschluss darüber gegeben hätte, was den armen Mann so aufregte. Das Fresko links zeigt, dass die römische Frau sich ganz und gar enthaarte, was der Mann nicht tat.

Der römische Mann war bisexuell: Er musste sowohl die Frauen als auch Männer dominieren, mit denen er schlief. Dies belegen zahlreiche Darstellungen wie diese auf dem berühmten Warren-Becher.

(The British Museum, London, © Marie-Lan Nguyen)

Weibliche Homosexualität hingegen war verpönt. Auf dem Fresko links küssen sich leidenschaftlich zwei Frauen. Auf der Darstellung oben (die übermalt wurde) nehmen die beiden eine Stellung ein, die gewöhnlich Mann und Frau vorbehalten ist. Eine Frau liegt auf dem Bett und schiebt ihre Schenkel über die Schultern ihrer Bettgenossin. Diese steht aufrecht und benutzt vermutlich einen künstlichen Phallus aus Leder zum Umschnallen. Die Antike kannte also auch schon Sextoys.

(Seitlich: © Michael Larvey)

Auf obigem Fresko und dem untenstehenden Relief, das von der Rückseite eines Spiegels stammt, ist eine Kuriosität zu erkennen: erotische Darstellungen, die von Fensterflügeln flankiert sind. Man geht davon aus, dass diese Fensterflügel auf ein angrenzendes Zimmer hinausgingen. Hin und wieder öffnete ein Sklave das Fenster und tauschte das erotisierende Bild aus. Das war spannend, und die Liebenden auf dem Bett ahmten die Darstellungen vielleicht nach. Ein echter Porno»film« also.

(Oben: © Michael Larvey)

Gruppensex hieß damals *symplegmata* (»Verflechtungen«). Das häufige Vorkommen auf erotischen Darstellungen zeigt, dass er zu den liebsten erotischen Träumen der Römer gehörte. Gewöhnlich handelt es sich um drei Sexualpartner, zwei Männer und eine Frau. Dabei rückte ein Mann in die Mitte (der *cinaedus*), der sozial zwar geächtet war, von den Frauen aber geliebt wurde.

(© Michael Larvey)

Auf diesem pompejanischen Fresko hingegen befriedigt eine Frau einen Mann, der seinerseits von einem anderen Mann penetriert wird, während die Frau von einer anderen Frau oral befriedigt wird.

(© Michael Larvey)

Die Darstellung auf diesem Terrakottapokal hingegen zeigt eine liegende Frau und drei sich penetrierende Männer.

(© Vorarlberger Landesmuseum, Bregenz)

Eine Frau, die einen Mann oral befriedigt (Fellatio), ist auf den Darstellungen häufig zu finden. Das Gegenteil, nämlich ein Mann, der die Frau oral befriedigt, wie oben auf dem Fresko aus Pompeji, ist viel seltener, da der Cunnilingus für den römischen Mann das größte sexuelle Tabu darstellte. Vermutlich war diese Praxis in römischen Schlafzimmern daher nicht ganz so verbreitet.

(Unten: Museo Archeologica Nazionale, Neapel, © Mondadori Portfolio/mit freundlicher Genehmigung des Ministero dei Beni e delle Attività Culturali)

die Konturen verbirgt. Hast du dünne Fesseln, darfst du nie die Bänder lösen, die den Schuh halten. (Offensichtlich bestand im Alten Rom eine gewisse männliche Vorliebe für weibliche Füße.)
- Hast du zu große Hände oder hässliche Nägel, solltest du beim Reden nicht allzu viel gestikulieren.
- Hast du einen schlechten Atem, sprich nicht, bevor du gegessen hast, und wende dein Gesicht niemals deinem Liebhaber zu.
- Hast du schwarze, zu große oder schiefe Zähne, dann merke dir, dass Lächeln dir nur schadet. (Wie in aller Welt war die römische Weiblichkeit eigentlich beschaffen?)
- Hast du etwa spitze (»geflügelte«) Schulterblätter, dann schaffe mit kleinen Kissen Abhilfe.
- Sind deine Brüste zu platt, dann schling ein Band drum herum. Diese Brustbinde oder *strophium* ist aus Stoff oder feinstem Leder gefertigt und wird von den römischen Frauen gerne getragen. Denn so können sie einem etwaigen Beobachter ein oder zwei Größen mehr vorspiegeln. Außerdem hebt sie den Busen, was wiederum die Blicke der Männer anzieht. Das römische Äquivalent des Push-up oder Wonderbra.
- Auf keinen Fall übertreiben mit dem Luxus. Bei Schmuck und kostbaren Gewändern ist Eleganz angesagt. Das ist zumindest die Meinung eines gebildeten Frauenliebhabers vor zweitausend Jahren, wie Ovid es war: »Oft verjagt uns der Prunk, der zum Verlocken euch dient.«[38]

Eine der schärfsten Waffen im Kampf um die Aufmerksamkeit der Männer war sicherlich das Lächeln der Römerin. Doch auch dieses muss manierlich sein und Anmut ausstrahlen: »Mäßig nur öffne der Mund sich, und Grübchen seien an beiden Seiten; es sei der Zahn halb von der Lippe bedeckt.«[39]

Nicht zuletzt zählen Haltung und Gang, denn sie sind es, die den Blick eines Mannes zuerst auf sich ziehen. Die Dame von Welt, so Ovid, muss ein elegantes Auftreten zeigen und jede vulgäre Anmutung vermeiden: Verächtlich sei die, von der man sage: »Jene spaziert daher wie die sonnengerötete Gattin eines Umbrers, weit greift mit Schritten sie aus.«[40] Auch die mangelnde Sinnlichkeit eine schlurfenden Ganges sei zu vermeiden. Vielmehr sollte sich die Frau einer königlichen, aufrechten Haltung befleißigen. Hochwirksam aber sei auch der Gang mit wiegenden Hüften, allerdings gerade so ein bisschen, da er den Instinkt der Männer anspreche.

Der ein oder andere Hingucker aber ist durchaus gestattet. Zum Beispiel, wenn die Frau die Schulter und den Oberarm unbedeckt lässt, was die Mädchen von heute auch noch gerne tun. Ovid jedenfalls meint dazu: »Aber den unteren Teil der Schulter, den oberen des Armes lass entblößt ... Ihr Schneeweißen, euch steht das besonders, die Schulter möchte ich, soweit sie sich zeigt, küssen, und das immerzu.«[41]

Der deutsche Altphilologe Karl-Wilhelm Weeber weist darauf hin, dass die ideale Frau in den Augen eines römischen Mannes sanft, bezaubernd, gesellig und nachgiebig sei. Jede Frau, die von einem Mann erobert werden wollte, musste sich daran halten. Musste sie sich also vollkommen zurücknehmen? Nun, es genügte vielleicht auch, ein ganz bestimmtes Verhalten zu vermeiden: das Zanken. Denn die Streitlust, so Ovid, ist Kennzeichen der Ehefrauen. Eine Frau, die ihren Liebhaber halten wollte, musste daher auf Widerworte verzichten, soweit es irgend möglich war.

Doch es gibt noch ein paar Tricks, mit denen eine Römerin einen Mann umgarnen und ihn der Konkurrenz ausspannen kann. Da die Stimme einer Frau gewöhnlich süß und verführerisch ist, hat sie immer ein Ass im Ärmel, wenn sie singen kann. Oder tanzen. Da der Tanz die Anmut der Glieder und der Bewegung in den Vordergrund rückt, spricht er auch den römischen Mann an. Sich wiegende Hüften sind ein unwiderstehliches Aphrodisiakum, dazu kommt noch das rhythmische Wippen der sinnlichsten Körperteile. Den Bauchtanz gab es bereits in römischer Zeit. Berühmt dafür waren die Tänzerinnen aus dem spanischen Cádiz, die ihre sinnlichen Körper bei jeder bedeutenderen Festlichkeit zeigten und ihre Bewegungen mit Kastagnetten begleiteten. (Aus diesen Tänzen ging später der Flamenco hervor.)

Allerdings weiß die Römerin auch die Kithara, die Harfe, zu spielen und mit sanfter Stimme Gedichte vorzutragen. Alles im Dienste der Verführung selbstverständlich.

Nicht zu vergessen ihre Geheimwaffe, die so nur die Natur schenken kann und die römische Männer seit jeher anzieht. Schon antike Autoren gestehen, dass sie das weiche R der Römerin unwiderstehlich finden.

Die übliche Ausrede: Kopfschmerzen

Auch vor zweitausend Jahren mussten die Frauen versuchen, das ungestüme Drängen der Männer »auszubremsen«, ohne ständig nur Nein zu sagen. Doch wie? Die (immer noch aktuellen) Verhaltensregeln von damals mahnen jedenfalls zur Vorsicht. Ein Mädchen darf sich nicht gleich hingeben. Der Mann muss in gewisser Weise »an die kurze Leine« gelegt werden. Er soll sie begehren, aber nicht erreichen können. Das steigert sein Verlangen. Die Frau ihrerseits muss so geschickt sein, ihm einerseits immer wieder die unmittelbare Erfüllung vorzugaukeln, ihm andererseits jedoch im entscheidenden Augenblick den Vollzug zu verweigern... Eine höchst subtile Kunst, die noch heute zahllose »Opfer« in den Reihen des männlichen Geschlechts fordert. Eine junge Frau hat sie auf einen kurzen Nenner gebracht, der vielleicht ein bisschen frivol klingt, aber trotzdem als klare Strategie im Umgang mit Anbetern dienen kann: »Dem einen geb ich's, dem anderen versprech ich's!«

Die klassische Entschuldigung der Römerin, um in letzter Sekunde ein Stelldichein abzusagen, bei dem der Liebhaber sicher mit der ultimativen Eroberung rechnete, wird auch heute noch gern vorgebracht: Migräne! Wir werden wohl nie erfahren, wie viele erotische Hoffnungen im Laufe der Geschichte schon an dieser unüberwindlichen Mauer jäh zerschellt sind. Angesichts dieser von alters her gebrauchten Ausrede kann der Mann nur die Segel streichen ...

Auf welche Ausflüchte verfiel die Römerin noch, wenn sie nicht wirklich »zur Sache gehen« wollte? Natürlich den Ehemann, der alle Pläne durchkreuzt, der sie mit Argusaugen überwacht oder – noch schlimmer – gar einen Verdacht hegt. Mit solchen Argumenten nimmt man dem Liebhaber jede Waffe aus der Hand, ohne jedoch seine Hoffnungen zu zerstören oder sein Verlangen. Eine durch und durch weibliche Strategie.

Doch die Römerinnen können auch Zuflucht nehmen zu einer Ausrede, die in dieser Form heute nicht mehr funktioniert: zum Gebot der sexuellen Abstinenz, das die Göttin Isis, der viele Römerinnen huldigen, an bestimmten Tagen von ihren Anhängerinnen fordert. Und wann das ist, dessen kann sich kein Mann je sicher sein. So kann man ihn leicht an der Nase herumführen ... Allerdings mit Maß und Ziel. Denn wenn ein Mann zu oft zurückgewiesen wird, verliert er das Interesse, macht auf dem Absatz kehrt und wendet sich einer anderen zu, die vielleicht williger ist. Daher heißt es auch, die Frau müsse von Zeit zu Zeit seinem Begehren nachgeben. Hören wir, was Ovid dazu sagt: »Verweigere ihm oft die Nächte, bald schütze Kopfschmerzen vor, bald mag dir Isis einen Vorwand liefern. Dann aber nimm ihn wieder auf, damit er sich nicht daran gewöhnt, dulden zu müssen, und seine Liebe nicht durch häufige Zurückweisung erlahmt.«[42]

Er rät auch zum Einsatz einer ganz besonderen Waffe, mit der die Frau das Begehren des Mannes wachhalten kann: der Eifersucht. Ein uralter Trick, den nicht nur die Römerinnen heute noch geschickt einsetzen. Denn wenn er einen Rivalen riecht (und sei es ein eingebildeter), wird das Männchen sich sehr viel interessierter zeigen, öfter zu Hause sein und sich auch im Schlafzimmer mehr Mühe geben. Dieses Instrument spielt die Frau seit jeher mit unerreichter Meisterschaft: Sie erzählt ganz nebenbei (ebendies ist so geschickt) von den Aufmerksamkeiten eines Kollegen, den Bemühungen eines Unbekannten, den sie bei irgendeinem Abendessen kennengelernt hat, oder den Männerblicken, als sie neulich einkaufen war. Und schon ist die Leidenschaft bei ihrem Partner wieder erwacht. Ein gefährliches Spiel, denn wenn es überzogen wird, hat es den gegenteiligen Effekt: Der Mann, in seinem Stolz gekränkt, zieht sich zurück. Oder er zahlt es ihr mit gleicher Münze heim...

VII
Das Schauspiel der Schönheit

Ein Nachmittag im Theater oder Frauen auf Männerfang (und umgekehrt)

Auch das Theater ist ein für Eroberungen beliebter Ort. Ovid selbst schlägt einen Besuch dort vor, wenn eine Frau auf der Suche nach Abenteuern ist. Warum? Das wollen wir jetzt herausfinden.

Wir stehen auf der Straße, die auf das Theater des Pompeius zuführt, der zweite Theaterbau aus Stein in Rom, der heute leider nicht mehr existiert. Teils wurde er abgerissen, teils in die Häuser integriert, die zwischen dem Largo Argentina und dem Campo de' Fiori errichtet wurden. Zu Trajans Zeit aber stand er noch und beeindruckte die Römer mit der Pracht seiner farbigen Marmorfassade. Wir sind gleich da.

Die Frau vor uns hat einen langsamen rhythmischen Gang. Sie wiegt sich in den Hüften und lässt ihre Gewänder wallen, als hebe eine leichte Brise den schimmernden Stoff. Fasziniert sehen ihr die Umstehenden nach: Die Männer unverhohlen, die Frauen aus den Augenwinkeln folgen ihrem katzenartigen Gang. Wer mag sie sein? Wir können das Gesicht nicht erkennen. Auch ihr Haar ist unter der *palla*, dem Schal aus roter Seide, verborgen. Doch die Machart des Schals und die fein bestickte Tunika, die bis zum Boden reicht, lassen erkennen, dass sie aus guter Familie sein muss. Ein Sklave geht vor ihr her und bahnt ihr den Weg durch die Menge, die allmählich immer dichter wird. Tausende strömen dem Theater zu. Für einige Stunden wird das Viertel von den Menschenmassen förmlich überrollt. Natürlich gibt es einige, die sich diese günstige Gelegenheit nicht entgehen lassen. Alle Geschäfte sind geöffnet und bieten feil, was dem Theaterbesucher von Nutzen sein kann: Kissen, Sonnensegel, aber auch »Snacks« wie Oliven, Ricotta oder kleine, in Öl gebackene Fische. Bäcker tragen Tabletts mit Fettgebackenem vor sich her und bieten es nach rechts und nach links an. Sie erinnern an Bären, die vergeblich versuchen, im Fluss Lachse zu erhaschen. Auch in den »Bars« haben sich die Menschen versammelt und nehmen noch schnell einen Imbiss zu sich, ehe die Vorstellung beginnt. Je näher wir dem Theater kommen, umso mehr Menschen tummeln sich auf den Straßen. Da und dort stehen einzelne Grüppchen zusammen, warten auf den Beginn der Vorstellung und auf zu spät kommende Freunde. Es ist noch hell, aber die Vorstellung wird bald beginnen.

Die Schönheit aus guter Familie schlängelt sich wie ein Delfin durch die Menschenwellen, dann ist sie weg; in ihrem Kielwasser lässt sie versonnen blickende Männer zurück. Wir stehen nun direkt vor dem Theater, das sich massig in den Himmel erhebt. Es ist sehr viel höher als die umstehenden Häuser und erinnert von der Bauart eher an ein modernes Stadion. Tatsächlich erinnert es in seiner runden Anlage und den Säulengängen am ehesten ans Kolosseum. Doch es formt kein perfektes Rund wie dieses, sondern spreizt sich fächerförmig halbrund auf.

Das Theater des Pompeius ist das größte und schönste Theater in Rom, viel interessanter als das Balbi und das Marcellus. Die Römer lieben es, nicht zuletzt des edlen Marmors, des prächtigen Dekors und der schönen Statuen wegen. Es verfügt über 17 500 Plätze, was heißt, dass sich in dieser Gegend zu den Vorstellungen riesige Menschenmassen drängen. Völlig unmöglich, nicht den ein oder anderen anzurempeln. Doch wenn das Schauspiel beginnt, saugt das Theater diese unglaubliche Menge durch die Mäuler seiner unzähligen Arkaden in sein Inneres. Wir klettern auf den Sockel einer Statue, um den Überblick zu behalten. Auf den ersten

Blick sehen wir, dass Ovid offensichtlich recht hatte: Es sind unzählige Frauen hier, die in kleinen Grüppchen anrücken und sich wie die Bienen um ihren Stock versammeln. Diese Bienen aber sind solche, die den Willen zum Stechen haben...

Modenschau der Römerinnen

Der Gang ins Theater ist für die Römerin wie für uns Heutige eine Gala oder ein Ball. Roter Teppich inbegriffen... Der Eingang des Theaters, die langen Gänge, die Treppen sind nichts anderes als der Laufsteg einer gewaltigen Modenschau. Oder wie Ovid es ausdrückte: Die Frauen kommen hierher, um zu sehen und gesehen zu werden. Und dazu gibt es viele Gelegenheiten.

Dort drüben nähert sich eine römische »Limousine«. Sie hält direkt auf das Theater zu wie ein Segelschiff auf den Hafen, wird allmählich langsamer und kommt schließlich in der Nähe des Eingangs zum Stehen, um den weiblichen Passagier zu entlassen. Die Entfernung zum Portal ist genau kalkuliert. So sieht jeder, wie die Matrone königlichen Schrittes auf den Eingang zusteuert. Ein Sklave stellt einen Schemel vor die Sänfte und öffnet dann langsam den Vorhang. Nun kann das Spektakel beginnen.

Der Sänfte entsteigt eine hochgewachsene Frau mit halbkreisförmig hochgestecktem Haar. Unmittelbar vor der Sänfte teilt sich die Menge. Der Sklave schiebt die Leute beiseite, damit seine Herrin Gelegenheit für ihren großen Auftritt bekommt. Diese wirft einen Blick in die Runde, dann erhebt sie sich aus ihrer liegenden Stellung. Sie streckt ihren Fuß aus und setzt ihn auf den Boden. Bunte Edelsteine blitzen an der goldbesetzten Sandale. Sie weiß sehr gut, dass die seidene Tunika jedes Detail ihres üppigen Körpers enthüllt. Ein Murmeln hebt an, als sie ihre langen Beine ausstreckt. Sie schreitet auf das große Portal zu, verfolgt von glühenden Männerblicken. Neiderfüllt betrachten die Frauen das in die Frisur eingearbeitete Diadem. Die Seide ihrer Gewänder ist von bester Qualität und ihre Hochsteckfrisur der letzte Schrei. Das Theater ist die Arena der Frauen, wo sie einander auszustechen versuchen. Dementsprechend entgeht den anwesenden Damen auch nicht die kleinste Einzelheit des zur Schau gestellten modischen Outfits.

Die Blicke der Männer freilich gelten anderen Dingen. Keiner unter ihnen wüsste wohl zu sagen, welche Farbe die Edelsteine ihrer Sandalen haben, doch ihren Körper, ihre vollen Lippen, ihre üppigen Brüste und das breite Becken könnte wohl jeder mühelos beschreiben. Die Matrone scheint die Anwesenden zu ignorieren, aber das trügt. Mit einem Blick ihrer raffiniert geschminkten Augen hat sie mögliche Kandidaten herausgepickt. Und eine gute Wahl getroffen, denn es sind letztlich nur drei Männer. Die bestgekleideten, die ihrem Rang am ehesten entsprechen. Ihnen schenkt sie einen schnellen, aber intensiven Blick. Eine Visitenkarte gleichsam, die zeigt, dass sie durchaus Interesse hat, mehr aber nicht. Nun ist es an ihnen, ihren Part zu spielen. Das aber wird im Innern des Theaters geschehen.

Die Aufmerksamkeit der Menge gilt ohnehin längst wieder anderen Damen der guten Gesellschaft, die in immer größerer Zahl eintreffen. Jede zeigt, was sie hat. Ist sie jung, wird sie ihren jugendlichen Schmelz in Szene setzen. Ist sie schon älter, wird sie mit kostbaren Gewändern und Juwelen wettmachen, was ihr die Natur genommen hat. Ist sie schön, putzt sie sich nicht allzu sehr heraus. Hat die Natur sie hingegen benachteiligt, wird sie geschickt jene Dinge in Szene setzen, die sie attraktiv machen: ein tiefer Ausschnitt, enge, transparente Kleider, ein leuchtendes Lippenrot.

Hier im Theater können wir uns ein gutes Bild von der weiblichen Fauna Roms machen. Wir sind am Eingang stehen geblieben und stellen einmal mehr fest, welch strategische Bedeutung dieser Ort für jede Form der Eroberung hat. Bei jeder Frau, die neu eintrifft, erhebt sich aufgeregtes Getuschel, das ihren Auftritt kommentiert. Vor allem, wenn wie gerade eben eine Frau vorübergeht, deren Dekolleté magisch alle Männerblicke anzieht. Die hochgewachsene Frau mit leuchtend rotem Haar betont ihre Silhouette, indem sie ihre gelbe Seidentunika mit ebenso leuchtend roten Bändern rafft, die sich unter der Brust und in der Taille überkreuzen. Eine dicke Goldkette teilt die beiden Brüste und schlingt sich dann um Taille und Hüften. Diese klug angebrachte Raffung betont jene Körperformen, die in römischer Zeit nahezu als ideal gelten können: ein breites Becken, das bei jedem Schritt schwingt, und kleine feste Brüste, die sich ohne Binde in ihrer natürlichen Schönheit unter dem Seidenstoff abzeichnen. Offensichtlich will sie zeigen, dass bei ihr »alles Natur« ist. Wie das auch heute so manche Frauen gerne tun. Sobald sie unter dem Portal verschwindet, setzen sich sofort mehrere Männer auf ihre Fährte.

Das eigentliche Schauspiel findet nicht auf der Bühne statt

Nach diesem Reigen weiblicher Eitelkeiten betreten auch wir den Schauplatz. Mehrere von Öllampen erhellte Gänge und Treppen führen in den Zuschauerraum. Hier im Halbdunkel hat man wahrlich den Eindruck, mitten in einem Ameisenhaufen gelandet zu sein. Die juwelenfunkelnden Matronen erinnern an festlich beleuchtete Ozeanriesen in der Nacht, denn Gold und Edelsteine fangen auch das letzte bisschen Licht ein und vervielfältigen es. So lange, bis sie in einem der Gänge verschwinden, aus denen uns das sonore Lachen der Männer entgegenschallt und die spitzen Schreie der Frauen, die das Spektakel genießen.

Tatsächlich ist das Theater in Rom kein Musentempel, sondern eher eine Art Volksfest, bei dem die ansonsten strengen Verhaltensregeln für kurze Zeit außer Kraft gesetzt sind in einem festlichen Rausch. Wir lassen uns von der Woge aus Düften und Lichtreflexen weitertragen, bis wir in den Zuschauerraum hinaustreten. Beeindruckt nehmen wir das ungeheure Halbrund aus ansteigenden Sitzreihen in weißem Marmor in uns auf und mit ihm das lebende Mosaik aus frohen Gesichtern. Alle Blicke richten sich auf die gewaltige Bühne im größten Theater Roms. Sie ist gut neunzig Meter breit, den Hintergrund *(scaena)* bilden drei übereinanderliegende Säulenreihen. Darüber schiebt sich ein riesiges Dach auf das Publikum zu, das der besseren Akustik wegen errichtet wurde: So sollen die Stimmen der Schauspieler auf den Rängen besser hörbar werden.

Wir drehen uns um und sehen, dass über den Sitzreihen ein massiger, der Venus gewidmeter Tempel aufragt. Ein Tempel im Theater? Nun, letztlich handelt es sich um einen Trick des Pompeius, damit er sein Theater bauen durfte. Der römische Senat befürchtete nämlich, dass das Theater die strenge Moral der Römer untergraben könne. Daher verbot er die Errichtung von Theaterbauten, die nicht irgendwie im Zusammenhang mit der Religion standen. Tatsächlich finden sich römische Theater immer in der Nähe eines Tempels. Das hatte einen recht simplen Grund: Die Gläubigen durften in römischer Zeit den Tempel nämlich nicht betreten. Dies war allein den Priestern vorbehalten. (Deswegen haben fast alle Tempel so hohe Pforten. Die Gläubigen, die sich davor versammelten, sollten die Götterstatue gut sehen können. Denn der Tempel war das Haus der Götter.) Die Zeremonien fanden also vor dem Tempel statt, wo auch die Altäre aufgestellt waren. Für bedeutende Tempelanlagen, die viele Gläubige anzogen, wurden deswegen Amphitheater errichtet, in denen religiöse Zeremonien abgehalten werden konnten. Man muss sich das in etwa so vorstellen wie heute auf dem Petersplatz, wenn der Papst in der Basilika die Messe liest. Pompeius umging dieses Verbot auf höchst italienische Art, indem er ein Tempel-Theater baute, dessen Sitzreihen – was ein Zufall – auch für Theatervorstellungen genutzt werden konnten. Die italienische Kreativität im Umgehen bestehender Vorschriften hat also weit zurückreichende Wurzeln.

Alle Augen richten sich auf die Bühne, wo sich bereits etwas tut. Doch die Atmosphäre ist eine andere als in unseren heutigen Theatern. Da und dort brandet Gelächter auf. Und tatsächlich steht auf der Bühne des größten Theaters von Rom nun ein Pantomime und vollführt regelrechte Faxen. Uns, die wir die eleganten, lautlosen Bewegungen eines Marcel Marceau kennen, überrascht das ein wenig. Das hier ist ein in römischer Zeit beliebtes »Vorspiel« zum eigentlichen Theater. Recht derb mit Fußtritten, Verfolgungsjagden, Obszönitäten und vulgären Gesten. Frauenrollen werden von wenig bekleideten Schauspielerinnen gespielt, die sich ausziehen und Geschlechtsverkehr mimen. (Daher sind auch mehr Männer unter den Zuschauern als bei anderen Aufführungen, wo die Frauenrollen mit Männern besetzt sind.) Die Geschichten? Drehen sich um immer dieselben Charaktere. Da ist zum Beispiel der strenge Vater, der sein Töchterchen nicht hüten kann. Oder der dümmliche Ehemann, der nicht bemerkt, dass seine Frau ihm Hörner aufsetzt. Erotische Anspielungen und gelegentlich ein Striptease würzen das Spektakel. Tatsächlich ist der Striptease eine römische Erfindung. Die Pantomime nämlich entstand in Griechenland, und da wäre ein Strip wirklich völlig undenkbar gewesen. Die Römer aber haben einen Sinn für den großen Auftritt, und so wurde der Striptease bald zum Dreh- und Angelpunkt der ganzen Vorstellung: Bei der *nudatio mimarum*, wie man es nannte, zogen Schauspielerinnen und Prostituierte sich gekonnt aus.

Angesichts solcher »Anreize« ist gut vorstellbar, dass die strenge römische Moral an diesem Ort kurzzeitig in Vergessenheit geriet. In der allgemeinen Erregung werden heiße Blicke getauscht und

Verabredungen getroffen. Selbst wenn die Frauen getrennt von den Männern in den höheren Sitzreihen Platz nahmen, musste man sich doch nur erheben und durch die Gänge spazieren, um dem potenziellen Liebhaber Gelegenheit zur Annäherung zu bieten.

Und der Preis geht: an den Meistbietenden. Liebe und Sex sind im Angebot. Ein kurzes Zeichen genügt, um Einverständnis zu signalisieren.

Wieder einmal ist es Ovid, der unsere Eindrücke bestätigt: Hier findet man sowohl kurzfristige Abenteuer als auch die Frau fürs Leben. Oder, wie der Dichter das ausdrückt: »etwas zum Spielen« und »etwas zum Lieben«[43]. Tertullian legt nach, wenn auch in anderem Tonfall: Für ihn ist das Theater des Pompeius »die Hochburg des Schmutzes«.

Welche Frauen treiben den Römer zur Raserei?

Kein Wunder also, dass das Theater stilbildend für das erotische Idealbild der Römerin war. Daran hat sich auch im 19. Jahrhundert nichts geändert. Im 20. Jahrhundert waren es die Tänzerinnen des Moulin Rouge, an denen man sich orientierte. Dann kam das Kino mit Greta Garbo, Rita Hayworth, Marilyn Monroe, Ursula Andress und Angelina Jolie. Und die Supermodels der Neunzigerjahre wie Cindy Crawford und Naomi Campbell.

In römischer Zeit war das nicht anders. Die Bühne lieferte dem erotischen Vokabular der Männer Frauen, mit denen sie liebend gerne eine Nacht verbracht hätten. Da waren die *mimae*, die Pantomiminnen, was man vielleicht mit den Soubretten des 19. Jahrhunderts vergleichen könnte. Sie waren komisch und locker, zeigten ihren Körper und hatten ein Verhältnis mit so manchem reichen Römer, der nur ins Theater ging, um sie zu sehen. Solange ihre Schönheit es erlaubte, versuchten sie so, ihre wirtschaftliche

Lage zu verbessern und vielleicht sogar einen Mann zu finden, der sie als Konkubine aushielt.

Nun wird der geneigte Leser vielleicht einwenden, dass das heute ja nicht sehr viel anders ist. Doch weit gefehlt. Heute finden Frauen, die der Boulevard berühmt gemacht hat, mühelos ihren Weg ins Fernsehen, in Italien sogar in die Politik. Die römischen Schauspielerinnen hatten es da sehr viel schwerer. Das Gesetz betrachtete sie als *infames*, als »Verrufene«, die mit diesem Lebensstil sogar ihrer römischen Bürgerrechte verlustig gingen. Die Schriftsteller jener Zeiten nannten sie *meretrices*, »Dirnen«, womit sie auf ihre Doppelfunktion als Schauspielerinnen und Kurtisanen hinwiesen. Sie lebten also nicht nur in Armut und Entbehrung, sondern mussten auch noch auf den Schutz des Gesetzes verzichten: Vergewaltigungen, Prügel und andere Übergriffe wurden an ihnen nicht oder sehr viel geringer geahndet. Cicero selbst berichtet über die Gruppenvergewaltigung einer Schauspielerin in Atina, einem Städtchen bei Rom, als wäre es ein völlig normaler Vorgang, der in den Provinzstädten an der Tagesordnung ist. Die Mehrfachvergewaltigung einer der Damen, die heute die Titelseiten der Klatschblätter zieren, würde wohl kaum als »normaler und unbedeutender Vorgang« durchgehen.

Wer aber waren die Femmes fatales der Antike? Sind uns Namen überliefert? Und wie lebten sie?

Die drei It-Girls der Antike

Maurus Servius Honoratus, ein Grammatiker des 4. Jahrhunderts, nennt uns drei Frauen, die Mittelpunkt der römischen Chronique scandaleuse sind. Jede hat ihre ganz eigene Geschichte, deren Muster sich in heutigen Boulevardblättern sicher wiederfindet.

Eine wunderschöne Frau war die Kurtisane Origo, deren Name

»der Anfang« bedeutet. Für viele Männer war die Beziehung zu ihr aber eher das Ende: Sie rupfte die Herren gnadenlos und brachte ganze Erbschaften an sich. Wir wissen nur wenig mehr von ihr, als dass sie Marsius, einen jungen Römer aus einer schwerreichen Familie, um sein gesamtes Vermögen brachte. Horaz berichtet, Marsius habe ihr sein Vermögen und sein väterliches Haus übereignet. Für einen Römer war das quasi alles, was er besaß.

Etwa zur selben Zeit lebte Arbuscula (wörtlich »kleiner Strauch«), eine Schauspielerin, die selbst Cicero kannte. Arbuscula hatte wirklich Klasse, zumindest suchte sie sich ihre Verehrer unter den *equites,* den Vertretern des Ritter- respektive Reiterstandes, die in der gesellschaftlichen Rangfolge gleich nach den Senatoren kamen. Dafür pfiff das Volk sie bei ihren Darbietungen einmal aus. In einem beispiellosen Akt des Stolzes brach sie darauf die Vorstellung ab und meinte, es genüge ihr völlig, dass die *honesti*, also die Reichen, ihr applaudiert hätten. Was gleichbedeutend war, als hätte sie die anderen als Bettler und Lumpen beschimpft. Allerdings erst nachdem sie Eingang in die Betten der besseren Gesellschaft gefunden hatte…

Doch die berühmteste Schauspielerin der römischen Geschichte war zweifellos Licoris. Diese sinnliche, von zahllosen Männern begehrte Frau galt jahrhundertelang als Beispiel, wie eine Frau es in der römischen Männerwelt zu etwas bringen konnte, obwohl sie aus dem Nichts kam, aus den finsteren Tiefen der Theaterwelt. Doch sie entwickelte sich zur »Tigerin im Bett« vieler Politiker und anderer Berühmtheiten. In gewissem Sinne ist Licoris' Geschichte sehr modern.

»Licoris« war ohnehin ein *cognomen*, ihr eigentlicher Name war »Volumnia«, dem sie den Künstlernamen »Cytheris« hinzufügte (in Anspielung auf Kythera, die Insel, auf der Venus/Aphrodite nach ihrer Geburt im Meerschaum an Land ging). Sie hatte Verhältnisse mit zahlreichen bekannten Männern wie Marcus Junius

Brutus (Cäsars Mörder) oder Mark Anton (Cäsars rechter Hand) und dem Dichter Cornelius Gallus. Wie aber kam Licoris zu so hochgestellten Liebhabern? Das lag an ihrem Herrn, denn tatsächlich war sie eine Sklavin. Sie gehörte einem berühmten reichen Mann, der über beste Kontakte in der Welt des Theaters verfügte, möglicherweise gar eine Schauspielschule sein Eigen nannte. Aus seinem »Stall« kamen Schauspieler und Schauspielerinnen, die auf den öffentlichen Bühnen auftraten, und solche, die intimere Privatvorstellungen in den Villen der Reichen und Mächtigen gaben. Publius Volumnius Eutrapelus, wie sein ein wenig merkwürdig anmutender Name lautete, hatte gute Beziehungen zur römischen Gesellschaft und benutzte seine Schauspielerinnen, um seine Bekanntschaften und seinen Einfluss in den Hinterzimmern der Macht zu festigen. Feste, Bankette, Rendezvous zu zweit und leidenschaftliche Nächte waren das Instrumentarium dieses Mannes, der eine schon recht »moderne« Mentalität besaß.

Die *mimae* hatten jedenfalls stets eine Doppelrolle als Schauspielerinnen und Prostituierte inne. Licoris wurde bald zum besten Pferd in Volumnius' Stall. Um seine Sklavin auch in höhere Kreise einführen zu können, ließ er sie frei. Wenn man den Quellen jener Zeit glauben will, war sie danach immer noch bereit, ihrem ehemaligen Herrn gefällig zu sein *(praestare operam)*, doch bot sie ihre professionellen Dienste auch eigenunternehmerisch feil. Dazu gehörte, dass sie sich auf Banketten auszog und ihre sexuellen Dienstleistungen anbot. Und Volumnius' Freunde waren ja keine dahergelaufenen Namenlosen, sondern die Crème de la Crème der römischen Gesellschaft.

Zwischen 55 und 50 v. Chr. hatte Licoris ihr erstes wichtiges Verhältnis: mit Brutus. Ein paar Jahre später finden wir sie in den Armen von Mark Anton wieder. Das wissen wir deshalb so genau, weil Cicero seinen Erzfeind schlechtmachen wollte, indem er diese Dinge veröffentlichte. Alle wussten, dass Mark Anton das

Theater liebte und den Umgang mit Schauspielern und Schauspielerinnen pflegte. Vielleicht nutzte Volumnius die gute Gelegenheit und jubelte ihm Licoris gleichsam unter, um seinen Einfluss auszudehnen. Schließlich war Mark Anton die rechte Hand Julius Cäsars. Und Licoris ließ sich nicht lange bitten. Die beiden waren ein berüchtigtes Paar. Ihre Affäre erregte tatsächlich Anstoß, weil sie sich nicht die geringste Mühe gaben, sie geheim zu halten. Mark Anton war zu jener Zeit Tribun der Plebejer, übte also ein wichtiges politisches Amt aus, und war verheiratet. Trotzdem nahm er Licoris in seiner »amtlichen« Sänfte mit, der, wie es dem Tribun zustand, mehrere Liktoren mit den traditionellen lorbeergeschmückten Rutenbündeln vorausgingen – ein altrömischer Brauch. Er hatte quasi einen »Diplomatenwagen mit Eskorte«, dem eine Schar von Bettlern und Freunden hinterherlief. Als skandalös empfunden wurde dabei vor allem, dass Mark Anton seine freigelassene Geliebte nicht aus dem öffentlichen Leben heraushielt, wie es die Senatoren taten. Er behandelte sie, als wäre sie eine »ehrbare Matrone«, dabei war sie doch nur Schauspielerin. Ciceros Anschuldigung, er würde sie sogar gelegentlich als seine Ehefrau vorstellen, hätte Mark Antons Karriere zerstören können. Daher entschloss dieser sich 46 v. Chr., also drei Jahre später (und nicht ohne Bedauern, wie wir vermuten), die Beziehung zu Licoris zu lösen und zu seiner Frau Fulvia zurückzukehren. Möglicherweise hat auch Cäsar entsprechend Druck auf ihn ausgeübt. Denn Cicero lästerte bereits, im Haus Mark Antons habe man die Schlafzimmer in Bordelle umgewandelt, die Salons hingegen in laute Tavernen.

Wenige Monate später begegnete Cicero der Licoris bei einem Bankett, das Volumnius ausgerichtet hatte. Ein weiterer Beleg, über welch dichtes Netz an Beziehungen dieser Mann verfügte. Sicher suchte er für seine Lieblings-Escort-Dame einen neuen und würdigen Liebhaber.

Nach einer Reihe von Affären, die die Geschichte uns nicht überliefert hat, begegnen wir Licoris 43 v. Chr. erneut in den Armen eines bedeutenden Römers. Es handelt sich um Cornelius Gallus, den berühmten Dichter, der zum literarischen Zirkel um Vergil und Ovid gehörte. An diesem Punkt drängt sich dem modernen Leser ein Vergleich auf: mit Marilyn Monroe, zu deren Verehrern ein Politiker wie Kennedy, ein berühmter Sportler wie Joe DiMaggio und ein Schriftsteller wie Arthur Miller gehörten. Der Elegiendichter aber verlor Licoris' wegen vollkommen den Kopf. Er betrachtete sie als seine Muse, als das Ideal der römischen Elegie: je nach Situation leidenschaftlich oder grausam. Drei Jahre später, 40 v. Chr., widmete er ihr seine gesammelten Elegien unter dem Titel *Amores*. Wie zu erwarten, war dieser Liebe keine Dauer beschieden. Der Dichter war am Boden zerstört, als Licoris ihn verließ. Sogar Vergil beschreibt den Zustand seines Freundes als verzweifelt, war die Schönste doch in die Ferne entflohen, an die eisigen Wasser des Rheins, und beugte sich nun den Waffen des Mars. Was war aus Licoris geworden? Sie lebte nun an den Grenzen des Reiches, wohin sie einem Offizier der römischen Legionen gefolgt war. Möglicherweise dem Quintus Fufius Calenus, einem Getreuen Cäsars, dessen Sohn später für Octavian Partei ergriff, nachdem er seinen Vater am Fuß der Alpen hatte sterben sehen. Offensichtlich hatte die junge Dame keine Zeit vergeudet ... Nach diesem letzten Abenteuer verlieren Licoris' Spuren sich im Dunkel der Zeit. Doch ihr Ruf blieb legendär, denn noch 350 Jahre später wählten Schauspielerinnen »Licoris« als Künstlernamen.

VIII
Der Gladiator und die Matrone

In den Armen des Actius

Männerstimmen erklingen im langen unterirdischen Korridor, der von Fackeln und Öllampen schwach erhellt wird. Die Frau drückt sich an die Wand. Mit einem Zipfel ihres Schals verdeckt sie ihr Gesicht, sodass nur mehr ihre schönen funkelnden Augen sichtbar sind. So wird keiner sie erkennen. Ein wenig Angst liegt in ihrem Blick, Anspannung, aber auch eine gewisse prickelnde Erregung. Für uns freilich ist sie keine Unbekannte. Wir haben sie schon gesehen. Auf dem kleinen Platz, auf dem unsere Erkundungsreise durchs Alte Rom ihren Anfang genommen hat. Sie wird uns einen anderen Aspekt der Geschlechterbeziehungen im Alten Rom zeigen, ein anderes Gesicht von Liebe und Leidenschaft.

Ihr voraus geht ein massiger Kerl mit Bürstenhaarschnitt, der sie schweigend durch diese Welt geleitet, zu der Frauen eigentlich keinen Zutritt haben. Doch sie hat eine schöne Summe hingeblättert, um hier sein zu dürfen. Der Abstieg in die Unterwelt der Stadt benimmt ihr den Atem. Hinter sich hört sie, gedämpft durch dicke Wände, das Gebrüll der Zuschauer im Kolosseum. Dieser Gang nämlich führt vom Kolosseum direkt in die berühmteste und größte Gladiatorenschule Roms: den Ludus Magnus. Dort leben und trainieren die Gladiatoren. Durch diesen Gang kommen sie, wenn sie sich für den Kampf in der Arena bereit machen.

Und heute ist ein solcher Kampftag. Schon seit den frühen Morgenstunden ist das Amphitheater voll besetzt. Als Erstes standen die Kämpfe der Männer gegen die wilden Tiere auf dem Programm. Dann, gegen Mittag, folgten die Hinrichtungen. Die Dame schloss jedes Mal erschrocken die Augen, wenn sich ein wildes Tier auf einen Todgeweihten stürzte. Wenn sie von hohen Türmen geworfen oder von der scharfen Klinge eines Scharfrichters aufgespießt wurden. Doch als dann am frühen Nachmittag die Gladiatoren Einzug hielten, schloss sie die Augen nicht mehr. Ganz im Gegenteil: Sie konnte ihren Blick nicht mehr abwenden, vor allem von einem unter ihnen – ein Murmillo, ausgestattet mit einem großen Schild und einem Bronzehelm, der uns Heutige ein wenig an einen Cowboyhut mit Federn erinnern würde, wenn man vom Visier einmal absah. Sie hat ihn sofort erkannt, als die Gladiatoren sich vor dem Kampf in einer Reihe aufstellten: dieser massige Körper, diese breite Brust, die langen Haare und die blauen Augen, die sich ihr tief ins Herz gebrannt haben. Da sie dem Adelsstand angehört, konnte sie ihm nicht einfach zujubeln, als er den Kampf begann. Sie betete inständig zu den Göttern, dass er sein Leben nicht verlieren möge. Nicht heute. Und als sie zusehen musste, wie sein Gegner sich auf ihn stürzte mit der Geschicklichkeit einer Katze und ihm den Schild spaltete, musste sie einen lauten Schrei in ihrer Kehle ersticken. Der Schlag war bis hinauf in die höhergelegenen Ränge zu hören, bis ganz nach oben, wo sie Platz genommen hatte. Denn auch im Kolosseum saßen die Frauen in den oberen Sitzreihen, die Männer in den unteren.

Der Gegner hatte, wie alle Thraker, ein gebogenes Kurzschwert, mit dem er die Flanke seines Widersachers aufreißen konnte. Doch der Murmillo musste nur den Kopf senken, und die Klinge prallte mit einem lauten metallischen Kreischen am breiten Rand seines Helms ab. Als aber der Murmillo mit einem unerwarteten Stoß seines Schildes den Thraex aus dem Gleichgewicht brachte, sodass dieser stürzte, und ihm das Schwert an die Seite hielt, da hielt sie nichts mehr auf ihrem Kissen. Wie alle Frauen um sie herum sprang sie auf und rief laut den Namen dieses Gladiators: »Actius!

Actius!« Es war ein fairer Kampf, wenngleich mit einem schrecklichen Ende. Der Organisator der Spiele entschied in der Stille der Arena auf den Tod. Sein Gegner kniete vor Actius und bot ihm die ungeschützte Kehle dar. Die beiden sahen sich lange an. Die Zeit schien stillzustehen. Wie ihre langjährige Freundschaft, die in ihrer ersten Gladiatorenschule in Capua begann. Dann nickte der Thraker und schloss die Augen, den Freund und das Leben ein letztes Mal grüßend. Auch Actius schloss die tränenheißen Augen und stieß zu, genau an dem Punkt zwischen Kehle und Schlüsselbein, wo das Schwert direkt ins Herz dringen würde. Das Publikum im Kolosseum ahnte nichts von dem Drama, das sich dort unten abspielte. Es feierte Actius vielmehr als seinen neuen Helden. Nur die Frau ahnte, was geschehen war. Es entging ihr nicht, dass Actius das Publikum nur grüßte, weil sich das so gehörte, achtlos seine Siegespalme nahm und die Silberteller mit den Münzen und anderen Geschenken, die kleine Jungen in die Arena trugen. Dann verschwand er durch den Haupteingang, das Tor der Sieger.

Auf diesen Moment hatte die Frau gewartet. Möglichst beiläufig erhob sie sich von ihrem Sitz und verschwand in einer der Öffnungen zwischen den Sitzreihen, die durch die Gänge nach unten führen. Ihr Mann, ein Senator, saß mit seinen Standesgenossen weiter unten, in unmittelbarer Nähe der Arena, und genoss dort frische Früchte, die jugendliche Sklaven auf großen Tabletts herumreichten. Dort würde er sich noch mindestens drei Stunden lang aufhalten und mit seinen Freunden die Spiele kommentieren. Genug Zeit für die Frau, Actius und seinem männlichen Körper einen Besuch abzustatten... Wie vereinbart wurde sie von dem Mann mit dem Bürstenhaarschnitt und der Narbe auf der Wange abgeholt, der sie nun durch die Eingeweide des Kolosseums führt, in Bereiche, die normalerweise für das Publikum verboten sind.

So also sind wir in diesen unterirdischen Gang gelangt. Plötzlich sieht sie an den Wänden ein mehrarmiges Geschöpf auf sich zukriechen. Es scheint seine zahllosen Arme nach ihr auszustrecken. Erschrocken hält sie die Luft an und bleibt stehen. Doch schon im nächsten Augenblick stellt sich Erleichterung ein: Es ist nur ein anderer Gladiator mit drei Kumpanen, der durch den Gang auf sie zukommt. An den Wänden tanzt verzerrt ihr Schattenbild. Als er an ihr vorübergeht, bemerkt er sie nicht einmal. Sein konzentrierter Blick richtet sich auf den hellen Fleck am Ende des Gangs. Was dort wohl seiner harrt: Leben oder Tod? Dann verschwindet er im Dunkel und geht seinem Schicksal entgegen.

Weitere Treppen führen den Mann und die Frau tiefer, bis sie schließlich vor der Kammer des Actius stehen. Der Mann mit dem Bürstenhaarschnitt dreht sich um und sieht ihr in die Augen. Erst da bemerkt sie, dass eines völlig weiß ist. Die Narbe auf der Wange endet eben dort. Er wird sie zur festgesetzten Zeit wieder abholen. Die Frau drückt ihm eine Börse mit Goldmünzen in die Hand, und der Mann verschwindet im Dunkel. Nun steht sie vor verschlossener Tür, dahinter wartet Actius' Körper auf sie. Instinktiv rückt sie den Schal zurecht und ordnet ihr Haar. Dann drückt sie gegen die Tür, die mit leisem Quietschen aufschwingt.

Actius steht mitten im Raum. Er wendet ihr den Rücken zu. Bis auf eine rote Binde um die Lenden ist er völlig nackt. Der muskulöse Rücken schimmert im Licht der Öllampe. Langsam dreht er sich um. Dabei gleitet der Schein der Lampe zartfingrig über seinen Körper und rückt die vollendete Geometrie seiner Gliedmaßen ins rechte Licht. Vor der Frau steht ein Mann voller Leben, die Haut noch rau vom Schweiß und vom Staub der Arena. Seine wohldefinierten Brustmuskeln schreien förmlich nach der zärtlichen Berührung einer Frau. Begehren lodert auf in ihr. Sie tritt näher, steuert auf diese funkelnd blauen Augen zu wie ein Schiff in der Nacht auf den Leuchtturm. Kein Wort fällt, nur die Leiber sprechen und flüstern sich in der Sprache des Verlangens zu. Nun steht sie so nah vor ihm, dass sie seinen Atem auf ihrem

Gesicht fühlt. Ihr Blick ist fest ineinander verschweißt. Sie legt ihre Hand auf seine Brust und folgt mit den Fingern den eisenharten Muskeln. Sie fühlt die alten Narben unter den Fingerspitzen, die Schrammen des eben beendeten Kampfes. Und die pulsierenden Adern seiner Arme. Mit den Lippen nimmt sie die immer noch rinnenden Schweißtropfen auf und berauscht sich an seinem männlichen Geruch. Langsam gleitet ihre Hand tiefer, bis sie an der roten Binde innehält. Ein winziges Zögern... Doch die Lust, sich mit diesem Körper zu vereinen, ist stärker.

Entschieden streift sie die Binde ab und lässt sie zu Boden fallen. Nun ist der Gladiator völlig nackt. Ihre Hand ergreift Besitz von seiner Männlichkeit. Nun flammt auch in ihm der heiße Wunsch auf, sie zu besitzen. Ihre Gewänder sind schnell gelöst. Achtlos fallen sie zu Boden. Wie ungebärdige junge Pferde gleiten seine Hände über die fruchtbaren Weiden ihres Leibes. Stark sind diese Hände, kraftvoll und mächtig, doch sie können auch zärtlich und leicht sein, wie der Wind auf der Haut. Erregt erkundet er jeden Zentimeter ihres Körpers... Voller Verlangen drängt sein Körper sie gegen das Bett. Seine Lippen verschmelzen mit den ihren. Sachte legt er sie auf sein Lager, ohne den Blick auch nur eine Sekunde von ihren Augen zu lösen. Dann lässt er diesen Blick über ihren Körper wandern, als habe seine Hand einen Stellvertreter gefunden. Und wie die Sonne geht Actius langsam über den Wellen ihres Leibes unter, während ihre Körper verschmelzen.

Auf welche Männer stehen die reichen Römerinnen?

Auch die Römerinnen suchten sich ihre Sexidole also in der Welt des Showbusiness. Mit einem entscheidenden Unterschied: Körperliche Schönheit allein genügte nicht. Der Mann musste auch athletisch gebaut sein. Das schloss nicht nur Schauspieler ein, sondern auch Wagenlenker oder – wie wir soeben gesehen haben – Gladiatoren.

Gerüchten zufolge hatte Faustina die Jüngere, Gattin des berühmten Philosophenkaisers Mark Aurel, eine ausgesprochene Vorliebe für Gladiatoren. Während ihr Mann fern von Rom weilte, begab sie sich des Öfteren nach Gaeta, wo sie das ein oder andere amouröse Stelldichein mit Kämpfern der dortigen Gladiatorenschule hatte. Cassius Dio hat diese Gerüchte für uns festgehalten. Es heißt sogar, sie sei während eines solchen Besuchs von ihrem eigenen Sohn Commodus schwanger geworden. Der gewalttätige und irre Commodus liebte nämlich die Welt der Gladiatoren und kämpfte häufig mit ihnen. (Natürlich wissen wir nicht, wie diese ungleichen Kämpfe ausgingen.)

Professor Romolo Augusto Staccioli jedoch weist darauf hin, dass man dem Klatsch jener Zeit doch mit einer gewissen Skepsis begegnen sollte. Auch der Fund einer reich geschmückten Matrone in der Gladiatorenkaserne von Pompeji, die dort offensichtlich vom Vulkanausbruch überrascht worden war, beweist nicht wirklich etwas. Die These vom heimlichen Treffen am Vorabend der Katastrophe und dem abrupten Ende der Liebesnacht unter einer glühenden Lavadecke ist reizvoll und findet sich in zahllosen Büchern wieder. Möglicherweise hat die Frau in der Kaserne aber auch nur Schutz vor dem heranziehenden Verderben gesucht. Nichtsdestotrotz ist die Vorliebe der Römerinnen für Gladiatoren unbestritten. An den Mauern Pompejis finden wir diesbezüglich recht klare Aussagen: So wird der Retiarius Crescens als »Herr und Heiler nachtwandelnder Mädchen« bezeichnet *(dominus et medicus puparum nocturnarum)*, der Thraker Celadus als »Sehnsucht und Schmuck der Mädchen« *(suspirium et decus puellarum)*. Möglicherweise stammen diese Inschriften nicht von den Gladiatoren selbst, sondern von Leuten, die sie aufziehen wollten. Doch sie belegen, dass es nächtliche Besuche von Frauen bei den Gladiatoren gab. Einige von ihnen wurden verehrt wie Rockstars. Fallen nicht bei jedem Konzert Frauen und Mädchen in Ohnmacht? Hat nicht jedes Mädel »ihren« Star als Poster in ihrem Zimmer hängen? Und hat nicht Martial selbst den Gladiator Hermes als Zentrum des »Interesses und der Qual der Zuschauerinnen« *(cura laborque ludiarum)* bezeichnet?

Das ist unleugbar richtig. Der Gladiator war für das weibliche Auge Labsal, ähnlich wie die Modelle mit nacktem Oberkörper in der Parfümwerbung, wie Schwimmstars oder andere Männer mit wohldefinierten Muskeln, über die so manche Frau ihrer Freundin vorschwärmt. Die Tatsache, dass sie in der Arena um ihr Leben kämpften, ließ sie noch männlicher erscheinen. (Das ging so weit, dass das Blut eines getöteten Gladiators aus der Arena geschmuggelt und als antikes Viagra verkauft wurde.) Im Kolosseum himmelten die Frauen jene braungebrannten, muskulösen Körper an, die harten Gesichtszüge. Sie schmolzen dahin für die Helden des Stadions, denen Abertausende zujubelten, was sie für einen kurzen Moment zu den Königen dieser Millionenstadt machte. Die Gladiatoren waren die römischen Alphamännchen, von denen die Frauen sich instinktiv angezogen fühlten. Diesen Zauber üben noch heute Männer, die über Macht, Einfluss und Ruhm verfügen, auf schöne Frauen aus, ohne dabei selbst schön sein zu müssen. Dass dies in römischer Zeit nicht anders war, bezeugt Juvenal, der uns eine der Skandalgeschichten seiner Zeit überliefert hat. Eppia, ihres Zeichens Senatorengattin, verliebte sich unsterblich in einen Gladiator namens Sergiolus, der noch nicht einmal gut aussah. Juvenal schreibt, er habe ein vernarbtes Gesicht gehabt und einen Höcker auf der Nase, wo immer der schwere Helm saß. Er hatte angefangen, sich den weißen Bart zu rasieren, und hoffte, dass er endlich entlassen würde, weil er einen gebrochenen Arm hatte. Er musste also über vierzig sein, denn in diesem Alter stutzten sich die Gladiatoren gewöhnlich den Bart. Und aus einem un-

erfindlichen Grund sonderte sein Auge ständig Flüssigkeit ab...
Und doch ließ Eppia um seinetwillen ein Leben in Wohlstand und
Sicherheit hinter sich, den Senatorengatten und ihre Kinder – und
folgte ihrem Geliebten bis nach Ägypten...

Das abenteuerliche und gefährliche Leben eines Gladiators fanden viele Frauen in Rom spannend, doch meist genügte ihnen ein wohlgeformter Körper, zumindest wenn man den Texten glauben will, nach denen ein Großteil der Prozesse auf dem Forum die eheliche Untreue einer Matrone mit einem ihrer Haussklaven zum Gegenstand hatten.

Auch die Wagenlenker gehören zu den Sexidolen des Alten Rom, auch wenn ihr Ruhm sich auf andere Dinge gründete als jener der Gladiatoren. Sind Letztere am ehesten mit Boxern oder Bodybuildern zu vergleichen, kommt der Wagenlenker vielleicht dem Fußballstar oder Rennfahrer nahe. Bei ihm zählt weniger der eisenharte Muskelpanzer als die allgemeine Aura von Sportlichkeit. Außerdem verdienten die Wagenlenker ungeheure Summen, sehr viel höhere als die meisten Sportler heute, ausgenommen vielleicht Golfstars und Formel-1-Fahrer. Auch das kam bei den Frauen gut an.

Und dann gab es natürlich noch die Schauspieler, die beim weiblichen Publikum ebenfalls Begeisterungsstürme auslösten. Hier findet sich bei Juvenal ein besonders aufschlussreicher Satz: »... sie war verrückt nach ihm, hatte aber nicht genug Geld...« Offensichtlich konnten die Frauen sich die Schauspieler »kaufen« wie Gigolos. In etwa so, als ob Sie, geneigte Leserin, sich eine Nacht mit George Clooney, Brad Pitt oder Leonardo di Caprio ersteigern könnten! Damals war das möglich, auch wenn der Impresario das nicht so gerne sah. Bei den Schlemmereien litt nämlich die Stimme seines Schützlings. Sueton erzählt, dass Domitia Longina, Gattin von Kaiser Domitian, eine heiße Affäre mit dem Schauspieler Paris, einem berühmten Pantomimen, gehabt haben soll. Der Arzt Galenus wiederum berichtet von einer Patientin, die mit einem gewissen Justus verheiratet war. Sie war so sehr in hoffnungsloser Liebe zum Tänzer Pilates entbrannt, dass sie ganz krank war davon.

Welche Kosenamen geben sich Verliebte?

Natürlich ist es nicht einfach, nach so langer Zeit so intimen Gewohnheiten wie Kosenamen auf die Spur zu kommen, aber einige sind uns gleichwohl in Inschriften erhalten, vor allem in Pompeji. Sie beziehen sich fast immer auf einen physischen oder charakterlichen Aspekt des geliebten Menschen, manchmal aber auch auf die Liebe selbst. Der Altphilologe Karl-Wilhelm Weeber hat sich mit dem Thema beschäftigt und gibt uns hier einen kleinen Einblick in seine Forschungsergebnisse:

- *pupa*, »Puppe«,
- *pupula*, »Püppchen«,
- *piscicula*, »Fischlein« (so heißt es einmal, Fonticulus [wörtlich »der kleine Quell oder Brunnen«] grüße sein »Fischlein«, was möglicherweise eine Anspielung auf Oralsex ist),
- *dulcis amor*, »süße Liebe«,
- *anima dulcis*, »süße Seele«,
- *Venus*,
- *domina*, »meine Herrin«,
- *lumen*, »mein Augenstern«,
- *pistilla*, der Stempel einer Blüte, also eine erotische Anspielung.

SMS vor 2000 Jahren

Wie aber tauschten Verliebte im Alten Rom Botschaften aus? Heute hat ja jeder ein Handy und simst, was das Zeug hält, um den anderen von seiner Liebe zu überzeugen. Vor dreißig Jahren war das klassische Telefon noch aktuell. »Du kommst mich teuer zu stehen!« war einer der schönsten Werbesprüche der Telefongesellschaften. Zu sehen waren zwei junge Verliebte, die nicht mehr vom Telefon wegzubekommen waren. Das gute Stück war damals meist noch grau oder schwarz und hatte eine Wählscheibe. Davor gab es nur die Briefpost, der man fallweise ein paar getrocknete Blümchen beigab. Oder man parfümierte das Papier. Von den Tränenspuren auf der getrockneten Tinte gar nicht zu reden. Wenn man berücksichtigt, dass die Menschen im Mittelalter weitgehend nicht lesen konnten, bleibt nur der Schluss, dass in der Zeit zwischen dem Ende des Römischen Reichs und dem Beginn des 20. Jahrhunderts nur eine gebildete Elite Liebesbriefe schrieb. Natürlich denkt man über so etwas selten nach, aber tatsächlich gab es jahrhundertelang keine Liebesbriefe. Und in römischer Zeit? Ein Spaziergang durch die Ruinen von Pompeji belehrt uns schnell, dass damals viele Menschen lesen, schreiben und rechnen konnten. Folglich gab es auch Liebesbriefe und -botschaften. Aber wie sahen sie damals aus?

Nun, auch die »Handys« der Römer passten auf eine Hand. Nur hießen sie damals *tabula cerata*. Das war ein millimeterdünnes Täfelchen aus Zedernholz mit erhöhtem Rand, das mit einer dünnen Wachsschicht überzogen war. Diese war sozusagen der »Bildschirm« des Römer-Handys, jedenfalls wurden dort mit Stift oder Feder die Botschaften eingeritzt. Der Stift lief auf einer Seite spitz zu, auf der anderen war er spatelförmig, damit man das Geschriebene wieder »ausradieren« konnte. Man glättete das Wachs und die darin eingeritzte Nachricht und schrieb seine Antwort auf dasselbe Täfelchen. (Daher stammt übrigens der Ausdruck »Tabula rasa«.) Mitunter wurden zwei oder drei solcher Täfelchen aneinandergehängt – wie bis vor Kurzem, wenn eine SMS besonders lang geriet. Reiche Menschen hatten natürlich die Luxusausführung aus Elfenbein. Der äußere Teil, auf den nicht geschrieben wurde, war meist schön gearbeitet und kostbar. Doch als »Software« wurde dasselbe Wachs verwendet wie bei den einfacheren Modellen. Sonst hätte man ja nicht schreiben können.

Liebesschwüre allerdings waren sofort zu erkennen, denn für diese Art von Botschaften benutzte man besondere Täfelchen, meist mit rotem Wachs. Martial nennt diese Exemplare die Täfelchen des Vitellius, vermutlich nach dem Hersteller. Sie seien kleiner als sonst und schön gefärbt, also ideal für Liebende. Und welche Botschaften hätten wir auf diesen Täfelchen gefunden? Leider ist uns kein einziges dieser Exemplare erhalten geblieben. Wir können also nur spekulieren: Vermutlich enthielten sie kurze Liebesschwüre oder Ort und Zeit eines nächtlichen Rendezvous. Einmal mehr greifen wir auf das zurück, was sich in Pompeji erhalten hat, und finden Wandinschriften wie diese eines verzweifelten Liebenden: »So du die Macht der Liebe kennst und einen Funken Menschlichkeit besitzt, hab Erbarmen mit mir und lass mich gnädig zu dir kommen.«

Ovid, der große Meister der Liebe, dem wir bei unserem Erkundungsgang so manche Erklärung verdanken, rät den Liebenden, mit ihren Worten ans Herz des anderen zu rühren, dabei aber leere Rhetorik und komplizierte Sätze zu meiden: besser einfache und glaubwürdige Aussagen, die den Eindruck erwecken, als flüstere der Absender dir höchstpersönlich Liebesworte zu.

Natürlich barg diese Form der Liebeskorrespondenz die Gefahr der Entdeckung, wenn es sich um ein heimliches Liebespaar handelte. Was also tun? Zunächst einmal mussten die beiden verständlicherweise mit den normalen *tabulae* vorliebnehmen. Und dann? Da bei einer Entdeckung vor allem die Frau zu leiden hatte, riet man den Verliebten zweierlei: zum einen die eigene Schrift zu verstellen (oder eine vertrauenswürdige Sklavin mit dem Verfassen der Botschaft zu betrauen), zum anderen, an den Liebhaber zu schreiben, als sei er eine Frau: »Schreib nicht ›er‹, sondern ›sie‹.« Auch dies ist ein Trick, der bis heute noch üblich ist. Häufig speichern Frauen nämlich den Namen ihres Liebhabers unter dem einer Freundin ab. Wenn dann das Handy aufleuchtet und der Name des Anrufers erscheint, erregt dieser wenigstens keinen Verdacht.

Aber natürlich darf auch die »Telefongesellschaft« kein Risiko darstellen. Die Täfelchen wurden von absolut vertrauenswürdigen Sklaven zugestellt. Es war ratsam, keine eben erst gekauften Sklaven heranzuziehen, denn diese waren unter Umständen bestechlich oder erpressten die Dame des Hauses vielleicht gar.

Der Liebhaber schickte gewöhnlich eine Frau, eine Magd oder Sklavin, da nur sie direkt in Kontakt mit der Geliebten treten konnte, ohne aufzufallen. Aber sie musste geschickt sein und eine gute Beobachterin, damit sie die Wirkung der Nachricht vom Gesicht der betreffenden Dame ablesen konnte...

Einladung zum Bankett

Und wieder lassen wir uns durch die Straßen Roms treiben. Der Nachmittag ist angebrochen, die Sonne steht noch am Himmel, doch das römische Leben ist zum Stillstand gekommen. Nach dem vormittäglichen Chaos breitet sich nun eine ungewohnte Ruhe aus. Die Läden sind geschlossen, die Thermen leeren sich, das Forum liegt verlassen da. Es sieht ein bisschen aus wie in unseren Städten am Sonntagnachmittag. In Rom ist das immer so. Mittags oder am frühen Nachmittag schließen die Geschäfte. Wohin also sind diese beiden Sänften unterwegs, die hintereinander hergetragen werden? Vermutlich gehören sie einem reichen Römerpaar. Die vordere ist reicher geschmückt, also sitzt wohl der Ehemann drin. Wahrscheinlich sind sie auf dem Weg zu irgendeinem mondänen Ereignis, einem »Event«. Da es schon gut vier Uhr nachmittags ist, handelt es sich wohl um ein Bankett. Also hängen wir uns dran. Wir durchqueren mehrere Straßen und Plätze, bevor die Träger stehen bleiben und die Sänften absetzen. Wir befinden uns vor einem reichverzierten Portal, dem Eingang zu einem mehrstöckigen Haus, das dem letzten Spross einer Adelsfamilie gehört. Dieser hat ein Bankett organisiert zur Feier der lang ersehnten Geburt eines Erben, ja, eines Sohnes. Der Fortbestand der Familie ist gesichert! Aus den beiden Sänften steigt unter Hilfe seiner Sklaven ein Pärchen: er ein gutaussehender Mann mit graumeliertem Haar, sie eine üppige junge Dame, die sehr viel jünger ist als er.

Wir folgen ihnen ins Haus und durch den langen Korridor ins Atrium. Dabei fällt uns sofort eine merkwürdige Geste auf: Die beiden bringen im Vorbeigehen ein Glockenspiel zum Klingen, das von der Decke baumelt. Das schauen wir uns genauer an. Wie merkwürdig! Die Glöckchen hängen alle an einem Bronzepenis mit Löwentatzen und einem ebenfalls penisförmigen Schwanz. Ganz sicher ist dies ein Glücksbringer. Die beiden Neuankömmlinge lassen sich jetzt nieder, um sich die Füße waschen zu lassen. Danach werden sie sich dem Gastgeber und den anderen Geladenen im Garten des Hauses, dem Peristyl, anschließen. Wir aber nutzen die Zeit, um das Haus genauer in Augenschein zu nehmen. Schließlich wollen wir herausfinden, welche Rolle der Sex bei der Einrichtung eines römischen Hauses spielt.

Der Phallus als Glücksbringer

Der gewaltige Bronzepenis mit den Glöckchen *(tintinnabulum)*, der über der Eingangstür vom Deckengewölbe hängt, soll die bösen Geister vertreiben und das Unglück im Allgemeinen. Er hat also weniger mit Sex zu tun als mit Beschwörung zum Schutz des Hauses und seiner Bewohner. Denn der Römer sieht die männliche Zeugungskraft als stärkste Waffe gegen das Unglück. Und nein, es handelt sich nicht um einen seltsamen antiken Aberglauben: Wann immer ein leerer Leichenwagen vorüberfährt oder man voller Angst an den Tod denkt, berührt auch der moderne Italiener – was? Seine Hoden, nicht den Penis wohlgemerkt. (Viele reißen noch einen blöden Witz dazu!) Man berührt also den Teil des Körpers, der für die Fruchtbarkeit zuständig ist, und beschwört im Angesicht von Tod und Leid die Kraft des Lebens. Wir sind also gar nicht so anders als die Römer.

Die Römer nannten das männliche Glied *fas* (und *fascinare* hieß »beschreien, behexen«) oder *mentula*. Wer heute durch Pompeji schlendert, das ja getreuliches Abbild römischer Verhältnisse ist, entdeckt an allen Ecken und Enden Darstellungen des erigierten Penis als Sinnbild männlicher Kraft. Man findet sie, gemalt oder aus Gips, in den Ecken und Mauern von Läden und Wohnhäusern. Sie sollen Glück bringen und den bösen Blick abhalten und mit ihm alles Leid und Unglück, das die Bewohner treffen könnte. Außerdem hängen sie an jedem Ort, an dem in irgendeiner Form Gefahr droht: in Sackgassen zum Beispiel (um Aggressionen oder die Gefahren des Straßenverkehrs abzuwehren) oder über dem Ofen eines Bäckers. Weniger um der Brandgefahr willen denn als »Blitzableiter« für den Neid der Leute und deren Verwünschungen. Denn da er Brot verkaufte, verdiente der Bäcker wohl gut und hatte unter seinen Konkurrenten viele Neider.

Der Schutz vor der Bosheit der Mitmenschen war wohl die Hauptaufgabe dieser großzügig über die Stadt verteilten Darstellungen des erigierten männlichen Glieds, das mitunter geradezu peinliche Ausmaße annehmen kann. Doch was die Bäckerzunft angeht, so hat das gute Stück noch eine andere symbolische Funktion. Denn das Brot sollte aufgehen wie das männliche Organ. Dies meint zumindest die Archäologin Arianna Vernillo, die im Museo Archeologico Nazionale di Napoli arbeitet, wo sich das berühmte Geheime Kabinett mit seinen erotischen Darstellungen aus der Römerzeit befindet. Vernillo weist auch darauf hin, dass man bis vor Kurzem in Kampanien (und vielleicht nur dort) die Körbe, in denen der Brotteig ging, mit männlicher Unterwäsche abdeckte. Auch hier also eine Tradition aus römischer Zeit, die sich bis in die Moderne erhalten hat.

Die Römer sahen im Penis wohl nicht nur den besten Schutzgeist für Leben und Fruchtbarkeit, sondern auch einen guten Talisman, wenn es um Wohlstand ging. Diese Vorstellung war im mediterranen Raum der Antike weit verbreitet. Daher trugen viele Menschen einen kleinen erigierten Penis als Talisman mit sich, meist an einem Armband, seltener am Hals. Diese Amulette hießen *fascinum* (was gleichzeitig »böser Blick« bedeutet, den sie abwehrten, wie auch »Glied, Penis«). Sie waren aus Gold und Silber gefertigt, aus verschiedenen Bronzelegierungen, aus Koralle und Bein. Wenn ein Römer in eine gefährliche Situation geriet, fasste er instinktiv an sein Amulett.

Legionäre hatten gar ein ganz besonderes Amulett: ein erigierter Penis, der an der Basis in die sogenannte *manus fica* überging. Die geschlossene Faust, bei der der Daumen zwischen Zeige- und Mittelfinger hindurchgesteckt wird, steht symbolisch für die Penetration. *Manus fica* bedeutet wörtlich »die Hand/das Zeichen/die Macht der Feige«. Man nimmt an, dass die halb geöffnete Feige das weibliche Geschlecht symbolisierte. Daher der Name, der in

Italien auch heute noch in dieser Bedeutung verwendet wird. Und wenn wir schon beim Thema sind, können wir uns gleich noch einem anderen Spitznamen widmen: die heute noch in Italien übliche Bezeichnung »Vögelchen« *(uccellino)* für das männliche Geschlecht. Die Verwendung dieses Begriffs soll auf die altgriechische Kunst zurückgehen, in der der Penis immer wieder mit einem Vogel verglichen wird. Ohnehin war es in der antiken Kultur recht verbreitet, dass die Genitalien mit Tieren verglichen wurden. So fanden sich aus hellenistischer Zeit mehrere Darstellungen eines geflügelten Penis.

Der Penis als Glücksbringer überlebte sogar den Fall des Römischen Reiches: Durchs ganze Mittelalter hindurch finden sich immer wieder stilisierte Peniszeichnungen auf Türpfosten, die das Böse fernhalten sollen. Nach dem Jahr 1000 allerdings beschlossen die Kirchen, gegen diese abartige heidnische Gewohnheit vorzugehen, die zur Sünde aufrief. Und siehe da, der Penis verwandelte sich ins Symbol eines Hornes. Die so häufige Corna, eine Geste der Hand, bei der Zeige- und kleiner Finger ausgestreckt sind und die als Amulett in Koralle oder Silber um den Hals so manches Italieners baumelt, ist also nichts anderes als ein stilisierter Penis. Die Qualität des Schutzes vor dem bösen Blick allerdings hat das Amulett beibehalten.

Glücksbringer: Handgesten

Der Phallus wurde in der Antike mit der Fruchtbarkeit der Felder assoziiert, weil er als schöpferische Kraft der Natur *(vis genitalis)* galt. Diese Vorstellung ging auf die Ureinwohner der Halbinsel zurück. Es gab regelrechte Phalloforien, bei denen ein riesenhafter Penis über die Felder getragen wurde. (Eines dieser Exemplare aus dem Ägypten der griechisch-ptolemäischen Zeit ist uns erhalten geblieben: Er misst fünfzig Meter!) Plutarch beschreibt einen solchen Umzug: »Vorneweg trug man eine Amphore voll Wein, der mit Honig vermischt war und in dem eine Weinrebe lag. Dahinter kam der Mann, der den Ziegenbock für das Opfer hinter sich herzog. Es folgte einer mit einem Korb Feigen und schließlich die Jungfrauen, die einen Phallus trugen, mit dem die Felder bewässert wurden.«

Die römische Kultur unterscheidet sich von der anderer mediterraner Landstriche schon dadurch, dass der Penis gleichsam überall anzutreffen war: auf den Straßen, in den Tempeln, in den Häusern, bei Tisch, auf dem Zaumzeug der Rösser. Wie wir gesehen haben, trug man ihn sogar um den Hals. Sogar Kinder und sittsame Frauen trugen ihn. Und das war kein Skandal, denn die Genitalien dienten ja dem Schutz und dem Glück. Auch wenn sie mit der Hand nachgeahmt wurden. Denn die Römer waren höchst abergläubisch und fürchteten allerlei Schadenszauber (das *fascinum* eben) durch die Blicke der Menschen, denen man auf der Straße begegnete (der böse Blick). Aus Augen, die einen besonders intensiv ansahen oder irgendeine Anomalie aufwiesen. Vor allem fürchtete man den Blick des Neiders. Gegen solche drohenden Kalamitäten inszenierte der Römer sofort seinen Abwehrzauber mittels verschiedener Handgesten.

Wie die wissenschaftliche Literatur zeigt, sind so manche dieser Gesten noch heute in Gebrauch. So ist es in Italien keine Seltenheit, dass jemand die Corna macht, wobei er Zeige- und kleinen Finger gen Boden streckt. Diesen Abwehrzauber, der auf das schützende Bild des lebensfreudigen Stieres zurückgeht, haben die Römer schon von den Griechen übernommen. Auf die Erde zu spucken, wie wir es in südlichen Ländern ebenfalls des Öfteren beobachten können, ist gleichfalls Abwehrgeste gegen das Unglück.

Auch der gestreckte Mittelfinger *(infamis digitus* oder *digitus impudicus)* war schon im Alten Rom bekannt. Damals war er genauso als Beleidigung gedacht wie heute, allerdings scheint er auch als Abwehrzauber fungiert zu haben, wie wir einem lustigen Epigramm des Martial entnehmen. »Sechzig Sommer hat Marcianus, glaub ich, und zwei weitere Cotta schon vollendet; doch entsinnt er sich nicht, auch einen Tag nur Kranksein fiebrig im Bett erprobt zu haben. Mit verächtlichem Finger nur weist er auf Ärzte wie Alkon, Dasius, Symmachus...«[44]

Erotische Vignetten

Doch setzen wir unser Rundgang durch das Haus fort, in dem das Bankett stattfinden wird. An einer Mauer des Peristyls, des von Säulen umgebenen Gartens, entdecken wir eine Darstellung des Priapos. Auffällig ist sein enorm großes Glied. Auch hier handelt es sich nicht um eine erotische Darstellung. Priapos schützt Haus und Garten, denn er ist der Wächter der Felder. Aus einem Feigenzweig geboren, bestraft er die Diebe von Feldfrüchten... durch Auspeitschen. Diese körperliche Strafe traf nicht nur Diebe, sondern jeden, der ohne guten Grund auf Privatbesitz erwischt wurde. In Italien bezeichnet man dies noch heute als *in fallo* ertappt werden, also auf frischer Tat, nur dass der italienische Ausdruck direkt auf den Phallus verweist.

Die restlichen Wände sind mit meist in ländlicher Szenerie angesiedelten Nacktszenen geschmückt, darunter nicht wenige eindeutig erotische Darstellungen. Als das Abendland sich vom 16. Jahrhundert an allmählich mit den Fresken in Pompeji und Herculaneum auseinanderzusetzen begann, fragte man sich, ob man es bei den derart geschmückten Häusern nicht mit Bordellen zu tun hatte. Für die katholische Mentalität jener Zeit, vor allem der Bourbonenreiche im 18. Jahrhundert, waren solche Darstellungen gar nicht anders denkbar als in einem erotischen Kontext. Folglich wurden nicht wenige dieser Darstellungen vernichtet, andere versteckt. So entstand das *Gabinetto Segreto*, das Geheimkabinett, im Museo Nazionale Archeologico in Neapel, in das diese Bildwerke aufgenommen wurden und dessen Besuch manche Touristen nicht ohne ein gewisses Prickeln genießen. Die erotischen Abbildungen und Objekte aus zahlreichen Ausgrabungen trugen zu unserem Bild von der römischen Gesellschaft als einer lasterhaften und zügellosen bei.

Heute wissen wir, dass dies keineswegs der Fall war. Mittlerweile regt sich niemand mehr auf, wenn an den Wänden Nacktszenen zu sehen sind, ob als Poster oder als Statue. Ganz im Gegenteil zeigt man so sogar seine kulturelle Sensibilität, denn Nacktheit ist eine Kunstform und muss nicht automatisch mit Sex zu tun haben. Sie zeigt vor allem die Schönheit des Körpers, des Lebens. Für die Römer war dies ein und dasselbe. Daher finden sich gerade in den Häusern der wohlhabenden Bürger zahlreiche mythologische Szenen mit der nackten Venus oder dem mannhaften Mars, aber auch den mythischen Waldbewohnern wie Nymphen und Satyrn: Sie wurden in inniger Umarmung dargestellt oder auch auf wilder Jagd, der Gott Pan an der Spitze.

Diese Fresken wurden vom Hausbesitzer bei namhaften Künstlern, meist Griechen, bestellt und hatten fast immer einen Bezug zu den Menschen, die das Haus bewohnten: Sie hoben eine Tugend hervor, die der Besitzer besonders schätzte, oder beschrieben den kulturellen Hintergrund der Familie. Das war zumindest die offizielle Version, die man zu den Werken von solch hoher Qualität lieferte. Aber natürlich war dies auch Vorspiegelung falscher Tatsachen. Die Fresken waren vor allem als Botschaft für die Gäste gedacht. Nicht als erotisches Stimulans, sondern um den eigenen Reichtum und sozialen Status zur Schau zu stellen. Daran hat sich nicht viel geändert: Auch heute noch hängen reiche Leute sich gern Bilder berühmter Künstler an die Wand, um vor ihren Gästen kultiviert zu erscheinen.

Doch sehen wir uns weiter in diesem aristokratischen *domus* um. Kann man die Darstellungen an den Wänden der Räume und Gänge noch als Softporno bezeichnen, so finden wir uns jetzt in einem Kämmerchen wieder, auf dessen Wandschmuck diese Bezeichnung nicht mehr zutrifft. Abseits vom Gemurmel der Gäste haben wir diese Kammer entdeckt, in der das einzige Mobiliar aus einem Hocker und einem Bett besteht. Mehrere Öllampen an langen Stangen sorgen für Helligkeit. In ihrem Licht sehen wir, dass die Fresken hier von geradezu pornografischer Deutlichkeit sind. Mann und Frau in verschiedenen Stellungen. Eine der Darstellungen zeigt eindeutig Gruppensex.

Wir haben eines der *cubicula* gefunden, die es in jedem wohlhabenden Haushalt gibt. In diesen Kammern hatte der Hausherr Sex mit seiner Konkubine oder der Dienerin. Hier bot er die eine oder andere Sklavin »großzügig« seinen Freunden an.

Diese erotischen Vignetten, die *figurae Veneris*, waren aber nicht nur in aristokratischen Häusern zu finden, sondern auch in »normalen«. Das lässt annehmen, dass es sich dabei um eine Mode handelt, die sich in der Kaiserzeit immer weiter ausbreitete. Tatsächlich finden sich Indizien für einen florierenden Markt für erotische Darstellungen.

Vor allem in den bekannten Bordellen, aber auch in den einfachen Kammern der Prostituierten, die sich meist in der Nähe von Schänken befanden, den *cellae meretriciae*, fanden sich solche Bilder. Dorthin nahmen die Mädchen ihre Freier mit, die sie in der Umgebung aufgegabelt hatten. Diese sind zwar recht explizit und auch vulgär, doch auch hier handelt es sich letztlich um eine Hymne ans Leben und seine Freuden. Interessanter ist da schon die Tatsache, dass man aus der Stellung der Frau auf solchen Darstellungen immer auch ihren sozialen Status ablesen kann. Während auf griechischen Vasen die Frau als Objekt behandelt wird, das eigentlich nur passive Posen einnimmt, scheint auf den altrömischen Erotika die Frau mitunter gar die Initiative zu ergreifen: Sie ist über dem Mann, sie reitet ihn, sie benutzt ihn zu ihrem Vergnügen ...

Schon daraus ist zu ersehen, dass die Emanzipation der Frau im Vergleich zu ihrer Stellung in der griechischen Gesellschaft ein bis dato unbekanntes Ausmaß erreicht hat.

Erotisches Mobiliar: *Carpe diem!*

Wir setzen unsere Erkundungstour durchs Haus fort. Erstaunlicherweise scheint Sex im römischen Alltag völlig normal zu sein. So finden wir in einem der Räume einen Bronzespiegel auf dem Tisch, der auf der Rückseite die Hausherrin zeigt, wie sie Sex mit einem jungen Mann hat, vermutlich ihrem Liebhaber. Das wäre heute völlig undenkbar. Kein Mann wäre wohl scharf darauf, auf der Haarbürste seiner Frau ein Foto zu finden, auf dem sie Sex mit einem anderen hat. Auch hier ein klares Beispiel für die Unabhängigkeit der aristokratischen Römerinnen.

Wir schlendern weiter durch die Gänge. Dabei fallen uns die vielen Öllampen auf, die die Korridore erhellen. Auch sie mit erotischen Bildern geschmückt. Die tanzenden Flämmchen erwecken die Figuren zum Leben, sodass es beinah aussieht, als trieben sie es wirklich in diesem Augenblick miteinander. Natürlich kann man diesen »Animationseffekt« heute nicht mehr beobachten, wenn sie erloschen in irgendeinem Museum stehen, doch dürfte er wohl die Fantasie so manchen Römers beflügelt haben.

Kehren wir in den Bankettsaal zurück. Auf dem Triclinium strecken sich gerade die Gäste zur Mahlzeit aus. Ein schneller Blick durch den Raum zeigt, dass auch hier das erotische Element nicht fehlt. Das glasierte Terrakottageschirr aus Serienfertigung zum Beispiel zeigt Sexszenen. Auf einem Silberbecher begatten sich zwei Männer. Die Servierteller werden von männlichen Bronzefiguren mit grotesk großen Gliedern gehalten. Auf ihren Schultern tragen sie silberne Tabletts, auf denen verschiedene Häppchen ansprechend dekoriert sind. Die Leckereien hat der Koch des Hauses gezaubert. Auch eine Philosophenstatue sehen wir: Der magere, bärtige Mann liest in einem Papyrus. Sein riesiger erigierter Phallus hält eine Öllampe.

Gigantische männliche Glieder, Bronzestatuen grotesker nackter Gestalten, Sexdarstellungen auf dem Geschirr... all das dient nur einem Zweck: böse Geister, Unglück und Neid vom Haus fernzuhalten. Und die Anwesenden daran zu erinnern, dass das Leben bis zur Neige ausgekostet werden will, vom Wein über das Essen und Lachen bis hin zum Sex... Denn das Leben ist kurz. Auch daran wird der Gast hier erinnert: Auf den Tafeln des Banketts tanzen silberne Skelette, die *larvae conviviales*... Also: *Carpe diem!* »Nutze den Tag!«

Dieser kurze Rundgang durch ein römisches Haus hat uns vor allem eines gezeigt: Sexualität ist dort wesentlich präsenter als bei uns. Stellen Sie sich solch eine Szene heute vor: Sie sind bei Freunden eingeladen, vielleicht sogar bei Ihrem Chef. Schon am Eingang begrüßen Sie riesige Phallusdarstellungen als Glockenspiel. Statt Bildern hängen erotische Fotos an den Wänden, die aus einem Pornomagazin zu stammen scheinen. Selbst die Lampen zeigen nur sexuelle Posen. Auf dem Tisch stehen Puppen mit riesigen Geschlechtsorganen. Teller und Gläser schmücken waschechte Hardcorebilder. Von den Skeletten zwischen den Tellern gar nicht zu reden... Hätten Sie den Mut, Gäste in ein derart geschmücktes Haus einzuladen? Vermutlich nicht. Ein Römer allerdings empfand das nicht im Mindesten als anstößig.

Das liegt einfach daran, dass der Römer sich buchstäblich »nichts Böses dabei denkt«. Für ihn sind das Kunstwerke, die nur einen Zweck haben: das Glück seines Hauses zu bewahren. Das zeigt einmal mehr, dass wir Sex immer noch mit dem Gefühl der Sündhaftigkeit verbinden, während der Römer darin nur eine der Freuden des Lebens sah. Ohne deshalb gleich dem lasterhaften Leben zu verfallen, das man ihm so gern andichtet. Sexualität ist eine Gabe der Götter, und man nutzt jede Gelegenheit, diese zu genießen.

Die »Leihmutter« in der Antike

Die Gäste haben es sich längst auf dem Triclinium, dem Speisesofa, gemütlich gemacht. Die ersten Gänge werden aufgetragen. Zuerst die hartgekochten Eier, mit denen traditionell das Bankett eröffnet wird. (*Ab ovo* heißt es noch heute, wenn etwas von Anfang an besteht.) Natürlich ist das Neugeborene Gesprächsthema Nummer eins. Der Hausherr zeigt sich hoch zufrieden. Seine Frau liegt neben ihm. Ein wenig später wird auch der Sohn in den Armen seiner Amme hereingetragen und sozusagen offiziell der Gesellschaft vorgestellt. Aber ist die Dame an seiner Seite denn tatsächlich seine Gemahlin? Etwas früher am Abend konnten wir beobachten, dass sie sich auch mit dem Herrn aus unserer Sänfte recht gut zu verstehen scheint. Das hat seinen Grund. Die beiden waren jahrelang verheiratet und haben vier Kinder miteinander. Dann aber ist etwas passiert, was für uns Heutige kaum nachvollziehbar ist. Der Hausherr, ein Senator in schon fortgeschrittenem Alter, war kinderlos geblieben. Vor allem ohne männlichen Erben. Deswegen hat ihm der Herr mit den grauen Schläfen, der seit Jahren mit ihm eng befreundet ist, seine Ehefrau geliehen, um einen Erben zu zeugen. Da sie schon vier Kinder zur Welt gebracht hatte, kam dies einer Garantie gleich. Und seine Erwartungen wurden erfüllt: Sie gebar ihm alsbald einen Sohn. Natürlich hat der Herr mit den grauen Schläfen seine Frau vorher der Form halber verstoßen. So verlangt es die Etikette. Und wenn sie zurückkehrt, wird er sie wieder ganz offiziell ehelichen. In der Zwischenzeit lebt er mit seiner Konkubine zusammen und macht sie, die Dame mit den langen Haaren, kurzfristig zur First Lady... Einige Männer traten sogar ihre bereits schwangere Frau ab, sozusagen mit Erfolgsgarantie. Diese Praxis bürgerte sich gegen Ende der Republik ein, war aber auch in der Kaiserzeit noch sehr verbreitet.

Doch man konnte sich eine Gebärmutter auch gleichsam mieten. (Professor Staccioli spricht scherzhaft von der *locatio ventris*.) Wenn die Erben ausblieben, schreibt der heilige Augustinus, nahmen die Männer sich mit Zustimmung der Ehefrau häufig eine andere Frau, mit der sie gemeinsame Kinder zeugten. Meist war es sogar die Frau, die dies ihrem Mann vorschlug, denn in der Antike ging man fälschlicherweise davon aus, dass am fehlenden Kindersegen allein die Frau die Schuld trage. (Auch wenn dies heute noch vielfach geglaubt wird.) Wir dürfen nicht vergessen, dass die römische Ehefrau in archaischer Zeit vom Mann verstoßen werden durfte, wenn sie keine Erben oder nur Mädchen gebar. Dabei ist es der Mann, der mit seinen Spermatozoen das Geschlecht des Kindes bestimmt. Natürlich konnten die Römer dies nicht wissen, aber in einer Macho-Gesellschaft wie der römischen galt und gilt die Frau als Alleinschuldige, wenn der gewünschte Nachwuchs ausbleibt.

Liebhaber reihenweise

Das Bankett des Senators hat wirklich Stil. Unter den zahlreichen Gästen, die bequem auf ihrer Liege ruhen, bemerken wir bald einige »heiße« Blicke zwischen den Geschlechtern. Dort trinkt ein Mann aus einem Weinkelch und achtet peinlich genau darauf, dass er seine Lippen an eben die Stelle legt, an der gerade die ihm

Gegenüberliegende genippt hat. Eine weitere stumme Botschaft. »Bald schaut sie sich nach jüngerem Buhlen um beim Zechgelag des Gatten und wählt nicht lang«[45], heißt es bei Horaz. Dieser »Brauch« hat sich gegen Ende der Republik und zu Beginn der Kaiserzeit entwickelt. Die Frauen sind mittlerweile recht deutlich, was ihr Begehren angeht. Längst lassen sie sich nicht mehr verführen, sondern ergreifen, der Anleitung des Dichters folgend, selbst die Initiative. Professor Staccioli meint gar, dass das Verführen und Sich-verführen-Lassen zu jener Zeit zum Gesellschaftsspiel aufgestiegen ist. Bei jedem Bankett geht es also auch darum, unter all den anwesenden Ehemännern und -frauen, Bekannten und Freunden einen Liebhaber oder eine Geliebte zu finden. Auch wenn man mit der betreffenden Person verwandt ist. Denn gerade die gute Gesellschaft Roms beschränkt sich auf einige wenige Familien. Die man fast immer im eigenen Haus empfängt oder besucht.

Was die römische Matrone dazu treibt, auf der Straße und in der Öffentlichkeit ein züchtiges Bild abzugeben, während sie in den eigenen vier Wänden durchaus anders agiert, ist klar. Die Frauen werden ja als Kinder verheiratet und meist an Männer, die sehr viel älter sind als sie. Nach einigen Jahren sind sie um die dreißig, haben mehrere Kinder geboren, und der Mann ist längst alt geworden. Diese Frauen sind sexuell und emotional unbefriedigt und machen sich alsbald auf die Jagd nach jüngeren Männern, die ihnen geben, was sie bisher entbehrten. Und was sie als alte Frauen auch nicht mehr genießen können. So warten sie wie die heute Vierzigjährigen nicht mehr auf eine gute Gelegenheit, sondern verstehen es, sich eine solche zu verschaffen.

Das Problem, das sich diesen Matronen stellt, ist also eher das Wo. Außerhalb des Hauses können sie kaum nach erotischen Abenteuern suchen. Auf der Straße ist man unter aller Augen und wird zudem noch vom dem Ehemann loyal ergebenen Haussklaven kontrolliert. Außerdem gibt es keine Orte, an denen sich ein

Treffen arrangieren ließe wie in Motels. Und die Lokale, in denen man sich ein Zimmer mieten kann, befinden sich fast immer im Umfeld der Prostitution, kommen also für eine Matrone ebenfalls nicht infrage. Daher entscheidet sie sich gewöhnlich für ein »Heimspiel«. Wenn der Mann aus dem Haus ist und einer seiner zahllosen Verpflichtungen nachgeht, holt man – mit der Komplizenschaft von Sklaven und Dienerinnen – den Liebhaber ins Haus. Oder man mietet das Haus nebenan, um seine »amourösen Streifzüge« zu erleichtern.

Ovid rät gar, dem Treffen mit dem Liebhaber im eigenen Haus ein wenig mehr Pfeffer zu verleihen. Denn wenn er nach einer gewissen Zeit durch den Haupteingang kommt, geht doch viel vom ursprünglichen Charme verloren. Die Angst vorm Ertapptwerden aber bringt diesen zurück. So meint der Dichter, man solle ihn doch bitten, durchs Fenster einzusteigen, weil im Haus Verdacht geschöpft werde. Oder man verabredet sich mit der Dienerin, sie möge, wenn man mit dem Liebsten im Bett liege, plötzlich hereinstürzen und die unmittelbar bevorstehende Ankunft des Ehemannes verkünden, sodass der Liebhaber sich irgendwo verstecken kann. Dummerweise hatten die Römer noch keinen Schrank, sondern bewahrten ihre Sachen in großen Truhen auf. Dort müssen die Männer sich dann verbergen, halb erstickt und mit bis zum Halse klopfendem Herzen ... Horaz beschreibt diese Situation in den Satiren: »Was macht es aus ... ob schimpflich du im Schreine verschlossen, wo im Komplott mit der sündigen Herrin die Magd dich versteckte, krumm mit dem Kopf deine Knie du berührst?«[46] Kaum ist die Gefahr vorüber, holt man den Liebhaber heraus und schickt ihn durch das Fenster fort. Und lacht sich mit der Dienerin ins Fäustchen. Natürlich muss danach alles ohne Komplikationen vonstattengehen, denn die Liebe (und das Geschlecht des Mannes) verträgt keine Überdosis Angst oder Probleme.

Dies zeigt, dass die Römerin keineswegs nur dem Bild der unterwürfigen Ehefrau gehorcht, die sich auf ewig mit einem Dasein im Schatten ihres Mannes begnügt. Offensichtlich war die Römerin durchaus Hauptfigur im familiären und sozialen Leben. Auch hier sprechen wir aber letztlich nur von den Frauen der gehobenen Schichten (auch wenn man annimmt, dass die Stellung der übrigen sich nicht so sehr unterschied). *Vivere vitam*, lebe das Leben – dies war das Motto der römischen Frauen der Oberschicht zu Beginn der Kaiserzeit.

Ehebruch: Problem oder Lösung?

Eine Anmerkung allerdings sei noch gestattet. Angesichts der ständig steigenden Zahl von Scheidungen und Trennungen in unserer Zeit muss darauf hingewiesen werden, dass die Römer recht geschickt darin waren, Lösungen zu finden, die drängende soziale Probleme im Gefolge von religiösen Spannungen, Rassismus, Zuwanderung, mangelnder Lebenszufriedenheit in der Bevölkerung und... herrschenden Beziehungsmustern zwischen Mann und Frau erst gar nicht entstehen ließen. Sie kappten an den sozialen Brennpunkten einfach die Sauerstoffzufuhr. Ein schönes Beispiel dafür ist die Ehe. Da sie nicht auf Gefühlen beruhte, hatte sie mehr Chancen auf Bestand. Der Mann (oder sein Vater) suchte die Verbindung zu einer mächtigen Familie und strebte nach der Mitgift. Wie gesagt handelte es sich dabei um einen Vertrag. Dass der Faktor Liebe keine Rolle spielte, war Garant für mehr Stabilität. Ganz brutal ausgedrückt: Wenn deine Geschäftspartnerin mit jemand anderem ins Bett steigt (nachdem sie dir Söhne geschenkt hat), dann schmerzt das kaum. Tut es jedoch die Frau, die du liebst, dann... Voraussetzung ist natürlich, dass auch die Geschäftspartnerin diskret zu Werke geht, ohne dein Wissen und ohne deinen Ruf zu beschädigen. So zumindest hätte sich ein Römer ausgedrückt. Wenn ein Mann dem Freund sogar seine Frau lieh, damit sie ihm Kinder schenkte, und sie hinterher als Ehefrau zurücknahm, dann zeigt das, wie anders damals die Bindung zwischen Ehemann und Ehefrau war als heute. Die Tatsache, dass eine Ehe keine Liebesheirat voraussetzte, schützte sie gleichzeitig vor vielen Eventualitäten, die heute die Scheidungszahlen hochtreiben. Zum Beispiel im Falle von Untreue.

Die Römer gingen geradezu davon aus, dass die Eheleute Affären hatten. Warum diese verhindern? *Adultera mens est*: Wenn eine Frau Ehebruch im Sinn hat, hat es keinen Sinn, sie im Haus einzusperren. Sie wird so und anders eine Möglichkeit finden. Je strenger die Kontrolle, je eifersüchtiger der Ehemann über sie wacht, desto größer die Versuchung. Da ist die Freiheit schon ein besseres Verhütungsmittel: Eine Frau, die die Freiheit zum Ehebruch hat, wird diese nicht nutzen, hieß es bei den Römern. Natürlich nur, wenn sie nicht vernachlässigt wird, möchte man hinzufügen.

Wenn man davon ausgeht, dass der Ehebruch unvermeidlich ist, dann kappt man das Problem einfach an der Wurzel, indem man zulässt, dass der Mann sich ganz offen mit anderen Frauen vergnügt (Prostituierten, Bedienungen et cetera), ja dass er sogar stabile Parallelbeziehungen führt, die nicht als Ehebruch gelten. Für die Frau lagen die Dinge ein wenig anders. Keine Moral, kein Gesetz ließ den Ehebruch zu, aber alle wussten, dass es ihn gab oder dass er geschehen konnte. Offiziell war er verboten: Augustus erlaubte gar den Mord am Liebhaber (niederen Ranges), wenn der Ehemann ihn mit seiner Frau im Bett erwischte. Im Alltag aber drückte man lieber beide Augen zu. Dass in den Häusern der römischen Oberschicht die Liebhaber aus und ein gingen, zeigt nur, wie wenig das Herz der Männer an ihren Frauen hing, die eher als Kolleginnen beim Projekt »Familie« betrachtet wurden denn als bessere Hälfte. Die Altphilologin Géraldine Puccini-Delbey weist darauf hin, dass es im klassischen Latein keinen Begriff gibt, der unser Bild vom »gehörnten Ehemann« wiedergibt.

Ganz sicher aber herrschte nicht gleiches Recht für Männer wie für Frauen: Der Mann konnte alles im Licht der Öffentlichkeit tun, die Frau hingegen durfte »offiziell« gar nichts. Daher musste sie immer auf der Hut vor Entdeckung sein. Wir dürfen nicht vergessen, dass wir uns in der Antike und in einer männlich bestimmten Gesellschaft befinden: Und keine andere antike Kultur ließ den Frauen ja andererseits so viel Freiheit wie die römische. Daher die strengen Gesetze gegen den Ehebruch der Frau, die Regeln für das Benehmen auf der Straße oder das *ius osculi*, das Recht auf den Pflichtkuss, um festzustellen, ob das Eheweib etwa getrunken hatte. In der Praxis aber schaffte es nicht einmal der Senat, den weiblichen Ehebruch einzudämmen. Unter anderem deshalb, weil die Männer ja schließlich mit den Frauen der anderen ins Bett gingen ... Selbst ein Augustus, der die Institution der Ehe durch seine Gesetzgebung stärken wollte, war nicht unempfänglich für derartige Dinge. So heißt es, er habe eines Tages beim Bankett die Frau eines anwesenden Konsuls an der Hand genommen und in ein anderes Zimmer geführt. Als die beiden sich den anderen Gästen wieder anschlossen, sei ihr Haar ganz zerzaust gewesen, und ihre Ohren leuchteten rot. Was allgemein als Zeichen für eine schnelle Nummer (vermutlich oral) genommen wurde ... Auch das gab es im Alten Rom, wo die Ehe nicht unter dem Zeichen der Liebe steht.

IX
Das grosse Spiel der Liebe

Sex in der Küche

Ein appetitanregender Duft nach gebratenem Fleisch und Gewürzen lockt Lucius in die Küche, die sich ganz am Ende des Korridors im Dienstbotenbereich befindet. Hier gibt es keine Mosaiken oder Fresken. An den Wänden hängen ganze Büschel getrockneter Kräuter. Daneben sehen wir Striche im Putz, als hätte ein Gefangener seine Tage gezählt. Hier aber beziehen sie sich auf gelieferte Säcke, Arbeitsstunden und wer weiß was noch alles...

In der Küche umweht Lucius nicht nur der Duft verschiedenster Aromen, die sich hier aufs angenehmste vermischen. Auch ein wahrer Farbenrausch umfängt ihn: das Kupfer der an der Wand hängenden Töpfe, das Grün des geschnittenen Gemüses auf dem Tisch, das Weiß der Milch, die im Topf kocht, das Rot des in Würfel geschnittenen Fleisches, das leuchtende Gelb des Feuers. Und mittendrin sie. Photis, die Sklavin, die für ihre Herren kocht. Sie steht mit dem Rücken zu ihm und hantiert am Ofen herum. Ihr Rückgrat tanzt gleich einer sich aufrichtenden Schlange, gleich der Fontäne eines Brunnens. Lucius betrachtet das Schauspiel eine Weile und fühlt sich an die klassische Stellung der *Venus pendula* erinnert, bei der die Frau mit gespreizten Beinen auf dem Mann sitzt. Genau das werden die beiden in Kürze tun... Doch nicht nur der Rücken der Frau, auch ihre hellen Handinnenflächen, die sich so klar von der dunklen Haut abheben, haben es dem jungen Mann angetan. Lucius aber will nicht nur seine Augen befriedigen, sondern auch seine übrigen Sinne. Er macht einen Schritt auf die Sklavin zu. Als er dabei an einen Topf stößt und dieser scheppernd zu Boden fällt, dreht sie sich um. Ihr Blick verfängt sich in seinem. Unbeweglich bleibt sie stehen und sieht ihn an. Als Erstes berühren sich ihre Münder. Lucius spürt den Geschmack von Zimt auf Photis' Lippen, die sie nachgiebig geöffnet hat. Sie, die nun Gefangene seines Verlangens ist, lässt zu, dass er mit ihrer Zunge spielt, den Nektar ihres Mundes einsaugt...

Lucius bittet Photis, den Haarknoten zu lösen. Doch Photis löst nicht nur ihr Haar, sondern auch die Tunika, die von ihren Schultern gleitet, sodass sie nackt vor ihm steht. Dieser Körper, der sich wie eine Flamme wiegt, gehört nun ihm. Seine sinnlichen Augen malen ihn mit den Pinselstrichen des Begehrens: zuerst die üppigen Brüste, dann die breiten Hüften dieses mageren Leibes, schließlich das völlig enthaarte Geschlecht, über das Photis (wohl eher aus Berechnung als aus Scham) ihre Hand hält. Wie die dem Meer entsteigende Venus. Genauso nennt Lucius sie nun: »Meine Venus, meine süße Venus.«

Was dann geschieht, können wir uns nur ausmalen. Ein Lächeln, ein inniger Blick. Der Duft der Brüste, der Geschmack des Speichels, die Weichheit der Schatten auf ihrem Körper. Denn diese Venus gibt sich ihm auf dem Küchentisch hin, zwischen dem geschnittenen Gemüse, den Brotbröseln und den Tassen voller Gewürze, die im Feuer in der Leidenschaft zur Seite gestoßen werden... Das Abendessen brät währenddessen weiter auf offenem Feuer und tut zischend seine Ungeduld kund.

Wie diese Art von Küchensex ablief, wissen wir aus einem bekannten literarischen Werk, dem *Goldenen Esel* des Lucius Apuleius, das im zweiten nachchristlichen Jahrhundert entstand. Es zeigt uns, dass die Römer der Erotik auch in der Kunst breiten Raum einräumten. Und das ist kein Wunder, denn »schneller Sex« war überall zu haben. Doch weder der Sex in der Kunst noch der in der Küche fanden innerhalb des Ehelebens statt. Die Freiheit der Liebe und die Freuden der Sexualität genoss man mit anderen Frauen (Konkubinen, Prostituierten, Sklavinnen) und anderen Männern (Liebhabern, Sklaven). Das erklärt, weshalb beide Partner so häufig Ehebruch begingen und sexuelle Erfüllung außerhalb der Ehe suchten. Uns, die wir im 21. Jahrhundert leben und die Liebesheirat kennen, mag dies abwegig erscheinen. Doch wenn wir diesen Mechanismus nicht verstehen, wird sich uns auch der Sinn der Römer für Liebe und Erotik nicht enthüllen.

Wie macht es die Ehefrau?

Wie sich das Sexualleben der Römer gestaltet, hängt letztlich ganz davon ab, mit wem man gerade im Bett ist: mit dem Ehegespons oder mit anderen Partnern. Im ersten Fall geht es nur um die Zeugung von Kindern, im zweiten um das Vergnügen. Im ersten Fall muss die Frau unbedingt treu sein, im zweiten hingegen kann sie so viele Sexualpartner haben, wie es ihr Spaß macht. Doch es gibt noch andere überraschende Konsequenzen dieser »Aufgabenteilung«: Sie haben auch damit zu tun, was von der Frau im Bett erwartet wird.

Denn als Ehefrau darf die römische Matrone die Freuden der Sexualität nicht kennen. Während sie mit ihrem Mann schläft, darf sie sich weder bewegen noch stöhnen. Keine sinnliche Umarmung, keine Bewegung, um die Vereinigung zu erleichtern: Beides würde eine Tragödie nach sich ziehen. Da sie als Jungfrau in die Ehe kam, hat die Frau alles, was sie über Sex weiß, von ihrem Ehemann gelernt. Macht sie aber etwas anderes, so ist dies ein untrüglicher Beleg dafür, dass sie mit einem anderen im Bett war. Sie muss also während des ganzen Ereignisses unbeweglich und still ausharren, bis er »fertig« ist. Und welche Stellung wird dabei bevorzugt? Die sogenannte »Missionarsstellung« (auf dem Rücken liegend), weil diese angeblich die Empfängnis erleichtert. Lukrez empfiehlt auch die »Stellung der vierbeinigen Tiere« – aus denselben reproduktionstechnischen Gründen.

Martial enthüllt uns mit seinem unnachahmlichen Witz, wie es in römischen Ehebetten tatsächlich zuging. Ohne ihn hätten wir wohl keinen Einblick in die Details dieser sexuellen Begegnungen. Er aber bringt uns die Klagen eines Mannes zu Gehör, der über die übermäßige Steifheit seiner Frau im Ehebett schimpft. Er wünsche sich so sehr, dass beim Sex eine Öllampe Licht spende, dass sie die Brustbinde abnähme, die Tuniken und die dunklen »Umhänge«. Dass sie vielleicht einmal etwas sagt oder durch eine Geste zu erkennen gibt, dass sie am Leben ist. Und dass sie ihn nicht küsst, wie sie das jeden Morgen mit ihrer Großmutter macht. Mann und Frau liebten sich also wortlos im Dunkeln und ohne leidenschaftliche Umarmung.

Der Sex zwischen Eheleuten im Alten Rom lässt einen erschreckenden Mangel an innerer Beteiligung deutlich werden.

Und was treibt die Frau mit ihrem Liebhaber?

Finden sich hingegen zwei Liebende, wandelt sich das Bild zur Gänze. Dieselbe Frau, die abends steif wie ein Brett bei ihrem Mann liegt, verwandelt sich am Morgen mit ihrem Liebhaber in eine Tigerin. Viele Frauen der höheren Gesellschaft schütteln das Joch der strengen römischen Moral ab und leben ungehemmt ihre Sexualität mit verschiedenen Liebhabern aus. Mitunter sogar in aller Öffentlichkeit. Ein berühmter Fall ist Augustus' Tochter Julia, die wegen ihres freizügigen Lebenswandels von ihrem eigenen Vater nach Pandateria (Ventotene), einer der Pontinischen Inseln im Tyrrhenischen Meer, verbannt wurde. Er verbot ihr, je nach Rom zurückzukehren, und ließ sie nicht im Mausoleum der Familie bestatten.

Die meisten Matronen hielten sich etwas bedeckter. Doch auch sie machten sich auf Entdeckungsreise in die Welt der Liebe und lebten ihre Sinnlichkeit mit aller Leidenschaft aus. Im Bett verwandelten sie sich buchstäblich in Kurtisanen und fanden ihr Vergnügen darin, den Mann zu dominieren.

Im Schlafzimmer kehrte die übliche Rollenverteilung sich also um: Dort gehorchte der Mann der Frau, ihren Capricen, ihren Entscheidungen. Für eine Frau in dieser männerorientierten Gesellschaft, die gewohnt war, stets an zweiter Stelle zu stehen und dem Mann zu gehorchen, war der Ehebruch also nicht nur ein Ausflug in die Leidenschaften der Liebe, sondern auch eine Möglichkeit, endlich ihre Ketten abzustreifen und sich den Mann zu unterwerfen. Wie der Mann im Ehebett bestimmt, so ist die Frau in der außerehelichen Beziehung tonangebend. Hier wird nun der Mann zum »Objekt«, das um die Gunst der Frau zu konkurrieren hat und sie um ihre Liebesdienste anfleht. Diese subtile Herrschaft drückt sich auch in den bevorzugten Stellungen aus. Da ist zum Beispiel die *Venus pendula*, die wir bereits kennengelernt haben, beziehungsweise die *mulier equitans*, die »reitende Frau«. Nun liegt der Mann auf dem Rücken, und die Frau sitzt auf ihm. Diese Stellung signalisiert sofort, dass wir es mit einer Geliebten, einer Kurtisane oder Prostituierten zu tun haben. Denn die Frau bewegt sich und verschafft dem Mann so Lust. Gleichzeitig aber dominiert sie ihn, bestimmt den Verlauf der Umarmung und wird so seine Herrin.

Täuschen die Römerinnen den Orgasmus vor?

Ja, auch das. »Du auch, der die Natur es versagt hat, Lust zu verspüren, täusche mit künstlichem Laut süße Empfindungen vor ... Bemüh dich, dass durch Bewegung und Blick Glaubwürdigkeit du bewirkst. Das, was du magst, bekunde dein Mund durch Laute und Keuchen.«[47]

Also riet vor über zweitausend Jahren Ovid den Frauen schon, den Orgasmus zu spielen! Schon in römischer Zeit machten Frauen den Männern im Bett etwas vor, um die Lust des Partners zu steigern. Oder um die Zeit mit dem Mann ein wenig abzukürzen, sodass »es« schneller vorbei ist (der klassische Fall, wenn die Frau mit dem Mann im Bett kein Vergnügen mehr findet).

Doch sie muss aufpassen, meint der große Dichter, und darf es mit den Seufzern nicht übertreiben. Denn sonst büßt sie ein für alle Mal ihre Glaubwürdigkeit ein, und der Mann kommt nicht mehr zu ihr, weil er sich in seiner Männlichkeit gekränkt fühlt.

Denn schon in römischer Zeit galt der weibliche Orgasmus als höchst geheimnisvoll. Wieso hat sie ihn manchmal und dann wieder nicht, während er sich beim Mann jederzeit einstellt? Ist er für die Empfängnis nötig? Das waren die Fragen, mit denen die Römer sich beschäftigten.

Und es gab sozusagen zwei »Denkschulen« im Hinblick auf den weiblichen Orgasmus. Denn manche Ärzte glaubten, die Frau könne schon aufgrund ihrer Anatomie nicht zum Orgasmus kommen, andere hingegen hielten sie durchaus für orgasmusfähig. Zu den Letzteren gehörte Galen, den wir schon in der Szene mit dem Sklaven kennengelernt haben, der sich freiwillig ein geschwollenes Knie zulegte, nur um bei seiner Geliebten bleiben zu können. Galen ging davon aus, dass auch die Frau einen Orgasmus hat und dass sie in diesem intensiven Moment ihres Zusammenseins mit dem Mann sogar »Sperma« produziert. Das, was Galen für »Sperma« hielt, war aber nur die Flüssigkeit, die sich im Zustand der Erregung bei der Frau einstellt. Galen ging davon aus, dass beide »Spermaformen«, die des Mannes und die der Frau, »die liebende Umarmung erleichtern und die Lust steigern«, was wiederum bedeutete, dass sie die Empfängnis förderten.

Über eines waren sich die römischen Ärzte einig: dass die Frau zumindest ein Minimum an Lust empfinden müsse, damit sie ein Kind empfangen könne.

Gemeinsam zum Höhepunkt kommen

Ovid ging sogar noch weiter: Seiner Ansicht nach mussten Mann und Frau zugleich zum Orgasmus kommen. Er riet den Herren der Schöpfung, die Frau während des Vorspiels zum »Glühen« zu bringen, und zwar mit geschickten Bewegungen der Finger der linken Hand. Sobald sie dann herausgefunden hatten, welche Punkte die Frau besonders erregten, sollten sie weitermachen: »Sehn wirst du, wie die Augen in zitterndem Feuer ihr glänzen; Sonnenlicht reflektiert klares Gewässer oft so; klagende Laute kommen hinzu und ein liebliches Murmeln und ein süßes Gestöhn, Worte auch, passend zum Spiel.«[48]

An diesem Punkt sollte man die sexuelle Begegnung sozusagen auf den Königsweg einmünden lassen und aufpassen, dass beide gleichermaßen Lust empfinden: »Gleich groß sei bei beiden das Wonnegefühl.«[49] Nur wenn Mann und Frau gleichermaßen erschöpft in den Kissen liegen, ist das Vergnügen vollkommen.

Das Kamasutra der Römer

Wenig bekannt ist heute, dass es tatsächlich »Handbücher der Liebeskunst« gab, die die verschiedenen Positionen beschrieben. Man führte an, wie die einzelne Stellung genau auszuführen war, wem sie guttat und wie man sie kreativ abändern konnte. Diese Handbücher existierten schon, noch bevor Rom die beherrschende Macht im Mittelmeerraum wurde.

Bereits zur Zeit Alexanders des Großen gab es Manuale der Liebeskunst, in denen die verschiedenen Verführungstechniken, die Sexualität und die einzelnen Stellungen genauer erklärt wurden. Griechischen Autoren zufolge haben diese Handbücher ein uraltes Vorbild. Das erste soll aus der Hand der Astyanassa stammen, der Magd der berühmten Helena von Troja. Diese hätte die Geheimnisse ihrer Herrin beschrieben. Jene erotisch-pornografische Literatur hatte einen enormen Erfolg. Sie kursierte vor allem im ägyptischen Alexandria, breitete sich aber mit der römischen Expansion überallhin aus.

Um noch »sachkundiger« zu wirken, wurden diese Werke meist mit dem Namen berühmter Kurtisanen versehen (ein unglaublich kluger, fast schon moderner Verkaufstrick): Betrys, Philaenis, Nike von Samos, Kallistrata aus Lesbos. Dies waren die Frauen, die als Expertinnen auf sexuellem Gebiet galten und daher die Fantasie der Männer anregten. Zwei dieser Damen waren in besonderem Maße literarisch tätig. Eine von ihnen ist Pamphila von Epidauros, eine Ägypterin, die zur Zeit Neros in Griechenland lebte. Sie hatte ein umfangreiches literarisches Werk verfasst: fast dreiunddreißig Bücher über die Geschichte Griechenlands, aber auch zu anderen Themen. Eines ihrer Werke trägt den schlichten Titel: *Über Sex*.

Die zweite Frau war eine Dichterin des 1. Jahrhunderts v. Chr. mit Namen Elephantis oder auch Elephantine. Ihr schreibt man das vielleicht expliziteste »Kamasutra« römischer Zeit zu: *De figuris coitus*. Dies scheint eine Art Atlas der erotischen Stellungen gewesen zu sein, die eingehend bebildert und erklärt waren. Die Bilder haben die zahlreichen erotischen Darstellungen an den Wänden römischer Häuser inspiriert. Doch man nimmt allgemein an, dass von wenigen Ausnahmen abgesehen die Autoren der eben zitierten Werke Männer waren.

Obwohl es sich um echte Bestseller der Antike handelt, die ganz oben auf der Beliebtheitsskala standen, ist uns von diesen Werken nicht eines erhalten geblieben. Nur in einigen antiken Quellen finden sich Hinweise darauf. Das ist im Grunde recht merkwürdig. Wieso sind uns literarische Zeugnisse der verschiedensten Gattungen überliefert und nur von diesen Werken nicht eine einzige Seite? Haben die Mönche des Mittelalters keins dieser Manuskripte kopiert? Möglicherweise existieren ja in der einen oder anderen Bibliothek noch einzelne Seiten, unter falschem Titel mit anderen weniger bekannten Werken zusammengebunden zu einem Band. In Herculaneum möglicherweise, wo man in der Villa dei Papiri eine ganze Reihe kostbarer Manuskripte gefunden hat. Bis heute wurde nur eine Sammlung griechischer Texte epikureischer Prägung entdeckt, lateinische fehlen ganz. Es ist also nicht auszuschließen, dass man hier irgendwann noch einmal fündig wird. Dann dürfen wir uns vielleicht auch über eine gut erhaltene Fassung dieser römischen Spitzentitel freuen.

Die Stellungen beim Liebesspiel

Welche Stellungen fand man nun im Alten Rom erregend? Gab es Sonderwünsche? Natürlich hat unter der Bettdecke jeder so seine speziellen Vorlieben. Doch gab es durchaus Ratschläge, die den Frauen zeigen sollten, in welcher Position ihre Vorzüge am besten zur Geltung kamen beziehungsweise welche sie vermeiden sollten, um ihre Mängel zu verbergen.

- »Hat sie ein schönes Gesicht, dann soll auf dem Rücken sie liegen.« Damit sie ihren Liebhaber ansieht und ihr Gesicht gut zur Geltung bringt.
- »Kleine sollen reiten.« Um den Größenunterschied zu verschleiern.
- »Die, deren Rücken gefällt, soll man vom Rücken her sehen.«

- »Auf den Schultern trug Milanion gern Atalantes Schenkel: In der Position soll, sind sie schön, man sie sehen.«
- »Sind die Schenkel jugendlich, ohne Makel die Brüste, stehe der Mann, sie lieg' schräg auf das Lager gestreckt.«
- »Sie, die man wegen ihrer langen Seite betrachtet: Die Knie drück sie aufs Bett und bieg etwas den Nacken zurück.«
- Hat die Frau dagegen einen faltigen Bauch, soll sie sich rittlings auf ihren Liebhaber setzen, sodass sie ihm den Rücken zukehrt.
- »Tausend Liebesspiele gibt es, am bequemsten und einfach liegt sie nach rechts geneigt, halb auf den Rücken gelehnt.« Sodass der Mann von hinten in sie eindringt.

Dies sind die Ratschläge, die Ovid im dritten Kapitel seiner *Liebeskunst* den Mädchen gibt.[50] Und er geht noch weiter. Damit die verschiedenen Stellungen beim Sex bis ins Letzte ausgekostet werden können, soll man reife Frauen bevorzugen. Denn wie der Dichter meint: Die Erfahrung macht den Künstler. Und fügt hinzu: »Mit größrem Verstand gehen reife Frauen zu Werke ... Diese ersetzen durch Pflege, was mit der Zeit sie verloren; ihre Sorgfalt macht, dass man ihr Alter nicht sieht. Tausend Stellungen kennen beim Sex sie, ganz wie du's möchtest. Lust verspüren sie, ohne dass etwas sie vorher erregt hat.«[51]

Dazu muss man allerdings wissen, dass die Vorstellung vom Alter in der Antike eine andere war als heute ... Für einen Römer wäre eine Vierzigjährige, die bei uns als jung und im Zenit ihrer Sinnlichkeit stehend gilt, schon eine alte Frau. Vergessen wir nicht: Geheiratet wurde mit vierzehn Jahren, die durchschnittliche Lebenserwartung von Frauen lag bei etwa neunundzwanzig.

Die Stellungen, die Ovid hier explizit beschreibt, finden sich durchweg in den erotischen Fresken Pompejis wieder. Doch wenn man vom ästhetischen Eindruck mal absieht, gibt es doch sicher auch Stellungen, die dem Körper mehr Vergnügen verschaffen als andere. Wie viele das wohl sind? Mehr, als man gemeinhin annimmt...

Die Akrobatik der Lust

Zu Beginn des 19. Jahrhunderts veröffentliche der deutsche Philosoph und Philologe Friedrich-Karl Forberg eine Studie über das Sexualverhalten in der Antike: *De figuris Veneris*. Auch dies war sozusagen ein Handbuch des Lustgewinns, was seinerzeit einen enormen Skandal auslöste. Und den Autor berühmt machte, denn es wurde in den folgenden Jahrhunderten mehrfach nachgedruckt. Am Ende seiner Abhandlung führt Forberg die Stellungen auf, die in der Antike bekannt waren. Und er kommt auf nicht weniger als fünfundachzig!

Auf diese hohe Zahl kommt er, da er verschiedene Dinge, die man mit dem Partner anstellen kann, mit unterschiedlichen Stellungen kombiniert.

Insgesamt beschreibt Forberg aber neunzig Stellungen. Dabei bezieht er »Extreme« wie Gruppensex mit fünf Leuten oder Geschlechtsverkehr mit Tieren ein.

Das Erstaunliche ist, dass sich diese Stellungen tatsächlich in den antiken Quellentexten beschrieben finden und uns auch überliefert sind. Forberg hat sie nur aufgelistet, mehr nicht. Was wiederum bedeutet, dass die Griechen und Römer im Bett schon einiges an Fantasie aufwiesen.

Wurden diese Stellungen aber auch tatsächlich ausgeführt? Das können wir natürlich nicht mit Sicherheit wissen. Denn letztlich waren die Römer wohl wie wir selbst: leidenschaftlich und kreativ, aber keineswegs so pervers, wie man sich das immer so vorstellt. Sie liebten die Freuden des Lebens, und der Sex gehörte mit dazu.

Folglich wurde er auch ohne Gefühle von Schuld und Sünde erlebt – als Lust und Spiel.

Doch eine Möglichkeit haben wir gleichwohl, dem tatsächlichen Verhalten der Römer im Schlafzimmer auf die Spur zu kommen ... Es genügt, wenn wir uns (in Büchern, Museen oder im Internet) über die erotischen Darstellungen aus jener Zeit informieren und die Graffiti an den Wänden studieren. Diese Bilder geben uns Einblick in das Universum des Verbotenen wie eine Reportage aus dem Rotlichtbezirk. Dieser Welt wenden wir uns nun mit der gebotenen Diskretion zu, aber auch voller Neugierde. Was können wir, die wir heute in einer Welt der Freizügigkeit leben, über die ach so ferne, aber ebenso klischeebehaftete Welt der antiken Sexualität herausfinden?

Momentaufnahmen aus dem Rotlichtbezirk

Auf den Fresken sind die am häufigsten vertretenen Stellungen die Missionarsstellung (Mann über der liegenden Frau), die Löwin (die Frau auf Händen und Knien, der Mann hinter ihr) und die bereits zitierte *Venus pendula* (oder *pendula conversa*), bei der die Frau auf dem liegenden Mann sitzt oder breitbeinig über ihm kniet. Ebenfalls häufig dargestellt findet sich die Abwandlung dieser Stellung, bei der die Frau dem Mann den Rücken zuwendet (*pendula aversa* oder *equis aversis*).

Interessant sind auf diesen Fresken aber auch die Details. Zum Beispiel werden Mann und Frau meist auf einem Bett mit erhöhtem Kopfteil abgebildet, auf denen einer der beiden eine Hand ruhen lässt. Beide liegen auf einer meist dicken Matratze und gestreiften Decken, wie wir sie im Sommer am Strand benutzen. Offensichtlich waren sich in dieser Hinsicht römische Schlafzimmer recht ähnlich.

Die Partner sind natürlich immer jung und schön (keine kahlköpfigen Männer oder übergewichtigen Frauen): wie heute in den Celebrity-Magazinen. Wir können also davon ausgehen, dass sie die Idealvorstellung ihrer Zeit verkörperten. Dem Beobachter allerdings fallen sofort einige Dinge auf, die damals offenkundig höchst schick waren, heute aber aus der Mode geraten sind.

Da sind zum Beispiel die Frisuren der Frauen. Fast immer Hochsteckfrisuren mit Chignons und Zöpfen, die von Nadeln festgehalten werden. Die Frauen lösten sich in römischer Zeit also nicht das Haar, wenn sie Sex hatten, was heute doch als sehr sinnliche Geste gilt. Ovid selbst mahnt die Mädchen, beim Vorspiel die Haare über die Schultern fließen zu lassen. Der Nacken einer Frau war für den römischen Mann also immer sichtbar, was heute ja nicht mehr der Fall ist.

Viele Frauen tragen auf den Fresken ihre Brustbinde, heute ist es einer der spannendsten Momente, wenn eine Frau ihren Büstenhalter auszieht. Wollten wir daraus aber schließen, dass die Brüste als erogene Zone keine so große Rolle spielten, lägen wir ganz offensichtlich falsch. Möglicherweise war die Gewohnheit, den Büstenhalter nicht abzulegen, einfach nur weit verbreitet. Oder er galt als aufregende Zutat wie heute sexy Dessous.

Die dargestellten Paare sind sicher keine Eheleute. Wie wir gesehen haben, verlief der Sex im Ehebett sehr viel trister und steifer. Die Damen auf den Fresken sind also mit Sicherheit Konkubinen, Sklavinnen, Callgirls (die ins Haus kommen) oder Prostituierte (die im Bordell arbeiten). Dies ist auch der eigentliche Grund, weshalb sie immer jung sind und die akrobatischsten Positionen einnehmen können: In außerehelichen Beziehungen strebt man ja letztlich nur nach Sinnenfreuden. Gerade im Bordell aber hatte es durchaus seinen Sinn, wenn man die Haarspangen nicht abnahm. Schließlich musste man sie dann nicht zwischen den einzelnen Kundenbesuchen wieder in Ordnung bringen. Dass die Brustbinde nicht abgenommen wurde, mag daran liegen, dass man die Aufmerksamkeit des Mannes nicht ablenken wollte. Er sollte sich auf das Wesentliche konzentrieren, damit er schnell fertig war und einem anderen Platz machen konnte. All das gehört nun mal zu den Grundbedingungen von bezahltem Sex.

Häufig bemerken wir auch, dass die Frauen vollkommen enthaart sind, vor allem auch in der »Bikinizone«. Im Gegensatz zu heute war dies in der Antike allgemein üblich. Beim Mann hingegen galt es nicht als Zeichen von Männlichkeit, den Genitalbereich zu enthaaren. Daher wurde dies selten gemacht.

Die Frauen auf den Fresken sind kaum je vollkommen nackt dargestellt. Meist tragen sie an Armen und Beinen wie auch um den Hals bunte Bänder oder Kettchen. Gold und Edelsteine machten den leidenschaftlich entflammten Körper noch kostbarer. Natürlich müssen wir bei Fresken, Reliefs und Statuen auf das Element der Bewegung verzichten. Und noch eines bleibt unserer Vorstellung überlassen: die Düfte, die sicher den ganzen Raum erfüllten.

Wenn wir uns weiter den beliebtesten Stellungen zuwenden wollen, finden wir allerlei Varianten der klassischen Posen. Da ist der stehende Mann und die auf einem Tisch oder Bett liegende Frau, die ihm die Schenkel über die Schultern legt.

Oder beide Liebende seitlich auf dem Bett. Der Mann dringt von hinten in die Frau ein, wobei er ihren Schenkel anhebt. Sie dreht ihm den Kopf zu und fährt ihm zärtlich durchs Haar oder küsst ihn.

Häufig findet sich die Frau, die den Mann oral befriedigt (Fellatio), während die gegenteilige Position, der Mann, der die Frau oral befriedigt (Cunnilingus), nur sehr selten zu sehen ist. Bislang wurde im gesamten Römischen Reich nur eine einzige derartige Darstellung gefunden. Es handelt sich um ein Fresko aus Pompeji, von dem man allgemein annimmt, dass es provokativ gedacht war. Es sollte den Betrachter zum Lachen bringen, denn der dargestellte Akt galt in römischer Zeit als stärkstes sexuelles Tabu des Mannes überhaupt. Daher können wir wohl davon ausgehen, dass es auch in den Schlafzimmern weniger Anhänger hatte.

Doch natürlich wissen wir nicht wirklich, was in den heimischen vier Wänden vor sich ging. Denn eine Öllampe aus Zypern zeigt einen klassischen »Neunundsechziger«, bei dem Mann und Frau sich gegenseitig oral befriedigen. So als sollte damit endlich die Gleichberechtigung unterstrichen werden, die es zwar nicht im Alltagsleben, wohl aber auf dem Gebiet der Lüste gab.

Gerade auf pompejanischen Fresken finden sich auch nicht wenige homosexuelle Darstellungen. Da liegen zwei Frauen auf einem Bett und küssen sich leidenschaftlich. Oder zwei nehmen eine klassisch heterosexuelle Pose ein: Eine liegt auf dem Bett und schiebt der Partnerin die Beine über die Schultern, während diese sie – vermutlich – mit einem nachgemachten Lederpenis befriedigt, den sie sich um die Hüften geschnallt hat. Wir werden uns später noch mit den Sextoys der römischen Zeit beschäftigen.

Eine der auffälligsten Darstellungen ist zweifellos ein »Dreier« mit zwei Männern und einer Frau. Die Frau hat sich auf Hände und Knie niedergelassen, während ein Mann sie von hinten penetriert. Dieser wird nun seinerseits von einem anderen Mann von hinten befriedigt. (Auf einem Becher aus dem österreichischen Bregenz sieht man gar drei Männer hintereinander.) Der »Mittelsmann«, der *cinaedus* (der Passive), war gesellschaftlich tief verachtet: Wie Prostituierte, Schauspieler und Gladiatoren hatte er nur wenige bürgerliche Rechte. Im Bett aber wurde er offensichtlich vor allem von den Frauen geschätzt.

Der Gruppensex (gewöhnlich zu dritt: zwei Männer und eine Frau) wurde als *symplegmata* (»Verflechtungen«) bezeichnet. Dass er so häufig dargestellt wurde, weist darauf hin, dass diese Praxis wohl zu den beliebtesten erotischen Fantasien der Römer gehörte.

Auf einer in Kreta gefundenen Öllampe hat eine stehende Frau Sex mit zwei Männern, der eine nimmt sie von hinten, der andere von vorn. Eine doppelte Penetration also. Doch weder auf Fresken noch in schriftlichen Quellen sind anal penetrierte Frauen häufig. Gewöhnlich ist diese Technik Männern vorbehalten. Und Martial wird hier sehr deutlich: »Die Natur hat, was männlich, geteilt: Ein Teil ist für Mädchen, einer für Männer bestimmt. Nimm also, was dir gehört.«[52]

Die Römerinnen geben sich in dieser Form nur selten hin, wenn sie die Wahl haben. Und wenn doch, so ist dies ein besonderes Geschenk an den Mann. Im *Goldenen Esel* des Apuleius heißt es, die Dienerin Photis habe Lucius dieses »Extra« gewährt. Und auch Martial erzählt von einem Liebhaber, der seine Geliebte in tausendfacher Manier besessen hat. Am Morgen aber bittet er die Erschöpfte noch um diese letzte Gunst. Und sie gewährt sie ihm, immer noch lüstern.

Zu den »Extremen« gehört auch die Darstellung einer Frau, die oral einen Mann erregt, der seinerseits von einem anderen Mann penetriert wird, während die Frau selbst oral von einer anderen Frau befriedigt wird.

Gruppensex scheint also keine Seltenheit gewesen zu sein, denn auch die Kritzeleien auf Pompejis Mauern beziehen sich mehr als einmal darauf. So heißt es zum Beispiel: »Am 21. November nahmen Epafra, Acuto und Aucto eine Frau mit nach Hause, der sie je 5 Asse zahlten, insgesamt also 15 Asse. Zu jener Zeit waren Marcus Messalla und Lucius Lentulus Konsuln.«

Viele dieser Inschriften sind fast schon so etwas wie Quittungen für erbrachte Dienstleistungen unter Nennung von Datum (und Konsuln). Sie zeigen, was ein römisches Callgirl so alles auf sich nahm, um sich ihr Geld zu verdienen.

Und damit sind wir noch nicht am Ende angelangt. Denn sowohl antike Literatur als auch archäologische Funde weisen darauf hin, dass die Römer auch Sex mit Tieren hatten. Bekannt sind solche Akte ja zwischen Hirten und den von ihnen gehüteten Tieren. Doch antike Texte berichten auch vom Sex zwischen Frauen und Tieren. Herodot und später auch Strabo berichten von einer Stadt in Ägypten, Mendes, wo sich bei bestimmten Mysterienkulten Frauen von einem heiligen Ziegenbock besteigen ließen.

Von ganz anderem Ton ist die Geschichte, die uns Apuleius überliefert. In seinem *Goldenen Esel* wird der gute Lucius ja in einen Esel verwandelt. Den am Ende seine Herrin verführt. Er selbst ist darob bass erstaunt, doch er hat tatsächlich Sex mit ihr. Interessanterweise findet sich eine ähnliche Darstellung auf einer in Trier gefundenen Öllampe. Möglicherweise ist die Darstellung vom Werk des Apuleius inspiriert. Der Esel steht auf den Hinterbeinen wie ein Mann, die Frau hat ein Bein angehoben und auf einem Zweig abgestützt, um die Vereinigung zu erleichtern.

Doch Geschichten aus so lange zurückliegender Zeit sind stets mit dem nötigen Abstand und einer gewissen Vorsicht zu betrachten. Schließlich wissen wir nicht, ob sie nicht dazu gedacht waren, die entsprechende Kultur lächerlich zu machen oder der Perversion zu zeihen. Die einzig wirklich belegte Vereinigung zwischen einer Frau und einem Stier fand im Kolosseum statt, wobei es sich um eine Form der Todesstrafe handelte. Die Römer stellten nämlich bei der Exekution eines Delinquenten häufig einen antiken Mythos nach, in diesem Fall den der Pasiphae, der Gemahlin des kretischen Königs Minos. Diese verliebte sich in einen Stier. Um sich von ihm begatten lassen zu können, ließ sie den Meisterhandwerker Daidalos eine hölzerne Kuh bauen, in der sie sich zur Vereinigung verstecken konnte. Der Stier bestieg die künstliche Kuh, und Pasiphae brachte den Minotaurus zur Welt, halb Mann, halb Stier.

Ist Selbstbefriedigung verboten?

Keineswegs. Ganz im Gegenteil, Masturbation und andere Formen der Autoerotik galten als völlig normal und wurden nicht als Perversion betrachtet. Dies ist ein klarer Gegensatz zu jener religiös geprägten Moral, die unsere Gesellschaft jahrhundertelang bestimmte und bei zahlreichen Jugendlichen über die elterliche Bestrafung hinaus für massive Schuldkomplexe verantwortlich ist.

Der Begriff »Masturbation« kommt vom lateinischen *masturbari*. Dies ist ein zusammengesetztes Wort, in dem wir die lateinische Vorsilbe *mas-* (»männlich«) und das Wort *turbare* (»stören, heftig bewegen«) wiederfinden. Doch zur Entstehung des Begriffes gibt es auch noch andere, weniger überzeugende Theorien.

Auch die griechischen und römischen Ärzte (von Hippokrates bis Galen) sahen in der Masturbation nichts Schlimmes. Sie gingen davon aus, dass der Mensch ohnehin Maßnahmen treffen müsse, um den Haushalt seiner »Säfte« zu regulieren und sie je nach Bedarf zurückzuhalten oder auszuleiten. Die Römer gingen dabei allerdings nicht ganz so weit wie Diogenes von Sinope, der meinte, ein kultivierter Mensch müsse sich selbst genügen, und daher in aller Öffentlichkeit masturbierte.

Einige Gelehrte wie der Philosoph Umberto Galimberto vertreten sogar die Ansicht, die Griechen hätten der Masturbation göttliche Weihen angedeihen lassen, indem sie sie unter den Schutz des Gottes Pan stellten. Dieser, halb Mann, halb Bock, fand nicht so leicht jemanden, der sich mit ihm paaren wollte. Dem versuchte er durch Vergewaltigung abzuhelfen, durch Sex mit Tieren und Masturbation. Pan höchstpersönlich sei es gewesen, der die Hirten die Selbstbefriedigung gelehrt habe.

Für die Griechen war Autoerotik von Männern und Frauen gleichermaßen völlig normal. Das Thema wurde sogar häufig im Theater aufgegriffen und war Dreh- und Angelpunkt so mancher komischen Szene. Bei dem Komödiendichter Aristophanes (der fünf Jahrhunderte vor der Zeit lebte, die wir gerade live in Rom erleben) kommen entsprechende Anspielungen mehrfach vor: in *Die Ritter*, *Der Frieden*, *Lysistrata*, *Die Weibervolksversammlung*.

In römischer Zeit blieb diese im Wesentlichen indifferente Einstellung erhalten. Nicht einmal als das Christentum im 4. Jahrhundert offizielle Staatsreligion wurde, finden sich Belege dafür, dass man Praktiken, die den religiösen Prinzipien zuwiderliefen, wie zum Beispiel das Konkubinat, nun etwa stigmatisiert hätte. Die kirchlichen Autoritäten zeigten sich hier schon deshalb relativ nachsichtig, weil sich die Religion in der Gesellschaft ja erst noch verankern musste.

Erst sehr viel später, nach dem Fall des Imperiums, als die Zivilisation verfiel und bald schon ein Großteil der Bevölkerung nicht mehr lesen noch schreiben konnte, als ein kulturelles Referenzmodell wie das Römische Reich fehlte und die Kirche als einzige soziale Institution übrig blieb, die die Ruinen notdürftig zusammenhielt, erst da zogen die kirchlichen Autoritäten die Daumenschrauben an. Alle autoerotischen Praktiken, vor allem die Masturbation, wurden nun strengstens verurteilt. Im Hochmittelalter finden wir die erste offizielle negative Stellungnahme der Kirche zur Masturbation.

Im Rom der von uns erkundeten Tage jedoch ist diese Zeit noch fern. Eine Einschränkung allerdings gibt es: Die männliche Masturbation gilt als völlig normal, die weibliche hingegen sieht sich immer wieder der Kritik ausgesetzt. Sie sei einer Matrone nicht angemessen. Dahinter steht sicher der Wunsch des Mannes, die Kontrolle über die weibliche Sexualität nicht aus der Hand zu geben. Davon berichten Martial und Juvenal gleichermaßen. Und enthüllen dabei das ein oder andere Detail des römischen Alltagslebens.

Juvenal wendet sich wie immer gegen die Frauen. In seiner sechsten Satire heißt es, die Frauen hätten einen raffinierten Trick gefunden, um ihre Männer betrügen zu können. Sie stellten sich krank und blieben im Bett. Der Liebhaber aber, der in der Truhe versteckt ausharren müsse, bis die Frau für ihn Zeit habe, fange in seiner Not an zu masturbieren: »Inzwischen hält sich im Versteck heimlich der Galan verborgen, schweigt voller Ungeduld über die Verzögerung und zieht an der Vorhaut.«[53]

Martial hingegen beschreibt eine römische Gewohnheit, indem er scherzhaft seinen Freund Ponticus rügt: »O Ponticus, dass du dir nie ein Weib nimmst, immer die Linke wählst als Lieb und die Hand zärtlich als Freundin dir dient, hältst du für nichts?«[54]

Die Römer benutzten also die Linke zur Masturbation, die »schlechte« Hand. Das bestätigen zahlreiche andere antike Texte, unter anderem die Graffiti an den Mauern von Pompeji: »... wenn die Sorgen mich zu erdrücken drohen, befreit meine linke Hand mich von den zurückgehaltenen Säften.«

Natürlich kann man die Masturbation auf zwei Arten betreiben: aktiv und passiv. Das heißt, sie kann allein ausgeübt werden oder von einem Partner. Der wiederum darin gut oder weniger gut sein kann. Wie uns ein erneuter Blick ins Werk von Martial und Juvenal zeigt, die diese recht eigenen Situationen beschreiben.

Martial hat dazu einer nicht ganz so handfertigen Partnerin ein Epigramm gewidmet: »Willst du mit welker Rechter bei mir die ermüdete Mannheit wecken, Phyllis, du bringst mich mit den Fingern noch um; magst du mich auch deine ›Maus‹, magst du mich auch dein ›Augenlicht‹ nennen, in zehn Stunden noch nicht, glaube ich, komm ich zur Kraft. Weißt nicht zu schmeicheln. So sag: ›Will hunderttausend dir geben, geb hundert Morgen dir auch guten setinischen Lands. Hier, nimm Wein, Haus, Knaben und goldene Schüsseln und Tische!‹ Nichts mit den Fingern, o nein! Phyllis, liebkose mich so.«[55]

Und Juvenal beschreibt den Fall einer Frau, die eine ganz besondere Art der Masturbation vorzieht, die von ihrem privaten Masseur, den man heute ihren »Personal Trainer« nennen würde, vorgenommen wird: »Die Bäder sucht sie nachts auf ... sie freut sich an großem Getümmel im Schwitzbad, nachdem der erfahrene Masseur seine Finger auf ihren Helmbusch presste und den Schenkel der Herrin ganz oben aufschreien ließ.«[56]

Doch die Römerinnen hatten noch eine Trumpfkarte mehr im Spiel der Autoerotik. Sie konnten einen künstlichen Phallus benutzen, den antiken Vorläufer des Vibrators.

Das bei Frauen beliebteste Sextoy

Das gute Stück nannte sich *olisbos* oder *baubon*. Der Begriff *olisbos* jedenfalls leitet sich her vom griechischen Verb *olisthein*, was wörtlich »hineingleiten« bedeutet.

Der *olisbos* war ein künstlicher Phallus mit einem Kern aus Holz und einer Außenhaut aus Leder. Die Größe konnte variieren, lag aber meist bei circa 15 Zentimeter. Vermutlich wurde er zum Gebrauch mit einem Gleitmittel versehen, zum Beispiel mit Öl. Es gab auch mit Bändern aus Leder oder Stoff versehene Ausführungen, die man umschnallen und für Begegnungen zu zweit verwenden konnte. Meist wurden diese Exemplare von zwei Frauen verwendet, von denen eine jeweils den Mann spielte. Heute nennt man so etwas einen *strap-on dildo* oder »Dildo zum Umschnallen«.

Da die altrömische Version aus vergänglichen Materialien bestand, ist uns leider kein Exemplar eines solchen Dildos erhalten geblieben – mit einer Ausnahme. Bei der Ausstellung »100 000 Jahre Sex« im Rheinischen Landesmuseum in Trier wurde auch eine Terrakottaform gezeigt, mit der ganz offensichtlich Phallusnachbildungen in Serie gefertigt wurden. Man musste nur die Form zum Beispiel mit Harzen (die eine ähnliche Konsistenz wie Plastik gehabt hätten) oder anderen Materialien ausgießen. Erstaunlich sind nur die Maße: etwa 40 Zentimeter. Doch auch das Aussehen des möglichen Endproduktes ist bemerkenswert, denn die Form weist zahlreiche Rillen und Löcher auf. Das bedeutet, dass man nicht nur die großen Blutgefäße nachahmte, sondern das gute Stück auch noch mit Noppen versah, die sich ringförmig über die gesamte Länge zogen. Ein künstlicher Phallus wie dieser mochte zwar um 300 bis 350 v. Chr. designt worden sein, doch er könnte mühelos in jedem heutigen Sexshop mit anderen Modellen konkurrieren.

Es ist allerdings nicht ganz klar, ob dieser Dildo nur für Frauen gedacht war oder ob er auch in homosexuellen Begegnungen zwischen Männern oder zwischen Mann und Frau oder beim Gruppensex eine Rolle spielte. (So kennen wir heute ja das Pegging, bei dem eine Frau sich einen Dildo umschnallt und einen Mann penetriert.)

Das in Deutschland ausgestellte Objekt kann allerdings auch in einem ganz anderen Kontext gesehen werden. Möglicherweise war es für Phallusnachbildungen gedacht, die, mit Blumen geschmückt, bei rituellen Festen zu Ehren des Priapos verwendet wurden. Genau werden wir das wohl nie erfahren. Doch die besondere Ausgestaltung der Form mit den kleinen Noppen lässt eher an eine Verwendung im sexuellen Kontext denken. Andererseits sind Phallusnachbildungen keineswegs eine europäische Domäne. In China beispielsweise fand man einen Dildo aus Jade, der gut 8000 Jahre alt ist. Er befindet sich heute im Chinesischen Museum für antike Sexualkultur in Shanghai.

Weshalb aber waren künstliche Phalli in der Antike so weit verbreitet? Natürlich um der weiblichen Lust willen, aber das war vielleicht nicht der einzige Grund. Damals jedenfalls entstand die Idee, dass der Orgasmus vom medizinischen Standpunkt betrachtet für die Frau wichtig war. Der moderne Vibrator jedenfalls wurde als Heilmittel für Fälle von Hysterie ersonnen.

Vielleicht ist Ihnen ja mal aufgefallen, dass Ärzte im Zusammenhang mit der weiblichen Gebärmutter des Öfteren Begriffe verwenden, die ähnlich wie »Hysterie« klingen. Das liegt daran, dass sie vom griechischen Wort für »Gebärmutter« *(hystéra)* kommen. Die Ärzte der Antike waren überzeugt, dass sich bei einer hysterischen Frau nur jene Energie Ausdruck verschaffe, die sich in der Gebärmutter infolge sexueller Abstinenz angestaut habe. Hysteriegefährdet waren in ihren Augen Witwen, Jungfrauen und alle Frauen, die keinen Mann hatten, mit dem sie schlafen konnten. Man musste ihnen also nur zu einem Orgasmus verhelfen, um sie zu heilen. Schon im 1. Jahrhundert n. Chr. findet sich eine Beschreibung des »klitoridalen« Orgasmus, den der Arzt mit kundiger Hand seiner Patientin verschafft.

Wenn Sie nun glauben, das wäre nur in der Antike so gewesen, dann haben Sie sich getäuscht. Ärzte setzten diese Technik bis gegen Ende des 19. Jahrhunderts ein, bis schließlich der moderne Vibrator erfunden wurde. Auch wenn dieser heute das Sextoy schlechthin ist, so ist er ursprünglich doch aus rein medizinischen Gründen entstanden.

Doch wie wurden diese antiken Dildos nun gemacht? Wir wissen zumindest, dass sie in der Antike weite Verbreitung fanden. Viele griechische Autoren wie Aristophanes, Sappho und Kallimachos erwähnen solche Instrumente des Öfteren. Und wer stellte sie her, wo es doch zu jener Zeit keine Industrie gab? Gewöhnlich waren es Schuhmacher oder andere Handwerker, die Leder bearbeiteten. In Griechenland wurden sie noch diskret unter dem Ladentisch verkauft oder dem Kunden ins Haus geliefert. Im kaiserlichen Rom hingegen war der erigierte Phallus ein so bekanntes Symbol, dass es nicht so schwer war, sich ein für den persönlichen Gebrauch passendes Stück zu besorgen.

Wenn Sie wissen wollen, wie die ersten *olisboi* aussahen, müssen Sie nur altgriechische Teller und Vasen studieren.

Dort finden sich nicht wenige Darstellungen von Frauen, die sich gegenseitig mit solch einem Instrument stimulieren. Auch Gruppensexszenen, bei denen Frauen die umgeschnallten Phalli wirklich als Dildo benutzen, gibt es. In der Dauerausstellung des Museo Archeologico Regionale von Siracusa gibt es eine Vase aus dem fünften vorchristlichen Jahrhundert, auf der eine nackte Frau abgebildet ist, die zwei *olisboi* zugleich benutzt. Allerdings ist diese Darstellung vorzugsweise humoristischer Natur.

Wer mehr über die *olisboi* erfahren will, findet Hinweise in der Literatur der klassischen Antike, zum Beispiel bei den Komödiendichtern. So beklagt sich Lysistrata in Aristophanes' gleichnamiger Komödie, dass seit Ausbruch des Krieges die Männer ihre Häuser verlassen haben und sich auf den Märkten keine »dieser Lederdinger von acht Fingern Länge mehr finden« (also *olisboi* von etwa 15 Zentimetern).

Die Dichterin Sappho verwendet ein sehr schönes Bild, wo sie von dem Notbehelf und seinen Vorteilen für die Frau spricht: »Die Saiten der Leier heißen das Plektrum willkommen ... wie die Frauen den Olisbos.«

Der künstliche Phallus wurde auch *baubon* genannt, ein Begriff, der sich zum ersten Mal in den Schriften des Sophron von Siracusa findet, der sie in einem seiner Mimiamben beschreibt: »... so lange runde Rohre aus weichem Fleisch, wie Witfrauen sie lieben.«

Die interessantesten Ausführungen über dieses antike Sexspielzeug finden sich freilich bei einem anderen griechischen Dichter, nämlich bei Herodas, der im 3. Jahrhundert v. Chr. auf der Insel Kos in der Ägäis lebte. Dank seiner wissen wir genau, was Frauen an diesem künstlichen Phallus fanden.

Da Herodas' Mimiamben eine sehr realistische und drastische Komik an den Tag legen, wurde der Dichter auch als griechischer

Petronius bezeichnet. Mit derber Ironie glossiert er das Leben der Mittelschicht seiner Zeit, was ihm auch außerhalb Griechenlands erstaunlichen Erfolg bescherte. Sogar im Rom der Kaiserzeit wurde er noch gerne gelesen. Vielleicht war es ja einer seiner Mimiamben, der im Theater des Pompeius aufgeführt wurde, als wir es besuchten.

Der *baubon* nun ist Protagonist eines seiner Werke und Hauptgegenstand eines Gesprächs zwischen zwei Frauen, zwei griechischen Matronen. Der Mimiambus VI mit dem Titel *Freundinnen im Gespräch* (oder *Vielbeschäftigte Frauen*) ist ein ungewöhnlich modern wirkendes Werk. Daher ziehen wir uns hier zurück und überlassen Herodas das Feld, damit er uns einführt in die Geheimnisse der griechischen Damenwelt.

Zwei Frauen über den künstlichen Phallus

Stellen Sie sich vor, Sie befinden sich in Ephesos, einer griechischen Stadt, die wegen der Freiheit ihrer Sitten und ihrer erotischen Raffinesse bekannt ist. Antiken Quellen zufolge sind Ephesos und Milet jene Orte, denen eine gewisse Fama wegen ihrer dort produzierten Dildos eigen ist. Wir befinden uns im Haus der Koritto, einer Frau, die soeben einen scharlachroten *baubon* erstanden hat, über den sie sich nun mit ihrer Freundin Metro unterhält. Im Verlaufe dieses Gesprächs erfahren wir, woraus die künstlichen Phalli vor 2100 Jahren gemacht wurden (aus weichem Leder) und wer sie herstellte: gerissene Schuhmacher, in diesem Fall einer namens Kerdon. Dieser Text erlangte in der Antike eine gewisse Berühmtheit. Sogar Martial zitiert als Beispiel für einen geldgierigen Schuhmacher den Kerdon. In der Folge soll uns ein kurzer Auszug daraus in den Alltag der Antike führen. Er zeigt uns aber auch, wie selbstverständlich es für Frauen der Mittelschicht damals war, ihr Recht auf sexuelle Erfüllung einzufordern, als wäre es die natürlichste Sache der Welt. Selbstverständlich müssen wir der Tatsache Rechnung tragen, dass der Mimiambus seine Zuschauer zum Lachen bringen sollte. Trotzdem wird deutlich, wie emanzipiert beide Frauen mit diesem Thema umgehen, das noch heute vielen ihrer Geschlechtsgenossinnen die Schamesröte ins Gesicht treiben würde.

Metro: Ich bitte dich, sag mir die Wahrheit, liebe Koritto. Wer hat dir diesen scharlachroten *baubon* genäht?
Koritto: Wo hast du, liebe Metro, ihn denn gesehen?
Metro: Nossis hatte ihn vor zwei Tagen, die Tochter der Erinna. Was für ein schönes Geschenk!
Koritto: Nossis? Wo hatte sie ihn denn her?
Metro: Wirst du es weitersagen, wenn ich dir das sage?
Koritto: Ich schwöre es dir bei meinen schönen Augen, liebe Metro: Kein Wort von dem, was du mir sagst, wird je über Korittos Lippen dringen.
Metro: Die Eubule hat ihn ihr gegeben und sich ausbedungen, dass sie zu keinem Menschen darüber spricht.
Koritto (erzürnt): Weiber! Dieses Frauenzimmer bringt mich früher oder später ins Grab. Ich hatte Mitleid mit ihr, weil sie mich anflehte, gab ich ihn ihr, noch bevor ich ihn selbst benutzt habe! Und sie nimmt ihn eiligst an sich und hat nichts Besseres zu tun, als ihn weiterzugeben an Leute, die ihn gar nicht haben sollten. Fort mit solchen Freundinnen, sag ich dir. Was mich angeht – und wenn ich hier etwas sage, was man über eine Frau nicht sagen sollte, dann möge ich nicht erhört werden, o Adrastea! [Göttin, die den Überschwang bestraft] –, ich jedenfalls werde ihr keinen mehr leihen, auch keinen alten, faltigen!
Metro: Ach, erbose dich doch nicht so... Aber beantworte mir meine Frage: Wer hat das Ding denn genäht? Wenn du meine

Freundin bist, sagst du es mir! Wieso grinst du denn jetzt so seltsam? Seit wann zierst du dich denn so? Es hat fast den Anschein, als kennten wir uns nicht und seien uns zum ersten Mal begegnet. Ich bitte dich, Koritto, sag es mir: Wer hat ihn genäht?

Koritto: Du brauchst gar nicht so zu betteln! Kerdon hat ihn genäht.

Metro: Welcher Kerdon?

[...]

Koritto: Der Kerdon, den ich meine, kommt aus Chios ... Er ist klein und kahl. [Im antiken Theater hieß das, dass er ein geldgieriger, niederträchtiger Kerl war.] ... Er arbeitet zu Hause und verkauft die Dinger unter dem Ladentisch. Jeder Haushalt fürchtet sich doch in diesen Tagen vor den Steuereinnehmern. [Was eine Ausrede war, denn in Wirklichkeit war der Verkauf der *baubon* verboten. Es handelte sich also um illegale Ware.] Aber seine Arbeit ist wirklich vom Feinsten. Von Athenes Hand scheint er gefertigt, nicht von Kerdon! Metro, er hat mir zwei gebracht, und ich schwöre dir, mir sind die Augen übergegangen. Wir sind ja unter uns. Ich sage dir: Kein Mann hat solch ein aufrechtes Ding. Und weich sind sie, weich wie der Schlaf. Die Riemen sind weich wie Wolle, nicht wie Leder! [Diese wurden um die Taille und zwischen den Beinen durchgeführt, um sich den *baubon* umzubinden und Sex mit einer anderen Frau zu haben.] Du wirst keinen anderen Schuster finden, der sich der Frauen dergleichen annimmt!

Metro: Und wieso hast du dir den anderen entgehen lassen?

Koritto: Was habe ich, Metro, nicht getan, um ihn umzustimmen? Mit Engelszungen habe ich auf ihn eingeredet. Ich habe ihn geküsst, ihm den kahlen Schädel gestreichelt, ihm Wein zu trinken gegeben, ihn liebkost ... Nur meinen Körper habe ich ihm nicht angeboten!

[...]

Metro: Das hättest du tun sollen, falls nötig!
Koritto: Ja, aber es ist nicht gut, sich hinreißen zu lassen ...
Metro: Und wieso kam er überhaupt zu dir? Und erzähl mir bloß keinen Unsinn!
Koritto: Artemeis schickte ihn, die Frau von Kandas, dem Gerber. Sie hat ihm meine Adresse gegeben. [Offensichtlich führte Artemeis dem Kerdon mögliche Kundinnen für seine Lederphalli zu.]
[...]
Metro: Nach allem, was du sagst, muss ich mich jetzt zu Artemeis aufmachen und ihr die Adresse dieses Kerdon entlocken. Gehab dich wohl, Koritto, es ist Zeit zu gehen. Jetzt bin ich wirklich hungrig geworden. [Offensichtlich eine erotische Anspielung. Es wäre denkbar, dass die Schauspielerin auf der Bühne bei diesem Satz auf ihre Genitalien deutete.]

Andere Berichte über den Gebrauch der künstlichen Phalli in Rom

Wie in Griechenland verwendete man auch in Rom Phalli aus Leder für erotische Spiele. Aber von einem erotischen Fresko aus Pompeji einmal abgesehen, auf dem zwei Frauen beim gemeinsamen Sex einen Lederphallus benutzen, gibt es keine eindeutigen Darstellungen desselben. (Und auch auf diesem ist er selbst nicht zu sehen.) In schriftlichen Quellen allerdings finden sich diverse Hinweise. Petronius zum Beispiel spricht im *Satyricon* vom *fascinum*, was durchaus bedeuten könnte, dass dies der allgemein gebräuchliche Name war. Er spielt eine gewisse Rolle in dem Ritus, dem sich Encolpius zu unterziehen hat, um seine Männlichkeit wiederzuerlangen. Denn Priapos hat ihn impotent werden lassen. Dieser Ritus ist ein Mittelding zwischen Folter und Sadomaso-Praktiken: »Oenothea holte einen ledernen Phallus hervor, rieb ihn rundherum mit Öl, gestoßenem Pfeffer und zerriebenem Brennesselsamen ein und begann ihn langsam in meinen After zu schieben... Mit diesem Saft benetzte mir die abscheuliche Alte dann die Schenkel... Sie mischt Kressensaft mit Stabwurz, schüttet ihn über mein Gemächt, packt ein Büschel grüne Brennesseln und fängt an, mir den Bauch unterhalb des Nabels gemächlich damit zu geißeln...«[57]

Wir wissen außerdem, dass die römischen Frauen die künstlichen Phalli zu schätzen wussten und dass sie sehr verbreitet waren. Das legen verschiedene Schriftquellen nahe. Zum Beispiel Martial, der die lesbische Liebe einer Frau namens Bassa kritisiert. Und dabei sehr deutlich wird: »Weil ich, Bassa, dich nie mit Männern zusammen gesehen, weil auch kein Gerücht je einen Liebsten dir gab, sondern stets nur um dich eine Schar von deinem Geschlecht war und seine Dienste dir bot, niemals ein Mann sich genaht, hielten wir dich, ich gestehs für eine Lucrezia immer. Doch du, Bassa, o Schmach, spieltest den Buhler stattdessen. Und du wagst es, den Schoß mit dem anderen Schoß zu vereinen, unnatürliche Liebe spiegeln den Mann dabei vor. Ja, du ersannst dir ein Wunder, das wert ist des thebanischen Rätsels, wie's eine Buhlerschaft gibt, wo es am Manne doch fehlt.«[58] Also nicht die tugendhafte Lucretia war ihr Vorbild, sondern die lasterhafte Nutzerin des *baubon*.

In einem weiteren Epigramm nimmt Martial eine gewisse Philaenis aufs Korn und zeiht sie aller möglichen Perversionen. Denn sie nimmt mit Bändern befestigte Phalli und benutzt sie mit Jungen und Mädchen gleichermaßen: »Die Tribade Philaenis treibt's mit Knaben und bearbeitet Mädchen, elf am Tage.«[59]

Die Bedeutung der Maße

Heute machen Männer sich ja meist Sorgen, wie ihr bestes Stück im Vergleich zu anderen ausfällt. Das ist sozusagen ein »Umkleide-Syndrom«. Hatten die antiken Männer ähnliche Probleme? Das hängt ganz von der Zeit ab, die man ins Auge fasst. Bei den Griechen zum Beispiel war die Größe des Glieds nachrangig. Obwohl sie riesige Phalli über die Felder trugen, bevorzugte man im Alltagsleben eher kleine, ja fast jugendliche Gemächte. Das zeigt sich schon an griechischen Statuen und Fresken: Die männlichen Glieder der Griechen waren immer recht bescheiden, manchmal sogar erstaunlich klein.

Sehen wir uns doch einmal die berühmten Bronzestatuen von Riace an, die im Museo Nazionale della Magna Grecia in Reggio Calabria zu besichtigen sind. Es handelt sich dabei um zwei Figuren auf dem Höhepunkt ihrer Männlichkeit. Die geringe Größe ihrer Glieder löste jedoch jahrzehntelange Debatten aus. Aber es gibt einen ganz einfachen Grund dafür. Natürlich sind die Griechen genauso gebaut wie andere Männer, doch sie haben klare Idealvorstellungen des menschlichen Körpers entwickelt. Und ein großer, langer Penis wäre der Inbegriff der Vulgarität und Grobheit. Ein klarer Hinweis auf eine sozial niedrige Stellung des »Trägers«. Aus diesem Grund wurden Ausländer, die sogenannten »Barbaren«, und Sklaven stets mit großen Gliedern dargestellt. Ein echter Grieche allerdings, ein Heros, der sein Volk führt, muss das griechische Idealbild verkörpern. Er hat einen im Gymnasion gestählten, jugendlichen Körper, der entsprechend wohlproportioniert sein musste, auch was die Genitalien anging.

Aristoteles gibt uns dafür sogar eine »wissenschaftliche« Erklärung und argumentiert mit der Wärme der Samenflüssigkeit. Je wärmer das Sperma, desto schneller kommt es zur Empfängnis, desto eher ist ein Kind gesund. Ein langer Penis allerdings würde das Sperma bis zu seinem Austritt abkühlen lassen, wodurch es an Vitalität und Fruchtbarkeit verlöre. Daher ist, Aristoteles zufolge, ein kleiner Penis einem langen vorzuziehen.

Wie nun wurde in Rom diese Frage behandelt? Auch dort sollten reale oder mythische Gestalten, auf Fresken oder in weißen Marmor gebannt, Idealbilder darstellen und kleine Glieder besitzen. Auch sie bildeten Barbaren oder grobschlächtige Kerle gern mit großem Penis ab. Im Alltag aber hatte, im Gegensatz zu den Griechen, die Größe des Glieds durchaus Bedeutung. Und wie! Denn für den Römer steht das männliche Glied für Macht und Stärke. Außerdem soll es Glück bringen.

Heute sagt man ja, dass in den Umkleideräumen der Fitnesscenter jene Männer, die gut ausgestattet sind, nackt herumgehen, während die von der Natur weniger großzügig Bedachten stets ein Handtuch um die Hüften tragen. Das scheint auch in den Thermen des Alten Rom nicht anders gewesen zu sein, wo man grundsätzlich nackt herumspazierte. In einer Gesellschaft, die so sehr dem Phallus huldigte, war jeder gut Bestückte natürlich Gegenstand der Bewunderung. Das wissen wir aus zahlreichen Schriftquellen, so auch von Martial: »Vernimmst du, Flaccus, je in einem Bad Beifall, so sei gewiss, man sieht dort das Gemächt Maros.«[60]

In einem anderen Epigramm erzählt er vom Liebhaber eines Freundes: »Natta redet von seines Lieblings ›Schwänzchen‹, dem verglichen Priap ein Eunuch ist.«[61]

Dann wieder spottet er über ein Mädchen, das seinen super ausgestatteten jungen Liebhaber verloren hat: »Aulus, mein Mädchen betraf ein ganz abscheuliches Unglück; sie verlor ja, was ihr Spielzeug und Wonne doch war. Nicht, wie's Lesbia einst, des zärtlichen Dichters Catullus' Freundin, beklagt, als der Spatz mit seinem Spiel ihr geraubt [worden war], oder wie sie's, die mein Stella besang, die Ianthis beweinte, deren Taube nun schwarz in dem

Elysium fliegt. Mein Lieb lockt ja nicht solch ein Tand und Neigungen der Art, und meiner Herrin Herz rührt nicht ein solcher Verlust. Nein! Sie verlor einen Knaben, er zählte nur zweimal zehn Jahre, und sein Dingel betrug nicht einmal anderthalb Fuß.«[62]

Die alten Römer haben einen Hang zum Exhibitionismus

Eine Sache allerdings gab es im Alten Rom, die sich von unseren Gepflogenheiten (und denen in anderen Epochen) unterscheidet: den Drang, die eigenen sexuellen Fähigkeiten einem möglichst großen Publikum bekanntzumachen. Professor Eva Cantarella spricht gar von einer »Ethik des Prahlens« in römischer Zeit. Und sie hat recht. Ein Großteil der Graffiti in Pompeji dreht sich um dieses Thema: Männer (aber auch Frauen) brüsten sich ihrer erotischen Talente oder weisen auf die guten oder weniger guten Leistungen des Partners hin, mit dem sie gerade im Bett gewesen sind. Luca Canali und Antonio Varone, beide Sachverständige auf diesem Gebiet, haben diese Kritzeleien übersetzt und eingehend studiert. Sie lassen vor unseren Augen eine Welt erstehen, der auch Obszönes nicht fremd ist.

Berühmt sind einige der Inschriften an den Wänden des meistbesuchten Lupanars (Bordells) in Pompeji. Dort lesen wir zum Beispiel das Lob eines sehr zufriedenen Kunden: »Myrtis, du bläst wirklich gut.« *(Myrtis bene fellas.)*

Ein anderer Kunde hingegen zog enttäuscht von dannen: »Hier habe ich gerade ein üppiges Mädel gefickt, die von allen gelobt wird, aber inwendig war sie ganz lehmig.« *(Hinc ego nunc futui formosam puellam laudatam a multis, sed lutus intus erat.)*

Doch derart exhibitionistische Graffiti finden sich in der ganzen Stadt. Zum Beispiel kann man an den Wänden der Theater

Sprüche wie diese lesen: »Rufa, möge es dir immer wohl ergehen, so gut bläst du.« *(Rufa ita vale quare bene fellas.)* Im Haus der Silberhochzeit in Pompeji gibt einer seiner Unzufriedenheit Ausdruck: »Sabina, du bläst zwar, aber du machst es wirklich nicht gut.« *(Sabina fel[l]as, no[n] belle facis.)* Offensichtlich hat die gute Sabina es versäumt, einen Ratschlag zu lesen, den ein Mann in den Stabianer Thermen hinterlassen hat: »Schließe deinen Mund leckend über den Phallus, ziehe die Lippen dann, immer noch leckend, wieder ganz zurück. Ah, jetzt komme ich!« *(Oblige mentulam, mentlam elinges... Destillatio me tenet.)*

Natürlich fällt uns als Erstes die fast schon vulgäre Explizitheit dieser Kritzeleien auf, davon abgesehen aber geben sie einen guten Einblick in den Alltag Pompejis. Sie zeigen eine lebendige Welt und ihre Bewohner mit all ihren Vorzügen und Mängeln.

Denn es gibt nicht wenige Männer, die lauthals ihre »Leistungsfähigkeit« verkünden. Floronius zum Beispiel, ein Soldat der VII. Legion: »Floronius, der große Ficker, Soldat der VII. Legion, war hier: Nur wenige Frauen wissen es, es waren nur sechs.« *(Floronius binetas miles legionis VII hic fuit. Neque mulieres scierunt, nisi paucae, et ses erunt.)*

Ein anderer listet gar seine männlichen und weiblichen »Eroberungen« auf: »Nymphe, gefickt; Amomus, gefickt; Perennis, gefickt.« *(Nymphe fututa, Amomus fututa, Perennis fututus.)*

Eine Inschrift in der Mysterienvilla wird da schon deutlicher, auch wenn die lateinischen Distichen hier eine gewisse stilistische Meisterschaft signalisieren: »Hier habe ich die Herrin durchgefickt und ihr den Hinteren erweitert. Wer diesen Vers geschrieben hat, ist schändlich.« *([H]ic ego cum domina resoluto clune. [P]er[e]gi. [Tales se]d versus scribere [turpe] fuit.)*

Wenn Sie nun denken, dass diese Graffiti-Dichtung nur so vulgär ist, weil sie von Männern stammt, muss ich Sie enttäuschen. Es gibt auch Inschriften von Frauen, die kein bisschen weniger direkt sind. Zum Beispiel: »Hier wurde ich gefickt.« *(Fututa sum hic.)* Der kundige Leser weiß natürlich, dass sich das Geschlecht hier im »a« des Partizips zeigt. Eine andere Frau gesteht, dass sie ohne den Phallus ihres Liebsten nicht leben kann: »Dein Schwanz befiehlt: Mach Liebe!« *(Mentula tua iubet: amatur.)* Eine andere lässt alle Scham beiseite und schreibt: »Tag für Tag lecke ich Pyramus.« *(Piramo cottidie linguo.)*

Heute findet man solche Inschriften vor allem auf Toiletten in Schulen, Bars, Raststätten und so weiter. In römischer Zeit war das anders. Damals überzogen sie die ganze Stadt. Uns überrascht vor allem die Freizügigkeit und die Lust beider Geschlechter, Einzelheiten aus ihrem Sexualleben auf diese Weise publik zu machen. Wir wissen das, weil sie diese kurzen Kommentare in Mauern eingeritzt haben und sie uns so erhalten geblieben sind. Das gesprochene Wort aber hinterlässt leider keine Spuren. Haben die Römer dem Freund oder der Freundin mit derselben Offenheit Bericht erstattet, die sie in den Graffiti an den Tag legen? Waren sie genauso schonungslos exhibitionistisch? Das werden wir wohl nie herausfinden, doch vermutlich waren sie in dieser Hinsicht sehr viel lockerer als wir. Auch dies ist ein bemerkenswerter Zug der römischen Gesellschaft.

Woher die Scheu römischer Frauen, sich ganz nackt zu zeigen?

Wir kennen die Bilder oder haben gar die eine oder andere Ausgrabungsstätte aus römischer Zeit besucht: In den öffentlichen Toiletten gab es keinerlei Privatsphäre. Die Römer saßen dabei wie Hühner auf der Stange. In den Thermen waren die Besucher nackt oder fast nackt. Gab es damals also keine Schamgefühle? Durchaus. Obwohl die römische Gesellschaft im Ausleben der Sexualität und im Zeigen des eigenen Körpers »freier« war als die unsere, gab es eine Art gemeinschaftliches Schamgefühl, das sich paradoxerweise gerade im Ehebett zeigte. Wenn eine Frau mit einem Partner Liebe machte, durfte sie sich dabei nicht nackt zeigen.

Aus diesem Grund machten es die Frauen lieber im Dunkeln oder zumindest bei wenig Licht. Und sie behielten immer etwas an, die Brustbinde oder etwas anderes. (Auch auf sehr »gewagten« Fresken ist vollkommene Nacktheit selten.) Für Sklavinnen oder Prostituierte galt das natürlich nicht. Uns erstaunt diese Tatsache: Woher mag diese Scheu rühren? In einem Klima, das allgemein mit der eigenen Nacktheit viel natürlicher und freier umging, als wir es gewöhnt sind, lässt sich feststellen, dass die Frauen damals ihren Körper sehr viel zurückhaltender zeigten als die Frauen heute.

Möglicherweise liegt es ja an einem instinktiven Schamgefühl der Frau und der (typisch weiblichen) Überzeugung, körperlich unvollkommen zu sein. Vielleicht hielt sie ja die Angst zurück, »den Anforderungen nicht zu genügen«. Die männliche Sexualität ist stark visuell geprägt, die Frau hingegen hat komplexe Empfindungen, reagiert stärker auf Gerüche und Zärtlichkeiten: Direktes Licht irritiert sie. Die meisten Frauen mögen es auch heute noch nicht, weil sie sich dann gleichsam ausgestellt fühlen.

Einige Historiker vertreten allerdings die Meinung, dass diese angebliche Scheu auch etwas mit der stark erotischen Ausrichtung der römischen Gesellschaft zu tun haben könnte. Das Spiel mit dem Sichtbaren, das Vergnügen, Zentimeter um Zentimeter den Körper der Frau zu erkunden und ihn nicht sofort präsentiert zu bekommen, hätte die erotische Spannung des Augenblicks sicher noch gesteigert. Das würde auch die Öllampen und Kerzenleuchter erklären, die auf den Fresken die Szene nur notdürftig erhellen. Dann wäre die angeblich »natürliche« Scheu der Frauen nur ein weiteres Element im Instrumentarium der antiken Liebe.

Wie der Wunsch der Frau, umworben zu werden und sich daher
»nichts zu vergeben«. Daran hat sich wohl nicht viel geändert.

Spiegel beim Sex

Von dieser »Scheu« der Frauen einmal abgesehen, entwickelten
die Römer eine recht ausgeprägte erotische Fantasie, die sich beispielsweise auch in der durchaus beliebten Verwendung von Spiegeln im Schlafzimmer zeigt. Mehrere Quellen belegen, dass man
dort Spiegel aufstellte, und zwar so, dass die Liebenden sich sehen
konnten. Das galt natürlich nur für nichteheliche Sex mit Liebhabern, Kurtisanen und Prostituierten.

Der Spiegel war also ein häufig verwendetes Sexspielzeug, auch
wenn wir nicht wissen, ob er gar an der Decke über dem Bett befestigt worden ist. Man darf nicht vergessen, dass Spiegel damals
sehr kostbar waren, vor allem solche aus Glas. Derlei Raffinesse
konnten sich also nur wohlhabende Menschen leisten. Ein mit
Spiegeln ausgestattetes Zimmer nannten die Römer *speculatum
cubiculum*. Unter den VIPs römischer Zeit waren derart ausgerüs-
tete Kammern sehr beliebt, und auch Horaz schien sie geschätzt
zu haben. Zumindest finden wir bei Sueton entsprechende Hinweise. Horaz sei »… allzu sehr den Freuden der Venus angehan-
gen. Ein Schlafzimmer hat er ganz mit Spiegeln ausgekleidet. Und
er platzierte seine Prostituierten so, dass er in jedem Spiegel den
Akt sah, den er gerade vollzog.«

Und es gab auch Leute, bei denen diese Spiegelmanie geradezu
krankhafte Ausmaße annahm. Einer von ihnen ist ein schwerrei-
cher Mann, der zur Zeit des Augustus lebte: Hostius Quadra. Er
hatte eine gewisse Vorliebe für Zerrspiegel, wie Seneca in den *Na-
turales quaestiones* berichtet. Er zeichnet das Bild eines durch und
durch perversen Mannes, der von seinen Sklaven ermordet wurde.

Augustus selbst befand, dass er ob seiner Perversionen zu Recht getötet worden war. Seneca schreibt: »Dieser Mann war nicht nur mit einem Geschlecht zugange, sondern gierte nach Männern ebenso wie nach Frauen. Er ließ sich Spiegel bauen, wie ich sie gerade beschrieben habe, solche, die die Dinge viel größer wiedergeben, als sie in Wirklichkeit sind. Ein Finger scheint dort dick wie ein Arm. Diese hängte er so auf, dass er, wenn er sich einem Mann hingab, seinen Beschäler hinter ihm immer sehen konnte. So genoss er dann die scheinbare Größe von dessen Glied, als sei sie echt. Er gabelte seine Knaben in den öffentlichen Bädern auf und wählte die Männer immer nach der Größe des Glieds. Trotzdem geilte er seine unersättliche Schändlichkeit noch an den falschen Bildern auf [...] Er besah die Männer, die sich mit ihm vereinigten, aus jedem Blickwinkel. Manchmal trieb er es mit einem Mann und einer Frau zugleich und während er seinen Leib den schändlichen Vergewaltigungen überließ, sah er sich selbst im Spiegel zu [...] ›Gleichzeitig‹, sagt er, ›überlasse ich mich einem Mann und einer Frau. Doch mit dem Teil, der noch nicht beschäftigt ist, wende ich mich einem anderen Mann zu, sodass alle Glieder an der Notzucht teilhaben. So mögen auch die Augen ihren Part einnehmen in der grenzenlosen Lust, die sie bezeugen und überwachen. Mit diesen Kunstgriffen kann ich selbst sehen, was die Stellung unseres Körpers dem Blick entzieht, damit niemand glaube, ich wüsste nicht, was ich tue [...] Rund um mich stelle ich Spiegel auf, die alles vergrößern. Wenn ich könnte, würde ich diese Dimensionen Wirklichkeit werden lassen: Da dies nicht möglich ist, berausche ich mich an der Illusion [...]‹ Was für eine Schande! Vielleicht wurde er ja bald darauf getötet, noch bevor er sich das Spektakel ansehen konnte. Man hätte ihn vor seinen Spiegeln abschlachten sollen!«

Obwohl Hostius Quadra es mit den Spiegeln wirklich übertrieben zu haben scheint, war diese Praxis in der römischen Welt recht verbreitet. Wir wissen dies aus mehreren Reliefmedaillons des 2. bis 3. Jahrhunderts, die im Rhonetal gefunden wurden. Auf einer der Darstellungen sehen wir eine Frau, die rittlings auf einem Mann sitzt und ihm den Rücken zuwendet (die Stellung der *equis aversis*). Die Frau aber hält einen Spiegel in der Hand, in dem der Mann ihr Gesicht sehen kann, die Brüste und die Scham...

Dieser so simple Gegenstand erhöhte die erotische Spannung dergestalt, dass der Mann ausruft: »Ach, dass es dir gutgehen möge! So gefällt es mir!« *(Valeas ita decet me.)*

Auf einem anderen Reliefmedaillon, das ebenfalls im Rhonetal gefunden wurde, wird eine ähnliche Situation dargestellt. Nur dass der Mann der Frau eine Art Krone aufsetzt und zu ihr sagt: »Nur du kannst mich besiegen!« *(Tu sola nica.)*

Auch wenn diese Feststellung auf den ersten Blick banal wirkt, ist die Aussage doch bemerkenswert: Die Frau besiegt den Mann und steht über ihm. Nur wenige Generationen vorher wäre ein derartiger Gedanke mit der römischen Mentalität unvereinbar gewesen. Dies bestätigt, dass die grundsätzlich männlich orientierte Gesellschaft Roms der Frau gleichwohl eine Form der Gleichstellung mit dem Mann erlaubt, die es vorher nicht gab und die auch bis in unsere Tage nie mehr erreicht werden sollte. Diese Stellung aber erlangte sie nur auf dem Gebiet der Liebe und der Sexualität. Trotz der Begrenzungen jener Zeit nahm die römische Frau also eine Position ein, die für die Frauen der antiken Kultur bis dato unerreichbar gewesen war.

Voyeurismus

Schon die Römer kannten den Voyeurismus, das heimliche Beobachten anderer beim Liebesspiel und die damit verbundene Erregung. Man kannte für solche heimlichen Zuschauer zwar keinen speziellen Begriff, doch man nannte sie *lascivus*, was etwa so viel wie »Spanner« bedeutet.

Vor zweitausend Jahren betätigten sich die Spanner vorzugsweise in den Lupanaren, den Bordellen der Stadt. So wissen wir, dass die Vorhänge, die die einzelnen Räume des Bordells abschlossen, häufig Löcher hatten. Auch die Wände hatten Gucklöcher für die Spanner. Martial selbst berichtet davon in einem seiner Epigramme, indem er Kantharo aufzieht, weil er so schamhaft ist: »Jedes Mal, wenn du die Zelle betrittst, die die Inschrift bezeichnet [mit dem Namen des Knaben beziehungsweise des Mädchens], lachte ein Knabe dir nun, lachte ein Mädchen dir zu, dann begnügst du dich nicht mit Tür und Riegel und Vorhang; abgeschlossener soll's immer, geheimer noch sein. Herrscht auch nur der Verdacht des kleinsten Spalts, du verschmierst ihn, wie auch das Loch, das der Stich lüsterner Nadeln gebohrt. Cantharus, keiner verrät eine Scham, die so zart und besorgt ist, der auf natürliche Art Knaben und Mädchen benutzt.«[63]

Neben den Lupanaren boten auch die Thermen dem Spanner reichlich Gelegenheit, mehr oder weniger versteckt nackte Körper zu beobachten. Doch die subtilsten Spielchen mit dem Vokabular des Exhibitionismus oder Voyeurismus fanden sicher in den Privathäusern statt. Jede wohlhabende Familie hatte eine gewisse Anzahl von Sklaven im Haus (in mittelgroßen Häusern wie den pompejanischen waren dies mindestens ein Dutzend). Und die Privatsphäre zwischen Herr und Sklave war sicher nicht besonders ausgeprägt. Vor allem, was den *cubicularius* angeht, den Kammerdiener des Herrn. (Auch heute noch hat der Papst einen »Geheimen Kammerdiener« oder *cubicolario*.)

Dieser höchst verlässliche Sklave schlief auf dem Boden vor der Tür seines Herrn wie ein Hund. Und er war ihm in allem behilflich. Er wachte über seinen Schlaf und erfüllte all seine Wünsche. (Er brachte Wasser und Nahrung, half ihm beim Anziehen, weckte ihn, wenn nötig.) Daher ist anzunehmen, dass er ihm auch assistierte, wenn er Sex hatte, und seine intimsten Geheimnisse kannte.

Wir können kaum begreifen, dass im Moment der Vereinigung zwischen Mann und Frau ein Dritter im Zimmer anwesend war. Doch man sieht dies auch auf zahlreichen Fresken: In Pompeji zum Beispiel, im Haus des reichen Bankiers Lucius Caecilius Iucundus, gibt es ein Fresko, auf dem eine Frau, die offensichtlich gerade Sex mit ihrem Partner hatte, sich erhoben hat und ihrem *cubicularius* Befehle erteilt. Natürlich wissen wir nicht, ob dieser schon während des Aktes anwesend war oder ob er vor der Tür wartete, bis seine Herrin ihn rief. Da aber auf Abbildungen der *cubicularius* immer gerade damit beschäftigt ist, ein Getränk einzuschenken oder eine Öllampe zu halten, ist anzunehmen, dass er auch beim Akt selbst zugegen war. Was dem Pärchen vielleicht einen zusätzlichen Kick verschaffte, sodass es den Zuschauer vielleicht sogar in das amouröse Spiel verwickelte.

Die Beziehung zwischen Sklave und Herr war gerade im Schlafzimmer ohnehin eine besondere. Professor Antonio Varone schreibt: »Die Gestalt des Sklaven erlaubte weitere erotisch-exhibitionistische Spiele. Der Herr oder die Herrin konnte natürlich auch sexuell jederzeit über sie verfügen. Aber er oder sie konnte die Sklaven auch schlicht und simpel wie ein Haustier betrachten, mit dem man es schon aus Schamgefühl nicht tut. Doch natürlich war klar, dass die Sklaven keine Tiere waren, sondern Menschen mit normalen Trieben. Und so entstand sicher so mancher hocherotische Moment, denn einerseits konnte der Sklave den Gegenstand seiner unrealisierbaren Träume jederzeit in der Intimität seiner Nacktheit betrachten. Andererseits wussten auch Herr und Herrin, dass sie eine gewisse Erregung beim Sklaven auslösten, die man zwar offiziell ignorierte, die aber zum Kick für die eigene Libido wurde, vor allem, wenn man gerade Sex mit einem anderen Partner hatte.«

Erotika, Pornos und »Sexfilme«

Wir wissen, dass die Römer ausgesprochen pornografische Bücher kannten. Mit der Wandlung der Gesellschaft im ersten vorchristlichen Jahrhundert und der entsprechenden Erweiterung der römischen Grenzen entsteht eine völlig neue Generation von Dichtern, die sich *poetae novi* oder *neóteroi* nannten. Zu ihnen gehörten Catull, Furius Bibaculus, Publius Terentius Varro, Helvius Cinna und Licinius Calvus.

Interessanterweise werden diese aber nicht vom gemeinen Volk gelesen, obwohl dieses Striptease und Zoten liebt. Ihre Werke haben gerade in der römischen Oberschicht unglaublichen Erfolg. Warum? Weil von dort der Wandel in der Gesellschaft ausgeht (ein Wandel von oben, wie wir heute sagen würden): Denken und Kultur in Rom lassen die traditionellen Werte einer patriarchalisch organisierten Familie hinter sich. Dieser nicht aufzuhaltende Prozess wird am Ende Dichter wie Ovid, Martial, Petronius, Tibull und Properz hervorbringen, die mit ihren erotischen Werken den römischen Adel ergötzen.

Die Nachfrage aus dem Adel bleibt ungebrochen und generiert eine erotische lateinische Literatur ohne stilistische Einheit – von der Elegie bis zum Epigramm, also ganz verschieden in der Metrik, aber mit einer Gemeinsamkeit: Themen wie Sex und Erotik stehen im Vordergrund. Das Ganze wird aus subjektivem Blickwinkel präsentiert. Manchmal wird Sexuelles unverblümt dargestellt, dann wieder mit allerlei Anspielungen poetisch umschrieben. Die erotische Spannung aber bleibt immer gleich.

Neben den erotischen Büchern gibt es auch »Pornohefte«: Die berühmten Bücher, die sich am ehesten mit dem Kamasutra vergleichen lassen und in denen einzelne Stellungen illustriert und beschrieben werden. Diese sehr ausführlichen Darstellungen haben letztlich das antike Gegenstück unseres Sexfilms hervorgebracht.

Bei den erotischen Bildern, die wir auf Fresken oder Öllampen dargestellt finden, können wir neben den Liebenden immer auch Details des Raumes erkennen, in dem sie sich aufhalten. Man sieht das Bett, die Lampen, manchmal einen Krug oder einen Hund. Und etwas an der Wand, das eindeutig eine erotische Szene darstellt. Dieses Ding hat Holzflügel, die sich öffnen lassen wie Fensterläden. Und wozu diente es nun? Wieso war es überhaupt zu öffnen und zu schließen? Wollte man vielleicht verhindern, dass die Kinder solche Dinge zu sehen bekamen? Sicher nicht, denn es gab so viele erotische Darstellungen im ganzen Haus, dass dies gar nicht realisierbar gewesen wäre. Sollte es dann vor Staub geschützt werden? Auch dies ist keine vernünftige Erklärung, denn dann hätten alle Gegenstände im Haus, die einen gewissen Wert darstellten (Statuen, Fresken, Mobiliar et cetera), entsprechend geschützt werden müssen. Doch man wollte sie ja ausstellen, um die Gäste zu beeindrucken. Wozu also dienten sie?

Was diese Objekte mit den Fensterflügeln in den Schlafzimmern der Römer bedeuteten, blieb unter Archäologen und Historikern lange ungeklärt.

Auf einem Terrakotta-Relief, das im Rhonetal gefunden wurde, finden wir erste Hinweise. Man sieht ein Paar, das sich anschickt, Liebe zu machen. Die Dame sitzt auf dem Herrn. Im Hintergrund erkennen wir eines dieser Objekte, bei dem die Flügel weit offen stehen. Wir sehen ein Viergespann im Galopp. Und die Frau sagt zum Mann: »Vorwärts! Du merkst doch, wie du mich gut öffnest.« *(Valeas. Vides quam bene chalas.)* Anscheinend besteht ein Zusammenhang zwischen der Stellung der Frau und der dahingaloppierenden Quadriga...

Professor Varone hat nach eingehenden Studien solcher Darstellungen in Pompeji eine interessante Lösung für die Frage dieser merkwürdigen Objekte gefunden. Offensichtlich handelt es sich dabei um ein erotisches Spiel für wohlhabende Römer.

Im *Haus der Jahrhundertfeier* in Pompeji am oberen Decumanus hat Varone ein recht geräumiges *cubiculum* entdeckt, das ein Vorzimmer hat. Neben der Eingangstür des *cubiculum* finden sich zwei Fresken mit erotischen Szenen und ... eine Luke, die es mit dem Vorzimmer verbindet. Sie ist nicht groß, nimmt aber gleichwohl einen Teil der Wand ein. Da sie sich in 1,66 Meter Höhe befindet, kann es keine Durchreiche für Speisen und Getränke sein. Auch zum Hinaus- oder Hineinschauen in den Raum ist sie nicht geeignet. Da sich über der Tür ein großes Fenster befindet, ist sie wohl auch nicht als Lichtöffnung gedacht. Wozu diente sie also dann? Varone untersuchte die Öffnung genauer und fand rundherum verschiedene Löcher wie von Nägeln, die etwas gehalten haben. Möglicherweise ein Holzkästchen mit Seitenflügeln, das natürlich mittlerweile verloren gegangen ist. Mit diesem Objekt konnte man die Öffnung also verschließen.

Hier nun die Hypothese von Professor Varone. Wenn der Hausherr sich mit seiner Konkubine aufs Lager begab und das Vorspiel begann, waren die Fensterläden geschlossen. Ein Sklave, vielleicht der *cubicularius*, befand sich im Vorzimmer und schob ein Bild mit einer erotischen Szene (*tabulae* mit den *figurae Veneris*) in die Öffnung. Das war nicht schwer, weil die Öffnung auf der Vorzimmerseite größer war als die, die ins Schlafzimmer führte. Das Bild war also jetzt hinter den geschlossenen Holzläden. Auf Befehl seines Herrn öffnete der Sklave diese, und auf der Vorderseite war das erotische Bild zu sehen ... was bei der Frau vermutlich eine gewisse Überraschung auslöste. Das Bild gab quasi die Stellung vor, die nun eingenommen werden konnte. Ein raffiniertes erotisches Spiel zur Steigerung der beiderseitigen Lust. Auf ein Zeichen seines Herrn schloss der Sklave die Holzläden wieder, möglicherweise mit Lederbändern, und tauschte das Bild aus. Bald öffnete er sie wieder, ein neues Bild war zu sehen und erhöhte den Kitzel ... Und so weiter, und so fort. Vermutlich stand eine Menge solcher Bilder zur Verfügung. Unter Umständen gab es ja einen florierenden Markt für diese Darstellungen. Da sie jedoch aus wenig dauerhaftem Material hergestellt waren, hat sich keines bis heute erhalten.

Man kann sich auch vorstellen, dass der Herr (oder sein engster Vertrauter unter den Sklaven) eine bestimmte Bildfolge vorgab, die das sexuelle Verlangen immer weiter steigern sollte, bis es sich im Höhepunkt entlud. Varone meint, der Reiz dieses Spiels liege eben in seinem Überraschungseffekt und in seiner Vielfalt.

Wir würden noch hinzufügen, dass diese Abfolge erotischer Szenen einem modernen Pornofilm gleicht: Er sollte das Paar »in Fahrt bringen«, den Sex interessanter und spannender machen. So erschien im hölzernen Rahmen vielleicht das Bild eines »Dreiers« und gleichzeitig eine dritte Person an der Tür.

Das ist natürlich zunächst nur eine Hypothese, wirkt aber nichtsdestotrotz recht überzeugend. Immerhin findet sich in einem der Bordelle ein Fresko, das diese These zu stützen scheint. Man sieht einen nackten Mann auf dem Bett und eine noch angekleidete Frau. Wir sind also noch beim Vorspiel. An der Wand vor den beiden befindet sich ein erotisches Bild, auf das der Mann mit dem Finger zeigt. Damit signalisiert er der Frau, mit welcher Stellung er gern anfangen würde.

Erotische Träume und ihre Interpretation

Anfangs standen die Ärzte solchen erotischen Darstellungen noch gleichgültig gegenüber, doch mit der Zeit gerieten diese zunehmend in ein schiefes Licht. Man fürchtete, sie würden einem »Abweichen« von der römischen Moral Vorschub leisten, weil sie die erotische Leidenschaft unkontrollierbar machten. Wie aber sah man erotische Träume, also die Bilder, die unser Geist während der Nacht produziert? Die Professorin Antonietta Dosi meint, römische Ärzte hätten diese als »Entladung« betrachtet, die sich immer dann einstelle, wenn die Moral den Männern verbiete, ihren sexuellen Bedürfnissen nachzukommen. Ohne dieses Ventil, so hieß es, entstünden »monströse« Formen der Sexualität wie Sex mit Tieren (Zoophilie), mit Toten (Nekrophilie) und mit Statuen (Agalmatophilie). Galen zufolge sei das Gegenmittel, regelmäßig den »Überdruck« an Sperma abzubauen. Auch der bereits erwähnte mit der Hand herbeigeführte Orgasmus bei Frauen, die seit längerer Zeit keinen Sex mehr hatten, gehört sicherlich in die Reihe dieser Maßnahmen.

Gerade die Antike aber beschäftigte sich ausgiebig mit der Bedeutung von Träumen. Vor allem in den Heiligtümern, zu denen – wie heute nach Lourdes – zahllose Kranke und Leidbeladene pilgerten. Sie schliefen in den Innenhöfen der Tempel und erzählten am nächsten Tag ihre Träume einem Priester. Der interpretierte den Traum im Hinblick auf ein mögliches Heilmittel. Der Traum lieferte also Hinweise, was der Kranke tun oder lassen sollte, um von seinem Leiden geheilt zu werden. Auch vor Antritt einer Reise waren Träume von entscheidender Bedeutung. Man suchte nach guten oder bösen Omen, wenn man zum Beispiel zu Schiff das Mittelmeer überqueren wollte, und bei allen anderen Unternehmungen. Wie aber wurden erotische Träume gedeutet?

Artemidor von Daldis, ein Gelehrter und Astrologe, der eben zu jener Zeit lebte, die uns hier interessiert, verfasste ein Buch zur Traumdeutung mit dem Titel *Oneirokritika*. Darin teilt er Träume in drei Kategorien ein: solche, die mit der Natur, der Moral und dem Gesetz konform gehen; solche, die gegen die Natur sind; und solche, die dem Gesetz zuwiderlaufen. Alle »normalen« sexuellen Akte, zum Beispiel mit der Frau, der Konkubine, den Sklaven und anderen »legitimen« Partnern, verhießen dementsprechend nur Gutes und gehörten zur ersten Gruppe.

Von Prostituierten zu träumen ist nach Artemidor ein gutes Zeichen. Träumt man allerdings, dass man mit ihr in einem Bordell Sex hat, dann weist dies auf einen bevorstehenden wirtschaftlichen Verlust hin. Noch schlimmer ist es, wenn man nur vom Bordell träumt. Das gilt als böses Omen und bringt ebenso Unglück wie der Traum von einem Friedhof.

Auch Träume von homosexuellen Begegnungen unter Männern werden als gutes Zeichen gewertet, aber nur, wenn man dabei die aktive Rolle innehat. So gilt es als gutes Omen, wenn man Sex mit einem Sklaven hat, jedoch nur dann, wenn man ihn »besitzt«. Der umgekehrte Fall gilt vielmehr als schlimmes Vorzeichen. Doch auch hier gibt es eine Ausnahme: Wenn man von einem reichen und reifen Mann »in Besitz genommen« wird, dann ist dies wiederum ein sehr gutes Omen. (Das Gegenteilige gilt, wenn der aktive Part ein junger, armer Mann ist.) Homosexuelle Begegnungen von Frauen gelten als schlecht, ebenso Sex mit Tieren und kurioserweise auch jede Form von Oralsex. In einer sexuell so freien Gesellschaft wie der römischen waren erotische Träume wahrscheinlich nicht selten und beeinflussten auch das Verhalten der Menschen. Wir dürfen nicht vergessen, dass die Römer außerordentlich abergläubisch waren.

Römische Verhütungsmittel

Angesichts der sexuellen Freiheit, die im Alten Rom herrschte, und der Tatsache, dass die meisten Menschen eine geringere Lebenserwartung hatten als heute, waren Schwangerschaften recht häufig. Wie aber schützten sich Frauen beim Verkehr mit ihrem Liebhaber oder Prostituierte vor einer ungewollten Schwangerschaft?

Es wurde verschiedentlich die Hypothese aufgestellt, die Römer hätten das Kondom erfunden. Diese stützt sich auf eine Version der Legende von Minos und Pasiphae, in der angeblich die Blase einer Ziege zu diesem Zweck verwendet worden ist. Doch Reay Tannahill, die diese Textstelle anführt, meint dazu: Selbst wenn die Römer jene Technik benutzt hätten, sei es doch seltsam, dass man später jahrhundertelang nichts mehr davon gehört habe.[64] Denn Kondome werden erst wieder gegen Ende des 16. Jahrhunderts erwähnt und sind für diese Zeit auch bezeugt. (Möglicherweise ist ein Grund dafür die Syphilis, die durch die ersten Reisen nach Amerika eingeschleppt wurde.)

Es gibt also keine Text- oder sonstigen Befunde, die den Schluss zulassen, dass die Römer tatsächlich Präservative verwendet haben. Selbst wenn dem so gewesen wäre, war diese Verhütungsmethode vermutlich nicht sehr verbreitet, da sie nirgendwo erwähnt wird. Nicht einmal bei Ovid. Es gibt keinen bekannten lateinischen Begriff dafür, kein Fresko, keine Zeichnung, in denen der Gebrauch zu sehen wäre...

Es ist anzunehmen, dass die Römer das Kondom nicht schätzten, weil sein Gebrauch der »Macho-Mentalität« und dem Selbstbild des römischen Mannes widersprach, in dem auch die Lebenskraft seiner Spermien ein wichtiges Element waren. Der Mann kümmerte sich schlicht und einfach nicht um die Folgen seiner erotischen Begegnungen, sondern überließ das ganze Verhütungsthema der Frau. Auch der Coitus interruptus war dem Römer nicht angenehm. Und die Methode, auf die griechische Hetären setzten, um nicht schwanger zu werden, nämlich der Analverkehr, war in Rom ebenfalls nicht sonderlich beliebt. Der römische Mann genoss ihn vorzugsweise mit anderen Männern, mit Frauen eher nicht. Im Alten Rom hatte also allein die Frau dafür zu sorgen, dass sie nicht schwanger wurde. Doch mit welchen Methoden?

Der findige Geist der Römer hat zu diesem Zweck so manche

Methode entwickelt. Die Liste ist wirklich erstaunlich und vermag – zumindest beim modernen Leser – ab und an auch für ein heiteres Schmunzeln zu sorgen.

Zunächst einmal riet man nach dem Akt zur Vaginalspülung. Daher gibt es in jedem Lupanar einen Raum, in dem die Prostituierten sich nach der Bedienung der Kunden waschen können. Dahinter stand nicht nur der Wunsch nach Körperhygiene, sondern auch nach Schwangerschaftsverhütung.

Des Weiteren riet man den Frauen, vor dem Akt in die Vagina Substanzen einzuführen, die das Sperma abtöten sollten, so zum Beispiel ranziges Olivenöl, Honig, Zedernharz, Myrtenöl, Bleiweiß (Bleikarbonat, um genau zu sein; dieses ist aufgrund seines Bleigehalts allerdings giftig) und mit Wein verrührtes Galbanum, ebenfalls ein Harz.

Einige dieser Substanzen besitzen tatsächlich, auch wenn die Römer das nicht wissen konnten, eine spermizide Wirkung. Zum Beispiel das Öl der Wacholderbeeren, das der Arzt Dioskurides im ersten nachchristlichen Jahrhundert empfiehlt. Im Labor hat man herausgefunden, dass dieses tatsächlich spermienabtötende Eigenschaften hat. Die Ärzte der Römerzeit wie Soranos von Ephesos empfahlen der Frau auch, an den Tagen vor der sexuellen Begegnung bestimmte »Zäpfchen« in die Vagina einzuführen – »aus zwei Teilen Granatapfelschale und einem Teil Gallapfel, die gemahlen und zu kleinen Eicheln geformt wurden«.

Professor John M. Riddle von der North Carolina State University gehört zu den anerkannten Experten, was die Verwendung von Kräutern zu Abtreibungszwecken in der Antike und im Mittelalter angeht. Er hat die in antiken Schriftquellen angegebenen Rezepte im Labor und im Tierversuch an Mäusen und Affen getestet. Für das obige Rezept ergeben die von ihm gesammelten Daten eine um 70 Prozent verminderte Empfängnisfähigkeit, die vier Tage lang anhält. Danach pendelt sie sich wieder beim Normalwert ein.

Vielleicht war es so ein Zäpfchen, das jene Prostituierte verwendet hat, ehe sie den Kunden empfing, der sich an den Wänden von Pompejis berühmtestem Lupanar so abfällig über sie auslässt: »Hier habe ich gerade ein üppiges Mädel gefickt, die von allen gelobt wird, aber inwendig war sie ganz lehmig.«

Diese Inschrift wird gewöhnlich als Beleg für die mangelnde Sauberkeit der Prostituierten zitiert, obwohl sie eher Hinweise auf die angewendeten Verhütungstechniken gibt, die in einem Lupanar wohl gang und gäbe waren. Derartige Hinweise finden sich schon in den Papyrusrollen der Ägypter. Aber Papyri und medizinische Schriften sind eine Sache, die Wirklichkeit eine ganz andere. Und so könnte diese Inschrift aus einem Bordell in Pompeji tatsächlich das älteste Zeugnis für die Anwendung von Verhütungsmethoden von weiblicher Seite darstellen.

Gab es daneben noch weitere Methoden zur Empfängnisverhütung? Für die Frau natürlich, denn der Mann fühlte sich in dieser Sache nicht zuständig. Soranos von Ephesos, der im ägyptischen Alexandria studiert hatte, bevor er sich in Rom als Arzt niederließ, empfahl den Gebrauch von Diaphragmen. Diese bestanden aus einem Wollknäuel, das man vor dem Verkehr mit Substanzen wie den oben erwähnten tränkte oder in Harz tauchte (um das Sperma aufzuhalten). Dazu kamen noch adstringierende Substanzen, die die Vaginawände zum Zusammenziehen veranlassen sollten, sodass sie sich möglichst eng um diesen Tampon schlossen. Wir wissen auch von anderen Tampons, die man in Essig oder Zitronensaft tauchte, um das Sperma sozusagen chemisch unschädlich zu machen. Dies wiederum zeigt, dass Zitronen in römischer Zeit, also noch vor der Ausbreitung der Araber im Mittelmeerraum, bekannt waren und angebaut wurden. Denn gewöhnlich schreibt man die Nutzung der Zitrone den Arabern zu.

Es gibt allerdings auch Methoden, deren Nutzen nicht nur zweifelhaft ist, sondern die sogar eher lächerlich wirken. Soranos zum

Beispiel rät der Frau, im Augenblick der Ejakulation des Mannes den Atem anzuhalten und den Körper ein wenig zurückzuziehen, damit der Samen nicht in die Gebärmutter gelangt. Dann solle sie sich breitbeinig hinsetzen und so oft wie möglich niesen, damit das Sperma ausgestoßen wird. Und schließlich eine vaginale Waschung vornehmen.

Die Idee, dass Niesen ein gutes Verhütungsmittel sei, war in der Antike weit verbreitet. Reay Tannahill schreibt, Dioskurides habe den Frauen empfohlen, nach einer sexuellen Begegnung Pfeffer in den Gebärmutterhals einzuführen. Die dahinterstehende Idee war recht simpel: Wenn Niesen hilft, die Samenflüssigkeit auszustoßen, dann erschien es durchaus sinnvoll, das Niesen dort auszulösen, wo die Kontraktionen am meisten gebraucht wurden. Doch natürlich waren dies rein sympathetische Methoden, deren Wirkung quasi gleich null war. Einfacher und klüger war da schon, sich an eine andere Empfehlung zu halten, die Soranos den Frauen gab (auch wenn dies ebenfalls keine absolut sichere Methode war). Er riet ihnen, nur in den fünf Tagen nach der Regel Verkehr zu haben, den Tagen also, in denen statistisch die geringste Wahrscheinlichkeit besteht, dass eine Frau schwanger wird, auch wenn das nicht völlig auszuschließen ist. Diese Methode, die man heute auch »vatikanisches Roulette« nennt, war sicher effektiver als so manche andere, aber wenn es um schnellen Sex ging, der sich ja nicht nach Kalender einstellt, war sie eben von geringem praktischem Wert.

Plinius der Ältere hingegen packte das Problem an der Wurzel. Er wollte Schwangerschaften verhindern, indem er der römischen Frau die Lust auf Sex nahm. Die Methoden waren vermutlich wirksam, wenn auch ein wenig ekelerregend. Er riet zu »Einreibungen mit Mäusedreck« oder mit den Exkrementen von Schnecken beziehungsweise Tauben. Diese sollten in wenig Wein oder Öl aufgelöst werden. Dann konnte man unters Bett noch die Hoden eines

Hahns legen und den Boden darunter mit seinem Blut einstreichen. Auch wenn man die Lenden einer Frau mit dem Blut eines wilden schwarzen Stieres bestreiche, würde dies sie mit Abscheu vor dem Geschlechtsverkehr erfüllen. Meint Plinius.

Und noch eine recht kuriose Methode gab es: Lukrez empfahl den Damen, beim Geschlechtsverkehr das Becken wellenartig zu bewegen. Dies würde nicht nur dem Liebhaber Lust verschaffen, sondern auch das Sperma in weniger gefährliche Bereiche lenken...

Die Pille im Alten Rom

Nach diesem kurzen Ausflug in die Welt der kuriosen Mittelchen und Rezepturen könnte man zu der Schlussfolgerung gelangen, dass es im Alten Rom keine wirklich wirksamen Verhütungsmittel gab. Aber weit gefehlt: Die Römer hatten tatsächlich ein (für die damalige Zeit) recht effektives Mittel entdeckt. Dieses wurde aus verschiedenen Ingredienzen gemixt und dann tatsächlich zu einer Pille gedreht. Von Soranos von Ephesos sind zwei Rezepte überliefert, die einige Tage vor der Begegnung täglich eingenommen werden müssen.

Rezept Nummer 1: »Vom Ende der Menstruation an täglich zwei Gläser Wasser trinken, in denen eine Gabe Silphiumextrakt aufgelöst wurde, etwa von der Größe einer Kichererbse.«

Rezept Nummer 2: »Vermengen: süße Myrrhe (Opoponax) mit Silphiumextrakt, Weinrautensamen für zwei Obolus und Wachs. Mit einem Glas alten Weines trinken. Oder in einem Glas alten Weines auflösen und trinken.« Aus diesem Gemisch wurde eine Pille gedreht.

Einige Wissenschaftler wie der bereits erwähnte Professor Riddle haben versucht, diese Mischung »nachzubauen«. Getestet wurde sie an Labormäusen, wo sie sich erstaunlich wirksam zeigte. Die wichtigste Zutat zur altrömischen Pille ist das Silphium, eine Pflanze, die es heute allerdings nicht mehr gibt. In der Antike galt Silphium als Universalheilmittel: Der Wurzelsaft, *laserpicium* oder *lacrima Cyrenaica* genannt, linderte alles – vom Kopfschmerz bis zum Schlangenbiss. Silphium wuchs einzig in der Kyrenaika, einer Region in der Provinz Africa (östliches Libyen). Das ungehinderte Sammeln führte zum völligen Aussterben der Pflanze schon in römischer Zeit. Moderne Forscher mussten also eine ähnliche Pflanze finden. Beinahe sicher ist, dass das Silphium zur selben Gattung gehörte wie *Ferula communis*, der Riesenfenchel. Hiervon gibt es noch verschiedene Unterarten, die im mediterranen Raum wachsen. Da ähnliche Arten in der Botanik häufig eine ähnliche chemische Zusammensetzung aufweisen, darf man als wirksames Element dieser Pflanze das Ferujol annehmen, das zum Beispiel im Harz von *Ferula assa-foetida* vorkommt, dem Stinkasant. Mit diesem Präparat behandelte Versuchstiere erwiesen sich noch drei Tage nach dem Koitus als nur eingeschränkt empfängnisfähig. Was uns wiederum zu der Annahme bringt, dass der Wirkstoff in der Pille der alten Römer tatsächlich das Harz des Silphiums war.

Diese Pille funktionierte sowohl als klassisches Verhütungsmittel wie auch als »Pille danach«, also nach der Empfängnis. Untersucht man noch zwei weitere der von Soranos angeführten Rezepte, stellt man schnell fest, dass von den zehn zitierten Pflanzen ganze acht tatsächlich die Schwangerschaft verhindern oder gleich wieder beenden.

Das einzige Problem mit dieser Art von Pille waren die hohen Kosten. Da Silphium selten war, war es teuer. Nur Frauen aus wohlhabender Familie konnten es sich leisten. Die Frauen aus dem Volk, von den Prostituierten ganz zu schweigen, mussten sich mit den weniger effektiven traditionellen Mitteln begnügen. Daher nahmen sie auch weniger zur Verhütung Zuflucht als zur Abtreibung, um den Kindersegen einzudämmen. Mit all den damit verbundenen Risiken.

Die Abtreibung

Bereits in römischer Zeit wurde die Abtreibung praktiziert, vor allem, wenn die Schwangerschaft durch außereheliche Beziehungen zustande gekommen war. Natürlich fragten sich auch die Römer, ob es sich dabei nicht um Mord handle. Das Gesetz war in dieser Hinsicht erstaunlich eindeutig: Die Abtreibung an sich war kein Verbrechen, da der Fötus im römischen Recht nicht als beseeltes Wesen galt. Das Problem lag vielmehr darin, einen geeigneten Arzt (meist Griechen) zu finden.

Denn der Hippokratische Eid verbietet es dem Arzt, Abtreibungen vorzunehmen: »Ich werde ärztliche Verordnungen treffen zum Nutzen der Kranken nach meiner Fähigkeit und meinem Urteil, hüten aber werde ich mich davor, sie zum Schaden und in unrechter Weise anzuwenden. Auch werde ich niemandem ein tödliches Gift geben, nicht einmal, wenn ich darum gebeten werde. Auch werde ich keiner Frau ein Abtreibungsmittel geben. Rein und fromm werde ich mein Leben und meine Kunst bewahren.«[65]

Dieses Berufsgebot spaltete die Ärzteschaft jener Zeit in zwei Lager. Da waren die absoluten Abtreibungsgegner auf der einen Seite, auf der anderen Seite standen die Befürworter einer medizinisch indizierten Abtreibung, die in bestimmten Fällen erlaubt war, zum Beispiel, wenn das Leben der Mutter in Gefahr war. Anders als heute standen dahinter keine religiösen Überzeugungen, sondern nur das Berufsethos der Ärzte.

Dennoch lief ein Arzt, wenn er eine Abtreibung vornahm, Gefahr, sich vor dem Richter verantworten zu müssen: Starb nämlich die Frau bei einer Abtreibung, konnte er wegen Mordes angeklagt oder vom Vater vor Gericht zitiert werden, weil er ihn um einen Erben gebracht hatte.

Unter Trajan ging ein Arzt, der Medikamente zur Abtreibung verabreichte, ein hohes Risiko ein. Starb die Frau an den Arzneien, konnte er wegen Giftmordes angeklagt werden. Dafür sorgte die *Lex Cornelia de sicariis et veneficis*, in der Tötungsdelikte, darunter auch Giftmord, juristisch geregelt waren. Dass darin auch von »Zauberei« die Rede ist, hat damit zu tun, dass die meisten »Giftmorde« durch die Verabreichung von Zaubertränken oder Abtreibungsmitteln verursacht waren. Starb die Frau hingegen an den Folgen des chirurgischen Eingriffs, war die Anklage noch schwerwiegender: Mord. Als hätte er sie hinterrücks erdolcht. Die Tötung des Fötus, das sei hier noch einmal wiederholt, interessierte das römische Recht nicht. Es kümmerte sich ausschließlich um die Rechte der Mutter.

Aus diesen Gründen vermieden es die meisten Ärzte, Abtreibungen vorzunehmen. Die Frau musste sich also selbst behelfen oder sich an ihre Amme, an Eltern und Freundinnen wenden. Die wiederum Adressen von den »Engelmacherinnen« jener Zeit hatten. Die Techniken waren höchst unterschiedlich. Sie konnten chirurgischer Natur sein, wobei dann irgendwelche Instrumente in die Gebärmutter eingeführt wurden, die aber meist zu Blutungen und anderen Komplikationen führten. Oder man nahm seine Zuflucht zu Kräutern und Medikamenten, die man direkt in die Gebärmutter einbrachte. Die letzte Möglichkeit war es, etwas einzunehmen oder das Mittel auf der Haut aufzutragen. Die meisten Abtreibungsmittel aber waren eher Frucht von Aberglaube als von Wissen. Sie waren nicht nur ineffektiv, sondern hatten häufig auch noch lebensgefährliche Infektionen zur Folge. Hier sind ein paar der üblichen »Rezepte«:

- im Mörser vermahlene Viper;
- abgezogene und abgestreifte Haut von Schlangen (die für einen Schwangerschaftsabbruch gegessen werden musste);
- Rabeneier;
- verbrannte Eselshufe;
- Bibergeil (ein Sekret aus den Drüsensäcken des Bibers);
- verkohlte Kohlwurzel (desgleichen Myrten- oder Tamarindenwurzel), die verbrannte Wurzel musste mit Menstruationsblut verrührt werden;
- mit einer Weißdornwurzel auf den Bauch der Schwangeren schlagen, die dabei austretende Flüssigkeit auf dem Bauch der Frau verteilen.

Außerdem werden noch die abortiven Kräfte folgender Pflanzen genutzt: Petersilie, Weinraute, Seifenkraut (Saponaria officinalis), Alpenveilchen et cetera. Sogar einer bestimmten Weinsorte, die zusammen mit Helleborus (Christrose) und Wilder Melone wächst, wurden solche Kräfte zugeschrieben. Vom Diptam einmal ganz abgesehen: Er sollte so starke fruchtaustreibende Kräfte besitzen, dass eine Schwangere sich nicht einmal im selben Raum mit dieser Pflanze aufhalten durfte.

Dies waren die Abtreibungsmittel der Volksmedizin, zu denen noch gewisse »physische« Techniken kamen, wie sie auch Soranos von Ephesos empfiehlt. Dessen Texte wurden übrigens noch bis ins Mittelalter hinein gelesen. Er beschreibt anstrengende körperliche Übungen, Bäder, Einläufe, harntreibende Mittel, Massagen, Aderlasse und Zäpfchen, die man in die Scheide einführte – mit täglich steigendem Wirkstoffgehalt. Hier allerdings war es von entscheidender Bedeutung, im Körper der Frau keine Gegenreaktion auszulösen.

X
AN DEN ORTEN DER FREUDE

Reise in die Untiefen Roms

Auf der Suche nach den Orten der Freude

Einmal mehr lassen wir uns mit der Menge durch die Straßen treiben, um uns nun in der Welt des bezahlten Sex umzuschauen. Was sind die einschlägigen Orte, an die sich der Römer da begibt? Heute weiß ja jeder, dass es bestimmte Straßen gibt, die den Prostituierten vorbehalten sind, und auch Lokale und Clubs, die sie frequentieren. Aber in Rom 115 n. Chr., wie verhält es sich da? Gibt es ein bestimmtes Viertel, eine Straße vielleicht, in der Sex angeboten wird? Wo betreiben im kaiserlichen Rom die Huren ihr Gewerbe? Wir sehen uns um. Die Straße wird von hohen Häusern gesäumt. An den obersten Stockwerken ist der ansonsten weiße Putz abgeplatzt, und die roten Ziegel und das Fachwerk kommen zum Vorschein. Da drüben gehen drei Sklaven und tragen dicke Wäschepakete auf dem Kopf. Weiter hinten diskutieren zwei Männer in Toga. Vor einer *taberna*, einem Laden, scherzt der Ladenbesitzer mit einem Freund, ohne jedoch diesen seltsamen Kunden aus den Augen zu lassen, der sich zwischen den leuchtenden Stoffballen herumdrückt.

Zwei Jungs jagen hintereinander über den Gehsteig und stoßen dabei die Passanten zur Seite. Doch plötzlich bleiben sie wie angewurzelt stehen und zeigen mit dem Finger auf die Sänfte einer Matrone, die gerade über die Straße getragen wird. Ein Blick, und schon zischen sie zwischen den Beinen der Trägersklaven durch wie zwei Mauersegler. Die Sklaven schreien ihnen wüste Beschimpfungen nach, aber da sind sie schon weg. Weiter vorn eine *popina*, ein altrömisches Café, in dem zwei *vigiles*, zwei Feuerwächter, sitzen. Sie achten darauf, dass auf den Straßen kein Feuer ausbricht und dass nachts nichts passiert. Doch für heute ist ihr Dienst beendet, und so haben sie sich hier niedergelassen und leeren in großen Schlucken den ersten Becher Wein. Sie tändeln ein wenig mit der Kellnerin, die das Tablett an ihre Brust drückt. Einmal, zweimal lautes Lachen, doch beim dritten Mal ist das Mädchen weg und bringt sich vor einer allzu forschen Hand in Sicherheit, die gerade das Innenleben ihrer Tunika erkunden wollte. Wir wissen, dass Kellnerinnen sich mitunter gegen Bezahlung mit einem Mann auf Sex einlassen, dennoch besteht ein Unterschied zu gewerbsmäßig tätigen Prostituierten. Woran erkennt man eigentlich eine Prostituierte auf der Straße? Wie der Zufall so spielt, kommt gerade eine gut gebaute junge Frau mit rotem Kleid auf uns zu. Könnte sie vielleicht ein »Freudenmädchen« sein? Sie ist allein unterwegs, recht freizügig gewandet und überhaupt üppig gebaut. Sie spürt unseren musternden Blick und erwidert ihn. Einen Augenblick lang durchdringt sie uns mit ihren dunklen Augen. Wahrscheinlich fragt sie sich, ob sie uns kennt. Dann aber geht ihr Blick wieder zurück ins Weite. Unter dem leisen Klingeln der Armreifen setzt sie ihren Weg fort. Offensichtlich war sie doch keine Käufliche. Und doch sind wir ganz nahe dran an der Subura, dem Armenviertel Roms, wo wir das *Submemmium* finden, den am übelsten beleumundeten Bezirk von ganz Rom, der tatsächlich nur Prostituierten vorbehalten ist. (Der Name scheint etwas zu bedeuten wie »unter den Mauern«, von *sub* [»unter«] und *moenia* [»Stadtmauer«].)

Ein vierschrötiger, behaarter Kerl in verknitterter Tunika ist die Antwort auf unsere Gebete. Er hat soeben ein Opfer in einem benachbarten Tempel dargebracht und Lebensmittel zu Füßen der

Götterstatue niedergelegt. Als er wieder herauskommt, bleibt er plötzlich wie vom Blitz getroffen stehen. Er starrt auf etwas, das auf den ersten Blick nur wie ein farbiger Fleck im Gewühl aussieht, doch rasch näherkommt. Vor ihr teilt sich die Menge. Es ist dieselbe Frau, die wir schon am Morgen auf dem kleinen Platz gesehen haben – eine Prostituierte.

In Rom erkennt man Prostituierte auf einen Blick, denn sie tragen sozusagen »Uniform«: Das Gesetz zwingt sie, eine Toga zu tragen, ein sonst den Männern vorbehaltenes Kleidungsstück. So unterscheiden sie sich von den Matronen. Diese Togen sind stets in leuchtenden Farben gehalten. Dieses Mädchen zum Beispiel trägt eine himmelblaue Toga. Ihre Haare sind gefärbt, in Schock-Orange. Die Tunika unter der Toga ist durchscheinend und lässt ihre üppigen Brüste erkennen. Obwohl die Brustbinde sie hält, wippen sie doch bei jedem Schritt. Sie trägt den Kopf hoch, aus ihren Augen trifft uns ein verführerischer Blick. Ihre erotische Ausstrahlung taucht die ganze Straße in ein anderes Licht. Wie ein Magnet zieht sie die Blicke der Männer an. Ihre Jugend und ihr perfekter Körper zeigen, dass sie keine gewöhnliche Prostituierte ist. Jedenfalls wäre es kein Wunder, wenn sie bald den Sprung in die Riege der Oberschicht-Callgirls schaffen würde. Ihre Haut ist glatt, hell und gepflegt. Weit gepflegter jedenfalls als die der Frauen, die sie mit verächtlichen Blicken bedenken. Tatsächlich tragen die Prostituierten im Alten Rom stets Sorge für ihr Aussehen. Sie wissen ja, dass ihre Kunden runde (aber nicht hängende) Formen mögen und eine glatte Haut zu schätzen wissen. Daher halten gerade die Prostituierten sich gut in Form. Sie benutzen Schönheitscremes und andere Mittelchen. Einige lassen sich sogar Perücken in Orange und Himmelblau machen, den Farben ihrer »Zunft«. Das allerdings können sich nur wenige leisten. Denn es gibt verschiedene Klassen von Prostituierten in Rom. Die ärmeren unter ihnen tragen schmutzige, zerrissene Kleidung und präsentieren sich halbnackt. Die Kurtisanen aber tragen Roben, um die sie jede Königin späterer Epochen beneiden würde. Diese kostspieligen Gewänder wechseln je nach Kunde beziehungsweise Gelegenheit. Die Aufmachung ist vor allem bei den Straßendirnen ein Arbeitsmittel (was sich bis heute nicht geändert hat). Plautus meint ja, die »Straßenarbeiterinnen« trügen Kleider, die dem Blick des Kunden bestimmte Dinge vorgaukeln sollen. So gibt es die »königliche« Aufmachung, die »Bettlerin«, die »Edelfrau«, die »Exotin« und so weiter.

Dies wirft die Frage auf, welche Kategorien von Prostituierten im Rom jener Zeit tätig waren. Um welche Frauen handelte es sich? Woher kamen sie?

In der Subura auf den Spuren der Prostituierten

Die Prostitution ist im Alten Rom weit verbreitet, woran sich bis in unsere Tage nichts geändert hat. Heute allerdings werden die Prostituierten verachtet. Im Alten Rom hingegen erkannte man ihnen eine gewisse soziale Stellung durchaus zu. (Sie zahlten Steuern wie alle anderen.) Sogar Cicero verteidigt sie: Sowohl für die Hygiene als auch für die Ruhe der freien Frauen und Kinder seien Prostituierte nötig. Sie übten in Rom wie überall sonst einen heilsamen Einfluss auf die Gesundheit der Gesellschaft aus.

Niemand regt sich auf, wenn ein Mann in einem Bordell verschwindet, um Sex mit einer Prostituierten zu haben. Kurioserweise gilt dies bei alten Männern jedoch als verwerflich. Sex ist eine Sache der jungen Leute, die ihre Triebe ausleben müssen. Ein reifer Mann hingegen sollte weise genug sein, um seine Instinkte im Griff zu haben.

Der Beruf der Prostituierten ist ausgesprochen schwierig, wenn man die Callgirls der Oberschicht einmal ausnimmt. Die vom Männlichkeitswahn geprägte römische Gesellschaft und die Institution der Sklaverei sorgten dafür, dass diese Frauen nur als Objekt galten. Sie hatten keinerlei Rechte und wurden gnadenlos ausgebeutet.

Nun sind wir auf dem Weg in die Subura, und wir merken sofort, dass hier ein anderer Wind weht. Die Straßen sind aus gestampftem Lehm und nicht gepflastert. Überall stehen Pfützen, in denen sich wer weiß welche Flüssigkeiten sammeln. Die Mauern der Häuser starren im Erdgeschoss vor Dreck. Überall liegt Müll herum: Lumpen, Scherben, die Reste ausgepresster Früchte, Lederfetzen... Eilig huscht eine Maus von einem Haufen zum anderen. Doch trotz des Schmutzes stehen an jeder Ecke Menschen und unterhalten sich vergnügt. Ihnen scheint der Dreck nichts auszumachen, auch nicht der Gestank der Pfützen und die Fliegenschwärme. Aus einem der oberen Stockwerke dringen die lauten Schreie einer Frau heraus, die mit einem Mann streitet. Wir verstehen nicht, was sie sagt, denn im selben Moment preist ein fahrender Händler mit langgezogenen Rufen seine selbstgebundenen Reiserbesen an. Er ist noch jung, wirkt aber sehr viel älter: Im tief zerfurchten, sonnenverbrannten Gesicht enthüllt sein Lächeln einen zahnlosen Mund. Seine Tunika ist zerrissen, er geht barfuß. Er bleibt stehen und zeigt uns seine Besen. Seine Füße stehen mitten in einer der stinkenden Pfützen, aber das scheint ihm gar nichts auszumachen. Als er sieht, dass er in uns keine Abnehmer für seine Besen findet, lässt er uns kommentarlos stehen und zieht weiter. Willkommen in der Subura...

Weiter vorn sehen wir ein Haus, dessen Dach mehr als schadhaft ist. Davor sitzen ein paar Frauen, ärmlich gekleidet und verwahrlost. Ein paar sind alt, andere haben noch nicht so viele Jahre auf dem Buckel. Fast alle haben große, behaarte Muttermale und schütteres Haar. Manche sind so unattraktiv, dass man sie für einen Mann in Frauenkleidern halten könnte. Aber trotzdem lachen sie uns zu und fragen, ob wir an Sex interessiert sind... Wir befinden uns an der *pergula*, die für die unterste Kategorie der römischen Prostituierten reserviert ist. Wenn eine Prostituierte zu alt oder zu hässlich ist, um einem normalen Kunden gefallen zu können, schickt der Bordellbesitzer sie hierher und bietet sie dem Abschaum der Gesellschaft an. Sie bieten ihre Dienste unter dieser Art »Vordach« in den Straßen des Rotlichtviertels feil. Natürlich zu Spottpreisen.

Spaziergängerinnen und Heimservice

Wir aber gehen weiter, dorthin, wo zwei Frauen an der Wand lehnen. Sie haben blau gefärbte Haare. Das weist sie sofort als Prostituierte aus. Ein Mann tritt auf die Kleinere von beiden zu, die mit den vollen Lippen, und beginnt zu verhandeln. Dabei streicht sie ihm zärtlich übers Gesicht und schlingt den Arm um seine Taille. Offensichtlich handeln die beiden den Preis aus ... Nach wenigen Sekunden sind sie sich einig. Die Frau nimmt den Mann bei der Hand und führt ihn weg. Dabei hält sie mit der anderen ihre Toga hoch, damit diese auf dem Weg nicht schmutzig wird. Ein paar Meter weiter vorne hebt sie plötzlich einen Vorhang hoch. Wir werfen einen Blick in die Kammer, die direkt auf die Straße geht. Sie ist höchstens zwei bis vier Quadratmeter groß und enthält gar nichts außer einem riesigen Bett. Was man halt für eine Nummer so braucht. Diese winzigen Zimmerchen sind recht verbreitet, man nennt sie *cellae meretriciae*. Der Mann setzt sich auf das Bett und hebt die Tunika hoch. Sie beugt sich über ihn und zieht den Vorhang zu, um so ein klein bisschen Privatsphäre zu schaffen. Ihre zurückgebliebene Kollegin beäugt interessiert einen hübschen jungen Mann, der über die Straße geht. Sie schleicht ihm nach. Plötzlich überfällt sie ihn von hinten, schlingt ihm die Arme um den Hals und küsst ihn. Der junge Mann erschrickt und schüttelt sie schimpfend ab. Sie gibt ihm mit gleicher Münze heraus. Die Hände in die Hüften gestemmt beschimpft sie ihn, was das Zeug hält, ja spuckt ihm sogar nach. Der junge Mann ist schon weitergegangen. Ohne sich auch nur umzudrehen, zeigt er ihr den ausgestreckten Mittelfinger. Die Frau macht wütend kehrt und defiliert wieder die Straße auf und ab auf der Suche nach Kunden.

Diese Frauen nennt man die *ambulatrices*, die »Spaziergängerinnen«. Sie arbeiten auf der Straße, wo sie ihre Kunden aufstöbern wie Jäger das Wild. Ihre Köder sind ihre Jugendlichkeit und ihre aggressive »Werbung«. Ihre Tuniken sind so gefaltet, dass sie den ein oder anderen Körperteil enthüllen, um die Männer anzumachen. Sie bedienen ihre Kunden in kleinen Kammern, meist in der Nähe eines Lupanars, die sie vom Bordellbesitzer mieten.

Ihre Kolleginnen, die nachts arbeiten, werden *noctilucae* genannt, die, die unter kleinen Arkaden *(fornices)* auf ihre Kunden warten, heißen *fornicatrices*. Dieses Wort ist erhalten im italienischen *fornicare*, »Unzucht treiben«.

Aber es gibt noch andere Prostituierte, die weniger ins Auge fallen, da sie direkt zum Kunden kommen. Heute würde man von »Callgirls« sprechen. Ein Angehöriger der Oberschicht würde nie ein Bordell betreten, in dem sich tatsächlich eher die Unterschicht bedient (zu der auch Seeleute, Soldaten, Freigelassene oder Sklaven zählen). Die Prostituierten kommen vielmehr ins Haus. So als würde man den Pizzaservice bestellen. Diese Männer hatten also nicht nur Sex mit ihrer Frau, der Konkubine, den Sklaven und Geliebten, sondern auch mit Prostituierten. Allerdings nicht mit der »Dutzendware«. Gewöhnlich werden diese Frauen aus den besten Bordellen gewählt. Sie müssen singen, tanzen und ein Instrument spielen können... Sie sind auch nicht nur »Sexarbeiterinnen«, sondern werden bei Banketten für die Unterhaltung gebucht. Auf Anfrage haben sie dann auch Sex mit dem Hausherrn oder seinen Gästen. Manchmal sowohl als auch.

Escortdienste: Wie man andere aussaugt

Die höchste Kategorie der Prostituierten ist das, was man heute eine »Escort« nennt. Eine Luxusversion des Callgirls. Diese hochklassigen Kurtisanen sind außergewöhnlich schön und können in diesem Beruf tatsächlich Karriere machen. Wenn sie irgendeine besondere Fähigkeit haben wie Singen, Lautespielen oder einfach das Talent, die eigene Schönheit richtig in Szene zu setzen, können sie sich von der Welt der Zuhälter lösen. Natürlich sind dazu vor allem vollendete Manieren erforderlich. Die große Kunst ist es, den richtigen Gockel zum Rupfen zu finden. Dabei hat die Edelhure eine Verbündete: die Kupplerin. Hat sie erst einmal einen fetten Fisch an der Angel, kann dieser ihr Zutritt zur höheren Gesellschaft verschaffen. Dann wird sie zu Banketten, Festen, Abendessen eingeladen... und wechselt mitunter den Verehrer, wenn sie einen reicheren oder sozial höhergestellten Mann findet. Diese Blutsaugerinnen nehmen sich einen nach dem anderen vor, bis sie auf der höchsten Stufe der römischen Gesellschaft angelangt sind.

Diese Damen haben natürlich Künstlernamen, die häufig an die große Zeit der alten Griechen erinnern: Delia, Thais, Lais und so weiter. Gleich Haien bewegen sie sich gekonnt in den Wassern der Gesellschaft und finden schnell zu ihrer Beute. Da sind die noch ein wenig naiven jungen Erben, die man so richtig ausnehmen kann. Diese locken sie mit Sex und machen sie mit allen Kniffen der Weiblichkeit gefügig, sodass sie für diese Damen mitunter ihr ganzes Vermögen ausgeben. Sie selbst häufen nicht nur Schmuck und Kleider als Geschenke an, sondern auch Grundstücke, Häuser oder Konzessionen. Kein Schriftsteller der Antike hat für sie ein lobendes Wort übrig. Plautus beschreibt im *Trinummus* die Ankunft einer solchen Prostituierten: »Eine Nacht wird ihm geschenkt; ein ganzer Diensttross kommt ihm auf den Hals: der Salber, Silberkämmerling, die Plättfrau, Schuh- und Fächerträgerin, Sängerin, Schatullverwalterin, Boten hin und Boten her. Das plündert ihm den Brotschrank und den Beutel aus.«[66]

Plautus weist darauf hin, dass die Edelhure zwar leidenschaftlichen, ungewöhnlichen Sex zu bieten hat, dass sie auch als Gesellschafterin nichts zu wünschen übrig lässt, aber dass sie gleichwohl nichts als Ärger bringt, angefangen bei den wirtschaftlichen Schwierigkeiten, in die sie so manche ihrer Kunden stürzt. Ihr Zynismus und ihre Gnadenlosigkeit sind gleichwohl beeindruckend. Ihrer Weiblichkeit sicher, schaffen sie es, dass die Männer sich reihenweise in sie verlieben. Diese werden dann ausgenommen wie eine Weihnachtsgans und verlassen, sobald nichts mehr zu holen ist. Ohne dass auch nur ein Blick auf sie zurückgeworfen wird.

Wo trifft man Prostituierte?

Während wir so weiter durch die Straßen Roms schlendern, fällt uns auf, dass dieser Berufsstand im Alten Rom viel zahlreicher vertreten war als heute. Wenn wir moderne Begrifflichkeiten benutzen, könnte man sagen, dass der Römer an folgenden Orten Prostituierten begegnen konnte: in Restaurants, Bars, Weinhandlungen, Hotels, Fußballstadien, Rennstrecken, Theatern, Fitnessstudios, Wellnesscentern, auf Märkten, Volksfesten, Musikfestivals, Konzerten, in Kasernen, Kirchen und auf Friedhöfen…

In jeder Popina, jedem Thermopolium, überall, wo man etwas zu essen bekommt, kann der Römer mit einer Sklavin oder mit der Besitzerin beziehungsweise deren Tochter schlafen. (Wobei die Sklavin vermutlich auf Befehl ihres Besitzers handelt.) Der Geschlechtsakt wird vollzogen in einem Hinterzimmer oder im Oberstock. Diese Speiselokale sind gewöhnlich laut und vom Küchendunst vernebelt. Die Kunden kommen aus den niederen

Schichten oder gehören gar der kleinkriminellen Unterwelt an. Es gibt ständig Schlägereien, weil zu viel getrunken oder am Spieltisch betrogen wird. Das Würfeln zum Beispiel war zwar verboten, wurde aber überall praktiziert. Ein wenig erinnert die Atmosphäre an die Saloons des Wilden Westens, wo die Huren ebenfalls im ersten Stock ihre Dienste anboten. Denn dieses Gesicht der Prostitution hat sich auch in der Moderne kaum verändert. Orte wie diese findet man auch heute noch, vor allem in der Dritten Welt.

Alles, was Menschen anzieht, zieht auch die Frauen an, die ihren Körper verkaufen: Wagenrennen im Circus, das Schauspiel der Kämpfe in den Amphitheatern, die Komödien im Theater. Wer eine Prostituierte sucht, muss nur unter den Arkaden dieser Bauwerke spazieren gehen. Dort findet man eine Frau – und gewöhnlich auch ihren Zuhälter.

Ein gewisser Sonderfall sind die Thermen, das antike Gegenstück zum Fitnesscenter. Dort werden alle möglichen Dienstleistungen angeboten: Körpertraining, Massagen, Getränke, Speisen, Diskussionen und Sex. Der Kontakt zu (weiblichen und männlichen) Prostituierten gilt als Teil des Erholungsprogramms: »Bäder, Wein und Liebe schaden unserem Körper, aber Bäder, Wein und Liebe sind unser Leben.« *(Balena vina Venus corrumpunt corpora nostra, sed vitam faciunt balnea vina Venus.)* Dieses Motto ist der aus dem Jahre 50 n. Chr. stammenden Grabstele des Titus Claudius Secundus, seines Zeichens Freigelassener von Kaiser Claudius, eingraviert.

Auch wenn ein Edelmann nicht ins Bordell geht, um seine sexuellen Bedürfnisse zu befriedigen, in den Thermen denkt er sich dabei gar nichts. Dort sind ohnehin nur Sklaven oder Freigelassene tätig. Und die Angestellten, die auf die Kleider aufpassen, während man selbst das Angebot der Therme genießt, sind auch nur Prostituierte beiderlei Geschlechts. Diese Tätigkeit dient sozusagen nur als Deckmantel! Die Betreiber von Thermen und Badestuben stehen daher auf einer Stufe mit Kupplern. Doch es finden sich auch »freischaffende« Kurtisanen in den Thermen.

Eine weitere Kategorie sind die Wanderhuren. Sie zogen mit ihren Beschützern von Ort zu Ort und wurden auf Märkten oder im Theater tätig.

Zudem lebten in der Nähe jeder militärischen Niederlassung Huren, um die die Soldaten sich kümmerten, da sie quasi als »Eigentum« der Legion galten.

Es mag überraschen, dass einer der »klassischen« Orte für die Begegnung mit Prostituierten der Friedhof war. Diese Damen nannte man *bustuariae*. Sie nutzten das ständige Kommen und Gehen in der Nähe der Friedhöfe, die fast immer an den großen Ausfallstraßen der Stadt lagen, und die Möglichkeit, zwischen den Gräbern ungestört Sex zu haben.

Und noch einen Ort gab es, an dem man mit ziemlicher Sicherheit Dienerinnen der käuflichen Liebe fand: die Tempel. Manchmal gehörten sie gar zu den Tempelbezirken, vor allem, wenn es sich um die uralten Kulte der Phönizier, Babylonier oder Griechen handelte, wo es die »heiligen Huren« gegeben hatte.

Das Lupanar

Wir schlendern weiter durch die Subura, wo die Armut mit Händen zu greifen ist. Frauen sitzen vor den großen baufälligen Gebäuden und plaudern mit ihren Nachbarinnen. Halbnackte Kinder spielen im Schmutz der Straße, die Rotzglocken hängen ihnen bis auf die Oberlippe. Ältere Mädchen kümmern sich um ihre jüngeren Geschwister, weil die Mutter nicht da ist und der Vater sich nie um die Kinder geschert hat. In dieser Gegend werden keine Sänften durch die Straßen getragen, kein reicher Römer in der Toga lässt sich hier blicken. Hier sind wir in der Dritten Welt des Alten Rom. Hier verlieren alle sozialen Regeln, von denen wir bislang erfahren haben, ihre Gültigkeit. Alle Tabus, alle Verführungsstrategien, wie Ovid sie nennt, sind hier gegenstandslos. Denn hier geht es vor allem ums Überleben. In dieser Atmosphäre der allgemeinen Gleichgültigkeit stoßen wir nun auf eines der Lupanare. Auf den Balkonen kämmen sich Frauen gegenseitig das Haar. Sie sind halbnackt, aber das kümmert hier niemanden.

Ohnehin sind Bordelle in Rom selbstverständlicher Teil des Stadtbilds. Sie werden nicht in eigens dafür geschaffene Viertel verbannt. Man könnte sie eher mit unseren Supermärkten vergleichen. Sie entstehen überall dort, wo die Nachfrage ein solches Angebot erfordert. In der Subura gibt es sie an allen Ecken und Enden, weil die Kunden des Freudenhauses gewöhnlich der Unter- und Mittelschicht entstammen, die in ebenjenen Volksquartieren wohnt.

Wie aber kommt das altrömische Bordell zu seinem Namen? »Lupanar« leitet sich ab von *lupa*, die »Wölfin«, ein Ausdruck für »Prostituierte«. Aber man nannte diese Etablissements auch *lustrum* oder *stabulum*. (Gerade Letzteres steht eigentlich nur für ein Lokal an der Straße, bei Petronius aber wird damit ein Stundenhotel bezeichnet.) In der späten Kaiserzeit hingegen sprach man vom *prostibulum*.

Natürlich ist Lupanar nicht gleich Lupanar. Einige fallen deutlich luxuriöser aus als andere. Gewöhnlich arbeiten in solch einem Bordell vier Huren, in den größeren allerdings sind es weit mehr. Jedes Freudenhaus hat seinen Mitarbeiterstamm: Köche, Wasserträger, Kuppler, ja sogar einen Friseur für die Damen des Gewerbes.

Haben die Römer etwa mehr Sex als wir?

Wie viele Lupanare gab es im kaiserlichen Rom? Hier können wir natürlich nur Mutmaßungen auf Grundlage der Daten aus Pompeji anstellen. Der Sozialhistoriker Thomas McGinn (der zu diesem Thema eine bedeutsame Studie verfasst hat: *The Economy of Prostitution in the Roman World*, siehe Literaturverzeichnis) gibt an, dass es in der vom Vesuv begrabenen Stadt bei einer Einwohnerzahl von 10 000 bis 20 000 Menschen 30 bis 35 Bordelle und *cellae meretriciae* gegeben hat. Er geht von einem Durchschnitt von vier Liebesdienerinnen pro Bordell aus – das macht etwa 120 bis 140 Prostituierte in Pompeji. Das wiederum ergibt eine Prostituierte auf 71 oder 166 Einwohner (je nachdem, welche Einwohnerzahl man zugrunde legt). Wir gehen natürlich salomonisch vor und entscheiden uns für einen Mittelwert von einer Prostituierten auf hundert Einwohner. Da von den Einwohnern aber vermutlich die Hälfte Frauen waren, kommen auf eine Prostituierte fünfzig Männer. Weil von den Männern auch nicht alle im richtigen Alter waren (Kinder und Greise gingen nicht ins Lupanar), verringert sich das Verhältnis weiter. Nehmen wir dazu noch die Teilzeit-Gunstgewerblerinnen wie Konkubinen, Callgirls und die Damen in den Thermen sowie die zahlreichen Bedienungen, dann müssen wir unsere Zahlen noch einmal nach unten korrigieren. Geht man dann noch davon aus, dass die Römer ja auch ständig Geliebte hatten und die Männer auch mit Männern verkehrten, dann drängt sich eine Schlussfolgerung förmlich auf...

Sex war damals wirklich für alle frei verfügbar. Aus der Tatsache, dass es so viele Prostituierte auf so wenig Männer gab und auch an anderen Gelegenheiten nicht mangelte (Konkubinen, Geliebte et cetera), lässt sich zudem schließen, dass die Römer wirklich häufig Sex hatten, sehr viel häufiger jedenfalls als wir.

Dies geht einher mit einer unbelasteten Einstellung zum Sex: Die Schuldgefühle, die wir heute damit in Verbindung bringen, gab es einfach nicht. Dazu kommt noch die Angst vor ansteckenden Krankheiten, die den Gelegenheitssex in unserer Zeit vergiftet. Natürlich handelt es sich hier um reine Mutmaßungen, doch die Schlussfolgerungen, die sich aufdrängen, sind schon erstaunlich.

Wie sieht es im Lupanar nun aus?

Wir jedenfalls stehen jetzt vor einem durchaus typischen Lupanar, das in der mittleren Preisklasse angesiedelt ist. Es hat zwei Stockwerke. Im Erdgeschoss werden die Dienstleistungen erbracht, im ersten Stock hingegen haben die Prostituierten ihre Zimmer, in denen sie leben. Wir treten näher und sehen, dass über dem Eingang eine Laterne hängt, die das Lupanar auch nachts kenntlich macht. Darunter hängt ein unmissverständliches Marmorrelief: Es zeigt drei nackte Grazien und eine dicke angekleidete Frau, die daneben sitzt – die Huren und ihre Kupplerin. Darunter steht: AD SORORES IIII, also »Zu den vier Schwestern«... Dieses Relief hängt heute in Berlin und stammt vermutlich aus der Subura Roms. Wir treten ein. Uns überrascht die krude Atmosphäre. Im ersten Raum empfängt der Bordellwirt mit den Mädchen die Kunden. Dort kann der Kunde auch essen, wenn er warten muss, bis er an der Reihe ist. Die Mädchen laufen nackt herum. Man hat sie alle heruntergeholt, weil kurz vor uns ein Kunde gekommen ist, der seine Wahl treffen muss... Die Kupplerin vom Relief ist mittlerweile verschwunden. Das Lupanar hat sich vergrößert und wird von einem Mann geführt. Seine harten Augen stecken tief in den glänzenden Fettfalten des Gesichts. Im Moment stellt er die Mädchen der Reihe nach vor und nennt ihr jeweiliges Spezialgebiet. Ihre Namen klingen alle orientalisch oder griechisch. Doch die blonden und roten Haarschopfe beweisen, dass sie keineswegs aus der Levante stammen können. Der typische Bordellbesucher aber hat nichts gegen ein bisschen Exotismus. Die Mädchen sind alle sehr jung, stehen aber trotzdem nicht gerade in schönster Blüte. Einige von ihnen sind sehr mager und unterernährt. Andere scheinen Fieber zu haben. Eine mit besonders bleichem Gesicht hält sich gar an der Wand fest: Sie kann kaum stehen. Dies ist der traurige Anblick, den die Bordelle der Subura fast durchweg bieten. Sind sie noch ärmer, ist das Leben dort die Hölle. Es ist völlig klar, dass die Lebenserwartung der Mädchen dort kurz ist. Sie sind wirklich Wegwerfartikel. Und der Bordellbesitzer weiß das: Er presst sie aus wie Zitronen und wirft sie dann weg. In Pompeji fanden sich an den Wänden der Lupanare auch viele Inschriften mit homosexuellem Hintergrund.

Das Leben als Hure

Der Römer kannte verschiedene Ausdrücke für die »Dienerinnen der Liebe«:

- *lupa*, »die Wölfin«, von dem sich wie gesagt der Begriff »Lupanar« ableitet;
- *meretrix*, »die Verdienende«; dieser Begriff wird in offiziellen Dokumenten verwendet;
- *scortum*, »das Fell«, was abwertend gemeint ist;
- *spurca*, »die Dreckige«, was selbstredend ebenfalls keine freundlich gemeinte Bezeichnung ist.

Wer aber sind die Mädchen, die diesem Beruf nachgehen? Meist sind es Sklavinnen, häufig auch Freigelassene. Die Sklavinnen stammen vom Sklavenmarkt (von denen es in Rom mehrere gab, welche jeden Tag eine andere Kategorie Sklaven im Angebot hatten), oder sie sind anderer »Herkunft«, und deren Hintergrund ist meist nicht minder erschütternd. Manche Mädchen werden von Bordellwirten mitgenommen, nachdem ihre Familie sie an der Straße zurückgelassen hat. Andere werden auf dem Land einfach geraubt (was heute auf dem Balkan immer noch üblich ist) oder von Piraten entführt. Dann werden sie auf den großen Sklavenmärkten des Mittelmeers verkauft. (Die größten finden sich in Griechenland, zum Beispiel auf der Kykladeninsel Delos.) Die Preise variieren stark. Martial spricht von einem Mädchen aus der Subura, das für 600 Sesterzen verkauft wurde (was aktuell 1200 Euro entsprechen würde). Nicht viel, wenn man bedenkt, dass Kaiser Heliogabal eine wunderschöne Sklavin für die unglaubliche Summe von 100 000 Sesterzen (etwa 200 000 Euro) erwarb.

Manchmal aber prostituieren auch die Eltern ihre Kinder, wenn sie sehr arm sind, wie wir bereits in einem vorhergehenden Kapitel sehen konnten.

Wie alt muss ein Mädchen sein, um als Prostituierte arbeiten zu können? Gewöhnlich beginnt ihre »Laufbahn« mit vierzehn Jahren, häufig aber auch schon früher. Dann landet sie in einem Lupanar wie jenem, das wir gerade besuchen. Wenn sie Glück hat, wird sie Edelhure.

Während der Kunde in seiner Wahl noch zögert, kommt ein schüchterner Junge hinzu, der sich neben die Mädchen stellt. Er wird für homosexuelle Kontakte angeboten, denn alles, was wir soeben über Mädchen gesagt haben, gilt natürlich auch für Jungen...

Nun kommt eine Frau herein, die ebenfalls wie eine Hure gekleidet ist, aber trotzdem anders wirkt als die nackten Mädchen im Lupanar. Sie ist älter, und ihr Blick ist nicht so abgestumpft. Sie tritt auf den Bordellwirt zu und zählt ihm einige Münzen hin, während sie ihm etwas ins Ohr flüstert. Dann verlässt sie den Laden wieder und achtet darauf, dass sie nicht gesehen wird. Auch sie ist eine Prostituierte, gehört aber einer anderen Kategorie an, da sie keine Sklavin ist, sondern eine freie Römerin. Sie bietet ihren Körper in einer der *cellae meretriciae* in der Nähe dar. Ihre Geschichte wiederholt sich in Rom in jeder Gasse. Sie ist Witwe, und wir haben ja bereits in einem der vorhergehenden Kapitel erfahren, welches Schicksal Ehefrauen erwartet, deren Ernährer stirbt.

Dort bot eine Mutter ihre beiden Töchter feil. Hier muss sie selbst ihre Dienste anbieten, ist aber gleichwohl nur Teilzeit-Prostituierte. Dies ist auch ein Ausweg für ledige Frauen, die in wirtschaftliche Nöte geraten. Aber haben sie denn gar keine anderen Möglichkeiten? Nun, alle Berufe, die der freien Römerin erlaubt sind wie das Töpfern, die Juwelierskunst, die Weberei oder das Führen eines kleinen Ladens, werfen nicht genug ab, um davon leben zu können. Eine kleine Rechnung zeigt uns, wieso. Ein Tag am Webstuhl brachte 8 Asse (also etwa 4 Euro). Ging die Frau aber auf den Strich, so warf das viel mehr ab: Geht man von fünf Kunden pro Tag aus (Sklavinnen bedienten meist mehr) und bekam sie von jedem 3 Asse, hatte sie 15 Asse eingenommen. Musste sie ein Drittel (oder ein Fünftel) an den Zuhälter abgeben, blieben ihr immer noch 10 Asse (5 Euro). Also mehr, als sie am Webstuhl verdient hätte. Falls der Ehemann einer Frau vorzeitig starb, war die Prostitution für die Witwe häufig der einzige Weg, um zu überleben... Ein Risiko blieb für die Frauen allerdings bestehen: Wenn sie in die Hände von gierigen Geldverleihern fielen (häufig die Bordellwirte, bei denen sie sich prostituieren), wurden sie von diesen zu Sklavinnen gemacht, zumindest bis sie ihre Schuld bezahlt hatten.

Es kam auch vor, dass die Matrone eines Hauses ihre Sklavinnen und Freigelassenen zur Prostitution zwang, um sich so ein festes Einkommen zu verschaffen. In manchen Fällen gab es in der eigenen Villa, dem *domus*, ein »Bordellzimmer«, in dem die Kunden bedient wurden. Und natürlich nicht nur sie: Auch Ehemann und Söhne durften sich schadlos halten, was den Frauen das Leben zur Hölle machte.

Doch zurück in unser Bordell. Der Mann hat sich entschieden: Er möchte das Mädchen mit den grünen Augen, dem hübschen Gesicht, den breiten Hüften und dem fülligen Po. Uns fällt auf, dass auch sie auf dem kleinen Platz stand, von dem aus wir unsere Erkundungsreise begonnen haben. Nie hätten wir gedacht, dass wir sie hier wiederfinden würden und dass sie dieses Gewerbe ausübt... Der Bordellwirt macht ihr ein Zeichen, und sie senkt ergeben den Blick. Es ist heute schon der elfte Kunde. Wie lange kann eine Frau so etwas durchhalten? Alle wissen, dass das nicht ewig so geht, doch dem Bordellwirt ist das egal. Er kassiert ungerührt vom Kunden vorab den vereinbarten Preis.

Und wie viel muss dieser nun bezahlen? Wir wissen, dass die Dienstleistungen im Durchschnitt 3 Asse kosten. Das As ist eine kleine Münze aus Bronze (oder aus reinem Kupfer): 4 Asse ergeben einen Sesterz. Natürlich hängt der Preis ganz von der angebotenen Dienstleistung ab und variiert auch von Ort zu Ort. Die Inschriften in Pompeji zeigen, dass die Preise von 1 As (für die ärmsten Prostituierten) bis zu 16 Assen (etwa 8 Euro) reichen. Im Großteil der Fälle liegt der Preis zwischen 2 und 3 Assen (1 Euro bis 1,50 Euro).

Wie gesagt hängt der Preis auch von der Art der Dienstleistung ab. Eine Fellatio kostet nur halb so viel wie ein kompletter Akt. In Pompeji gibt es besonders viele Preisangaben für die Fellatio, daher geht man davon aus, dass dies eine von den römischen Prostituierten bevorzugte Praxis war, weil sie das Risiko einer Schwangerschaft ausschloss.

Immer noch in Pompeji findet sich auch eine Preisangabe für einen Cunnilingus durch einen männlichen Prostituierten, der sich für 2 Asse (also 1 Euro) erbot, eine Frau oral zu befriedigen. Natürlich kann es sich dabei auch um einen Scherz handeln, aber das werden wir wohl nie herausfinden...

Nach oben ist der Preis natürlich offen, vor allem bei Edelhuren, die sich mit Juwelen und kostbaren Gewändern entlohnen ließen.

Aber es gab noch einen anderen Modus für die Prostitution. Ein Mann konnte sich, statt für eine einmalige Dienstleistung zu bezahlen, eine Prostituierte auch für eine Woche oder einen Monat mieten wie ein Auto. Dann wurde sogar ein Vertrag geschlossen, der sicherstellte, dass die Dame in dieser Zeit keine anderen Sexualkontakte hatte. Wenn sie diese Regel übertritt, verliert sie ihren gesamten Lohn. In gewissem Sinne sichert die Prostituierte damit ihre Treue zu...

Selbst in einer so facettenreichen Welt wie jener der Prostitution gelten Regeln. Vor allem, was den Fiskus angeht. Die Prostituierten zahlen Steuern. Sie müssen dem Kaiser zwischen 17 und 25 Prozent ihres monatlichen Einkommens abgeben. Die Prostituierte – oder, und das ist wohl der häufigere Fall, ihr »Beschützer« – musste jeden Abend die für eine Nummer eingenommene Summe abgeben.

Das Mädchen mit den grünen Augen geht mit dem neuen Kunden den langen Gang bis zu ihrer Kammer hinunter. Auf Rücken und Lenden zeichnen sich noch die blutunterlaufenen Stellen von dem brutalen Griff ihres letzten Kunden ab. Sie zieht den Vorhang auf, legt sich auf das Bett und breitet die Beine aus in Erwartung des Kunden. Der zieht den Vorhang zu. Von diesem Augenblick an geht das Mädchen in Gedanken auf Reisen. Man hört sie zwar stöhnen bis zur Eingangstür, aber das macht sie mechanisch, fast ohne es zu merken. Aus einer anderen Kammer tritt ein Kunde und nähert sich neugierig der Zelle, in der das Mädchen mit den grünen Augen liegt. Er beobachtet sie mit ihrem Kunden durch ein Loch im Vorhang. Dafür hat er bezahlt: Er sieht gerne anderen zu, die Sex haben. Aber er ist nicht allein. Die von ihm ausgewählte Prostituierte kniet vor ihm und bringt ihn zum Höhepunkt.

Wir sehen uns um. Das Lupanar ist schmutzig, die Decke des Raumes geschwärzt vom Rauch der Öllampen. An den Wänden finden sich Inschriften, die vermutlich von wartenden Kunden hinterlassen wurden. Die Luft an solchen Orten ist stickig und fettgeschwängert vom in den Lampen verbrannten Talg. Der Schweiß der Kunden scheint überall zu kleben, auf den Vorhängen ebenso wie an den Wänden. Man versteht beim besten Willen nicht, wie man in diesen Absteigen Sex haben konnte. Die Prostituierten laufen auf dem Gang hin und her und rufen sich zu, die Kunden lachen und stöhnen, der Bordellwirt schreit... ein infernalisches Spektakel.

Doch das ist nicht immer so. Denn tatsächlich gibt es im Lupanar Geschäftszeiten. Anscheinend mussten sie bis zur neunten Stunde geschlossen bleiben, also etwa bis 14 oder 16 Uhr, je nach Jahreszeit. Zu dieser Zeit schließen die Läden und Kontore, sodass sich ein Schwall Männer auf die Straßen der Stadt ergießt, in die Thermen oder an einen anderen Ort, an dem sie den restlichen Tag verbringen wollen. Das Lupanar ist eine Möglichkeit.

Allerdings nicht immer die beste. Denn in den Lupanaren kommt es häufig zu Schlägereien. Da dort Angehörige der Unterschicht hingehen, können wir davon ausgehen, dass sich viele Kriminelle in diesem Umfeld tummeln. Manchmal ist auch der Bordellwirt selbst ein Gauner. Er lässt dem Kunden durch die Prostituierte vergifteten Wein kredenzen, damit dieser das Bewusstsein verliert. Dann wird er ausgeraubt. Ein anderer Klassiker ist der »fingierte Ehebruch«. Während der Kunde Sex mit der Prostituierten hat, reißt ein Mann den Vorhang auf und tut, als sei er deren Ehemann und habe sie soeben in flagranti ertappt. Nach einer Riesenszene allerdings erklärt er sich bereit, gegen Zahlung eines gewissen Geldbetrags darauf zu verzichten, diesen ordentlich zu verprügeln oder gar anzuzeigen. Für den Kunden ist das Lupanar nicht selten eine gefährliche Falle, doch das gilt auch für die Prostituierten und die Kuppler. So wissen wir von jugendlichen Schlägerbanden aus guter Familie, die nachts die Subura unsicher machen, ins Bordell eindringen, die Prostituierten vergewaltigen, ja sie zum eigenen Vergnügen entführen. Und gegen die Sprösslinge aus reichen Familien sind sowohl der Bordellwirt als auch die Wächter, die nachts durch die Straßen patrouillieren, machtlos.

Als wir das Bordell verlassen, saugen wir gierig die frische Luft ein. Obwohl hier überall stinkende Pfützen stehen, ist die Luft deutlich besser als im Lupanar.

Männliche Prostituierte – für Männer oder für Frauen?

Wie wir bereits gesehen haben, gibt es im Lupanar auch Männer, die sich feilbieten. Meist sind es Jungs, die noch keine Bart- und Körperhaare haben. Sie stehen für die homosexuell-pädophilen Gelüste der männlichen Römer zur Verfügung. Die Historiker allerdings gehen davon aus, dass der Großteil der männlichen Prostituierten für Frauen gedacht war. Das änderte sich erst in der Kaiserzeit.

Einen männlichen Prostituierten nannte man *spintria* (wie die Münzen, auf denen verschiedene Stellungen abgebildet waren und die, wie wir gleich sehen werden, in den Bordellen möglicherweise als Zahlungsmittel eingesetzt wurden) oder *exoletus*.

Es passt zum Männlichkeitswahn der Römer, dass männliche Prostituierte im Ansehen sehr weit unten rangierten. Sie waren sozial deklassiert, als im 3. Jahrhundert n. Chr. Kaiser Philippus Arabs das Gewerbe für gesetzeswidrig erklärte.

Den wenigen überlieferten Daten können wir entnehmen, dass der Preis für ihre Dienstleistungen höher lag als der der Frauen. Doch das variiert natürlich von Fall zu Fall. Wir wissen aber mit Sicherheit, dass die Luxus-Callboys noch sehr viel mehr verdienten als die Edelnutten der höheren Gesellschaft. (Mehr zu diesem Thema im Kapitel über die Homosexualität.) In den Lupanaren kosteten sie in etwa genauso viel wie ihre Kolleginnen. Die in Pompeji gefundenen Inschriften besagen, dass eine ihrer Dienstleistungen 4 Asse (etwa 2 Euro) kostete, also 1 bis 2 Asse mehr als die der weiblichen Prostituierten.

Die Sonderrolle der Eunuchen

Ein Spezialfall der Sexualität der Römerzeit ist der Eunuch. Denn Eunuchen gab es auch damals, und je weiter das Imperium sich über den gesamten Mittelmeerraum auszudehnen begann, je stärker es die verschiedensten Kulte und Kulturen in sich aufsog, desto mehr Eunuchen kamen nach Rom. Zum Beispiel mit dem Kybele-Kult, bei dem die Priester sich selbst entmannen.

Die Römer teilten die Eunuchen in drei Gruppen ein: die *spadones*, denen man die Hoden entfernt hatte, die *thlasiae* (vom griechischen Wort für »zerquetschen«), denen man die Hoden nur zerquetscht hatte, und die *castrati*, die weder Hoden noch Penis hatten.

Die *spadones* konnten zwar keine Kinder mehr zeugen, aber aufgrund der ihnen belassenen »Ausstattung« durchaus noch sexuell aktiv werden. Sie waren in der Oberschicht sehr begehrt, wo sie zu männlichen Edel-Kurtisanen wurden, als wären sie lebende Sexspielzeuge. Ihre Sexualität, die fehlende Möglichkeit, Kinder zu zeugen, welche sie vor der Eifersucht der Männer verschonte, und die eher weibliche Körperlichkeit machten aus dem Eunuchen ein Mittelding zwischen Mann und Frau, das heute nur noch mit einem Transvestiten, einer Drag Queen, verglichen werden kann.

Diese Zwitterhaftigkeit der *spadones* sowie der anderen Eunuchen machte sie zu einer provokanten Alternative bei den Sexspielen der Oberschicht, zu einer Variante der klassischen Partnerwahl zwischen Männlein und Weiblein. Neugier und übersteigerte Lust taten ein Übriges bei Männern und Frauen und ließen die Eunuchen zu begehrten Sexpartnern werden. Auch wir haben einen von ihnen gesehen, als wir zu Beginn unseres Spaziergangs über den kleinen Platz schlenderten. Sein Gang, seine ganze Haltung strahlten eine Zweideutigkeit aus, die man einfach nicht übersehen konnte. Er hatte eine stolze Haltung, ging aber sehr schnell. Offensichtlich wollte er zu einem neuen Kunden.

Schließlich nahm die Zahl der Eunuchen, die in der besseren Gesellschaft Roms verkehrten, derart zu, dass Kaiser Domitian sich gezwungen sah, die Kastration von Männern per Gesetz zu verbieten.

Auch dieser Aspekt des römischen Lebens aber sollte in seinen richtigen Proportionen wahrgenommen werden, denn nur in der Oberschicht umgab man sich mit Eunuchen. Mittel- und Unterschicht hatten mit ihnen keine Berührung. Ihr »Erfolg« beschränkte sich also auf einen recht begrenzten Anteil der Bevölkerung, auch wenn dieser die Zügel in der Hand hielt.

Gab es Geschlechtskrankheiten?

Riskierte ein Römer, wenn er ins Bordell ging, sich mit einer Geschlechtskrankheit anzustecken? Durchaus, auch wenn diese Krankheiten nicht so gefährlich waren wie heute Aids. Immerhin wissen wir, dass es keine Epidemien gegeben hat wie zum Beispiel die Syphilis, die sich seuchenartig ausbreitete, nachdem Kolumbus sie aus Amerika eingeschleppt hatte.

Welche Geschlechtskrankheiten kannten also die alten Römer? Nun, im Grunde dieselben, die wir auch heute noch kennen:

- *Gonorrhoe* (deren Symptome wie Austritt von samenartiger Flüssigkeit aus dem Geschlechtsorgan sowie rapider Verfall des Patienten bis zum Tod, wie Celsus eingehend beschreibt). Diese Krankheit galt in Rom als Schande, weil man sie übermäßiger sexueller Aktivität zuschrieb.
- *Geschwüre am Penis*, die zwar nicht wehtun, aber sich ausbreiten und eine dunkle Farbe zeigen.

– *Herpes genitalis*, *Candida-Infektionen*, *Feigwarzen* (die sich am Geschlechtsorgan oder am Anus bilden; die Römer entfernten sie chirurgisch) und *Brucellose*. Letztere ist eine bakterielle Infektion, die vor allem Tiere und nur selten den Menschen betrifft, bei Frauen aber einen Abgang auslösen kann. Cassius Dio berichtet von zwei Brucellose-Epidemien zu Beginn der römischen Geschichte (510 und 477 v. Chr.).

Was die Syphilis angeht, sind die Historiker sich nicht einig. Die meisten Geschichtswissenschaftler schließen aus, dass es diese Krankheit im europäischen Altertum bereits gegeben hat. Andere wiederum meinen, es habe vielleicht eine weniger gefährliche Vorform existiert als jene, die aus Amerika eingeschleppt worden war. Meist bezieht man sich dabei auf einen Abschnitt im Werk des Celsus, der verhärtete Geschwüre auf den Genitalien beschreibt, ein Symptom, das für die Syphilis typisch ist.

Tumoren sind zwar keine Geschlechtskrankheiten, treten aber auch an den Geschlechtsorganen auf. Soranos von Ephesos beschreibt einen Gebärmuttertumor, da es dafür aber keinerlei Behandlungsmöglichkeiten gab, weder chirurgisch noch chemisch, waren die Frauen ohnehin zum Tode verurteilt. Beim Brustkrebs war das anders. Er war bekannt und wurde auch von den Römern als *tumor* bezeichnet. Das zeigen schon die vielen Votivgaben in Form einer Brust, die sich in den verschiedenen Heiligtümern finden. Außerdem wird er auch von den römischen Ärzten beschrieben. Galen zum Beispiel sagt: »Sie kommen in allen Körperteilen vor, am häufigsten aber in der Brust der Frauen nach der Menopause.«

Und wie behandelte man damals Brustkrebs? Mit einem chirurgischen Eingriff: Man entfernte das Knötchen, manchmal die ganze Brust.

Sexwährung?

Unter allen archäologischen Objekten, die man mit der Sexualität der Römer in Verbindung bringen kann, gibt es eines, das besonders viele Fragen aufwirft. Die *spintriae*, die Münzen, mit denen man Dienstleistungen im Bordell bezahlte. Denn eigentlich war es untersagt, Münzen mit dem Konterfei des Kaisers an solchen Orten zu benutzen. An ebendiesem Punkt kommt die *spintria* ins Spiel. Es handelt sich dabei um eine Münze aus Bronze, die auf einer Seite ein Paar beim Liebesakt zeigt (in jeweils verschiedenen Stellungen), auf der anderen finden sich Ziffern, die je nach Münze von I bis XVI reichen. Leider entsprechen die einzelnen Stellungen keineswegs immer der gleichen Zahl, was verschiedene Fragen aufwirft. Zunächst einmal dachte man, dass die Zahl auf der Rückseite dem Preis für die dargestellte sexuelle Dienstleistung entspricht: von 1 bis 16 Assen. Aber diese Schlussfolgerung ist nicht zwingend. Jene Sex-Jetons, mit denen man im Bordell bezahlt habe, seien bei großen Festen unters Volk verteilt worden, ja man habe sie in den Amphitheatern in die Menge geworfen. Dagegen sprechen zwei Gründe. Erstens hat man nie eine *spintria* bei Ausgrabungen gefunden, nicht einmal in Pompeji oder Herculaneum, wo alles perfekt erhalten geblieben ist. Und wenn die *spintriae* tatsächlich in Bordellen benutzt worden wären, hätte man sie überall gefunden. Die bislang entdeckten aber stammen ausschließlich aus dem Antiquitätenhandel, und das ist zumindest merkwürdig. Der zweite Grund ist, dass die Anzahl der erhalten gebliebenen *spintriae* gleichwohl gering ist: Aus tausend Jahren römischer Geschichte und aus dem gesamten Gebiet des Römischen Reichs sind uns nur 250 solcher Münzen geblieben ... über die wir schlicht gar nichts wissen. Und das ist doch verdächtig. Entweder hatten sie eine völlig andere Funktion (Spielsteine für erotische Spiele in der Oberschicht), oder es handelt sich ganz einfach um Fälschungen, die in den letzten dreihundert Jahren auf dem Antiquitätenmarkt in Umlauf gebracht wurden. Das ist immerhin denkbar. Aber wie Sie sehen, gibt es noch einigen Klärungsbedarf rund um die *spintria*.

Liebestränke

Liebe zu erwecken und die eigenen sexuellen Möglichkeiten zu steigern ist ein Traum, der die Menschheit seit Jahrhunderten umtreibt. Das war bei den Römern nicht anders als bei uns heute. Sie kannten Liebestränke für unglücklich Verliebte und Aphrodisiaka zur Steigerung des sexuellen Appetits.

Die Liebestränke oder *amatoria pocula* waren in der Kaiserzeit recht verbreitet. Diese grundsätzliche Toleranz aber war flankiert von der Wachsamkeit der Behörden, denn es gab so manche Vergiftung im Zusammenhang mit diesen Tränklein (die scheinbar häufig in Überdosis verabreicht und genommen wurden). Der Dichter Lukrez scheint ein Opfer einer solchen Vergiftung geworden zu sein. Mit schrecklichen Folgen, die ihn dann zum Selbstmord trieben. Das Gleiche gilt nach Plinius dem Älteren für General Lucullus. Auch Ovid riet von solchen Tränken ab, da sie den Verstand verwirrten und zum Wahnsinn führen. Selten waren sie wohl nicht, wenn man bedenkt, dass es ein Gesetz gegen Giftmorde gab.

Und welche Ingredienzien wanderten in solch einen Liebestrank? Sie müssen sich das ein bisschen so vorstellen wie klassische Hexenrezepte. Auch sie wurden gebraut unter Einhaltung gewisser Riten, die auf uns heute kurios wirken: So mussten einige Zutaten des Nachts gesammelt werden, bei Vollmond und unter Murmeln bestimmter Beschwörungsformeln. Im Besonderen rief man Merkur an (den Gott der Alchemisten), den Mond, die Venus et cetera.

Außerdem musste der Konsument des Liebestranks abstoßende Substanzen zu sich nehmen. Hören wir, was Horaz uns hier überliefert: mit Krötenblut getränkte Eier und Federn von *striges*. (Das waren geheimnisvolle Nachtvögel, die sich von Menschenfleisch ernähren. Von diesem Begriff stammt das italienische Wort für Hexe, *strega*.) Knochen einer verhungerten Hündin, giftige Kräuter aus Kolchis und Spanien, Wolfsbart, Schlangenzähne. Und wie kam man zu einer zuverlässigen Erektion? Plinius (der sich kritisch gegen die Zauberei ausspricht) hat uns überliefert, welche Zutaten in eine Salbe gehören, die man zu diesem Zweck auf den Penis streicht: Wildschweingalle (oder Eselstalg), mit Gänsefett vermischt. Oder ein Eselspenis, den man siebenmal in siedendes Öl taucht.

Auch Apuleius verrät uns im *Goldenen Esel* die Zutaten für einen Trank, der magisch sein soll und nicht weniger abstoßend klingt: »... Auch tote halbverweste Körper müssen mit ihren Gliedmaßen aufputzen helfen. Hier stellt sie Nasen und Finger auf, dort Galgennägel mit Stücken Armesünderfleisch, da aufbewahrtes Blut von Erschlagenen...«[67]

Nicht wenige dieser Zaubertränke wurden auf der Grundlage giftiger Substanzen hergestellt, wahre Drogen, die beim Konsumenten veränderte Bewusstseinszustände hervorriefen. Dazu gehörten zum Beispiel das Schwarze Bilsenkraut, das halluzinogene Effekte hat. Andere Zutaten wiederum waren reine Erfindung wie zum Beispiel die Hippomanes, der »Brunstschleim«, den angeblich trächtige Stuten absondern.

Dazu meinte Plinius: »Allein sein Geruch lässt Tiere, Männer und vor allem Frauen vor Verlangen erbeben.«

Was für ein Pech, dass es diese Substanz nicht gibt...

Aphrodisiaka

Die Römer schrieben einigen Lebensmitteln aphrodisische Qualitäten zu, vor allem, wenn ihre Form an weibliche oder männliche Geschlechtsorgane erinnerte. Austern natürlich, aber auch Eiern und Spargel... Sie sollten den Koitus und die Fruchtbarkeit fördern. Denn die Form des Nahrungsmittels galt als geheimes Zeichen der Götter.

Hier eine kleine Liste mit Nahrungsmitteln, die die Römer für Aphrodisiaka hielten:

- *Knoblauch:* Er war der Ceres heilig, der Göttin der Fruchtbarkeit, und wurde in großen Mengen bei Banketten verzehrt (was für den Atem der Teilnehmer auch nicht gut gewesen sein kann). Wenn man ihn zusammen mit Koriander im Mörser zerstieß und mit reinem Wein vermischte, soll er die Lust anregen.
- *Spargel.*
- *Basilikum.*
- *Zwiebeln der Schopf-Traubenhyazinthe (Muscari comosum):* Martial zählt sie (neben Rauke und Bohnenkraut) zu den erregendsten Substanzen. Hier sein schönes Epigramm: »Längst schon hörte, Lupercus, dein Dingel auf sich zu rühren. Trotzdem mühst du dich, Tor, dass es vielleicht doch sich regt. Aber da wirkt nicht Rauke noch auch anregende Zwiebel, und es nützt dir da auch schamlose Saturei nichts. Hast auch dank deines Geldes manch reinen Mund schon besudelt; aber auch so gereizt, lebt deine Venus nicht auf, kann man genug sich wundern, und kann das einer wohl glauben: Was nicht steht, kommt dich teuer, Lupercus, zu stehen?«[68]
- *Alraune:* Wenn man von ihr aß, so hieß es, würde die eigene Liebe endlich erwidert werden.

- *Minze.*
- *Honig.*
- *Brennnessel:* Sie galt als starkes Aphrodisiakum. Man genoss die in Wein aufgeweichten Samen.
- *Pfeffer.*
- *Pinienkerne.*
- *Rauke*, die, wenn sie in großen Mengen genossen wird, »der Venus die Sporen gibt« und faule Ehemänner munter macht.
- *Bohnenkraut (Satureja):* Es galt als das Kraut der Satyrn.

Auch tierischen Substanzen wurde immer wieder aphrodisierende Wirkung zugeschrieben:

- *Hummer* sei für alle amourösen Aktivitäten gut.
- *Innereien und Geschlechtsorgane von Tieren*, die als sexuell sehr aktiv galten: Stiere, Hähne, Böcke, Wildscheine. Nieren, Mark und Gehirn dieser Tiere regten angeblich die Spermienproduktion an.
- *Austern und Weichtiere.*
- *Tauben und Taubeneier:* Da Tauben stets zur Liebe geneigt sind, hieß es, ihre Eier förderten den Koitus.

Gegen Impotenz und Sterilität dagegen sollten *Anis*, *Karotte*, *Brunnenkresse* und *Fenchel* helfen. (Der Fenchel rege den sexuellen Appetit ebenso an wie die Spermaproduktion. Umschläge mit Fenchel auf den Genitalien sollten dazu beitragen, dass die Erektion möglichst lange erhalten bleibt.)

Das Viagra der Römer

Hatten die Römer auch ihre kleine blaue Pille? Marcellus Empiricus, lateinischer Schriftsteller vom Ende des 4. Jahrhunderts n. Chr., schrieb eine medizinische Abhandlung, die ältere Quellen von Plinius bis Galen und Dioskurides aufnahm. Dort beschreibt er die Herstellung einer Pille, die den sexuellen Appetit anregt: »[Man nehme] Raukesamen, rote Schopf-Traubenhyazinthen, Pinienkerne, Nardenspitzen. Alles zusammen im Mörser zerkleinern und vermischen. Aus diesem Brei dann Pillen in der Größe einer Muskatnuss drehen.«

Diese musste der potenzielle Liebhaber dann in Ziegenmilch aufgelöst auf nüchternen Magen trinken. Über die Zutaten haben wir ja schon gehört. Doch wie diese Mischungen tatsächlich wirkten, darüber ist uns nichts überliefert. Marcellus Empiricus jedenfalls hielt sie für wirksam...

XI
Sex und Macht

Frauen für eine Nacht

Wir haben gesehen, wie präsent Sex im römischen Alltag war – von den unteren Schichten, die zu den Prostituierten ins Bordell gingen, bis hin zur Oberschicht, die eine Luxusform dieser Praxis genoss. Was aber geschah in Schaltzentren der Macht? In den Villen auf dem Palatin zum Beispiel, die von mächtigen Senatoren bewohnt wurden. Diese entschieden über das Wohl und Wehe Tausender Römer, ähnlich wie die Politiker heute. Was würden wir erleben, wenn wir an einem ihrer Bankette teilnehmen könnten? Wir können ja zumindest versuchen, uns dies vorzustellen. Hier kommt uns einer der großen Historiker der römischen Alltagswirklichkeit zu Hilfe, Professor Romolo Staccioli, der in seinen Büchern immer wieder einzelne Aspekte des Alltagslebens in römischer Zeit aufgreift.

Die Bankette der Mächtigen dienten vor allem dem einen Zweck: Sie sollten die Gäste beeindrucken mit der Zurschaustellung von Luxus, mit seltenen und daher teuren Gerichten. Die Gäste tranken aus silbernen Bechern und aßen von goldenen Tellern. Im allerersten Raum des Hauses, im Atrium mit seinem großen Wasserbecken, in dem man den Regen auffing, wuschen Sklaven den Gästen die Füße. So auch uns. Während wir unsere Fußpflege genießen, sehen wir uns ein bisschen um. Der Raum ist mit zahlreichen Büsten der Vorfahren des Senators geschmückt, die wie große Schachfiguren aussehen. Eigentlich sind es Totenmasken, die nur einen Zweck haben: zu zeigen, von welch edler und vornehmer Abstammung der Gastgeber ist. Auf der anderen Seite eine mit kostbaren Beschlägen versehene Truhe, der Familientresor, gefüllt mit den erlesensten Schätzen: Goldmünzen, der Schmuck der Ehefrau, wichtige Verträge – vielleicht das kostbarste Gut. Dass der Tresor mitten im Atrium steht, soll den Wohlstand des Gastgebers unterstreichen. Ein Sklave steht gleich daneben und lässt das gute Stück nicht aus den Augen. Girlanden, Öllampen, Fackeln, Blumensträuße und ein schweigsames Heer dienstbarer Geister machen das Ereignis zum Fest.

Natürlich musste auch die geladene Weiblichkeit dem Stand des Hauses entsprechen ... Das war ganz einfach ... Man konnte sie ja mieten wie Kellner für eine Geburtstagsfeier oder einen Smoking. Auch in römischer Zeit gab es Agenturen, die anspruchsvolle weibliche Begleitung für einen Abend vermittelten. Man musste nur den Agenten ansprechen. Letztlich handelte es sich dabei um Sklavenhändler, die ihre Mädchen für eine Nacht vermieteten. Was gewöhnlich nur geschah, wenn es ein Fest »unter Männern« war. Bei Banketten, zu denen Paare geladen waren, und bei repräsentativen Anlässen umgab man sich mit solchen Damen natürlich nicht. Dies soll nicht unerwähnt bleiben, denn meist geht man ja davon aus, dass alle römischen Bankette in Orgien von Weinrausch und Wollust endeten. Das ist eine Form der Geschichtsklitterung, die recht weit von der römischen Wirklichkeit entfernt ist. Filme, Fernsehserien und Romane schwelgen in der Darstellung jeder Art von Perversion, um möglichst viele Leser und Besucher anzuziehen. Mit historischer Genauigkeit hat dies aber nichts mehr zu tun.

Sicher ist nur, dass die Römer öfter Sex hatten als wir, weil sie dazu eine tolerantere Einstellung pflegten und es keine Moral- oder Religionsphilosophie gab, die Sex mit Sünde verknüpfte. Das heißt aber nicht, dass sie vollkommen pervers waren. Nicht jedes Bankett endete mit einem Sexgelage: zumindest nicht öfter als heute ein Abendessen unter Freunden. Man traf sich, um mit Freunden zu plaudern oder Menschen zu treffen, die einem weiterhelfen konnten.

Es konnte freilich geschehen, dass einer der Gäste sich plötzlich erhob, um mit einer Dame seiner Wahl ins *cubiculum* zu verschwinden (wie wir das von Augustus gehört haben, der mit der Gattin eines Konsuls anbandelte). Es kam auch vor, dass ein Mann und eine Frau sich dort kennenlernten und für den nächsten Tag zum galanten Stelldichein verabredeten. Doch gerade wenn die Ehefrauen dabei waren (ob es sich nun um einen privaten oder offiziellen Anlass handelte), gab es keinen Sex auf den Tischen.

Bankette mit ausschließlich männlichen Gästen hingegen konnten schon mal auf diese Weise enden. Sie gaben wohl die »Vorlage« für unser Bild von orgiastischer Ausschweifung, da zu diesen Festen natürlich Prostituierte geladen wurden. Was ja angeblich auch heute noch vorkommen soll, denn die Damen vom Escortservice begleiten ja hauptsächlich Männer zum abendlichen Geschäftsessen.

Wie Professor Staccioli ausführt, handelte es sich bei diesen Frauen aber durchweg um junge, gebildete Frauen, die wie die japanische Geisha für den Beruf der Kurtisane ausgebildet worden waren. Es ging also nicht ausschließlich um Sex, sondern auch um eine angenehme, sinnliche Atmosphäre voller Heiterkeit und Esprit. Gewürzt mit flammenden Blicken, verführerischem Lächeln, leidenschaftlichen Umarmungen und Küssen. Dazu gehörten das richtige Make-up und luxuriöse, meist transparente oder eng anliegende Kleider wie die berühmten Roben, die von der Insel Kos kamen und daher *Coae vestes* hießen.

Die Lebedamen verstanden es auch, zu singen, zu tanzen oder Flöte zu spielen. Häufig traten auch die *puellae Gaditanae* auf, die Mädchen aus dem spanischen Cádiz (Gades), die für ihre verführerischen Tänze bekannt waren. Ihre Kastagnetten erklangen, während sie zu den Melodien das Becken kreisen ließen und dabei »mit den Hüften fast den Boden berührten«, wie Juvenal schreibt.

Diese Mädchen verstanden ihr Geschäft. Sie verführten die Gäste. Je weiter der Abend fortschritt, umso knisternder wurde die Atmosphäre. Das Ende war offen, aber trotzdem leicht zu erraten – Oralsex, Geschlechtsverkehr, Gruppensex.

Neben den von Agenturen geschickten Callgirls kamen natürlich auch viele Freischaffende, die auf eigene Rechnung arbeiteten. Gewöhnlich waren dies Freigelassene, die für diese Begegnungen kleine Zimmer reserviert hatten. Und die man vertraulich »Freundinnen« nannte, *amicae*.

Bunga-Bunga im Kaiserhaus

Was aber geschah an der Spitze der römischen Gesellschaft, also im Kaiserpalast? Zum Bild, das die Öffentlichkeit vom Kaiser hatte, gehörte auch die Annahme, dass er rein sexuell gesehen »ein Tier« sei. Er konnte sich ja alles erlauben. Und es gab nicht wenige Gerüchte, die in diese Richtung deuteten. Man sprach von Orgien, bei denen der Kaiser sich mit Konkubinen und Lustknaben umgab. Das Klischee ist uns bis heute erhalten geblieben und speist sich aus Berichten über die legendären Feste eines Nero, Caligula oder Domitian. Aber stimmt denn das alles auch? Schließlich waren wir nicht dabei. Aufschluss darüber können also nur die antiken Autoren in ihren Schriften geben. Zum Beispiel Sueton, der zu Beginn des zweiten nachchristlichen Jahrhunderts lebte, also etwa zu der Zeit, in der wir uns bewegen. Er verfasste Biografien über Julius Cäsar und elf weitere Kaiser, die auf ihn folgten. Diese acht Bücher nennt man die *Kaiserviten* oder *Vitae Caesarum*. Darin geht es immer wieder auch um das Sexualverhalten der römischen Herrscher. Von Claudius einmal abgesehen, der streng heterosexuell war, und ein paar anderen wie Galba, Otho und Vitellius, die kurz nach ihrer Krönung ermordet wurden und somit keine Gelegenheit hatten, in eine eventuelle Chronique scandaleuse einzugehen, scheinen die Vermutungen der Gerüchteküche richtig zu sein. Professor Staccioli spricht gar von »Bunga-Bunga im Kaiserhaus«, wie man in Italien nach den jüngeren Ereignissen Ausschweifungen herrschender Politiker nennt.

Cäsar zum Beispiel war ein rechter Weiberheld (und verführte am liebsten Ehefrauen). Wenn seine Legionäre im Triumphzug durch Rom marschierten, riefen sie: »Schließt eure Frauen weg, Bürger, denn wir bringen euch einen kahlen Ehebrecher.« Aber auch auf die angebliche homosexuelle Beziehung Cäsars mit dem König von Bithynien wurde angespielt, die sich anscheinend entspann, als er in militärischer Mission dorthin entsandt wurde. Cäsar war sozusagen mit allen erotischen Wassern gewaschen: Man munkelte über heterosexuelle Beziehungen ebenso wie über homosexuelle (selbst mit seinem Ziehsohn Octavian). Er war dreimal verheiratet, betrog und wurde betrogen, hatte Konkubinen und Geliebte. Zu seinen Eroberungen gehörten Kleopatra, Eunoe, die Gattin des Königs von Mauretanien, Tertulla, die Gattin von Marcus Crassus, Postumia, die Frau von Servius Sulpicius, Mucia, die Frau von Gnaeus Pompeius, Lollia, die Frau von Aulus Gabinius, und wer weiß, wie viele andere mehr... Hatte er Kinder? Ja, eines, von Kleopatra. Den Caesarion, den Octavian später ermordete, nachdem er Ägypten erobert hatte. Mit seiner ersten Frau hatte er eine Tochter namens Cornelia. Doch heißt es auch, er habe – neben zahlreicher nichtüberlieferter Nachkommenschaft da und dort – auch ein weiteres berühmtes Kind gehabt. Denn Cäsar hatte außer Kleopatra noch eine andere Frau geliebt: Servilia, in die er sich schon als Junge verliebt hatte und zu der er jahrzehntelang eine Beziehung unterhielt. Offiziell war das Kind Sprössling von Servilia und ihrem Mann Marcus Junius Brutus (der Sohn trägt den Namen des Vaters), doch viele Historiker glauben, dass Brutus in Wirklichkeit Cäsars Sohn war. Damit bekämen die Worte des vergöttlichten Cäsar, der unter den Messerstichen der Verschwörer fiel, einen ganz neuen Sinn: *Tu quoque, Brute, fili mi!* – »Auch du, mein Sohn Brutus!« (Da mag schon etwas dran sein, denn wenn man gerade 23 Messerstiche abgekriegt hat, neigt man gewöhnlich nicht zu poetischen Formulierungen, sondern spricht Klartext.)

Von Augustus wissen wir, dass er lange mit Livia Drusilla verheiratet war. Doch auch bei dieser so »vollkommenen« Ehe, die fünfzig Jahre dauerte, gab es eine dunkle Seite. Denn Livia war mit einem anderen verheiratet, als Augustus sie verführte und die im sechsten Monat Schwangere ihrem Ehemann ausspannte. Er betrog sie wiederholt (nicht nur auf Banketten), auch mit den Ehefrauen seiner politischen Gegner, um den Frauen deren Pläne zu entlocken. Neben seiner angeblichen homosexuellen Beziehung zu Cäsar hatte er noch eine weitere Schwäche, nämlich die für sehr junge Mädchen oder Knaben. Hören wir, was Sueton dazu schreibt: »In den Netzen der Frauenliebe dagegen blieb er sein Leben lang verstrickt und war auch in späteren Jahren, wie die Rede geht, ein großer Freund junger Mädchen, die er von überall her, sogar durch Vermittlung der eigenen Frau, sich zu verschaffen wusste.«[69]

Livia aber ließ ihm dies, Professor Staccioli zufolge, durchgehen, weil sie keine Scheidung wollte, um ihrem Sohn Tiberius die Nachfolge zu sichern.

Tiberius wiederum feierte in seiner Villa auf Capri wahre Orgien: »In seiner Abgeschiedenheit zu Capri aber gestaltete er sein Herrenzimmer um zu einem Ort geheimer Ausschweifungen, in welchem er Scharen von überall zusammengebrachten Mädchen und Lustknaben ... zu dreien verbunden miteinander Unzucht treiben ließ, während er zuschaute, um durch den Anblick die abgestumpften Begierden aufzustacheln.«[70]

Die Räume der Villa waren nach Sueton mit den mannigfaltigsten lasziven Fresken und Reliefs geschmückt, die Motive aus dem Sex-Handbuch der Elephantis (siehe den Abschnitt über das römische Kamasutra in Kapitel IX) umsetzten. In den Gärten hielt er Jungen und Mädchen, die als Satyrn und Nymphen verkleidet waren und sich so prostituierten. Daneben scheint er noch gern mit Kindern gebadet zu haben, die er seine »Fischlein« nannte und die darin geschult waren, ihn während des Schwimmens zwischen den Beinen zu »stimulieren«.

Caligula pflegte inzestuöse Beziehungen zu seinen Schwestern und schlief mit den Frauen seiner Gäste im Palast (woraufhin er deren erotische Begabungen und Mängel lauthals allen Gästen kundtat). Sueton zufolge hatte er im Palast ein Bordell eingerichtet: Er wies Matronen und jungen Männern aus bester Familie einen Raum zu und ließ irgendwelche Männer von der Straße kommen, die er einlud, sich mit seinen »Gästen« zu vergnügen.

Nero hingegen stellte ganz eigene Regeln auf: »Außer dem unzüchtigen Verkehr mit freien Knaben und verheirateten Frauen vergewaltigte er die Vestalin Rubria.«[71]

Er erfand sogar einen neuen erotischen Zeitvertreib: »Seinen eigenen Leib gab er in dem Maße preis, dass er, nachdem fast kein Teil von ihm unbefleckt geblieben war, eine Art Spiel ausdachte, in welchem er, in das Fell eines wilden Tieres genäht, aus dem Käfig herausgelassen wurde und in diesem Aufzug sich auf die Schamteile der an einen Pfahl gebundenen Männer und Frauen stürzte und, nachdem er seine wüste Lust abreagiert hatte, sich endlich von Doryphorus, einem Freigelassenen, ›erlegen‹ ließ, den er sogar ebenso seinerseits zum Mann nahm, wie er den Sporus zur Frau genommen hatte, wobei er auch die Laute und Aufschreie der vergewaltigten Jungfrauen nachahmte.«[72]

Was Sporus angeht, schreibt Sueton: »Den jungen Sporus, den er entmannen ließ und auf alle Weise zu einem Individuum weiblichen Geschlechts umzugestalten suchte, ließ er mit einem roten Schleier und Mitgift nach feierlicher Heiratszeremonie unter großem Gepränge in seinen Palast führen und wie seine Gemahlin behandeln.«[73] Der Junge, der gegen seinen Willen sein Geschlecht und seinen Namen verlor (und künftig Sabina genannt wurde), begleitete ihn nach Griechenland und wurde dort behandelt, wie es der First Lady des Römischen Reichs gebührt.

Die folgenden Kaiser aber standen ihm laut Sueton in nichts nach. Titus veranstaltete endlose Orgien mit Eunuchen und Päderasten, Domitian hatte täglich Sex, den er seine »gymnastischen Übungen« nannte. Am liebsten ging er mit berühmten Kurtisanen schwimmen. Es schien ihn besonders zu erregen, seine Konkubinen persönlich zu enthaaren...

Auch mächtige Frauen hatten ihre erotischen Eigenarten. Julia zum Beispiel, die Tochter des Augustus, gab sich laut Macrobius »allen ohne viel Federlesens hin. Jeder, der von ihren Abenteuern wusste, fragte sich, wieso ihre fünf Söhne trotz alledem ihrem Ehemann ähnlich sahen, dem berühmten Agrippa. Auf solche und ähnliche Fragen antwortete sie unweigerlich: ›Ich nehme doch keinen Passagier an Bord, wenn ich nicht vollgeladen habe...‹«

Am meisten aber klatschte man in der Antike über Theodora, die Frau des byzantinischen Kaisers Justinian. Sie war Tochter des Bärenpflegers, der sich um die Tiere für die Spektakel im Hippodrom kümmerte. Nachdem ihr Vater gestorben war, führte die Mutter sie zielsicher auf eine Karriere als Tänzerin und Schauspielerin hin. Ihre beste Darbietung: Laut Prokopios von Caesarea zog sie sich vollkommen aus (oder zumindest bis auf einen Stringtanga, denn vollkommene Nacktheit war in Konstantinopel verboten), legte sich auf den Boden und ließ sich die Scham mit Gerstenkörnern bedeckten. Dann kamen einige Ganter, die diese nacheinander aufpickten. Dies ist eine Reminiszenz an den Mythos von Zeus, der sich in einen Schwan verwandelte, um sich mit Leda zu vereinigen. Der künftige Kaiser sah Theodora im Theater und war davon so hingerissen, dass er sie zu seiner Geliebten machte und sie heiratete, nachdem er den Thron bestiegen hatte. So wurde aus einem Pornostar eine Kaiserin, die starken Einfluss auf ihren Mann ausübte. Ihr Konterfei ist auf den großartigen Mosaiken in der Kirche San Vitale in Ravenna zu bewundern, wo sie neben ihrem (letzten) Mann abgebildet ist. Doch sie ist ja nicht die einzige Schauspielerin, die zur First Lady avancierte ...

Was aber wissen wir über die berüchtigte Messalina? Will man Juvenal und Tacitus glauben, schlich sie sich nachts, wenn ihr Mann Claudius schlief, aus dem Haus, bedeckte ihr schwarzes Haar mit einer blonden Perücke und bot sich in einem Lupanar der Subura unter dem Namen Licisca als Prostituierte an. Sie ging stets als Letzte, wenn das Lupanar schloss, so unersättlich war sie.

Und wie groß ist nun das Körnchen Wahrheit in all diesen Geschichten? Die über Messalina ist zweifellos übertrieben. Was jedoch Cäsar und die Kaiser nach ihm angeht, werden wir wohl nie erfahren, was stimmte und was nicht. Einige Historiker gehen davon aus, dass Sueton sie bewusst in Verruf brachte, um so Hadrian besser dastehen zu lassen, der zu Lebzeiten Suetons herrschte. Wie so häufig liegt auch hier die Wahrheit irgendwo in der Mitte. Einige Herrscher waren vollkommen zügellos, andere weniger oder gar nicht. Tiberius zum Beispiel zog sich in seine Villa auf Capri zurück, um sich vom Palastleben mit seinen Intrigen und Klatschgeschichten abzuschotten. Und er brachte die Finanzen des Reiches in Ordnung. Wir wissen nicht, ob er auf der Insel tatsächlich Mädchen rauben ließ, um seine Gelüste zu befriedigen. Aber Macht neigt im Allgemeinen zum Übergriff.

Klatsch und Tratsch, vor allem wenn er sich um sexuelle Themen dreht, gibt es auch heute noch, und es geht dabei keineswegs nur um die Reichen und Mächtigen. Jeder, der im Sport oder auf der Bühne eine gewisse Berühmtheit erlangt hat, ist den bösen

Zungen der Klatschreporter ausgeliefert. Wir kennen das ja aus unserem unmittelbaren Umfeld, denn der Tratsch treibt seine seltsamen Blüten auch in unseren Büros und Mietshäusern. Wer sich da den Schnabel wetzt, ist meist mit seinem Leben nicht sonderlich zufrieden und zerreißt sich das Maul über andere, um von den eigenen Fehlern und Schwächen abzulenken. Wir sollten nicht vergessen, dass die großen Kaiser der Vergangenheit diesen Machenschaften sicher genauso ausgesetzt waren. Solche Skandalgeschichten wurden möglicherweise von politischen Gegnern in Umlauf gebracht und kamen schließlich einem Mann zu Ohren, der diese Biografien lange nach dem Tod dieser Männer verfasste und möglicherweise deren Andenken schmälern wollte.

XII
Das »griechische Laster«

Die Homosexualität

Wie wir gesehen haben, ist Homosexualität in der römischen Welt weit verbreitet. Heute wurzelt die Homosexualität in der Freiheit der Liebe, die sich je nach Neigung Mann oder Frau zuwendet, oder in der Freiheit der Lust. Im alten Griechenland aber war die Homosexualität sozusagen »erzieherisch« motiviert: Ein Junge hatte als »Meister« einen reiferen Freund. Ihre homosexuelle Beziehung diente der Reifung des Jungen zum Mann. Der Ältere lehrte ihn das Leben, so wie ein erfahrener Krieger einen jungen Kämpfer ausbildet. Diese »Beziehung« endete, sobald dem Jungen Bart- und Körperhaare wuchsen. Wurde sie darüber hinaus weitergeführt, galt sie als Päderastie, die streng verurteilt wurde.

Bei den Römern lagen die Dinge noch einmal anders. Männliche Homosexualität hatte hier vor allem »Strafcharakter«: Man penetrierte Feinde, Sklaven, Freigelassene oder Fremde, um sie zu dominieren. Man unterwarf sich die Männlichkeit der anderen. Hier ging es also um Herrschaft und Macht, nicht um Lust. Doch mit der Expansion des Römischen Reiches, dem bald auch Griechenland einverleibt wurde, gelangten viele Aspekte der griechischen Kultur nach Rom, von den Statuen berühmter Bildhauer über das Wissen griechischer Ärzte bis hin zur Philosophie und zum Lebensgenuss. Und es verbreitete sich das, was die Römer das »griechische Laster« nannten, das angeblich die alte Stärke Roms untergrub. Was aber verstand man darunter?

Die Römer waren keineswegs homophob. Sie fanden es ganz

normal, dass ein verheirateter Mann (ein *pater familias*) sich einen Sklaven ins Bett holte oder einen männlichen Prostituierten, um sie zu penetrieren. Verpönt waren für einen freien Römer nur zwei Dinge: die Päderastie, die Liebe zu einem freien jungen Mann, und das Penetriert-*Werden*.

Diese Formen homosexueller Betätigung wurden sogar per Gesetz verfolgt: Das bekannteste ist die *Lex Scatinia*, die das *stuprum cum puero* unter Strafe stellte, also jede Form von Sex mit freien römischen Jungen unter vierzehn Jahren, und die Einnahme der passiven Stellung in einem homosexuellen Kontakt unter Männern. (Ein freier Römer durfte nicht von einem Mann penetriert werden oder diesen oral befriedigen oder gar gezwungen werden, dies zu tun.) Die Strafe dafür konnte bis zu 10 000 Sesterzen betragen.

Es war also verboten, einen freien jungen Römer zu penetrieren *(paedicare)*, Sklaven allerdings fielen nicht unter dieses Gesetz.

Ein recht beredtes Beispiel liefert uns hier Martial. In einem seiner Epigramme beschwert sich sein Glied bitterlich, dass er einen bestimmten jungen Sklaven nicht erworben hat, von dem er sich offensichtlich körperlich massiv angezogen fühlte.

Auch heute noch gilt Homosexualität in vielen Ländern der Erde als Verbrechen, was man aber nicht mit der Situation im Alten Rom vergleichen kann: Die Justiz schützte nur die freien jungen Römer. Alle, die wie zum Beispiel die Sklaven diesen Status nicht besaßen, waren zwar auch *pueri*, Jungen, galten juristisch aber als »Sache« und wurden auch so behandelt. Sich das Ausmaß des Leids vorzustellen, das Millionen Jungen erlitten, die in den finstern Kammern ihrer Herren zum Teil täglich missbraucht wurden, übersteigt wohl unser Vorstellungsvermögen. Was Mädchen angeht, sei hier ein Einschub erlaubt. Pädophilie wurde in römischer Zeit nicht als Delikt betrachtet. Geschützt waren nur die freien Mädchen (Sklavinnen nicht), die das römische Bürgerrecht besaßen. Das Gesetz verurteilte zwar diese Verbrechen, doch wenn davon ein Mädchen aus den niederen Schichten betroffen war, musste man sie nur entsprechend abfinden, und damit war die Sache erledigt.

Um sich in puncto Homosexualität also nicht strafbar zu machen, musste der Römer sich an Sklaven oder Prostituierte halten. Daher entwickelten sich männliche Prostituierte bald zu den Stars der Szene. Weibliche Prostituierte verkauften sich für wenig Geld, männliche hingegen konnten hohe Summen verlangen oder kostspielige Geschenke. Ein ruinöses Objekt der Begierde, so definierte sie Professor Eva Cantarella. Jung, sinnlich, vielbegehrt, waren sie nicht selten verwöhnte und kapriziöse Geschöpfe, die ihre Liebhaber ordentlich zur Ader ließen. So ließen sie sich beispielsweise teuerste Speisen bringen, ganze Krüge voller Kaviar vom Schwarzen Meer. Cato der Ältere schreibt, dass man für die Summen, die man für einen solchen Liebhaber auszugeben hatte, einen ganzen Gutshof hätte kaufen können.

Homosexualität von Frauen hingegen wurde ganz anders bewertet. Galt männliche Homosexualität unter bestimmten Bedingungen als normal, hielt man die weibliche in all ihren Formen für verdammenswert.

Wie wir bereits wissen, grassierte in der römischen Gesellschaft der Männlichkeitswahn. Die Frau galt nur etwas, weil sie Kinder gebar. Ihr oblag die Erziehung derselben und die Sorge ums Haus. Die Römerinnen waren freie Bürgerinnen, doch auch als solche hatten sie diverse Einschränkungen zu erdulden. Bei Banketten beispielsweise durften sie sich zwar zum Essen neben den Männern ausstrecken, sobald aber der Wein kam, hatten die Frauen aufzustehen und zu gehen. Zumindest in der Zeit, die uns hier interessiert.

Die weibliche Homosexualität galt dementsprechend als

schlimmstes Laster einer Frau. Sie sei »wider die Natur«, hieß es (sogar in den Traumdeutungen des Artemidor), und gleichbedeutend mit Ehebruch. Daher wurde sie auch entsprechend streng bestraft.

Für einen römischen Mann wie Martial, der durchaus offen war für gleichgeschlechtliche Kontakte, war die weibliche Homosexualität schändlich und abstoßend. Mit der Ausbreitung des Christentums verschoben sich natürlich sämtliche Maßstäbe. Paulus nennt die Homosexualität der Frauen als einen der Gründe, warum Gottes Zorn die Heiden trifft. Doch trotz alledem liebten sich lesbische Frauen. Sie machten sich gegenseitig den Hof, brachten Geschenke und hatten Sex miteinander. In Pompeji gibt es zwei Inschriften, in denen lesbische Frauen sich an ihre Partnerin wenden. So warnt zum Beispiel eine Frau ihre »innig Geliebte«, nicht wieder zum Mann zurückzukehren, der unzuverlässig und zu nichts gut sei. Was wiederum zeigt, dass unter römischen Frauen nicht nur Homosexualität, sondern auch Bisexualität eine gewisse Rolle spielte.

Sex im Untergeschoss

Wir aber lassen uns wieder durch die Straßen Roms treiben. Die Menge schiebt uns vor sich her. Vor uns gehen zwei Geschäftsmänner, ihre Begleitsklaven schieben die Leute zur Seite. Ein Bettler zieht uns am Gewand und hält uns an: Er ist lahm und schleppt sich auf zwei hölzernen Schienen über den Gehsteig. Wir kramen in unserer Börse nach Münzen. Ein Sesterz wechselt den Besitzer, und der Mann strahlt uns an. Gleich danach schiebt uns eine Kolonne Sklaven höflich zur Seite, die große Amphoren mit Wein tragen. Wie Ameisen. Sie verschwinden mit ihrer Last in verschiedenen Lagerhäusern *(horrea)*. Den handbeschrifteten Amphoren konnten wir entnehmen, dass sie mit dem berühmten Falernerwein gefüllt sind, der in Kampanien produziert und ins ganze Reich geliefert wird. Wie viele Bankette sich damit wohl »begießen« lassen? Weiter vorn entdecken wir einen Sklaven, der mehrere Hühner an den Krallen festhält. Die armen Tiere sind voller Angst und schlagen vergeblich mit den Flügeln. Ein paar Kinder laufen hinter ihnen her und fangen die durch die Luft wirbelnden Federn. Ein Seemann, der mit zwei Fischern vor einer Gastwirtschaft sitzt, lächelt unwillkürlich, als er sie sieht. Sie haben gesalzenen Fisch geliefert und werden sich bald wieder aufmachen... Doch nicht sofort. Die drei erheben sich und werfen einige Münzen auf den rohen Holztisch. Zu dritt durchpflügen sie die Menschenmenge in der Mitte der Straße. Sie kommen an einem *pistrinum* vorbei, einem Bäckerladen, den man schon von Weitem an seinem Duft von frischgebackenem Brot erkennt. Auch wir werfen einen Blick hinein. Im Hintergrund erspähen wir einen Raum, in dem das Getreide gemahlen wird. Angetrieben wird die Mühle von Eseln und Sklaven zugleich. Gemeinsam stemmen sie sich gegen einen Balken, der den Mühlstein dreht. Eine höllische Arbeit, in der Mensch und Tier in allernächster Nähe arbeiten. Mit einem feinen Unterschied: Einer gilt als *instrumentum vocalis*, das andere als *instrumentum semivocalis* – also als »Arbeitsgerät mit Stimme« und »Arbeitsgerät mit halber Stimme« und deshalb nicht »sprechfähig«.

Vor uns erhebt sich eine hohe *insula*, ein Mietshaus. Es unterscheidet sich von den umgebenden Häusern durch eine zusätzliche Tür. Sie führt nach unten, anscheinend in den Keller. Genau dort verschwinden jetzt die drei Männer. Und wir folgen ihnen.

Rundherum ist es finster, die Luft riecht muffig und nach Schweiß. Unsere Augen gewöhnen sich nur mühsam ans Dunkel, doch das schwache Licht einiger Öllampen lässt die Formen allmählich Gestalt annehmen. Es sieht aus wie ein langer Gang im

Keller, seitlich öffnen sich die Kellerabteile, die alle mit einer Holztür verschlossen sind. Und vor jeder dieser Holztüren stehen Männer.

Hin und wieder öffnet sich eine Tür... Rechts von uns kommt aus einer solchen ein Mann, der sich die Tunika zurechtrückt. Vor uns hingegen fliegt jetzt ein weiterer aus einer der Zellen. Eine Frau schimpft hinter ihm her. Er dreht sich sofort wieder um und fasst ihr an die Brüste, doch da wird er schon von zwei mächtigen Armen gepackt und unter dem Gelächter der Umstehenden abtransportiert. Einer der Rausschmeißer hat ihn am Schlafittchen und setzt ihn vor die Tür. Tatsächlich sind wir erneut in einem von Roms Lupanaren gelandet, das sich von dem, das wir schon kennen, jedoch erheblich unterscheidet. Hier ist alles viel anonymer und unmenschlicher: eine Art Sex-Supermarkt. Während das, was wir bislang kennen, sozusagen der »Einzelhandel« ist. Zwischen Prostituierten und Kunden gibt es keinerlei Menschlichkeit, der Kontakt ist rein auf die Bedürfnisbefriedigung beschränkt – in Serienabfertigung. Das Lupanar besteht aus einem langen L-förmigen Korridor, an dessen Seiten sich zahlreiche kleine »Abteile« öffnen, in denen es schnellen Sex gibt. Gleichsam ein unterirdisches Eros-Center.

Wir sehen in eine der Kammern hinein. Sie sind wirklich sehr klein und nur mit einem gemauerten Bett ausgestattet. Darauf liegt eine verdreckte Strohmatratze. Ganz oben hat das Mauerwerk ein Loch, damit Luft hereinkommt. Ein zweites Loch mit einem Gitter darüber findet sich im Boden. Dieses führt direkt in die Kanalisation. An den Wänden die üblichen vulgären Graffiti mit nur einer Ausnahme: Irgendjemand hat hier zwei Verse eines Liebesgedichts hinterlassen.

Wir gehen weiter. Die Männer grinsen genüsslich, die Mädchen haben den üblichen erloschenen Blick. Sie sind sehr jung, richtige »Wegwerfware«. Sie werden das Leben in dieser feuchten und dunklen Umgebung und die Serienabfertigung von Freiern nicht lange durchstehen.

Im Gang ein ständiges Geschubse und Geschrei. Hier ist die Klientel eine andere als in den parfümierten Bordellen »über Tage«: Sklaven, Seeleute, Fischer, Arbeiter, Menschen, die sich abschuften müssen, und Verbrecher. Häufig kommt es hier zu Schlägereien, die die Rausschmeißer aber schnell wieder im Griff haben.

Ganz hinten sitzt der »Manager«, der für den Bordellbesitzer arbeitet. Er sitzt auf einem geflochtenen Sessel und kassiert. Das Geld bringen ihm Sklaven, die aufpassen, dass niemand in eines der Abteile gelangt, ohne vorher bezahlt zu haben.

Wir haben genug gesehen und wollen gerade gehen, als es hinter uns erneut zum Streit kommt. Wo ist denn hier bloß der Ausgang? Am anderen Ende des L-förmigen Ganges. Eine ähnliche Räumlichkeit beschreibt Petronius in seinem *Satyrikon*. Auch er spricht von einem Bordell, dessen Eingang in einer anderen Straße liegt als der Ausgang. Der eine mündet auf den Cardo, der andere auf den Decumanus. So ließ sich eine gewisse Diskretion wahren, aber vielleicht ging es auch nur darum, den »Kundendurchlauf« richtig zu steuern.

Tatsächlich haben die Archäologen zwei solcher Bordelle entdeckt. Eines in Pozzuoli, das zur Römerzeit Puteoli hieß und nahe Neapel liegt (und das vielleicht die Vorlage für Petronius lieferte), ein anderes im Herzen des Forum Romanum, nahe beim Titusbogen. Was letzteres angeht, ist man sich über die tatsächliche Nutzung noch nicht im Klaren: War es tatsächlich ein Bordell, oder schliefen in den kleinen Kammern nicht vielmehr die Sklaven eines großen Hauses? Diente es vielleicht als *ergastulum* (Arbeitshaus)? Oder waren die Kammern als Schlafplätze für Durchreisende gedacht?

Die strukturelle Ähnlichkeit mit dem Lupanar in Pozzuoli lässt annehmen, dass es quasi »industrialisierte« Bordelle mit hohem

Durchlauf gab. Die Kundschaft war zahlreich und hatte es immer eilig. Puteoli war einer der größten Häfen im Mittelmeer. Seeleute, Händler, Reisende, Soldaten bildeten einen enormen »Kundenpool«...

Conclusio

Was stimmt also? Waren die Römer in Sachen Liebe »nicht anders als wir«? Oder waren sie »so richtig pervers«? Diese Frage stand ja am Beginn unserer Erkundungsreise. Einer Reise, die uns auf den Spuren verschiedener Akteure tief in das Liebes- und Sexualleben der Menschen im Jahr 115 n. Chr. geführt hat und an deren Ende wir diese Frage möglicherweise beantworten können. Denn eigentlich ist die Antwort ganz einfach: Keine Kultur oder Epoche, auch nicht jüngeren Datums, glich je stärker der unseren, was Alltag, Liebe und Sex angeht, als die römische. Die Römer haben mit uns viel gemeinsam. Mehr jedenfalls als irgendwelche asiatischen, afrikanischen, südamerikanischen Kulturen oder die Barbarenvölker (womit in römischer Zeit alle Stämme nördlich des Limes gemeint sind). Im Großen und Ganzen waren die Römer also tatsächlich wie wir.

Doch Rom gehörte auch der Welt der Antike an, mit all ihren Besonderheiten: Sklaverei, legale Pädophilie, das Recht, die eigene Frau zu töten, wenn sie in flagranti erwischt wurde (zumindest in den Anfangstagen des Römischen Reiches), dem Verbot, sich in der Öffentlichkeit zu küssen oder zu berühren, der Möglichkeit, polygam zu leben, und der »Verpflichtung« für den Mann, bisexuell zu sein. Es stimmt auch, dass jene Regeln, die Ovid anführt, nur für die Oberschicht gegolten haben, und dass wir von den sexuellen Normen und Freiheiten des Volkes wenig wissen. Doch die römische Kultur wurde von den Historikern bislang recht gut durchleuchtet, und sie ähnelt der unseren in vielerlei Hinsicht.

In anderer hingegen waren die Römer ganz anders als wir. Ein Römer hätte sich jedenfalls in unserer Welt nicht zurechtgefunden. Sie wäre ihm zu reglementiert gewesen: Verbot sexueller Kontakte zu weiblichen Jugendlichen, rechtliche Gleichstellung der Frau, Verpflichtung zur Monogamie, Pädophilie ein Verbrechen, keine Sklaven (wenn man von jenen absieht, die immer noch als »Sexsklavinnen« in unseren Straßen und Bordellen anschaffen) und so weiter. Er hätte Kategorien vorgefunden, die ihm höchst merkwürdig vorgekommen wären: Da sind Homo-, Hetero- und Bisexuelle, während es doch in seinen Augen nur die Sexualität gibt und basta. Die Prostituierten fände er schon mal extrem teuer. (Unter Trajan kostete der Besuch bei einer Prostituierten umgerechnet in etwa 1 Euro.) Präservative gar, die seine Männlichkeit und Zeugungskraft einschränken, hätte er rundweg abgelehnt. Man würde ihn mit Fußtritten aus dem Haus jagen, weil er bei jeder Abendeinladung versucht, die Frau des Gastgebers zu verführen und sich über die Hausangestellte herzumachen. Er würde mehrfach wegen sexueller Belästigung angezeigt werden – von den Bedienungen in Hotels und Restaurants. Er hingegen fände so ein Verhalten normal, denn »man« weiß doch, dass an solchen Orten nur Huren arbeiten.

Andererseits bedeutet das noch lange nicht, dass alle Römer pervers waren. Ganz im Gegenteil. Es heißt einfach nur, dass sie uns ähnlich waren, aber ganz andere Moralvorstellungen hatten. Die Affäre Clinton/Lewinsky wäre nie zur Affäre geworden, denn für den Römer war es durchaus üblich, dass ein mächtiger »Herrscher« Sex mit einer Frau hatte, die nicht die seine war, gesellschaftlich unter ihm stand und ihn sexuell bediente (nicht umgekehrt). Kein römischer Kaiser hätte je Schwierigkeiten bekommen, weil er sich mit einer Frau vergnügte, obwohl er verheiratet war.

Die Orgien und sexuellen Aktivitäten der Kaiser hingegen erlangten durchaus eine gewisse Fama.

Stattdessen hätte sich die öffentliche Meinung gegen Monica Lewinsky gewandt. Sie war eine Matrone, also eine Frau aus guter Familie, und hatte sich zu »amoralischem, unreinem« Verhalten hinreißen lassen, das ihrem Stand nicht angemessen war.

Wenn man von diesen Normen absieht, die vor allem für die Oberschicht galten, kann man durchaus sagen, dass die Römer eine lockerere Sexualmoral hatten als wir. Ein Römer hätte nur den Kopf geschüttelt, hätte er gesehen, mit welchen Schuldgefühlen wir das sexuelle Erleben verbinden und wie sehr dieses bei uns von Moral und Sünde geprägt ist. (Ähnlich wie der Genuss von Essen, dem sich der Römer ebenso hemmungslos hingab.) Er hätte dies für eine unangebrachte Unterdrückung völlig natürlicher Verhaltensweisen gehalten.

Denn die Liebe galt, wie wir bereits mehrfach sagten, als Geschenk der Götter (allen voran Venus und Priapos). Das hieß, dass man sie in all ihren Formen genoss – wie einen Geburtstagskuchen. Die Römer hatten eine sehr viel kürzere Lebenserwartung als wir (etwa die Hälfte). Der Alltag war beschwerlich, der Tod lauerte an jeder Ecke, und die Vorstellung von einem Paradies, das am Ende für alle Mühen entschädigt, war nicht verbreitet (abgesehen vielleicht von den elysischen Gefilden, die aber nur wenigen Auserwählten zugedacht waren). Daher konzentrierte der Römer sich im Allgemeinen auf das Diesseits und genoss die Freuden des Lebens. Vom guten Essen über den Wein, die Freundschaft, das Spiel, das komische Theater bis hin zu Liebe und Sex.

Ein Römer hinterließ uns folgenden Spruch: »Jagen, in die Therme gehen, spielen, lachen, das ist Leben!« *(Venari, lavari, ludere, ridere, hoc est vivere.)* Dieser Satz findet sich, in Stein gemeißelt, in einer römischen Stadt in der Wüste Algeriens (in Timgad). Dieser Stein ist stummer Zeuge einer Welt und einer Denkweise, die es so heute nicht mehr gibt. Ein Schrei nach Leben, der im Stein für ewig festgehalten und nun von der Stille der Wüste und der Jahrhunderte umhüllt ist.

Wenn wir heute also vor einem recht freizügigen römischen Fresko stehen, wenn wir es mit Statuen oder Amuletten zu tun haben, die uns die körperliche Liebe in Rom zeigen, müssen wir im Kopf gleichsam einen »Übersetzer« mitlaufen lassen, der uns auf den kulturellen Unterschied hinweist: ähnlich, als würden wir in ein fremdes Land reisen. Die Achtung dieser kulturellen Unterschiede, die Grundlage unserer demokratischen Ordnung ist, muss auch historisch gelten. Aus dieser Perspektive entdecken wir nämlich etwas sehr Erstaunliches: Während die Welt rund ums Römische Reich noch im finstersten Analphabetismus steckt und kulturell gesehen sehr weit zurück war, haben die Römer es verstanden, eine Ordnung zu kreieren, die der unseren zumindest ähnlich, wenn nicht in manchen Dingen sogar gleich war: zum Beispiel, was den globalisierten Handel angeht, die Transportwege (über die sich auch Post und Ideen verbreiteten wie heute im Internet), die Rassentoleranz, ein Rechtssystem, religiöse Vielfalt, die bis in die niedrigsten Bevölkerungsschichten reichende Alphabetisierung. Die uns vor allem im Denken ähnelte und in der Liebe. Denn die Liebe wurde zu jener Zeit mit großer Natürlichkeit und Leidenschaft gelebt.

Der letzte Blick der Venus

Mittlerweile ist es dunkel geworden, die Straßen sind leer. Nur ein paar Schatten huschen vorbei, als beschleunigten sie ihren Schritt, um nicht gesehen zu werden. Dann verschwinden sie hinter ihren Türen, die sie energisch zuziehen, um die Wärme im Haus zu halten.

Die Straßen der Hauptstadt sind kaum beleuchtet. Es gibt keine Laternen, nur ein paar vor den Gasthäusern, den »Restaurants«, den Lupanaren. Doch auch religiöse Baulichkeiten erhellen mit ihrem Schein das Straßenbild. Tatsächlich stehen in allen antiken Städten an den Straßenkreuzungen die *Lararia*, kleine Tempel, die man vielleicht mit unseren Kapellen vergleichen könnte.

Wir treten näher und sehen uns einen dieser Tempel genauer an. Er ist hell erleuchtet und mit leuchtenden Farben ausgemalt wie jene Tempel, die man heute in Indien sieht. Gewidmet ist er den Zwölf Göttern. Im Licht der von den Gläubigen ständig erneuerten Öllampen erkennen wir die Taten des Herkules und die wichtigsten Götter der römischen Religion: Jupiter, Juno, Minerva, Neptun, Mars, Bacchus... Fast wie im Bollywoodfilm. Die Götter sollen die Einwohner der chaotischsten Stadt des Imperiums schützen.

Aus dem Augenwinkel sehen wir in einer Nebenstraße ein weiteres Licht tanzen – das helle Orange einer Fackel. Jemand kommt uns entgegen. Der schwere Schritt sagt uns, dass es ein Mann ist. Wenige Minuten später kommt er an uns vorbei. Der Blick aus seinen blauen Augen bleibt wachsam, während er langsam weitergeht. Dann ist er plötzlich verschwunden. Neugierig geworden, gehen wir ihm nach. Er führt uns in eine Welt, die in Rom nur im Dunkeln lebendig wird. Denn nun sehen wir unter den Arkaden der römischen Straßen da und dort Menschen in Grüppchen zusammenhocken. Das sind die Obdachlosen, mitunter ganze Familien. Der Vermieter hat sie vor die Tür gesetzt, weil sie die Miete nicht mehr zahlen konnten. Und nun leben sie auf der Straße, auf der Suche nach einem neuen Unterschlupf.

Über uns ragen die massigen Schatten der Mietshäuser auf, die sich in den Himmel schieben, strahlend wie Lichterbäume. Hinter Hunderten von Fenstern flackert ein Licht. Und hinter all diesen Fenstern spielt es sich ab, das Leben der Römer. Männer streiten mit ihren Frauen, Kinder mit ihren Geschwistern. Hier erteilt einer einem Sklaven Befehle, dort singt jemand seiner Tochter ein Schlaflied. Beim Bankett brandet lautes Gelächter auf. Im Dunkel der Schlafkammern seufzen die Liebenden. All das geschieht in dieser Nacht, all das wird mit Anbruch des Tages für immer verloren sein wie Blütenblätter, die der Wind fortweht. Nur wenige Zeugen können uns noch vom Leben vor 2000 Jahren berichten. Wir finden sie in den Museen. Vor allem die einfachen Dinge des Alltags wie Teller, Krüge, Kämme aus Bein, einfache Anhänger oder Anstecknadeln. Sie haben den Alltag der Römer geteilt. Jetzt aber liegen sie stumm in den Schaukästen. Es ist an uns, sie zum Sprechen zu bringen mit unserer Vorstellungskraft, mit allem, was wir über die Römerzeit wissen.

Plötzlich kreischt ein Schlüssel im Schloss. Der junge Mann tritt in eines der eleganteren Häuser ein. Wir merken, dass wir ihm in eine gepflasterte Straße gefolgt sind, an deren Ende die Mater Matuta steht, die Göttin jeglichen Anbeginns. Sein Blick, der uns gerade noch streift, scheint Glück zu verheißen.

Auch wir schleichen uns in das *domus*. Schweigend durchmessen wir den Flur beim Eingang, vorbei am Raum des Türstehersklaven, der sich wieder zum Schlafen gebettet hat. Die Fackel des jungen Mannes steht in einer Ecke neben der Tür. Auch er ist also hier vorbeigekommen.

Wir treten in den Innenhof hinaus und bleiben stehen. Unser Blick gleitet über das Impluvium, in dem der Regen gesammelt wird, auch wenn es bei einer so wohlhabenden Familie wie dieser nicht nötig wäre, weil sie ihr Wasser längst durch die Wasserleitungen aus Bleirohren bezieht. Doch im Moment spiegelt sich darin strahlend der Vollmond über Rom.

Er scheint uns anzulächeln, ja das Lächeln verschwimmt, und der Mond scheint ein lebendiges Antlitz anzunehmen, das uns zuzwinkert und sinnlich die Lippen schürzt ... Eine leichte Brise ist über das Wasser gestrichen. Was wir gesehen haben, war vielleicht ein zarter Hinweis auf das, was im Moment in diesem Haus geschieht. Wir gehen weiter, auf das Peristyl zu, den Garten. Zögernd tastet sich unser Schritt vor, als wir plötzlich einen Dufthauch erhaschen, wie nur eine Frau ihn hinterlässt. Mit dem nächsten Schritt treten wir auf den Säulengang hinaus, der römische Gärten einfasst. Dort vermischt sich der Duft der Frau mit den satten Aromen des sommerheißen Gartens. Der Wind trägt uns ein weibliches Flüstern zu, auf das eine männliche Stimme antwortet. Wo sind die beiden nur? Nur das Mondlicht erhellt den Garten und schneidet geometrische Formen aus dem Boden, während es sich durch die Säulen und Hecken stiehlt.

Dort, eine winzige Bewegung. Das Pärchen hat sich in der Mitte des Gartens niedergelassen, wo eine nackte Venus neben einem wassergefüllten Becken steht. Zu ihren Füßen liegen die beiden Liebenden und halten sich fest umschlungen. Sie haben dem Mond zugesehen, sich ewige Liebe geschworen, von der Schönheit des Lebens geredet und vom unendlichen Sein, das sich über ihnen und in ihnen gleichermaßen erstreckt. Nun ist wieder alles still. Der Mann umfängt die Frau mit seinen starken Armen. Zärtlich streichelt er sie mit seinen Blicken. Sie sehen sich an und sind eins. Das Herz schlägt ihm bis zum Hals, das Flüstern ist verstummt, nun sprechen Küsse eine lange, leidenschaftliche Sprache. Die zarten Finger der Frau gleiten über die breiten Schultern und den Rücken hinab, als folgten sie den Gezeiten seiner Formen. Zärtlich verfangen sie sich in den kleinen Grübchen oberhalb des Pos, um sich dann weiter über seine muskulöse Kehrseite zu schieben, die für die Rundung ihrer Hand wie gemacht scheint. Von heißem Verlangen überkommen, fasst sie ihn plötzlich fester an. Ihr Mund öffnet sich und kommt ihm fordernd entgegen. Nun streicht sie ihm verlangend über die Unterarme, spürt deren dicke Muskelstränge und verschlingt ihn mit ihren Augen. Das ist der Augenblick…

Der Mann lächelt, was feine Linien um Mund und Augen zieht. Ohne den Blick von ihr zu wenden, packt er mit beiden Händen ihre hauchdünne Tunika. Seine Finger streifen ihre Brüste, als er versucht, ihr die Tunika abzustreifen. In der nächsten Sekunde ist er über ihr. Das Geräusch des reißenden Stoffes klingt durch die Nacht. Kurz wie der Blitz, laut wie der Donner.

Nun umschlingen sich die Körper. Die Wärme der Haut steigert die Sehnsucht noch. Das schwarze Haar der Frau scheint mit der Gartennacht zu verschmelzen. Ihre Augen funkeln vor Lust wie die Sterne am Himmel. Ihr Mund ist weich und giert nach seinen Küssen. Während sie sich an seinen Lippen festsaugt, greift sie mit vollen Händen in sein Haar.

Im Vollmond leuchtet ihre nackte Haut weiß wie die Statue der Venus. Die damit zu bestätigen scheint, dass die beiden nun Teil ihrer Welt geworden sind, der Welt der Lüste: auf den mondbeschienenen Körpern gleiten die Finger auf und ab wie Schlittschuhläufer auf einem zugefrorenen See.

Nun sind ihre Körper zu einem geworden: Eine Leidenschaft, ein Seufzen, eine Liebe erstehen aus dem einen Leben, das in ihren Adern fließt. Niemand weiß, was das Morgen bringt. Das Leben ist kurz. Die Liebe schenkt Glück und absolute, unfassbare Lust. Sie ist das schönste Geschenk der Götter. In dieser Umarmung zwischen den Düften des Gartens und der Stille der Mondnacht kristallisiert sich vollkommen die Idee der Liebe heraus, die Rom 115 n. Chr. beherrscht.

In einem anderen Raum des Hauses wendet sich ihnen ein Antlitz mit den Augen der Liebe zu. Und sieht uns an. Es hat hohe Wangenknochen und kohlschwarze Augen, füllige Lippen... Es ist das Gesicht der Venus, dem wir zu Anfang unserer Entdeckungsreise begegnet sind. Auf einer Wand des Raumes, erleuchtet von einer winzigen Flamme.

Sie scheint uns zuzulächeln, zufrieden, dass sie uns die Geheimnisse der Liebe ihrer Zeit enthüllt hat. Aber das ist vielleicht eine Täuschung, denn das Flämmchen zuckt ein wenig im Luftzug... Nun, wie es wirklich war, werden wir, wie so vieles andere, nie erfahren.

Dank

Ich möchte allen Menschen danken, die dazu beigetragen haben, dass dieses Buch Gestalt annahm. Dieses war im Vergleich zu anderen Büchern schwierig, weil es nicht darum ging, über eine Ausgrabung zu berichten, sondern das Denken von Menschen zu erkunden, die seit Jahrhunderten tot sind. Menschen, die Kinder einer *ähnlichen*, aber doch *verschiedenen* Kultur sind. Ebendiese Ähnlichkeit verführt zu einer Interpretation ihres Tuns vor dem Hintergrund unserer Perspektive. Sie liebten sich zwar wie wir, doch sie *waren* nicht wie wir. Dieser feine Unterschied liegt den zahllosen Fehlern zugrunde, die sich in Büchern, Filmen und Fernsehserien über diese Zeit finden und die die Römer als perverse Sexbesessene darstellen, die nichts anderes im Sinn gehabt hätten als Orgien und Saufgelage … So ist das nicht, wie Sie mittlerweile gesehen haben. Aber diese Denkweise hat zu allerlei Klischees über das Liebes- und Sexualleben der Römer geführt. Möglicherweise haben Sie dieses Buch ja gekauft, um darüber Klarheit zu gewinnen. Die Römer hatten einfach nur andere Prinzipien, die wir teilen oder ablehnen können, doch sie waren letztlich Kinder ihrer Zeit: Um sie herum lebten Menschen, die weder lesen noch schreiben konnten und im Grunde auf dem Niveau der Eisenzeit stehen geblieben waren. Menschen, die den von ihnen Besiegten die Köpfe abschnitten und Frauen keine so hohe Stellung einräumten, wie sie sie im Alten Rom genossen. Von den raffinierten Spielen mit ihren Liebhabern einmal ganz abgesehen.

Diese Ausführungen zeigen schon, wie wichtig es war, tatsächlich zu den antiken Quellen zurückzugehen und sie korrekt zu interpretieren. Daher möchte ich zuerst allen Wissenschaftlern und Gelehrten danken, die mir hier beigestanden haben und die das Regelwerk der Liebe und Sexualität im Alten Rom gut kennen. Angefangen bei Professor Romolo Augusto Staccioli, der das Manuskript aufmerksam gelesen und wichtige Ratschläge dazu gegeben hat.

Ein aufrichtiges Dankeschön gebührt auch Professor Francesca Cenerini, deren umfassende Kenntnisse der Welt römischer Frauen mir deren Denken und Leben nähergebracht hat.

Natürlich sei hier mit Professor Eva Cantarella auch allen Archäologen, Historikern und Altphilologen gedankt, die sich je mit den Beziehungen zwischen den Geschlechtern in römischer Zeit beschäftigt haben.

Dottoressa Arianna Vernilla hat mich in die Geheimnisse des Gabinetto segreto im Museo Archeologico Nazionale in Neapel eingeführt.

Natürlich hätte dieses Buchprojekt nie das Licht der Welt erblickt, wären da nicht die tatkräftige Hilfe und Erfahrung von Gabriella Ungarelli und Alberto Gelsumini bei Mondadori gewesen. Euch gebührt meine ausdrückliche Hochachtung: Alberto und Gabriella – wir haben's geschafft!

Dankbar bin ich auch Emilio Quinto, der diese zeitlich so ferne Welt erforscht!

Das Studio Leksis hingegen hat das ganze Buch mit wachem Auge Korrektur gelesen.

Die Idee für das Buch – Menschen durchs Alte Rom zu folgen, um ihre Haltung zur Liebe zu erkunden – wurde von Luca Tarlazzi perfekt in Zeichnungen umgesetzt. Sein Stift hat Gesichter, Atmosphäre und Sex-Appeal jener Zeit eingefangen. Die Schliche der Venus sind es, die den erzählten Szenen den richtigen Schliff geben. Es scheint mir also nur natürlich, auch jenen Männern und Frauen zu danken, die, ohne es zu wissen, vor zweitausend Jahren geliebt und so zu den Kapiteln dieses Buches beigetragen haben.

Auch Ihnen, lieber Leser, sei gedankt, vor allem, wenn Sie mich über die Schlussbemerkung hinaus bis hierher begleitet haben. Das Wissen, das Sie hier aufgesammelt haben, wird Sie weiterhin begleiten, und ich hoffe, Sie werden es weitergeben, so wie ich es mit diesem Buch getan habe.

Und schließlich sei noch meiner Familie gedankt: weil ihr mich dieses Buch habt schreiben lassen und mich ertragen habt, wenn ich nach den durchwachten Nächten am PC am Morgen zu euch an den Frühstückstisch kam. Weil ich nach den lächelnden Gesichtern im Alten Rom die in unserer Küche bestaunen durfte. Danke!

Bibliographie

Antike Quellen

Antologia Palatina. Epigrammi erotici, libro V, a cura di G. Paduano. Mailand: Rizzoli, 2007.

Apicius, *De re coquinaria/Über die Kochkunst*. Stuttgart: Reclam, 2008.

Apuleius, *De magia. Lateinisch und deutsch*. Darmstadt: Wissenschaftliche Buchgesellschaft, 2002.

–, *Metamorphosen oder Der goldene Esel*. Berlin: Rowohlt, 1961.

Aristophanes, *Lysistrate*. Stuttgart: Reclam, 2012.

Artemidor, *Das Traumbuch*. München: Deutscher Taschenbuch-Verlag, 1979.

Athenaios, *Das Gelehrtenmahl*. Stuttgart: Hiersemann, 1998.

Augustinus, *Bekenntnisse,* München: dtv, 2010.

Aulus Gellius, *Die attischen Nächte*. Darmstadt: Wissenschaftliche Buchgesellschaft, 2005.

Carmina Priapea, a cura di E. Bianchini. Mailand: Rizzoli, 2009.

Cassius Dio, *Römische Geschichte*. Düsseldorf: Artemis & Winkler, 2007.

Catull, *Sämtliche Gedichte*. Frankfurt a. M.: Insel 1991.

Celsus, *Über die Arzneiwissenschaft. In acht Büchern*. Braunschweig: Vieweg, 1906.

Cicero, *De oratore/Über den Redner*. Stuttgart: Reclam, 1997.

–, *Pro M. Caelio oratio/Rede für M. Caelius*. Stuttgart: Reclam, 1994.

–, *Atticus-Briefe. Lateinisch-deutsch.* München/Zürich: Artemis Verlag, 1990.

–, *Staatsreden. Teil 3. Die Philippischen Reden.* Darmstadt: Wissenschaftliche Buchgesellschaft, 4., unveränderte Aufl., 1988.

–, *An seine Freunde (Ad familiares).* München/Zürich: Artemis und Winkler, 4. Aufl., 1989.

–, *Rede für Cn. Plancius.* Wien: Tempsky/Leipzig: Freytag, 1920.

Claudio Eliano (Claudius Aelianus), *La natura degli animali.* Mailand: Rizzoli, 1998.

Columella, *Zwölf Bücher über Landwirtschaft.* München: Artemis-Verlag, 1982.

Crinagora di Mitilene (Krinagoras von Mytilene), *Epigrammi votivi e sepolcrali.* Il 6° e 7° libro dell'Antologia Palatina. Vicenza: Neri Pozza Editore, 1965.

Dioskurides, *Fünf Bücher über die Heilkunde.* Hildesheim: Olms-Weidmann, 2002.

»Epithalamium Laurentii«. *Poetae latini minores*, Vol. III. Leipzig: Teubner, 1879.

Galenos, *Come si possono riconoscere i simulatori di malattie.* Castiglion Fiorentino: Tipografia Bennati di A. Lovari, 1918. (Die Geschichte des liebeskranken Sklaven wird auch berichtet in: Schlange-Schöningen, Heinrich, *Die römische Gesellschaft bei Galen.* Berlin/New York: de Gruyter, 2003.)

–, *On the affected parts (De locis affectis),* Rudolph E. Siegel (Hrsg.). Basel: Karger, 1976.

Herodas, *Die Mimiamben des Herodas.* Otto Crusius (Bearb.). Dt. mit Einl. u. Anm., mit griech. Text u. Abb. versehen von Rudolf Herzog. Hildesheim: Georg Olms Verlag, 1967.

Hippokrates, *»Der Eid des Hippokrates«.* Deutsche Übersetzung entnommen: http://de.wikipedia.org/wiki/Hippokratischer_Eid.

Horaz, *Oden und Epoden. Lateinisch und deutsch.* München: Goldmann, 1971.

–, *Oden*. Digitale Bibliothek Bd. 30: *Dichtung der Antike von Homer bis Nonnos*.

Juvenal, *Satiren. Lateinisch–deutsch*. Zürich: Artemis & Winkler, 1993.

Kallimachos, *Werke. Griechisch und deutsch*. Darmstadt: Wissenschaftliche Buchgesellschaft, 2004.

Lukrez, *Von der Natur. Lateinisch-deutsch*. München: Artemis und Winkler, 1993.

Marcellus Empiricus, *Marcelli De medicamentis liber*. Leipzig und Berlin: Teubner, 1916.

Martial, *Epigramme*. Zürich/Stuttgart: Artemis-Verlag, 1957.

Minucius Felix, *Octavius. Lateinisch und deutsch*. München: Kösel, 1965.

Ovid, *Die Fasten. Lat./Deutsch*. Hrsg., übers. u. kommentiert von F. Bömer. Heidelberg: Winter, 1957.

–, *Heilmittel gegen die Liebe und Schönheitsmittel*. Stuttgart: Metzler, 1855.

–, *Amores – Liebesgedichte*. Stuttgart: Reclam, 2010.

–, *Liebeskunst/Ars amatoria. Lateinisch–deutsch*. Berlin: Akademie Verlag, 5., überarbeitete Auflage, 2011.

–, *Metamorphosen. Lateinisch und deutsch*. In dt. Hexameter übertr. u. mit d. Text hrsg. von Erich Rösch. München: Artemis-Verlag, 1988.

Petronius, *Satyrikon*. Leipzig: Reclam, 1986.

Plautus, *Amphitryon, Komödien. Lateinisch und deutsch,* Bd. 1. Darmstadt: Wissenschaftliche Buchgesellschaft, 2008.

–, *Casina, Komödien. Lateinisch und deutsch,* Bd. 2. Darmstadt: Wissenschaftliche Buchgesellschaft, 2007.

–, *Epidicus, Komödien. Lateinisch und deutsch,* Bd. 3. Darmstadt: Wissenschaftliche Buchgesellschaft, 2008.

–, *Mercator*. Übers. v. A. Brückmann, entnommen der Version im Projekt Gutenberg.

–, *Miles gloriosus, Komödien. Lateinisch und deutsch,* Bd. 4. Darmstadt: Wissenschaftliche Buchgesellschaft, 2008.

–, *Poenulus, Komödien. Lateinisch und deutsch,* Bd. 5. Darmstadt: Wissenschaftliche Buchgesellschaft, 2008.

–, *Das Dreigroschenstück.* Digitale Bibliothek Bd. 30: *Dichtung der Antike von Homer bis Nonnos.*

–, *Truculentus, Komödien. Lateinisch und deutsch,* Bd. 6. Darmstadt: Wissenschaftliche Buchgesellschaft, 2009.

Plinius d. Ä., *Naturkunde.* 37 Bände. Zürich: Artemis, 1990–2004.

Plinius d. J., *Sämtliche Briefe.* Zürich/Stuttgart: Artemis, 1969.

Plutarch, »Ratschläge für die Ehe«, in: Giebel, Marion (Hrsg.): *Plutarch. Die Kunst zu leben.* Frankfurt a. M.: Insel, 2000.

–, »Römische Fragen«, in: Scheid, John (Hrsg.), *Plutarch. Römische Fragen. Ein virtueller Spaziergang im Herzen des Alten Rom* (= Texte zur Forschung, Bd. 103) (Griechischer Text, Übersetzung, Kommentar und Untersuchung). Darmstadt: Wissenschaftliche Buchgesellschaft, 2012.

–, *Große Griechen und Römer.* 6 Bände. Zürich: Artemis, 1954–1965.

Polybios, *Geschichte. Gesamtausgabe in zwei Bänden.* Zürich: Artemis, 1978.

Properz, *Properz und Tibull. Liebeselegien.* Zürich: Artemis, 1964.

Quintilian, *Ausbildung des Redners.* Zwölf Bücher. Hrsg. von Helmut Rahn. Darmstadt: Wissenschaftliche Buchgesellschaft, 5. Auflage, 2011.

Quinto Sereno Sammonico, *La medicina in Roma antica. Il »Liber medicinalis« di Quinto Sereno Sammonico,* a cura di C. Ruffato, Torino, 1996.

Quintus Serenus, *Quinti Sereni Liber medicinalis.* Lipsiae/Berolini: Teubner, 1916.

Sappho, *Gedichte. Griechisch–deutsch.* Düsseldorf: Artemis & Winkler, 2009.

Seneca, *Ad Helviam matrem de consolatione/Trostschrift an die Mutter Helvia*. Stuttgart: Reclam, 1980.

–, *Contro il matrimonio, ovvero perché all'uomo saggio non convenga prender moglie*, a cura di M. Lentano. Bari: Palomar, 1997.

–, *Briefe an Lucilius, Philosophische Schriften, Bd. 3 u. 4*. Hamburg: Meiner, 1993 (Nachdruck der Ausgabe Leipzig: Meiner, 1924).

–, *De ira – Über die Wut*. Stuttgart: Reclam, 2007.

–, *Naturwissenschaftliche Untersuchungen/Naturales quaestiones. Deutsch und Latein*. Darmstadt: Wissenschaftliche Buchgesellschaft, 2012.

–, *De beneficiis, Philosophische Schriften lateinisch und deutsch, Bd. 5*. Darmstadt: Wissenschaftliche Buchgesellschaft, 2011.

– *De matrimonio*, 16, 1, V. 68. Übers. v. E. Liebl.

Servio (Servius), *Commentario alle »Bucoliche« di Virgilio: nell'incunabolo di Bernardo e Domenico Cennini, Firenze 7.11.1471*, a cura di P. Cantinelli. Firenze: Polistampa, 2011.

Sextus Pompeius Festus, *De verborum significatu quae supersunt cum Pauli epitome*, ed. Wallace M. Lindsay. Hildesheim: Georg Olms Verlag, 1965 [Reprograf. Nachdruck der Ausgabe Leipzig 1913].

Soranus of Ephesus (Soranos von Ephesos), *Soranus' gynecology*. Baltimore: Johns Hopkins University Press, 1991.

Sueton, *Kaiserbiographien*. Berlin: Aufbau-Verlag, 1985.

Svetonio (Sueton), *Vita di Q. Orazio Fiacco*, a cura di A. Rostagni. Venosa: Osanna Edizioni, 1995.

Tacitus, *Annalen. Lateinisch–Deutsch*. Hrsg. von Erich Heller. Mit einer Einf. von Manfred Fuhrmann. Zürich: Artemis & Winkler, 1991.

–, *Historien. Lateinisch–Deutsch*. Hrsg. und übers. von Joseph Borst unter Mitarb. von Helmut Hross und Helmut Borst. Mannheim: Artemis & Winkler, 7. Aufl., 2010.

Terenz, *Der Eunuch*. Lustspiel nach Vorbildern des Menander.

Übers., Nachw. und Anm. von Andreas Thierfelder. Stuttgart: Reclam, 1995 (Nachdruck).

Tertullian, *De spectaculis/Über die Spiele. Lateinisch/deutsch.* Übers. und hrsg. von Karl-Wilhelm Weeber. Stuttgart: Reclam, 2002 (Bibliogr. erg. Ausgabe).

Theophrast, *De odoribus (Über die Gerüche).* Edition, Übersetzung, Kommentar von Ulrich Eigler und Georg Wöhrle. Stuttgart: Teubner, 1993.

Tibull, *Properz und Tibull. Liebeselegien.* Zürich: Artemis, 1964.

Titus Livius, *Römische Geschichte. Von der Gründung der Stadt an.* Übers. v. Otto Güthling. Wiesbaden: Marixverlag, 2009.

Valerius Maximus, *Sammlung merkwürdiger Reden und Thaten.* Stuttgart: Metzler, 1828–1829.

Vergil, *Bucolica/Hirtengedichte. Lateinisch/deutsch.* Übers., Anm., interpretierender Kommentar und Nachw. von Michael von Albrecht. Stuttgart: Reclam, 2001.

Wissenschaftliche Untersuchungen

Adams, J. N., *The Latin Sexual Vocabulary.* London: Duckworth, 1982.

Angela, P., *Ti amerò per sempre. La scienza dell'amore.* Mailand: Mondadori, 2005.

Astolfi, R., *Il fidanzamento nel diritto romano.* Padua: CEDAM, 1994.

–, *Il matrimonio nel diritto romano classico.* Padua: CEDAM, 2006.

–, *La lex Iulia et Papia.* Padua: CEDAM, 1986.

Boels-Janssen, N., *La vie religieuse des matrones dans la Rome archaïque.* École française de Rome, Rom, 1993.

Boriani, R., Taveggia, A., und Cravero, L., »Obesity and Body Contouring: Contemporary Lessons from a Historical Example«. *Obesity Surgery*, 15, 2005, p. 1218.

Canali, L., *Amore e sessualità negli autori latini*. Mailand: Bompiani, 2001.

Canali, L., und Cavallo, G., *Graffiti latini*. Mailand: Rizzoli, 2008.

Cantarella, E., *Dammi mille baci*. Mailand: Feltrinelli, 2009.

–, *L'ambiguo malanno. La donna nell'antichità greca e romana*. Turin: Einaudi, 2008.

–, *Passato prossimo. Donne romane da Tacita a Sulpicia*. Mailand: Feltrinelli, 2008.

–, *Secondo natura. La bisessualità nel mondo antico*. Mailand: Rizzoli, 2006.

Cappelli, G., *Autoerotismo. Un problema morale nei primi secoli cristiani*. Bologna: EDB, 1986.

Carazzali, G., *Apicio. L'arte culinaria*. Mailand: Bompiani, 2004.

Carcopino, J., *Rom. Leben und Kultur in der Kaiserzeit*. Stuttgart: Reclam, 4., bibliogr. erneuerte Aufl., 1992.

Caselli, G. C., »Concubina prò uxore. Osservazioni in merito al c. 17 del primo concilio di Toledo«. *Rivista di storia del diritto italiano*, 37–38, 1964–1965, S. 168 ff.

Cenerini, E., *Dive e donne. Mogli, madri, figlie e sorelle degli imperatori romani da Augusto a Commodo*. Imola: Angelini, 2009.

–, *La donna romana. Modelli e realtà*. Bologna: il Mulino, 2002.

Clarke, J. R., *Roman Sex: 100 B. C. – 250 A. D.* New York: Harry N. Abrams, 2003.

Coletti Strangi, A., *Gli afrodisiaci nel mondo romano*. L'Aquila: Biemme, 1996.

Criniti, N., *Imbecillus sexus. Le donne nell'Italia antica*. Brescia: Grafo, 1999.

Danna, D., *Amiche, compagne, amanti. Storia dell'amore tra donne*. Mailand: Mondadori, 1994.

De Caro, S., *Il gabinetto segreto del Museo Archeologico Nazionale di Napoli*. Neapel: Electa, 2000.

Dosi, A., *Eros. L'amore in Roma antica*. Rom: Edizioni Quasar, 2008.
–, *Otium. Il tempo libero dei romani*. Rom: Edizioni Quasar, 2006.
Duby, G., und Ariès, P., *Geschichte des privaten Lebens. Vom Römischen Imperium zum Byzantinischen Reich*. Frankfurt a.M.: Fischer, 1989.
Duncan-Jones, R., *The Economy of the Roman Empire: Quantitative Studies*. Cambridge: Cambridge University Press, 1974.
Dupont, F., und Eloi, T., *L'érotisme masculin dans la Rome antique*. Paris: Belin, 2001.
Fayer, C., *La familia romana. Aspetti giuridici e antiquari*, vol. II, *Sponsalia, matrimonio, dote*. Rom: L'Erma di Bretschneider, 2005.
–, *La familia romana. Aspetti giuridici e antiquari*, vol. III, *Concubinato, divorzio, adulterio*. Rom: L'Erma di Bretschneider, 2005.
Forberg, F.K., *The manual of classical erotology. De figuris Veneris*. O.O., 1887.
Fornaciari, E., *Donne di piacere dell'antica Roma*. Mailand: EDIS, 1995.
Fornés Pallicer, M. A., und Rodriguez-Escalona, M.P., *El porqué de nuestros gestos. La Roma de ayer en la gestualidad de hoy*. Barcelona: Octaedro, 2008.
Foucault, M., *Sexualität und Wahrheit*, Bd. 3. Frankfurt a.M.: Suhrkamp, 1986.
Frasca, R., *Educazione e formazione a Roma. Storia, testi, immagini*. Bari: Dedalo, 2011.
Friedman, D.M., *A Mind of Its Own. A Cultural History of the Penis*. London: Robert Hale, 2002.
Galimberti, U., *Die Sache mit der Liebe. Eine philosophische Gebrauchsanweisung*. München: Beck, 2007.
Giardina, A. (Hrsg.), *Der Mensch der römischen Antike*. Essen: Magnus-Verlag, 2004.

Giunti, P., *Adulterio e leggi regie. Un reato fra storia e propaganda*. Mailand: Giuffrè, 1990.

Gourevitch, D., und Raepsaet-Charlier, M.T., *La femme dans la Rome antique*. Paris: Hachette Littératures, 2001.

Grimaldi Bernardi, G., *Botteghe romane. L'arredamento*. Rom: Edizioni Quasar, 2005.

Guarino, A., *Le matrone e i pappagalli*, in: *Inezie di giureconsulti*. Neapel: Jovene, 1978.

Hallett, J.P., *Roman Sexualities*. Princeton: Princeton University Press, 1997.

Jacobelli, L., *Le pitture erotiche delle Terme Suburbane di Pompei*. Rom: L'Erma di Bretschneider, 1995.

Johnson, M., *Sexuality in Greek and Roman Literature and Society: A Sourcebook*. London: Routledge, 2005.

Kleberg, T., *Hotels, restaurants et cabarets dans l'antiquité romaine. Études historiques et philologiques*. Uppsala: Almqvist & Wiksells Boktryckeri, 1957.

Krause, J.U., *Kriminalgeschichte der Antike*. München: Beck, 2004.

Mancioli, D., *Giochi e spettacoli*. Rom: Edizioni Quasar, 1987.

McGinn, T.A.J., *Prostitution, Sexuality, and the Law in Ancient Rome*. New York, Oxford, Oxford University Press, 1998.

–, *The Economy of Prostitution in the Roman World: A Study of Social History and the Brothel*. Ann Arbor: University of Michigan Press, 2004.

Mello, M., *Rosae. Il fiore di Venere nella vita e nella cultura romana*. Neapel: Arte tipografica, 2003.

Nardi, E., *Procurato aborto nel mondo greco e romano*. Mailand: Giuffrè, 1971.

Paoli, U.E., *Das Leben im Alten Rom*. Bern, München: Francke, 1979.

Penso, G., *La medicina romana. L'arte di Esculapio nell'antica Roma*. Saronno: Ciba-Geigy, 1985/Noceto: Essebiemme, 2002.

Petrocelli, C., *La stola e il silenzio. Sulla condizione femminile nel mondo romano*. Palermo: Sellerio, 1989.

Pillivuyt, G., *Histoire du parfum. De l'Égypte au XIXe siècle*. Paris: Editions Denoël, 1988.

Pomeroy, S.B., *The Murder of Regilla. A Case of Domestic Violence in Antiquity*. Cambridge, MA; London: Harvard University Press, 2010.

Revelli Sorini, A., und Cutini, S., *Tacuinum de' afrodisiaci. Le ricette della seduzione*. Perugia: Ali&no, 2007.

Riddle, J.M., *Contraception and Abortion from the Ancient World to the Renaissance*. Cambridge, MA; London: Harvard University Press, 1994.

Robert, J.N., *Les plaisirs à Rome*. Paris: Les Belles Lettres, 1983.

Rodriguez-Almeida, E., *Note di topografia romana. Cosmus myropola, il vicus unguentarius e i »Penetralia Pallados nostrae« (Mart. IV, 53)*. Rom: Istituto nazionale di archeologia e storia dell'arte, 1987.

Russo, L., *Die vergessene Revolution oder die Wiedergeburt des antiken Wissens*. Berlin; Heidelberg; New York: Springer, 2005.

Salles, C, *Les bas-fonds de l'Antiquité*. Paris: Laffont, 1982.

Saltelli, E., *L'epitaffio di Allia Potestas (CIL VI 37965; CLE 1988). Un commento*, pubblicata online nella Biblioteca scientifica della facoltà di Lettere e filosofia dell'Università Ca' Foscari: http://lettere2.unive.it/saltelli/, 2003.

Salza Prina Ricotti, E., *Amori e amanti a Roma tra Repubblica e Impero*. Rom: L'Erma di Bretschneider, 1992.

–, *L'arte del convito nella Roma antica*. Rom: L'Erma di Bretschneider, 1983.

Sampoli, F., *Le grandi donne di Roma antica. Le diciannove donne che hanno avuto un ruolo al centro del potere nell'antica Città Eterna*. Rom: Newton Compton, 2003.

Squillace, G., *Il profumo nel mondo antico*. Firenze: Olschki, 2010.

Staccioli, R. A., *Mulieres, donne di Roma antica,* voll. I–II. Rom: Archeoroma, 2011.

Storoni Mazzolani, L., *Iscrizioni funerarie romane.* Mailand: Rizzoli, 2007.

Tannahill, R., *Kulturgeschichte der Erotik.* Frankfurt a. M., Berlin, Wien: Ullstein, 1982.

Torelli, M., *Lavinio e Roma. Riti iniziatici e matrimonio tra archeologia e storia.* Rom: Edizioni Quasar, 1984.

Traina, G., *Licoride la mima,* in: A. Fraschetti, *Roma al femminile.* Roma-Bari: Laterza, 1994.

Tramunto, M., *Concubini e concubine nell'Italia romana.* Fabriano: Fabriano Edizioni, 2009.

Treggiari, S., *Roman Marriage. Iusti coniuges from the Time of Cicero to the Time of Ulpian.* Oxford: Clarendon Press, 1991.

Varone, A., *Erotica pompeiana. Iscrizioni d'amore sui muri di Pompei.* Rom: L'Erma di Bretschneider, 1994.

–, *L'erotismo a Pompei.* Rom: L'Erma di Bretschneider, 2000.

Veyne, P., *Die römische Gesellschaft.* München: Fink, 1995.

–, *Sexe et pouvoir à Rome.* Paris: Tallandier, 2005.

–, (Hrsg.), *Geschichte des privaten Lebens. Vom Römischen Imperium zum Byzantinischen Reich.* Frankfurt a. M.: S. Fischer, 1993.

Vilsteren, V. van, und Weiss, R. M. (Hrsg.), *100 000 Jahre Sex: Liebe und Erotik in der Geschichte.* Stuttgart: Konrad Theiss Verlag GmbH, 2004.

Virgili, P., *Acconciature e maquillage.* Rom: Edizioni Quasar, 1989.

Volterra, E., *Per la storia del reato di bigamia in diritto romano.* Mailand: Giuffrè, 1934.

Weeber, K.-W., *Flirten wie die Alten Römer.* Düsseldorf; Zürich: Artemis & Winkler, 2010.

Anmerkungen

1 Apuleius, *Metamorphosen oder Der goldene Esel*. Berlin 1961, S. 99.
2 Catull, Carmen 99, in: *Sämtliche Gedichte*. Frankfurt a. M. 1991, S. 193.
3 Martial, *Epigramme*, II, 21. Zürich/Stuttgart 1957, S. 100.
4 Seneca, *De ira – Über die Wut*, II, 24. Stuttgart 2007, S. 127.
5 Ovid, *Amores – Liebesgedichte*, I, VIII, 95–98. Stuttgart 2010, S. 37.
6 Martial, *Epigramme*, I, 3, a. a. O., S. 53.
7 Ibidem, IV, 29, a. a. O., S. 167.
8 Ibidem, VII, 89, a. a. O., S. 287.
9 Catull, »Lass uns, Lesbia, leben«, in: Catull, *Sämtliche Gedichte*, a. a. O., S. 17.
10 Martial, *Epigramme*, I, 62, a. a. O., S. 73.
11 Ovid, *Liebeskunst/Ars amatoria*, I, 253–258. Berlin 2011, S. 55.
12 Properz, *Elegien*, II, 19, in: *Properz und Tibull. Liebeselegien*. Zürich 1964, S. 103.
13 Augustinus, *Bekenntnisse*. München 2010, S. 59.
14 Tacitus, *Annalen*, XIII, 44. Zürich 1991, S. 376 f.
15 Plautus, *Mercator*, I, 16. Übers. v. A. Brückmann, entnommen der Version im Projekt Gutenberg.
16 Juvenal, *Satiren*, VI, 142–148. Zürich 1993, S. 99 f.
17 Seneca, *De matrimonio*, 16, 1, V. 68. Übers. v. E. Liebl.
18 Martial, *Epigramme*, X, 41, a. a. O., S. 383.

19 Reay Tannahill, *Kulturgeschichte der Erotik*. Frankfurt a. M., Berlin, Wien 1982, S. 122.
20 Juvenal, *Satiren*, a. a. O., S. 105.
21 Ibidem, S. 111.
22 Ibidem, S. 129.
23 Ibidem, S. 139.
24 Augustinus, *Bekenntnisse*, 9, 19, a. a. O., S. 233.
25 Properz, *Elegien*, III, 4, a. a. O., S. 161 f.
26 Ovid, *Liebeskunst/Ars amatoria*, I, 585, a. a. O., S. 81.
27 Ibidem, S. 83.
28 Ibidem, II, 663–666, S. 145.
29 Ibidem, I, 631–634, S. 85.
30 Ibidem, I, 659–662, S. 87.
31 Ibidem, I, 729–738, S. 91 f.
32 Ibidem, I, 601, S. 81.
33 Ibidem, I, 603–606, S. 83.
34 Ibidem, I, 717, S. 91.
35 Ibidem, I, 55, S. 41.
36 Ibidem, III, 193, S. 169.
37 Ibidem, III, 263, S. 175.
38 Ibidem, III, 133, S. 165.
39 Ibidem, III, 284–285, S. 175.
40 Ibidem, III, 303–304, S. 177.
41 Ibidem, III, 309–310, S. 177.
42 Ovid, *Amores – Liebesgedichte*, I, 72–76, a. a. O., S. 35.
43 Ovid, *Liebeskunst/Ars amatoria*, I, 91, a. a. O., S. 43.
44 Martial, *Epigramme*, VI, 70, a. a. O., S. 245; leicht abgeändert von E. Liebl.
45 Horaz, *Oden*, S. 98. Digitale Bibliothek Bd. 30: *Dichtung der Antike von Homer bis Nonnos*, S. 10 996.
46 Horaz, *Satiren*, S. 138. Digitale Bibliothek Bd. 30: a. a. O., S. 11 239.
47 Ovid, *Liebeskunst/Ars amatoria*, a. a. O., S. 215.
48 Ibidem, S. 251.

49 Ibidem, S. 215.
50 Ibidem, S. 213.
51 Ibidem, S. 147.
52 Martial, *Epigramme*, XI, 22, a. a. O., S. 418.
53 Juvenal, *Satiren*, a. a. O., S. 107.
54 Martial, *Epigramme*, IX, 41, a. a. O., S. 340.
55 Ibidem, XI, 29, S. 421.
56 Juvenal, *Satiren*, a. a. O., S. 125.
57 Petronius, *Satyrikon*. Leipzig 1986, S. 215.
58 Martial, *Epigramme*, I, 90, a. a. O., S. 82.
59 Ibidem, VII, 67, S. 279.
60 Ibidem, IX, 33, S. 337.
61 Ibidem, XI, 72, S. 437.
62 Ibidem, VII, 14, S. 258 f.
63 Ibidem, XI, 45, S. 427.
64 Reay Tannahill, *Kulturgeschichte der Erotik*, a. a. O., S. 127.
65 Der Eid des Hippokrates. Deutsche Übersetzung entnommen: http://de.wikipedia.org/wiki/Hippokratischer_Eid.
66 Plautus, *Das Dreigroschenstück*, S. 19. Digitale Bibliothek Bd. 30: a. a. O., S. 15 298 (vgl. Plautus, *Komödien, Bd. 2, S. 364)*, © Aufbau-Verlag.
67 Apuleius, *Metamorphosen oder Der goldene Esel*, a. a. O., S. 50.
68 Martial, *Epigramme*, III, 75, a. a. O., S. 147 f.
69 Sueton, *Kaiserbiographien*, Berlin 1985, S. 107.
70 Ibidem, S. 159.
71 Ibidem, S. 283.
72 Ibidem, S. 284.
73 Ibidem, S. 283.

Um die ganze Welt des
GOLDMANN Verlages
kennenzulernen, besuchen Sie uns doch
im Internet unter:

www.goldmann-verlag.de

Dort können Sie
nach weiteren interessanten Büchern *stöbern*,
Näheres über unsere *Autoren* erfahren,
in *Leseproben* blättern, alle *Termine* zu Lesungen und
Events finden und den *Newsletter* mit interessanten
Neuigkeiten, Gewinnspielen etc. abonnieren.

Ein *Gesamtverzeichnis* aller Goldmann Bücher finden
Sie dort ebenfalls.

Sehen Sie sich auch unsere *Videos* auf YouTube an und
werden Sie ein *Facebook*-Fan des Goldmann Verlags!

www.goldmann-verlag.de
www.facebook.com/goldmannverlag

GOLDMANN
Lesen erleben